Hanspeter Oschwald

IM NAMEN
DES HEILIGEN
VATERS

Hanspeter Oschwald

IM NAMEN DES HEILIGEN VATERS

Wie fundamentalistische Mächte
den Vatikan steuern

HEYNE ‹

Mix
Produktgruppe aus vorbildlich bewirtschafteten
Wäldern und anderen kontrollierten Herkünften
www.fsc.org Zert.-Nr. SGS-COC-001940
© 1996 Forest Stewardship Council

Verlagsgruppe Random House FSC-DEU-0100
Das für dieses Buch verwendete
FSC-zertifizierte Papier *EOS*
liefert Salzer, St. Pölten.

Redaktion: J. Brandt

Copyright © 2010 by Wilhelm Heyne Verlag, München,
in der Verlagsgruppe Random House GmbH
Umschlaggestaltung: Hauptmann & Kompanie Werbeagentur, Zürich
Umschlagfoto: Gianni Giansanti/Immaginazione/Corbis
Satz: C. Schaber Datentechnik, Wels
Druck und Bindung: GGP Media GmbH, Pößneck
Printed in Germany 2010

ISBN 978-3-453-16724-7

www.heyne.de

Inhalt

1   Ein notwendiges Vorwort

In meiner über vierzigjährigen Erfahrung in der Vatikanbe-
richterstattung habe ich lernen müssen, dass an kaum einem
anderen Ort so sehr versucht wird, Informationsfluss zu behindern oder ganz zu unterdrücken wie in der katholischen
Kirche. Die Kurie umgibt sich noch immer mit einem Schleier
des Geheimnisvollen. Das fördert natürlich im Gegenzug Indiskretionen und Gerüchte. Selten kann man Quellen offen be-
nennen, weil zwar so manch ein Kurienmitarbeiter gern gezielte Hinweise an die Öffentlichkeit lanciert, gewöhnlich aber
nicht mit seinem Namen dazu stehen mag. Dies ist durchaus
verständlich, könnte es ihm doch erhebliche Schwierigkeiten
bereiten. Immerhin benötigt heute nicht mehr jeder Prälat,
der bereit ist, Journalisten Rede und Antwort zu stehen, eine
vorherige Erlaubnis seiner Behörde, wie es früher üblich war.
Doch ganz gleich, ob mit oder ohne Genehmigung: Redselig
werden diese Meister der Diskretion ohnehin nur, wenn sie
nicht namentlich zitiert werden.

Was für die Kurie gilt, das trifft noch mehr für die geistlichen
Gemeinschaften und Bewegungen zu, deren notorische Geheimniskrämerei so weit geht, dass einige zu Recht als »Geheim-
sekten« bezeichnet werden. Doch auch in anderen Fällen, wo
man sich den äußeren Anschein gibt, alles offenzulegen, haben
mich meine Gesprächspartner darum gebeten, ihre Namen auf

keinen Fall zu nennen. Verstohlen geäußerte Sätze wie »Sie glauben ja gar nicht, wie weit deren Einfluss reicht« habe ich mir nur allzu häufig anhören müssen. Vor allem gläubige Katholiken, die die althergebrachten Kirchenstrafen noch richtig ernst nehmen und entsprechend fürchten, haben zwar nicht schweigen, sich aber auch nicht offen bekennen wollen. Zum Schutz meiner Informanten habe ich deshalb in diesem Buch viele Quellen anonymisieren müssen, und dies erst recht, wenn es um jene willigen Helfer geht, die sich gern brüsten, im Namen des Heiligen Vaters zu handeln. Das ist bedauerlich, aber leider völlig unvermeidlich.

Die katholische Kirche vertritt den Anspruch auf die absolute Wahrheit. Journalisten sind, wie könnte es auch anders sein, natürlich nur auf der Suche nach ihr. Wer aber auf ein Stückchen irdischer Wahrheit über die Kirche stößt und die Dreistigkeit besitzt, auch noch darüber berichten zu wollen oder, bescheidener gesagt, die Wirklichkeit darzustellen, wie sie ist, der wird sogleich als Kirchenhasser abgetan. So ist es vielen, auch mir, völlig ungerechtfertigt widerfahren. Solche vorschnelle und einseitige Polemik verfolgt einen einzigen Zweck: Auf diese Art hält man sich die Auseinandersetzung mit Kritik und Kritikern vom Leib.

Wer die Wahrheit schreibt, wird also leicht zum angeblichen Kirchenfeind. Und dort, wo die Kurie zugreifen kann, übt sie auch gern mal Druck auf Verlage aus, die kritische Bücher veröffentlichen oder es beabsichtigen. So haben mir Theologen bisweilen von seltsamen, plötzlich auftretenden Vorbehalten gegen längst beschlossene Buchprojekte berichtet, wo der Verdacht nahelag, dass kirchliche Verlagsinteressen beeinträchtigt waren. In einem Fall war sogar ein neutrales Verlagshaus betroffen und keineswegs ein katholischer Verlag; man habe wohl, zumindest interpretiert der betroffene Autor die Angelegenheit so, einen Wink aus Rom erhalten.

Auch angesichts solcher Erfahrungen möchte ich etwas an sich Selbstverständliches im Voraus feststellen: Ich habe nicht beabsichtigt, irgendjemanden in seinem Glauben zu irritieren. Ich bin kein Missionar und mache mich nach bewährtem journalistischem Ethos weder mit dem Guten noch mit dem Bösen gemein. Ich will nur Licht in jene Welt bringen, die sich anmaßt, wahre Kirche zu sein, die sich über alle anderen erheben darf und deren Helfer meinen, im Namen des Heiligen Vaters direkt oder indirekt in unser Leben hineinreden zu müssen, wobei sie Grundlagen moderner Gesellschaften wie Menschenrechte und Religionsfreiheit missachten.

Soweit es möglich war, habe ich immer eine zweite Quelle gesucht, um Fakten zu verifizieren. Dies ist leider nicht immer gelungen. Ich würde es sehr bedauern und mich in aller Form entschuldigen, wenn ich jemandem Unrecht getan haben sollte.

Ich bedanke mich vor allem bei denen, die mir bereitwillig geholfen haben, aber durchaus auch bei jenen, die meine Fragen nicht beantworten wollten. Denn auch sie haben, auf ihre Weise, zu diesem Buch einen nicht zu unterschätzenden Teil beigetragen.

Hanspeter Oschwald, im Februar 2010

2 Der unaufhaltsame Aufstieg der Reaktionäre

Im Minenfeld: dumme, fromme und gefährliche Fundamentalisten

Das erste Gespräch mit einem römischen Prälaten, der sich mit den »movimenti« auskennt, den geistlichen Gemeinschaften und Erneuerungsbewegungen also, mit denen ich mich befassen möchte, ließ schon nach wenigen Worten keine ergiebige Auskunft mehr erwarten. Der Mitarbeiter der Kurie konfrontierte mich gleich zum Auftakt mit einem ebenso warnenden wie kriegerischen Vergleich: »Das ist ein *campo minato*, ein Minenfeld.«

Dieses Minenfeld bilden, wie mir der Mann vor 15 Jahren versichert hat, die neuen katholischen Fundamentalisten. Wer in der Kirche in irgendeiner Form Karriere machen wolle, so seine Empfehlung, der dürfe es sich mit ihnen auf gar keinen Fall verderben. Ihr Einfluss sei zu groß und wachse ständig. Ein falsches Wort, und schon könne jeder berufliche Ehrgeiz vorzeitig zunichte sein.

Die Worte des Prälaten reflektieren aber nur die interne Sicht innerhalb der vatikanischen Kurie. Außerhalb der Kurie müsste sich von diesen Dingen zunächst kein Katholik besonders beeindrucken lassen. Die Mehrheit der Katholiken, die sich ohnehin nicht mehr verpflichtend an das gebunden fühlt, was Rom verkündet, könnte sich also achselzuckend abwenden und sich mit wichtigeren Themen befassen. Doch geht es wirklich nur um innere Angelegenheiten der Kurie? Es wäre ein Irrtum, ein fataler vielleicht sogar für die Zukunft der Kirche, wenn alle, denen die Amtskirche überhaupt noch etwas bedeutet und damit auch der Kurs, den ihre Leitung einschlägt, die Machtkämpfe in Rom einfach ignorieren würden. Denn dort bestimmen mittlerweile fundamentalistische Gruppen, freundlich umschrieben als neue geistliche Gemeinschaften und Bewegungen, den Kurs mit wachsendem Einfluss; dieser reicht schon so weit, dass ohne jede Kenntnis von ihnen die Kurie und selbst der Papst nicht mehr zu verstehen sind. Ohne die »movimenti«, wie die Bewegungen auf Italienisch heißen, läuft, so der Eindruck eines Kenners, sowohl in der Kurie als auch bei Papst Benedikt XVI., »gar nichts mehr«. Unter Johannes Paul II. hätten sie bereits stark an Einfluss gewonnen, und unter Benedikt XVI. werde dieser weiter stetig ausgebaut.

Niemand soll sagen können, er habe ja von all dem, was sich in der Kurie abspielt, nichts gewusst, wenn er die Kirche am Ende des Pontifikats von Benedikt XVI. womöglich nicht mehr wiedererkennt. Sie könnte dann, so steht zu befürchten, eine elitäre, rechthaberische und ihre Wahrheit verabsolutierende Bastion sein, die an den Bedürfnissen der allermeisten Menschen vorbei lebt und lehrt. Man darf sich nicht von den nackten Zahlen täuschen lassen und in vermeintlicher Sicherheit wiegen: Einer Milliarde Katholiken stehen zwar »nur« einige Hunderttausend Fundamentalisten gegenüber, doch diese agieren im Namen des Heiligen Vaters, und der darf bekanntlich sogar ganz allein und notfalls mit Unfehlbarkeitsdogma lehren. Zahlen allein bedeuten also wenig in der katholischen Kirche. Entscheidend ist die Rückendeckung durch ihr Oberhaupt.

Wie maßgeblich diese fundamentalistischen Bewegungen in den vergangenen 20 Jahren geworden sind, zeigt die Aussage eines Kurienbischofs anlässlich der ungewöhnlichen

Trauerfeier für den Gründer der in Italien besonders starken Bewegung »Comunione e Liberazione« (Gemeinschaft und Befreiung), Don Luigi Giussani, die am 24. Februar 2005 in Mailand stattfand. Sechs Wochen vor seiner Wahl zum Papst reiste der damalige Kardinal Joseph Ratzinger nach Mailand, und zwar in Vertretung des bereits todkranken Papstes Johannes Paul II., und das, obwohl der dortige Erzbischof Dionigi Tettamanzi selbst die Totenmesse hätte zelebrieren können. Schließlich war Tettamanzi nicht nur Metropolit einer der größten Diözesen, sondern wurde auch als möglicher Nachfolger des Papstes, als »papabile«, gehandelt, und somit als ein Konkurrent von Ratzinger.

»Warum Ratzinger in Mailand?«, fragte also einer der zuverlässigsten italienischen Vatikankenner, mein Freund und Kollege Giancarlo Zizola, Jahrgang 1936, seinen Informanten aus der Kurie. Dieser Erzbischof, den Zizola in seinen Büchern anonym seinen »Angelo d'Oltretevere« nennt, seinen »Engel vom anderen Ufer des Tibers« (dem vatikanischen Ufer also), antwortete zunächst voller Überzeugung, Ratzinger habe hier Wahlkampf betrieben. Mit größter Wahrscheinlichkeit werde er auch zum Papst gewählt. Dann folgte die überraschende Analyse des »Angelo«: »Das ist ein Signal, das nicht unterschätzt werden darf, gerade jetzt, am Vorabend der nächsten Papstwahl. Das größte Problem, das den nächsten Papst erwarten wird, bilden die Bewegungen. Sie sind eine Zeitbombe, die explodieren wird, sobald der neue Papst versucht, sie wieder in die Disziplin der Kirche einzubinden.« So weit der Erzbischof; eine weitergehende Folgerung drängt sich hier jedoch ebenfalls auf. Der neue Pontifex könnte die Bewegungen auch als Mittel für seine eigenen Zwecke benutzen, um mit ihrer Hilfe die katholische Kirche zu restaurieren.

Derart klare Worte zu den Movimenti wie oben sind selten im Vatikan. Offen gab damals und gibt heute kaum einer der

2600 Kurienmitarbeiter zu, was dort alle wissen: Dass nämlich jeder auf die Seilschaften und jeweiligen Zugehörigkeiten in den Movimenti achtet, zum Beispiel, wenn er befördert werden oder auch nur in Ruhe arbeiten will. Im Gegenteil. Man versichert sich gegenseitig höflich der höchsten Wertschätzung und schweigt. Dabei weiß eigentlich jeder, wozu sein Mitarbeiter oder Kollege sich zählt. Die Seilschaften sind erkennbar, Beziehungskisten spürbar. Nach außen jedoch wird die im Vatikan seit Jahrhunderten perfektionierte Verschwiegenheit gewahrt. Natürlich, so sagen fast alle dort freundlich und bestimmt, gebe es auch die Movimenti; in der praktischen Arbeit jedoch spielten sie keine große Rolle.

Trotz oder auch gerade wegen dieser Mauer des Schweigens schreiben vor allem italienische Autoren seit Längerem über den anscheinend unaufhaltsamen Aufstieg von Bewegungen wie Opus Dei, Legionäre Christi, Focolarini, Comunione e Liberazione, Neokatechumenale und Sant'Egidio. Zahlen können sie nicht nennen, denn die Mitglieder dieser neuen Bewegungen geben sich meistens nicht als solche zu erkennen. Je reaktionärer ihre Gemeinschaft denkt, desto verschwiegener und scheinbar ahnungsloser treten sie auf.

Diese kirchliche »omertà« brach Mitte der Neunzigerjahre ein aus seiner Bewegung ausgestiegener Focolarino, der britische Autor Gordon Urquhart, und zwar mit einem Buch unter dem Titel *Im Namen des Papstes*. Treffender kann der Anspruch jener willigen Helfer – auch unter Benedikt XVI. – nicht auf einen kurzen Nenner gebracht werden. Sie alle tun genau so, als handelten sie nämlich nur im Namen des Heiligen Vaters und gemäß dessen Intention, sei es nun mit oder ohne Auftrag. Meistens jedoch, so dürfen wir voraussetzen, ohne, was aber keineswegs heißt, dass der Papst Hilfe und Helfer nicht freudig begrüßen würde. Sie glauben sich eins mit den Zielen des Papstes und irren damit leider nicht.

Urquharts Buch ist ein ebenso seltenes wie aufschlussreiches Zeugnis vom Innenleben dieser neuen Movimenti, die sich zumeist teils angesichts der Erfahrungen von Kirchenverfolgung nach dem Zweiten Weltkrieg auf den Weg machten, teils als Reaktion auf die Erneuerungstendenzen des Zweiten Vatikanischen Konzils (1962–65). Auch Gordon Urquhart war bis 1976 neun Jahre lang Mitarbeiter der sogenannten Fokolar-Bewegung. Dann aber rechnete er mit ihr und zwei weiteren Erneuerungsgruppen brutal ab. Die sektenartigen Laienbewegungen der Focolarini, Neokatechumenalen und Comunione e Liberazione, so liest man in seinem Buch als zentralen Vorwurf, gefährdeten den Zusammenhalt der Kirche.

Nach Urquhart geht es dem reaktionären Netzwerk all dieser selbst ernannten »Glaubenswächter« ganz offensichtlich nicht um die Wahrheit als solche, sondern um die Verfügungsgewalt über die Wahrheit, also um Macht. Der Einzelne spiele dabei keine Rolle. Im Gegenteil. Individuen bzw. Persönlichkeiten stören im Heer der willigen Helfer nur. Was dabei herauskomme, so erfährt man, ist nun wirklich nicht das erlöste Gesicht der christlichen Frohbotschaft. Eine »Drohbotschaft« ist es, das wahre Gesicht dieser Fundamentalisten, die längst nur noch dem Anschein nach in dieser unserer Welt leben.

Urquharts Rückblick fällt vernichtend aus und alarmierend zugleich. Wie in Sekten werde der einzelne Mensch total vereinnahmt, einer Gehirnwäsche unterzogen, entpersönlicht und zu absolutem Gehorsam erzogen. Wer austritt, gelte als Verräter. Chiara Lubich, die »Mutterfigur« der Focolarini, habe den Rang einer neuen Muttergottes eingenommen, die nach dem Tod möglicherweise noch abgehobener und himmlischer erscheine. Ziel der Bewegungen sei zum einen eine Kulturrevolution zur Wiederherstellung der absoluten Papstautorität, weshalb sie in Rom natürlich besonders gern gesehen seien, und zum anderen der katholische Alleinseligmachungsanspruch.

Sexualität sei selbstverständlich grundsätzlich schlecht, Verheiratete seien minderwertig.

Als besonders gefährlich wertet Urquhart diese »katholischen Sekten«, weil sie höchste Förderer im Vatikan hätten: Neben dem Papst Johannes Paul II. nennt Urquhart den damaligen Glaubenswächter Kardinal Joseph Ratzinger (seinerzeit Präfekt der Glaubenskongregation, mittlerweile Papst Benedikt XVI.) und den Präsidenten der Zentralstelle der kirchlichen Hilfswerke »Cor unum« (so etwas wie ein päpstliches Entwicklungshilfeministerium), den deutschen Erzbischof Paul Josef Cordes, der zuvor als Vizepräsident des Laienrats und als päpstlicher Beauftragter für die charismatischen Erneuerungsbewegungen fungierte und heute, als Kardinal unter Papst Benedikt XVI., Mitglied von vier Kongregationen und Räten sowie Präsident zweier päpstlicher Stiftungen ist.

Kardinal Cordes bestreitet übrigens erst gar nicht den hohen Stellenwert, den die Kirchenführung diesen Bewegungen beimisst. Was er jedoch bestreitet, ist ihre Gefährlichkeit; immerhin räumt er ein, dass sie auch in der eigenen Kirche mit Achselzucken und häufig mit Vorurteilen abgelehnt würden.

In einem Interview für den *Focus* hatte ich selbst Gelegenheit, den Kardinal persönlich zu dem religiösen Eifer der Movimenti zu befragen. Seine Antwort soll hier für sich stehen: Jener Eifer sei eine überzeugende Antwort auf »mancherlei Kopflastigkeit kirchlicher Verkündigung«. Das Glaubenserlebnis, die christliche Mystik, komme bei vielen heutigen kirchlichen Auseinandersetzungen zu kurz. Mystik ist also gefragt. Das lenkt von klaren Aussagen zu den wirklichen Zielen ab. Die Erneuerer, um noch einmal Urquhart zu zitieren, kontern mit Fanatismus statt mit wirklichen Antworten.

Der Kronzeuge oder Pate der neuen Mystiker ist einer der großen Theologen des vergangenen Jahrhunderts. Der Basler

Hans Urs von Balthasar, der kurz vor seinem Tod im Jahr 1988 noch zum Kardinal ernannt wurde, hatte schon Anfang der Achtzigerjahre beobachtet, dass die spirituellen Erneuerungsbewegungen sich erstaunlich vermehrt hätten zu einer »Blüte und Vielfalt der Laienbewegungen«, die in der Kirche nicht immer »ganz schmerzfrei« verlaufe. Balthasar lebte es im Übrigen selbst vor. Er erinnerte sich zeitlebens genau an einen Tag im Sommer des Jahres 1927, als er bei einem Spaziergang im Schwarzwald nahe Basel, unter einem Baum ausruhend, »wie vom Blitz getroffen« erkannte, dass er »von Gott in Dienst genommen« wurde. Das Beispiel des Basler Kardinals hat Schule gemacht. Die neuen Charismatiker empfinden genauso und haben selbst bei progressiven Konzilsvätern Euphorie geweckt. Der damals zum Lager der Fortschrittler gezählte belgische Kardinal Leo Suenens wurde der größte Fürsprecher einer katholischen Laienschar, die durch Lieder, Gebet und Gemeinschaftserlebnisse den Heiligen Geist zu spüren und Gottes Wille zu ergründen glaubt. »Sie sprechen in Zungen«, beschreibt bereits die Bibel das Pfingsterlebnis. Der Rektor des geistlichen Zentrums in Sasbach (Erzbistum Freiburg), Wilhelm Schäffer, erkannte in seinem Lehrmaterial in den Neunzigerjahren für Theologen das Phänomen uneingeschränkt an. Allerdings dürfe sich niemand darunter vorstellen, dass jemand, der in Zungen spreche, plötzlich von allen verstanden werde. Vielmehr sei es ein kaum verständliches Artikulieren eines intensiven religiösen Erlebnisses, »intuitiv erfasste Bedeutungen, nicht selten prophetischen Inhalts«.

Für Kardinal Cordes wiederum sprengen die charismatischen Erlebnisse den »akademischen Panzer« der Schultheologen. Diese kommen Cordes vor wie Chemiker, die niemals Alkohol getrunken haben, sondern lediglich seine chemische Formel kennen. Wie aber können diese vom Wein singen?

Auf die Kirche bezogen ergibt sich eine Folgerung, die vor 20 Jahren leichteren Herzens zu ziehen war als heute, unter dem Dogmatikerpapst Benedikt XVI.: »Wie kann einer glauben, wenn er nur Dogmen kennt?« Deshalb geben Anhänger der Erneuerungsbewegungen logischen Streitereien über die Kirche oder etwa dem Kirchenvolksbegehren keine Erfolgschancen. Die Erneuerung komme aus dem tiefen Glauben, aus dem gelebten Mysterium, aus der Einheit des Menschen mit Jesus am Kreuz, die über alle konfessionellen Schranken hinauswirke. Ein Aufbruch in ein neues Zeitalter des Christentums? Bei solchen Hoffnungen dürfte es sich heute noch mehr als vor dem Pontifikat Ratzingers wohl um rein idealistisches Wunschdenken handeln, das zudem mit dem jetzigen Stand der Theologie nichts zu tun hat. Offenes theologisches Denken findet deshalb in den Gemeinschaften und Bewegungen erst gar nicht statt. Es könnte leicht, wie Wilhelm Busch ironisch formulierte, zu unchristlichen Gedanken führen.

Die gefährliche Wirkung der neuen Bewegungen droht nicht aus irgendwelchem Sektierertum, nicht aus dem befremdlich anmutenden Innenleben der Bewegungen heraus, sondern gerade von dort, wo Urquhart sie, unter dem Eindruck persönlicher Enttäuschung, gerade nicht vermutet hat: aus dem konservativen Kirchenapparat, der die schützende Hand über die romtreuen Bewegungen hält. Der Glaubensinhalt scheint dabei im Machtgefüge des Vatikans zweitrangig. Was vorrangig zählt, das ist die absolute und uneingeschränkte Papstergebenheit. Nur so, auf dieser unabdingbaren Grundlage, sind die Movimenti als militante Katholiken nützlich. Der damalige Fokolar-Sprecher in der römischen Zentrale, Guglielmo Boselli, hat dies unfreiwillig unterstrichen, indem er in einem Interview mit mir seine Bewegung folgendermaßen verteidigte: »Wir sind keine Sekte. Wir stehen voll zur Hierarchie.«

Seiner eigenen Logik folgend, warf er Urquhart in diesem Sinne vor, nur die eine Seite der Medaille zu sehen. Nun ist die Fokolar-Bewegung dennoch nicht eines jeden Katholiken Sache. Einige, die sich näher mit ihr befasst haben, erkennen ihren eigenen Glauben nicht wieder in dem hier gern demonstrierten »frömmelnden Liebet-einander-Einerlei«. Alle setzen hier zumindest nach außen eine Fröhlichkeit auf, die den Erfahrungen von Aussteigern krass widerspricht. Sie wissen aus eigener Erfahrung, dass freundliche Gesichter zum antrainierten Auftritt gehören, als Demonstration dafür, wie nett und wie christlich man doch sei.

Der reichlich egozentrische römische Kirchenhistoriker Andrea Riccardi, der die später noch zu besprechende Erneuerungsgemeinde von Sant'Egidio in Rom mitgegründet hat, hat in einem seiner vielen Bücher einmal eine Kernfrage gestellt, die uns an dieser Stelle weiterführt: »Wie wirkt diese Erneuerung in der Gesellschaft? Islam und Judentum sind Gesetzesreligionen. Sie lassen sich auf die weltliche Gemeinde anwenden. Das Christentum aber nicht.« Was aber sind, so müssen wir uns fragen, die Grundlagen dieser Fundamentalisten, die sie auf die ganze Gesellschaft übertragen wollen?

Solche Grundlagen sind nicht so eindeutig für den praktischen Gebrauch zu formulieren, wie ihre Anhänger es glauben machen wollen. Die meisten berufen sich deshalb lieber auf den Papst, die katholische Tradition und den Heiligen Geist. Deutlicher sind die Symptome: Im Extrem führt dieser Fundamentalismus zu Kampagnen wie etwa jener, bei der in den USA abtreibende Ärzte bedroht werden und in deren Folge im Frühjahr 2009 ein Mann aus diesem Milieu tatsächlich einen Arzt ermordet hat.

In jedem Fall, so urteilte Riccardi, meint der Hinweis auf die Fundamente den Blick zurück, also die Kirche von gestern, von vorgestern – oder gar diejenige der Ursprünge? In dieser ebenso entschiedenen wie unklaren Rückbesinnung lag anfangs die Unberechenbarkeit der Bewegungen sowohl für die Kirchenhierarchie als auch für den Einzelnen, der sich mit ihnen auseinandersetzen wollte. Inzwischen gilt dies nicht mehr, da sich deutliche Tendenzen abzeichnen. Die Rom ergebenen Movimenti scheinen die Kirche ganz im Sinne des Papstes auf einen Kern »gesundschrumpfen« zu wollen, der ihre Wahrheit teilt und dem die gewaltige Mehrheit der Katholiken, die heutzutage eher ihrem Gewissen als dem Pontifex folgen, zu lax und zu »relativistisch« ist (ein Lieblingswort des Papstes). Denn »Rom ergeben« zu sein heißt für alle, ganz gleich, welcher der neuen Bewegungen sie auch anhängen mögen, dass sie unbedingt und rückhaltlos die Autorität des Papstes anerkennen. Das ist vielleicht der gravierendste Unterschied zu allen anderen Bewegungen: Die geistliche Erneuerung kommt im Gleichschritt mit dem Papst daher. Seine neuen Soldaten dulden kein Ausscheren. Papstergebenheit dient als Maßstab für Ansehen in der Kurie.

Dabei hatte doch das katholische Milieu als geschlossene Veranstaltung in seiner althergebrachten Form nach dem Zweiten Weltkrieg nach und nach ausgespielt. Manifeste Reaktionen seitens des Vatikans auf die veränderte Glaubenswirklichkeit hatten ausnahmsweise nicht lange auf sich warten lassen: Das Zweite Vatikanische Konzil förderte mit Schlagwörtern wie Religionsfreiheit und Erneuerung sogar den längst eingeläuteten Prozess, aus dem antiquierten Milieu auszuscheren und eigene, neue Wege zu beschreiten. Die Mobilität der modernen Welt mit zusehends aufweichenden Bindungen an die alten Zwänge der kleinlichen und kleinkarierten Gesellschaft hat seinerzeit Verklemmtheiten aufgelöst und persönliche Befreiung ermöglicht, was einem wirklichen Christsein mehr entspricht als der unhinterfragte Glaube an Dogmen, die zeitbedingt unter bestimmten historischen Gegebenheiten ent-

standen und deshalb anzweifelbar sind wie etwa die Unfehlbarkeit des Papstes oder die leibhaftige Aufnahme Marias in
den Himmel. Doch ist selbstständiges freies Denken nicht unbedingt jedermanns Sache. Manch einer scheint autoritäre
Vorgaben zu brauchen. So hat die Freiheit der eigenen Verantwortung als Gegenreaktion am rechten Rand der Kirche die
Sehnsucht nach Bindung, Geborgenheit, Ordnung und Zucht
aufkommen lassen, weil dort Freiheit weder geschätzt noch
praktiziert wird. Die Freiheit des Christenmenschen scheint
nicht unbedingt eine katholische Tugend zu sein. Stattdessen suchen viele Katholiken ihre Identität in sogenannten Erneuerungsbewegungen, deren Erscheinungsbild oft nicht mehr
von Aberglauben zu unterscheiden ist. Marienvergöttlichung
etwa gehört ebenso dazu wie Selbstkasteiung zur Abwehr des
Bösen in der Welt.

Die einzelnen Bistümer achten, je nach Einstellung ihres
Oberhirten, mehr oder weniger darauf, dass sich keine Eiferer
einnisten und die Gemeinden von innen zerstören. Sie beobachten auch misstrauisch (und das zu Recht!), was sich am
äußersten Rand der Glaubensgemeinschaft so tummelt und
was für Abstrusitäten sich verirrte Schäfchen ausdenken, die
sich in den Pfarrgemeinden nicht mehr beheimatet fühlen
oder die sich nicht haben integrieren lassen. Verfügen solche
Spaltpilze auch noch über gewisse demagogische Fähigkeiten,
so werden sie bisweilen selbst den Oberhirten gefährlich. Zumindest in Einzelfällen haben Fanatiker bereits intakte Gemeinden in heillosen Streit gestürzt und so zerstört.

Die schleichende Machtübernahme geschieht dabei immer
im Namen der einzig wahren und katholischen Kirche. Ab-
weichler werden als Häretiker (Ketzer) gebrandmarkt oder als
Irrgeleitete, denen nie das Himmelreich winke. Der seelische
Schaden, der dabei entsteht, ist immens, am schlimmsten aber
dort, wo diese Gruppen eine straffe Organisation entwickelt

haben und ihre Intoleranz, als Dienst an der Wahrheit verkappt, der Hierarchie verkaufen. Einige Bischöfe und Kardinäle sind ob des Engagements dieser Gruppen blindlings entzückt und schätzen sich auch noch glücklich.

Im Zweifelsfall legt selbst der Vatikan über dieses Tun ein Mäntelchen gnädigen Wohlwollens, es sei denn, unübersehbarer, purer Aberglauben lässt auch einen traditionalistischen Kurienkardinal den Daumen senken. Wird ihnen auch nur der kleine Finger gereicht, so hindert das solche Organisationen doch nicht daran, dutzendweise Kardinäle als Sympathisanten aufzulisten wie etwa zum Beispiel jene, die von der mysteriösen »Familie Mariens« für deren Absicht vereinnahmt wurden, die Muttergottes als vierte Gottheit dogmatisch zu etablieren. Neben Vater, Sohn und Heiligem Geist also auch die Gottheit Maria! Das ging dann aber doch selbst dem marienfrommen Papst Johannes Paul II., dem Pontifex mit dem großen »M« im Wappen, eindeutig zu weit ...

Wir sehen: Nicht jeder neuen radikal-konservativen Bewegung ist von vornherein Erfolg beschieden. Solch extreme Gruppierungen wie die »Familie Mariens« zählen in der Kurie bestenfalls als »Arme im Geiste«. Andere nennen sie »marianische Spinner«. Zu Machtfaktoren wurden sie nicht, und zwar mangels Rückendeckung im rechten Flügel der Kurie. Macht ist also allein mit inbrünstigen Marienliedern nicht zu gewinnen oder, wie der umstrittene Erzbischof und vatikanische Banker Paul Marcinkus 1986 dem britischen *Observer* sagte: »Mit dem Ave Maria regiert man keine Kirche.« Solcherlei Folklore ist allenfalls etwas für das fromme Fußvolk, mit dem die Kurie nur insofern zu tun hat, als es dieses zweimal wöchentlich, nämlich mittwochs und sonntags, auf dem Petersplatz zusammenströmen sieht, wo es dann dem Papst zujubelt. Doch haben Millionen Gläubige und Touristen bei Papstmessen nichts mit den Kreisen der Macht zu tun. Die

Gruppierungen, die dort zählen, brauchen keine Massen. Ihre Effizienz hat auch nichts mit der Seelsorge zu tun. Deshalb können sie im Machtapparat eher mit Verständnis rechnen als in den Diözesen, wo die Bischöfe ihrerseits nur mühsam die Erosion ihrer Gemeinden eindämmen können.

Die Diözesen haben mittlerweile nicht ohne Sorgen Beauftrage für die neuen Gruppierungen berufen, damit rechtzeitig Grenzen gezogen werden können. Ich habe mit derartigen Beauftragten in den Seelsorgeämtern über ihre Erfahrungen gesprochen; nach und nach schälen sich aus ihrer Praxis grobe Profile der neuen Gruppierungen heraus.

Die unterschiedlichen Profile

Die klassischen Gruppen, die den überkommenen Organisationen im katholischen Vereins- und Verbandsleben zuzurechnen sind, haben zwar neue Namen, gehören aber zu den engagierten Mitgliedern der Pfarreien wie etwa die herkömmlichen Männer- und Frauenorganisationen. Sie sind vollständig integriert und fühlen sich als selbstverständliche Bestandteile der Pfarreien. Meistens pflegen sie ihre Besonderheiten als Ergänzung, so wie beispielsweise die Georgspfadfinder zur katholischen Pfarrjugend. Sie nutzen allerdings (manchmal mit Vorbehalt) auch Angebote der neuen Gruppierungen wie etwa der Cursillo-Bewegung, die Kurse zur Evangelisierung organisiert, oder der Gesellschaft Apostolischen Lebens. Manchmal wissen die Gastgeber aber auch gar nicht so genau, wen oder was sie sich da eigentlich ins Haus geholt haben.

Eine zweite Gruppe bilden jene für den Dialog offenen Bewegungen, die sich, zum Teil nach jahrelanger Entwicklung, mit der Zeit stärker als am Anfang in die Gemeinden einbinden ließen. Sie unterscheiden sich durch einen betontermaßen aus dem Glauben heraus gestalteten Alltag. Zu dieser Gruppe kann heute, mit gewissen Einschränkungen, die Fokolar-Bewegung gezählt werden.

Gleiches gilt für die Gemeinschaft Sant'Egidio, zumindest in Deutschland, wo es der aus Rom stammenden Bewegung – anders als in Italien – bisher nicht geglückt ist, nennenswerten Einfluss auf die Gesellschaft oder die Kirchenführung zu erlangen. Egidianer sind ökumenisch offen, ein Kriterium, das diese gemäßigten Gruppierungen kennzeichnet und ihnen ein höheres Maß an Toleranz bescheinigt.

Mit der dritten Gruppe kommen wir zu den für das Gemeindeleben gefährlichen Organisationen. Sie kennzeichnet ein elitäres Bewusstsein und ein ausgeprägtes Streben nach Macht, Einfluss und Reichtum. An erster Stelle sind hier das Opus Dei zu nennen und die Legionäre Christi, die Insider gern auch als »Millionäre Christi« verballhornen. Sie bereiten den Kirchengemeinden zunächst einmal wenig Sorgen, da sie lieber unter sich bleiben wollen, statt eine eigene Kirche in der Kirche zu bilden. Diese Gruppierungen folgen rigiden Regeln mit klarer Ideologie und strengem Gehorsam; sie bevorzugen arrivierte Personen mit Einfluss in der Hierarchie oder in den Medien. Hierher gehört auch die in Italien und in der Kurie starke Comunione e Liberazione, die in Deutschland bislang noch nicht richtig Fuß gefasst hat. Gemeinsam ist allen Bewegungen dieses dritten Typs die Willfährigkeit gegenüber dem Papst und das gezielt gepflegte Sonderdasein neben den lokalen Kirchen, Bistümern und Pfarreien. Bischöfe sehen in ihnen oft Parallelkirchen, die ihr eigenes Süppchen kochen und dabei auch nicht davor zurückschrecken, Pfarrgemeinden zu zerstören, weil diese ihren Auftrag angeblich nicht mehr erfüllten.

Eine vierte Gruppe könnte als bigott, rückständig und vor allem marienfromm charakterisiert werden, kurzum: als intolerante Eiferer. Ihre Mitglieder und Anhänger sind zutiefst davon überzeugt, dass nur sie den rechten Glauben für sich beanspruchen können. Alles, was anders ist als sie selbst, gilt ihnen als häretisch. Bei ihnen finden sich besonders viele traditionalistische Formen. Die meisten Katholiken halten diese Eiferer für fromm, aber unaufgeklärt. Die Amtskirche beobachtet sie allerdings mit Argwohn, da ihre Ansichten doch eher Aberglauben als Glauben repräsentieren. Doch es gibt Trost für Pfarrer und Bischöfe: Diese Versprengten, von denen später auch noch die Rede sein wird, überschätzen sich und ihren Einfluss gewaltig.

Eine fünfte Gruppe ist am schwersten einzuordnen. Häufig hängen die Bewegungen, die hier einzuordnen sind, ganz von dem Einfluss ihrer Gründer ab, die die Gabe haben, Sonderlinge anzuziehen, die sich in ihren Gemeinden nicht durchgesetzt oder sich durch ihre Eigenbrötlerei selbst ausgegrenzt haben.

Die Traditionalisten schließlich, denen hier ebenfalls ein eigenes Kapitel gewidmet ist, fühlen sich als die einzig wahren Katholiken, vor allem deren Abspaltung der Sedisvakantisten, die keinen Papst seit Pius XII. (gestorben 1958) als rechtmäßig anerkennen. Dies ist aber ihre eigene Wahrheit: In den Kirchengemeinden spielen sie keine Rolle, da sie sich klar von diesen distanzieren und sich ihre eigenen Pfarreien schaffen, was natürlich nicht heißt, dass sie nicht gern heimlich, still und leise die Macht in der katholischen Kirche übernehmen würden. Benedikts Kurs lässt sie im Übrigen hoffen.

Der Theologe und Publizist Peter Hertel hat sich der quälenden Mühe unterzogen, katholische Fundamentalistenliteratur zu lesen, also einschlägige Zeitungen, Magazine, Bücher, Verlagswerbung, Flugblätter, Unterschriftenaktionen, Eingaben etc. Man darf sich das so vorstellen: immer wieder sammeln, sortieren, studieren, vergleichen, bewerten und schließlich archivieren ... Und das alles über Jahre hinweg! Doch die Mühe hat sich gelohnt: Seit dieser Tortur kennt Peter Hertel wie kein Zweiter das ganze reaktionäre Personal, von Opus-Dei-Bischöfen über das Netzwerk der Professoren, Journalisten, adeligen Damen und ritterlichen Herren bis hin zu den Patres und Vaticanisti aus dem integralistischen Lager. Und damit nicht genug: In seinem Buch *Glaubenswächter* hat Peter Hertel auch die wichtigsten Merkmale herausgearbeitet, an denen man den katholischen Fundamentalismus, der sich im Vatikan am stärksten eingenistet hat, erkennen kann:

• Der Fundamentalismus glaubt die Kirche von innen bedroht; der Opus-Dei-Gründer Escrivá de Balaguer sprach von der »Fäulnis des Unglaubens«, die den mystischen Leib Christi befallen habe, welcher sich in »stinkender Verwesung« befinde.

• Der Fundamentalismus sieht die Kirche vor allem hierarchisch und zentralistisch, und zwar durch göttlichen Willen. Jede Kritik am »Heiligen Vater« und an den (meisten) Bischöfen ist Unglaube und führt in den Untergang; die Kirche stellt sich monolithisch dar (Ein Glaube. Eine Taufe. Eine Partei).

• Der Fundamentalismus nimmt an, der katholische Glaube (die Wahrheit) stehe unabänderlich seit Anfang an fest; die Treuen fühlen sich als »Teil einer geschlossenen schlagkräftigen Kirche«.

• Die Bewegung in der Kirche geht folglich immer von oben nach unten (Lehren, nicht lernen. Verkündigen, nicht fragen).

• Die Werteskala wird von der sexuellen Enthaltsamkeit angeführt und von allem, was von Weitem daran erinnert.

• Katholische Fundamentalisten haben je nach Weltgegend unterschiedlich starke Feindbilder, zum Beispiel Protestantismus, Pluralismus, Demokratie, Gewissensfreiheit, Judentum, Islam, atheistischen Kommunismus (oder kommunistischen Atheismus), Theologie der Befreiung.

27

- Marienverehrung, Marienerscheinungen und naiver Wunderglaube spielen eine zentrale Rolle.
- Alle streiten »für das Leben«, und dies weniger gegen die Todesstrafe als gegen jede Form von Abtreibung.
- Die Hauptrolle spielt das Opus Dei, das sich selbst aktiv mit Geheimnissen umwittert. Angeblich, so will man uns weismachen, handelt es sich bei ihm um eine Laienvereinigung (80 000 Mitglieder), aber tatsächlich ist es nichts anderes als eine klerikale Personalprälatur, so etwas also wie eine weltweite Diözese. Gleich nach dem Opus Dei rangieren die in Deutschland weniger bekannte, aber insgesamt doch sehr mächtige CL (Comunione e Liberazione) und das Neokatechumenat, das hier besonders durch den Kölner Kardinal Meisner uneingeschränkt und offiziell gefördert wird.

Die acht Kriterien

So weit also die wertvollen Erkenntnisse von Peter Hertel. Wie werden nun aber Katholiken zu Fundamentalisten? Wie formen die Organisationen ihr Personal? Liest man den obigen Katalog, so muss man unwillkürlich an Gehirnwäsche denken. Der bereits zitierte Ex-Focolarino Gordon Urquhart hat in seinem Buch *Im Namen des Papstes* anhand von amerikanischen Untersuchungen acht Kriterien ermittelt, die von den Gruppen bei der Konditionierung ihrer Mitglieder eingesetzt werden:

1. Die Gruppen versuchen, sich die Verfügungsgewalt zu sichern über alles, was der Einzelne zu sehen, zu hören und zu lesen bekommt, dann über alles, was er schreibt, erlebt und ausdrückt. Dem Einzelnen werden gezielt die Möglichkeiten genommen, nachzudenken und persönlich zu entscheiden.

2. Kontrolleure schaffen eine Lage, die den Beteiligten bestimmte Verhaltensmuster und Gefühle aufzwingt, so etwa den Zwang zum ständigen Lächeln und zur Fröhlichkeit. Das Bemühen, solche Verhaltensweisen in isolierten Umgebungen ohne Außenkontakte aufrechtzuerhalten, schafft euphorische Gefühle. Die Kontrolleure erzeugen »eine mystische Aura um die manipulierenden Institutionen«. Die Opfer fühlen sich als ausgewählte Werkzeuge.

3. Es wird vermittelt, dass nur das das Gute ist, was mit der eigenen Ideologie übereinstimmt. Dem Einzelnen wird beigebracht, dass er nur dann rein sein werde, wenn er sich nach der Botschaft seiner Gemeinschaft verhalte.

4. Die Reinheit wird in offenen Beichten und Selbstbeschuldigungen überprüft und zu Neurosen fortentwickelt. Auf diese Weise entsteht Abhängigkeit durch Schuldgefühle. Sich preiszugeben bedeutet sich selbst aufzugeben, was allerdings nur von einfachen Mitgliedern verlangt wird. Die Vorgesetzten halten sich persönlich bedeckt und lassen sich nicht in die Karten schauen. Ständig abzuliefernde Erfahrungsberichte ihrer Untergebenen sichern denen ganz oben Herrschaftswissen, das bis hin zur Erpressung Einzelner genutzt werden kann.

5. Die Organisation vermittelt ihr zentrales Dogma als *das* Ideal für die Ordnung des menschlichen Daseins.

6. Standardisierte Wortwahl und Insiderformeln sowie ein sektenartiger Hausjargon lenken das Denken und fördern das Zusammengehörigkeitsgefühl.

7. Veränderungen der Persönlichkeit werden anhand ständiger Berichte überprüft. Es gibt keine Privat- oder Intimsphäre mehr.

8. Schließlich gewährt die Organisation dem Unterworfenen bzw. Entmündigten eine Art Beförderung zum höheren Dasein, zur Einheit mit den Gründungsidealen. Die so »Belohnten« leiten daraus dann die Verpflichtung zum absoluten Gehorsam ab.

Was Urquhart hier alles auflistet, erinnert tatsächlich an Gehirnwäsche in totalitären Staaten. Wir müssen es uns daher noch einmal klarmachen: Das sind die wesentlichen Merkmale jener fundamentalistischen Gruppen, die sich in der katholischen Kirche immer weiter zur Macht emporarbeiten, um sie letzten Endes ganz nach ihren Vorstellungen zu prägen. Dem linken Slogan »Wir sind Kirche« setzen sie die Parole »Die Kirche sind wir« entgegen.

Der Weg von der Volkskirche zur Sekte ist also vorgezeichnet. Angefangen hat dieser Prozess bereits unter Papst Paul VI., der vor allem die Legionäre Christi und das Opus Dei schon vor seinem Pontifikat, als Giovanni Battista Montini und Mitarbeiter von Papst Pius XII., gegen besseres Wissen förderte. Eigentlich hätte er sie, nach dem Stand der damaligen Kenntnisse, kurzerhand verbieten müssen, denn gegen beide ermittelte die Kurie verschiedentlich aufgrund von Vorwürfen und Klagen über reaktionäre und sektiererische Tendenzen. Er tat es nicht. Johannes Paul II. profitierte davon später in seinem Sinne, nahm er doch ihre Unterstützung dankbar an und förderte sie als »Zukunft der Kirche« und als Retter in finanzieller Not. Benedikt XVI. schließlich galt als Kardinal und Präfekt Joseph Ratzinger – fälschlicherweise, wie wir heute wissen – noch als unabhängig von den Erneuerungsbewegungen im Allgemeinen und den Rechten im Besonderen. Nach anfänglichen Vorbehalten lobte er jedoch ihre Modelle, sofern sie konservativ statt liberal oder progressiv sowie dem Papst ergeben waren, als Zukunftschance einer Kirche, wie er sie sich vorstellte.

Doch zurück zu seinem Vorgänger. Johannes Paul II. war die Kurie reichlich gleichgültig. In der Kirche selbst sah er so etwas wie ein Movimento, eine große stete Bewegung, die also am besten von vielen kleinen Bewegungen vorangebracht werden könne. Seine polnische Heimat und dort insbesondere die

Widerstandsbewegung der Gewerkschaft »Solidarność« schien ihm ein für die Kirche nachahmenswertes Modell. Wo aber war der Gegner, wen sollten diese Bewegungen, analog zur »Solidarität«, erschüttern? Die Antwort lieferte der Papst bei so ziemlich jeder Gelegenheit: Natürlich die säkularisierte Welt, der die Katholiken zum Opfer fielen.

Dieses Motiv war bei Karol Wojtyla schon angelegt, als er noch Erzbischof von Krakau war und im Jahr 1974 in der römischen Bischofssynode im Auftrag von Papst Paul VI. ein Einführungsreferat über die Evangelisierung der Völker hielt. Begeistert folgte er Einladungen zu Treffen der neuen Bewegungen. Comunione e Liberazione etwa begann in seiner Ära mit den jährlichen Freundschaftstreffen in Rimini, wo Altchristdemokrat und Erzkatholik Giulio Andreotti große Reden hielt und wo sich schließlich auch Johannes Paul II. feiern ließ. 1985 lud dieser Papst die »Ciellini« sogar zur außerordentlichen Bischofssynode ein. Sant'Egidio initiierte derweil die Gebetstreffen von Assisi, bei denen sich der Pontifex gewissermaßen als Oberhaupt der gläubigen Welt darstellen durfte, was sein Glaubenswächter Ratzinger allerdings, so muss man feststellen, mit größtem Misstrauen verfolgte. Der Präfekt (Chef) der Glaubenskongregation wollte nicht dulden, dass das Oberhaupt der römisch-katholischen Kirche gemeinsam mit anderen Religionsführern zu Gott betete, denn das setzte voraus, dass alle denselben Gott meinten. Dies aber akzeptiert Ratzinger, oder besser: Benedikt XVI., bis heute nicht. Wirklich gemeinsam mit ihm beten kann nur, wer *seinen* christlichen Gott anerkennt. Alles andere sind Leerformeln, die nichts bedeuten. Hierzu aber später mehr.

1982 billigte Johannes Paul II. dem Opus Dei den Status einer Personalprälatur zu. Er unterstellte das »Werk« (lateinisch »opus«) auf diese Weise ausschließlich sich selbst und löste es somit aus der kirchlichen Hierarchie und aus den Diözesen heraus, damit es allerorten ohne Rücksicht auf Bischöfe und Gemeindepfarrer wirken konnte. Damit war es endgültig so weit: Der Spaltpilz war im Boden.

Die zweite große Bewegung, von der an dieser Stelle zu reden ist, stammt aus der von Wojtyla bevorzugten spanischsprachigen Welt: die Legionäre Christi, die im kirchenfeindlichen Mexiko entstanden sind, wohin denn auch Johannes Paul II. demonstrativ seine erste Auslandsreise im Jahr 1979 unternahm. Die Legionäre Christi wurden 1983 eine Kongregation päpstlichen Rechtes und somit also ebenfalls aus der apostolischen Kirchenstruktur herausgelöst. Sieben Jahre später, im Jahr 1990, wurden die Focolarini als internationale Vereinigung von Gläubigen päpstlichen Rechts anerkannt, und ebenso, im selben Jahr, der neokatechumenale Weg. Der vom spanischen Faschismus geprägte Opus-Dei-Gründer Escrivá de Balaguer wurde 1992 selig- und bereits 2002 heiliggesprochen. Schneller geht es nur bei Märtyrern! 1997 jubelte der Papst über die neuen Bewegungen und nannte sie den »neuen Frühling der Kirche«. Pfingsten 1998 würdigte Johannes Paul II. die 300 000 Mitglieder von 60 Erneuerungsbewegungen bei ihrem vierten Weltkongress in Rom als die »Antwort auf die Herausforderung der Säkularisierung«.

Ihre Aktivitäten drängten in der päpstlichen Wahrnehmung die alten Orden zurück. Opus Dei und Legionäre Christi schienen aus der Sicht des Papstes die Jesuiten und Dominikaner abzulösen. Sie waren stramm antiliberal, kirchlich reaktionär und in den Augen des polnischen Pontifex gerade richtig, weil streng antikommunistisch. Nur folgerichtig war dann auch der Händedruck für den Diktator Pinochet beim »Pastoralbesuch« in Chile. Immerhin hatten die Legionäre gerade in den Diktaturen von Argentinien und Chile einen Schwerpunkt für ihre Arbeit gegen den Kommunismus in Lateinamerika gefunden. Unter dem Schlagwort »Kommunisten« wurden auch die

Befreiungstheologen subsummiert, die Ratzinger dann mithilfe der Legionäre am Ort unterdrückte. Die Botschaft für die Kirche war klar und deutlich. Der Papst baute sich ein Netzwerk auf, zu seiner eigenen Verfügung. Und die Tendenz, die sich daraus ableitete, war ebenso eindeutig. Die vom Konzil gewollte und geförderte Mitverantwortung der Bischöfe unter dem damals noch häufig gebrauchten Schlagwort der »Kollegialität« wurde nunmehr seitens der römischen Zentrale ausgehöhlt, wo immer sich die Möglichkeit dazu bot. Das Konzil markierte nur noch eine kurze Unterbrechung des römischen Zentralismus. Wenn die Bischöfe auf Wunsch des Papstes schon nicht mehr das Sagen in ihren eigenen Diözesen hatten und »Fremdkörper« immer mehr Einfluss bekamen, die unter der Befehlsgewalt einer ihnen unfreundlich gesonnen Zentrale standen und ihnen in die Seelsorge hineinpfuschen durften, dann war die Apostolische Sukzession nur noch ein Etikettenschwindel. Das durch Weihe auf die Apostel zurückgeführte Bischofsamt brauchte diese Sukzession nur noch als Ausdruck der Anerkennung der Gültigkeit seines Amtes. Der Rest war römischer Gehorsam.

Dabei gab es durchaus kritische Stimmen, auch in der Kurie. Doch die Warnungen von anerkannten und hoch geschätzten Bischöfen und Kardinälen nahm der Papst nicht ernst. Es war ihm offensichtlich gleichgültig, dass hochrangige Persönlichkeiten wie der Mailänder Kardinal Carlo Maria Martini, der brasilianische Kardinal Aloísio Lorscheider und der Prager Kardinal František Tomášek, also Bischöfe aus den unterschiedlichsten Kirchensituationen, in der Bischofssynode von 1987, die sich mit der Rolle der Laien befasste, eindringlich vor den Parallelkirchen der Gemeinschaften warnten.

Diese Synoden (eingerichtet von Paul VI.) erwiesen sich endgültig als das, was sie nie sein wollten, de facto aber mittlerweile waren: als ein Bischofsparlament des unverbindlichen

Palavers. Ursprünglich sollten sie zu einem Gremium der kollegialen Mitentscheidung mit dem Papst entwickelt werden. Allerdings hat kein Papst diese Aufwertung je wirklich gewollt. Doch nicht nur die Synoden litten unter dem Aufstieg der von höchster Warte protegierten Bewegungen. Devotion und Marienfrömmigkeit wie bei diesen päpstlichen Lieblingen fanden sich nicht in den Basisgemeinden Südamerikas und den Bewegungen der Progressiven, die nicht nach Macht strebten, sondern denen Hilfe für den Menschen am Herzen lag, wirkliche Evangelisierung der Völker also. Sie wurden entsprechend von Kardinal Ratzinger im Auftrag des Papstes bekämpft. Auch in Europa lösten sich viele kritische Formationen auf, darunter in Deutschland beispielsweise der »Bensberger Kreis«. Die Mitglieder dieser Gruppen verließen enttäuscht die reformunfähige Kirche oder flüchteten entmutigt in die Privatheit ihrer inneren Emigration.

Die antiliberalen, antikommunistischen und strukturell antidemokratischen Organisationen bauten dagegen ihren Einfluss aus. Um nur ein symptomatisches Beispiel zu nennen: Eines ihrer Sprachrohre, das aus Polen stammende *Radio Maria*, konnte sich in unerträglicher Weise dreist gebärden und wurde erst gerügt, als es in einem solchen Maße antisemitische Hetze betrieb, dass diese auch nicht mehr vom jahrhundertealten katholischen Antijudaismus gedeckt werden konnte (der, nebenbei gesagt, zuletzt gerade 2009 den Streit mit den traditionalistischen Bischöfen für die Kirchenspitze so pikant machte).

Die direkte Abhängigkeit vom Papst, die den neuen Bewegungen ihr Machtpotenzial liefert, wurde den klassischen und mittlerweile weniger geliebten katholischen Organisationen zum Verhängnis. Der Einfluss der einst mächtigen Katholischen Aktion in Italien, deren Papst noch Paul VI. war, wurde zum Beispiel zurückgedrängt. Ebenso wenig wird das Zentralkomitee der Deutschen Katholiken als oberste Vertretung des organisierten Laientums in der Kurie ernst genommen. Wenn schon eine Bischofssynode nichts zu sagen hat, dann kann natürlich ein Laienparlament allenfalls dekorativen Charakter haben, zumal die wirklich mächtigen Truppen des Vatikans sich von solchen Kreisen fernhalten.

Der Religionswissenschaftler Massimo Faggioli aus Bologna erkannte deshalb eine zweite Entwicklung, und zwar innerhalb des Kirchenapparats. Die neuen Bewegungen entsprechen nicht nur den päpstlichen Wünschen und stehen der Kirchenzentrale als hauseigene, teils stark klerikalisierte Laien zur Verfügung. Sie nutzen diese Rolle daneben auch zum Ausbau ihrer Macht in derselben Kirchenzentrale in Rom. So gründeten sie Seminare oder sogar, wie die Legionäre Christi und das Opus Dei, Universitäten in Rom, die den altbekannten und hoch angesehenen päpstlichen Hochschulen (Gregoriana, Lateranuniversität) Konkurrenz machen. Auf diesem Wege »romanisierten sie sich«, wie Faggioli 2008 in seiner Untersuchung über die Geschichte der katholischen Bewegungen schrieb *(Breve storia dei movimenti cattolici)*. Sie übernahmen die Macht in der »Firma Kurie«, um den römischen Apparat mit einem eigenen Netzwerk zu durchsetzen.

Als Joseph Ratzinger zum Papst Benedikt XVI. gewählt wurde, war ihm dieses Machtwerk wenig bewusst. Dass er dessen Existenz auch dann immer noch hingenommen hat, als er seinen Einfluss längst erkannt hatte, könnte daran liegen, dass die Movimenti-Mitarbeiter ja schließlich in seinem Sinn denken. Außerdem haben sie unter Johannes Paul II. tatkräftig mitgeholfen, als es darum ging, durch massive Finanzhilfe die wirtschaftliche Krise zu beenden, in die man nach den Skandalen um die Vatikanbank Istituto per le Opere di Religione (IOR) mitsamt den Verstrickungen mit dem Mafia-Banker Michele Sindona geraten war.

Joseph Ratzinger hat sein Amt angetreten zu einer Zeit, in der die Stimmen der Bischöfe in der Welt in Rom immer weniger gehört werden. Auf der anderen Seite haben sich die Bewegungen in dem 26 Jahre dauernden Pontifikat von Johannes Paul II. zwar kaum verändert. Dafür jedoch ist das Gefüge innerhalb der Kurie aus dem Gleichgewicht geraten, wie Faggioli folgert: Die Bewegungen haben so viel Einfluss gewonnen, dass »die Bischöfe und die Laien (also die Masse der normalen Katholiken) die wahren Verlierer in der nachkonziliaren Kirche angesichts einer Front des Erblühens der neuen Bewegungen sind«.

Tür und Tor waren also bereits weit geöffnet für die reaktionärsten Gruppen, als Ratzinger am 19. April 2005 zum Papst Benedikt XVI. gewählt wurde. Der neue Papst hätte vielleicht, wenn er denn gewollt hätte, einen anderen Kurs einschlagen können. Doch dazu sah er offenkundig keinen Anlass. Noch als Kardinaldekan geißelte er in seiner Ansprache am Karfreitag 2005 die schmutzige Welt, ganz so, als hätte ihm ein Ghostwriter vom Opus Dei oder von Comunione e Liberazione unnötigerweise die Hand geführt. Faggioli: »Der Neugewählte war alles andere als distanziert zu den neuen Bewegungen.« Mehr noch: Er war von Anfang an von ihnen abhängig.

3   Die rechten Papstmacher im Konklave

Motive und Erwartungen der Wahlhelfer von Joseph Ratzinger

Vor dem Konklave, aus dem schließlich am 19. April des Jahres 2005 Joseph Ratzinger als Papst Benedikt XVI. hervorgehen sollte, fanden in Rom zwei Treffen von ganz unterschiedlicher Art statt. Zum einen hatten sich einige gestandene Vatikanisten mit zum Teil Jahrzehnte langer Erfahrung zusammengefunden, um über den nächsten Papst zu rätseln. Unter elf Kollegen aus der ganzen Welt fand sich nur Giancarlo Zizola, der einzige Italiener in der privaten Runde, bereit, auf Ratzinger zu setzen. Einige Tage später kam dann in einem Restaurant am Corso Vittorio Emanuele in Tibernähe eine andere Runde zu demselben Ergebnis: Wiederum gab es nur einen, der auf Ratzinger tippte; dieses Mal war es Stefan von Kempis von der deutschen Abteilung bei *Radio Vatikan*.

Am Tag danach war es geschehen. Ratzinger war gewählt worden und »wir waren Papst«. Die Gespräche zeigten eines deutlich: Außerhalb des Kardinalskollegiums hatten ihn nur wenige Kenner mit guten Kontakten und nach vielen informellen Gesprächen mit Kardinälen als Nachfolger auf dem Heiligen Stuhl erwartet, vor allem mit jenen, die bereits über achtzig Jahre alt waren und somit nicht ins Konklave einziehen durften. Diese Kardinäle hatten sich gegenüber Vertrauten offen (und meistens pessimistisch) geäußert. Die Konklaveteilnehmer hatten natürlich pflichtgemäß geschwiegen.

Vor allem italienische Namen waren gehandelt worden, da mehrheitsfähige Kandidaten aus dem Rest der Welt nicht zu sehen waren. Genau hierin bestand die Krux der Konklaveastrologen. Progressive konnten sich einen Ratzinger als Papst gar nicht vorstellen, weil sie das Undenkbare auch nicht für realistisch hielten. Schließlich war beispielsweise noch 2001 in *Publik-Forum* gefragt worden, ob die Ära Ratzinger zu Ende sei. Argumente fanden die Linkskatholiken seinerzeit in großer Zahl, und dies sogar im Verhalten von Papst Johannes Paul II. Er habe das Kardinalskollegium so sehr internationalisiert wie kein Papst zuvor und damit die Chancen der Italiener vermindert, nach dem nächsten Konklave wieder die Hausmacht im Vatikan zu übernehmen.

Dennoch hielten sich weiterhin italienische Namen: zunächst Dionigi Tettamanzi, Erzbischof von Mailand; dann Angelo Sodano, der erfahrene Kardinalstaatssekretär, der auf solide Unterstützung aus Lateinamerika zählen durfte, wo er als Nuntius dabei geholfen hatte, die Befreiungstheologen zu unterdrücken; und schließlich Giovanni Battista Re, der Präfekt der Bischofskongregation. Letzterer war früher einmal Substitut gewesen, also der wichtigste und mächtigste Mann im Staatssekretariat, bei dem alle operativen Fäden zusammenlaufen. Zeitweise hatte man schon den Eindruck gehabt, als habe ihn Johannes Paul II. als Kronprinzen designiert. Doch siehe da: Schon im ersten Wahlgang, bei dem traditionell die Grundorientierungen ausgelotet werden, fielen alle drei durch! Die Rückkehr der Italiener auf den Stuhl Petri war also schon im Ansatz gescheitert. Wenn nun aber offenbar nur noch Ausländer zur Wahl standen, hieß die spannende Frage: Wer von ihnen würde das Rennen machen?

Mit der Verleihung der Kardinalswürde an die deutschen Bischöfe Walter Kasper und Karl Lehmann schien der alte Papst ein Signal gegen Ratzinger gesetzt zu haben. Beide stehen pastoral-theologisch wie kirchenpolitisch in spannungsvoller Distanz zum Glaubenswächter. Zwischen Ratzinger und Lehmann stand die konkrete und pastorale Praxis. Zwischen Ratzinger und Kasper steht Grundsätzliches, und das bis heute: nämlich die Verfassung der gesamten Kirche. Lehmann und Kasper verfolgen die Intention, den römischen Zentralismus zurückzudrängen und der Lehre des Zweiten Vatikanischen Konzils über das selbstständige Amt des Bischofs wieder Geltung zu verschaffen. Dieser Gegensatz zu den Interessen des Oberhirten besteht noch immer, nur wird er, sei es aus Ohnmacht oder aus Loyalität, nicht offen ausgetragen. Lehmann ist nicht mehr Vorsitzender der Bischofskonferenz und darüber hinaus krank. Kasper (geboren am 3. März 1933) steht als Leiter eines römischen Amtes, das für gewöhnlich mit 75 Jahren aufgegeben werden muss, an der Schwelle zum Ruhestand.

Publik-Forum wollte sogar bei vielen den Eindruck gewonnen haben, dass der Papst durch diese neuen Kardinalsernennungen gezielt das Ende der Ära Ratzinger eingeleitet habe, und das, obwohl beide fast zwei Jahrzehnte lang so etwas wie ein Tandem gebildet hatten.

Erst Anfang des neuen Jahrtausends waren interne Widersprüche offenbar geworden, die wiederum im Nachhinein den Konservativen im Konklave als Empfehlung für die Ratzinger-Wahl in die Karten spielten. Bei der im März 2000 im Petersdom groß inszenierten achtfachen Bitte des Papstes um Vergebung für die Sünden der katholischen Kirche war Ratzingers Missbilligung nur zu offensichtlich. Die Kirche brauche sich nicht zu entschuldigen. Frei übersetzt heißt das: Der mystische Leib Christi sündigt nicht. Kirchenleute könnten nur um Vergebung für ihre eigenen Taten bitten.

Das unterschiedliche Kirchenverständnis zwischen Ratzinger und Kasper hatte sich auch auf den polnischen Papst übertragen, und zwar zuungunsten des Schwaben. Dem regierenden Papst, der ja aus einem erzkatholischen Land stammte, ging es deutlich zu weit, wie Ratzinger – aus dem protestantischen Deutschland – in der Erklärung »Dominus Iesus« den Glaubensgemeinschaften der Reformation jegliches Kirche-Sein abgesprochen hatte.

Kasper hatte den Konflikt schon 1999 in einer Festschrift für den Hildesheimer Bischof Josef Homeyer auf den Punkt gebracht: »Dem progressiven Versuch, das II. Vatikanum als kritische Durchkreuzung der zentralistischen Logik des I. Vatikanums zu lesen, steht der restaurative Versuch gegenüber, den Zentralismus wiederherzustellen, den die Konzilsmehrheit des II. Vatikanums ganz offensichtlich überwinden wollte.«

Jene Formel im Papier der Glaubenskongregation, nach der »die Kirche ›in und aus‹ den Kirchen« besteht, bezeichnet Kasper als »vollends problematisch, wenn die eine universale Kirche unter der Hand mit der römischen Kirche, de facto mit Papst und Kurie, identifiziert wird. Geschieht dies, dann kann man das Schreiben der Glaubenskongregation nicht als Hilfe zur Klärung des Communio-Kirchenverständnisses des II. Vatikanums verstehen, sondern als dessen Verabschiedung und als Versuch einer theologischen Restauration des römischen Zentralismus. Dieser Prozess scheint in der Tat im Gange zu sein.«

Nach Kaspers Interpretation kann sein Kirchenbild nur dann glaubwürdig vertreten werden, »wenn wir in unserer eigenen Kirche das Verhältnis von Universal- und Ortskirche als Einheit in der Vielfalt und als Vielfalt in der Einheit exemplarisch verwirklichen. Eine einseitig universalistische Sicht dagegen weckt schmerzliche Erinnerungen und Misstrauen.«

Später legte Kasper, bei einem Vortrag in Tübingen kurz vor seiner Kardinalsernennung, noch einmal nach: »Das Entscheidende des ökumenischen Ansatzes des II. Vatikanischen Konzils besteht darin, dass das Konzil christozentrisch ansetzt.«

Dies aber war neu, denn bis dahin hatte man ekklesiozentrisch angesetzt, also von der Kirche her denkend. Dabei galt das Konzept der »Rückkehrökumene«; die These lautete: Die katholische Kirche ist die wahre Kirche Jesu Christi, und deshalb ist Einheit nur als Rückkehr der anderen in den Schoß der katholischen Kirche möglich. Laut Kasper hat nun aber »das II. Vatikanische Konzil dieses Konzept aufgegeben«. Der Streit zwischen den beiden wurde zunächst noch in mehreren Publikationen fortgeführt. Er endete schließlich mit Kaspers umständlichem Einlenken und – letzten Endes – seinem Schweigen. Sein Kontrahent war nun Papst, und Kasper fand sich urplötzlich in einer Minderheit wieder.

Der Streit zwischen den Eminenzen hatte also keineswegs das Ende der Ära Ratzinger eingeleitet. *Publik-Forum* lag nun zwar mit seinem Wahlorakel daneben, schätzte die Situation aber nichtsdestotrotz absolut richtig ein: »An der Zeit wäre es. Ratzingers Entmachtung könnte einen echten Neuanfang für die Kirchen ermöglichen. Der dunkle Schatten der Restauration, den der Präfekt der Glaubenskongregation in den letzten zwei Jahrzehnten über die Ortskirchen heraufbeschwor, muss sich endlich verziehen. Der Glaubensvertiefung hat er nicht genützt; die Säkularisierung ist stärker als zuvor. Und die Ökumene könnte sicher längst weiter gediehen sein, hätte Ratzinger nicht ständig gebremst.«

Der für seine ablehnende Haltung gegenüber Ratzingers Kirchenbild bekannte alte Kardinal Achille Silvestrini (Jahrgang 1923), der als über Achtzigjähriger nicht mehr am Konklave teilnehmen durfte, versammelte bei sich am Vorabend der Papstwahl gleichgesinnte Konklave-Kardinäle, darunter Godfried Danneels (Brüssel), Audrys Juozas Bačkis (Wilna), die Deutschen Kasper und Lehmann, den Mailänder Carlo Maria Martini, den Engländer Murphy-O'Connor (Westminster) und den Franzosen Jan-Lous Tauran, Ex-Vatikanaußenminister und seinerzeit abgeschoben auf den Posten des Leiters der Vatikanischen Bibliothek. Doch auch dieser Meinungsaustausch mit unausgesprochener Fraktionsbildung gegen Ratzinger nützte nichts. Der Bayer war nicht zu verhindern. Er hatte gezielt und überaus geschickt während der Sedisvakanz Wahlkampf betrieben, ohne dass er dies natürlich je zugegeben hätte. Dabei war ihm ein Parcours ohne Fehler gelungen, wie ihm die Vatikanisten hinterher bescheinigten. Als das Konklave begann, war somit eigentlich schon alles vorher erledigt, auch wenn es kaum jemand wahrhaben wollte. Ein Kardinal, der anonym bleiben möchte, kommentierte dies so: »Im Konklave ist außer der Wahl selbst nichts mehr entschieden worden. Alles war schon vorher gelaufen.« Auch Ratzingers Eröffnungsansprache, in der er ein düsteres Bild von Kirche und Welt entwarf (implizit: das nur er verbessern könne), hat kaum einen Wähler mehr wanken lassen.

Ein anderes Argument für Ratzinger war seine zwei Jahrzehnte dauernde Arbeit als Präfekt der Glaubenskongregation. Von außen sind solche Zusammenhänge nicht ganz leicht zu erkennen. Wie soll, könnte die Frage lauten, der Glaubenswächter und Chefideologe des vorherigen Papstes sich auf diesem Posten ein Profil für dessen Nachfolge erarbeitet haben? Hier ist es hilfreich, ein wenig über die Gepflogenheiten innerhalb der schützenden Mauern des Vatikans zu wissen. Ich erinnere mich, dass ein inzwischen verstorbener Vatikaninsider mir gegenüber schon vor Jahren Ratzingers Stärke in der Kirche auf seine beharrlichen Gespräche mit sämtlichen Bischöfen zurückführte. Alle fünf Jahre nämlich müssen all diese Würdenträger zum Rapport »ad limina« in Rom antreten. Ratzinger nahm sich für *jeden* von ihnen Zeit. Er kannte also auch jeden.

Ein zweiter Vorteil des Amtes als Präfekt der Glaubenskongregation liegt in seinem Gewicht bei allen Personalentscheidungen. So gehen zum Beispiel alle Bischofsernennungen über seinen Tisch. Je länger Ratzinger amtierte, desto konservativer fielen die Bevorzugten aus. Zwar heißt es immer, der Papst habe diesen oder jenen zum Kardinal erhoben, und offiziell wird die Liste der Kandidaten vom Staatssekretariat erstellt. Ratzinger wurde aber immer gefragt. Er hat auch, wie mir in der Kurie als offenes Geheimnis versichert wurde, jahrelang den Kardinalstitel für den liberalen Mainzer Bischof und Vorsitzenden der Deutschen Bischofskonferenz Karl Lehmann verhindert. Im Konklave versammelten sich nun also Kardinäle, die zum größten Teil ihre Ernennung und damit die Teilnahme an der Papstwahl dem Kandidaten Ratzinger mitzuverdanken hatten. Der Kreis schloss sich. Sie wählten ihren Gönner.

Manche haben seine Wahl mit derjenigen von Eugenio Pacelli im Jahr 1939 zu Pius XII. verglichen, der ebenso unangefochten Pontifex wurde. Zu hoch gegriffen? Gehen wir doch auf Spurensuche rund um dieses Konklave, das es Ratzinger ermöglichte, neuerlich und in höchster Position auf alten Wegen durchzustarten.

Sein Kirchenbild entspricht voll und ganz dem hierarchischen, mehr an Rom und weniger an Christus orientierten Bild der Kirche der Fundamentalisten. Deren Kraft war mir am Vorabend des Konklaves, in jener Restaurantrunde, noch nicht bewusst. Dabei hätten wir alle zumindest stutzig werden müssen, wenn wir nur die Zeichen vom Petersplatz während der drei zurückliegenden Wochen seit dem Tod von Johannes Paul II. ernster genommen hätten. Auffallend waren nämlich zwei Beobachtungen. Zum einen waren zur Trauer um den Verstorbenen sowie zur Papstwahl sehr viele junge Leute erschienen, die mehr dem Personenkult als den bekannten Aussagen des nunmehr Toten huldigten, junge Leute übrigens, die sich nicht unbedingt durchweg kirchenkonform verhielten.

Erinnert sei hier nur an die nicht unbeträchtlichen Funde von Präservativen rund um den Petersplatz, über die selbst von kirchlichen Medien mit einem gewissen Augenzwinkern berichtet wurde.

Die zweite überraschende Beobachtung klang in den Ohren nach:»Santo subito«, Rufe also nach der sofortigen Heiligsprechung von Johannes Paul II. Sie kamen, so schien es, überwiegend von Gruppen, die offenbar straff organisiert waren und die dann später auch bei Benedikts erster Medienaudienz ebenso ungefragt wie unpassend mit ihren Slogans in der Audienzhalle auftauchen sollten. Auf dem Petersplatz wurden, immer wieder vom selben Ruf begleitet, Plakate und Spruchbänder hochgehalten, die aussahen, als stammten sie aus ein und derselben Werkstatt.

So war es denn auch. Die Focolarini hatten diesen ganzen Rummel organisiert und dazu die Werbematerialien geliefert. Die Movimenti blieben also auf der Szene, und sie blieben es auch bis hinein ins Konklave. Die Kardinäle zogen nämlich mit einer klaren Vorstellung in die Wahl, wie italienische Experten, darunter Zizola, später rekonstruiert haben: Gegen die Bewegungen ging einfach nichts, besonders nicht gegen das Opus Dei. Zu klar durfte der neue Papst allerdings auch keiner Gruppe zugeordnet sein. In dieses Profil passte nun aber nur einer haargenau: der Kardinal Joseph Ratzinger, ein Förderer der Bewegungen, die er als Zukunftschance für die Kirche sah, ohne doch von einer bestimmten Gruppe vereinnahmt werden zu können. Der gemeinsame Nenner, auf den sich die unterschiedlichen Gruppierungen würden einigen können, war die Überzeugung, dass ein konservativer Papst wie Ratzinger sie weiter unterstützen werde. Mit einem Reformer hingegen hätten Schwierigkeiten und Konflikte in Aussicht gestanden, weil die überwiegend konservativen Gruppen jede Neuerung im Sinne des Zweiten Vatikanischen Konzils behindert hätten: Das zentralistische Kirchenbild, die römische Machtfülle, die Unfehlbarkeit des Papstes, der absolute Gehorsam und die Anmaßung, im alleinigen Besitz der Wahrheit zu sein, alle diese tragenden Elemente der sogenannten geistlichen Erneuerung hätten mit einem Reformpapst zur Disposition gestanden.

Ein weiteres Indiz für das zumindest passive Mitwirken der Movimenti bei der Papstwahl liefert der bereits zitierte Religionswissenschaftler Massimo Faggioli. Nach seinen Informationen hatte der der Bewegung der Geistlichen Erneuerung nahestehende Prediger des päpstlichen Haushaltes, der Kapuziner Raniero Cantalamessa, im Vorkonklave am 14. April in einer Meditation das Charisma der Bewegungen als Zeichen des Heiligen Geistes gewürdigt. Zu jenem Zeitpunkt waren jedoch die meisten Experten noch weit davon entfernt, dies bereits als Hinweis für einen Einfluss der Bewegungen auf die Wahl zu deuten. Im Nachhinein hat sich allerdings genau dies bestätigt. Bei der Findung des besten Papabile, also des Profils eines wünschenswerten Papstes, über den das Konklave eigentlich zum Auftakt beraten soll, um nicht nach einer Person, sondern nach der personifizierten Antwort auf die Aufgaben der nächsten Zukunft zu suchen, wurde eines schnell deutlich. Der Wunschkandidat musste einer Gruppe zugehören, die dem reaktionären Geist der neuen Hoffnungsträger nahestand. Die Kardinäle stellten dabei nach Faggiolis Worten »eine objektive Übereinstimmung des Theologen und Kardinals Ratzinger mit den Aktionen der Bewegungen fest«. Eine klarere Wahlempfehlung konnte es nicht geben.

Der einzige Vorbehalt, der sich in dieser Klärungsphase herausschälte, galt dem Opus Dei. Eine Mitgliedschaft im »Werk« hätte wohl, so empfand es offensichtlich eine Mehrheit, dem Ansehen des Papstes als eine zu eindeutige bzw. zu einseitige Orientierung geschadet. Und mit Sicherheit hätte eine derart offene Machtübernahme in der katholischen Kirche einen Aufschrei der Entrüstung hervorgerufen, der die Spaltung und somit die Degeneration zur Sekte noch beschleunigt hätte. Der Ruf des Opus Dei ist nun einmal bis heute derjenige einer finsteren Geheimorganisation. Und warum auch sollte der Papst ihm ohne Not angehören, wenn es doch genügend Mitarbeiter von dieser Seite gibt, die ihm nahestehen oder sein Kirchenbild teilen. Ratzinger war so gesehen von vornherein auch für das Opus Dei die eine optimale Wahl.

Wir dürfen wohl davon ausgehen, dass sich unter seinen 84 Stimmen (77 waren erforderlich) im vierten Wahlgang sämtliche Sympathisanten des Opus Dei befanden. Immerhin schätzt der beste deutsche Kenner des »Werkes«, Peter Hertel, ihre Zahl in seinem Buch *Schleichende Übernahme* auf 58, also auf rund die Hälfte der Konklave-Kardinäle. Andere Schätzungen gehen von 20 Opus-Dei-Freunden und 22 mit ihm sympathisierenden Papstwählern aus. Das bedeutet: Auch wenn man davon ausging, dass kein Opus-Dei-Mitglied Papst würde, so konnte doch der neue Mann auf dem Petrusstuhl nur mit der Zustimmung des »Werkes« gewählt werden.

Dabei schien Ratzinger auf den ersten Blick gar nicht einmal die erste Wahl zu sein, weil er 16 Jahre lang den Eindruck vermittelt hatte, die Macht des Opus einschränken zu wollen. So hatte er unter anderem 1982 mit dazu beigetragen, dass das damalige Säkularinstitut keine Personaldiözese, sondern nur eine Personalprälatur wurde. Jahre später jedoch vollzog Ratzinger eine bemerkenswerte Wendung. Der Glaubenspräfekt änderte sein Urteil über das »Werk« und bekundete am 31. Januar 1998 erstmals öffentlich Sympathie. Unter den Klängen von Bach, Händel und Vivaldi schritt er mitten im farbenprächtigen Festzug der Dozenten in die Aula Magna der Opus-Dei-Universität im spanischen Pamplona, um aus der Hand des Opus-Dei-Chefs Javier Echevarría Rodríguez den weißen papstfarbenen Ehrendoktorhut der Theologie zu empfangen. Zum Auszug erklang der akademische Hymnus »Gaudeamus igitur, iuvenes dum sumus« – »So lasst uns froh sein, solange wir noch jung sind«.

Dies alles sind jedoch Gedanken, die sich am Vorabend des Konklaves wohl nur die Allerwenigsten gemacht haben. Allgemein erwartet wurde entweder ein alter reiner Übergangspapst, der nach dem langen Pontifikat von Johannes Paul II. eine Phase der Beruhigung ohne neue Signale bedeuten und in absehbarer Zeit das Zeitliche segnen würde, oder aber ein Papst, der einen Aufbruch in Richtung Dritte Welt, Lateinamerika, Afrika oder Asien, einleiten könnte. Ich selbst hatte auf einen Neubeginn gehofft nach diesem konservativen polnischen Pontifex, auf Kardinäle also wie den Jesuiten und Erzbischof von Buenos Aires, José Mario Bergoglio, oder wie Ivan Dias, Erzbischof von Bombay. Bergoglio sollte sich denn auch immerhin als größter Konkurrent von Ratzinger erweisen. Eine aufgeschlossene Minderheit dachte also in dieselbe Richtung, nachdem ihr eigentlicher Favorit, Kardinal Martini, aus Gesundheitsgründen (Parkinson) nicht wirklich zur Verfügung stand (und dennoch, ungeachtet seiner Krankheit, Ratzinger in einem Wahlgang mit 40 zu 38 von 115 Stimmen überflügelte).

Während jener oben geschilderten Restaurantrunde war ich, als Deutscher, natürlich auch auf Ratzinger als möglichen neuen Papst angesprochen worden. Zum Erstaunen meiner Kollegen hatte ich ihn jedoch keineswegs auf der Rechnung, aber ich fand ihn, wie ich offen bekannte, wenn er denn schon nicht zu verhindern sein sollte, unter allen anderen Konservativen als wünschenswert. Die damit verbundene spekulative Erwartung folge, so erklärte ich damals meinen Tischgenossen, einer gewissen Dialektik. Nur er, der weltfremde Dogmatiker und rückwärtsgewandte Präfekt der Glaubenskongregation, werde die Kirche so sehr nach vorgestern gerichtet führen, dass sie bei der Masse der Gläubigen und der Gesellschaft immer weniger Rückhalt finden würde. Er werde sie, so mein Kalkül, regelrecht gegen die Wand fahren. Und erst danach, so malte ich mir aus, werde angesichts des Scherbenhaufens, den er hinterlassen habe, der Weg frei für wirkliche Reformen.

Den kritischen Mienen um mich herum zum Trotz holte ich weiter aus: Ohne ein Scheitern der Gestrigen und Vorgestrigen werde der Druck zu Reformen nicht ausreichen. Die Geschichte lehre, dass grundlegende Veränderungen nur durch Kriege und Revolutionen ausgelöst würden. Wer dies nicht wolle, müsse mit dem Scheitern des intelligentesten und überzeugendsten Versuchs einer Restauration einverstanden sein. Genau dafür stehe Ratzinger. Meine Gegenüber hielten mich für einen Zyniker.

Mittlerweile scheint es aber, als sollte ich recht behalten. Allerdings muss ich heute einschränkend ergänzen, dass Reformen auch nach der nächsten Papstwahl noch ausbleiben könnten. Die Macht der neuen Bewegungen könnte die Kirche weiter in die entgegengesetzte Richtung lenken, also hin zur elitären, kämpferischen römischen Kernkirche – ohne Kirchenvolk.

Inzwischen sind schon fast fünf Jahre vergangen, und Benedikt XVI. vermittelt durchaus den Eindruck, als dürften meine Erwartungen bestätigt werden. Von Beginn an stand für mich fest, dass ein Mann mit fast 80 Jahren seine Überzeugungen nicht mehr ändern würde, schon gar nicht, wenn er – wie Ratzinger – zu autoritärem Entscheiden neigt und jetzt auch noch ein Amt bekleidet, in dem ihm niemand mehr widerspricht. Denn Widerspruch ist wohl kaum zu erwarten, wo sich ein Amtsinhaber ausschließlich mit Opportunisten und Karrieremachern umgibt, die ihn niemals korrigieren, sondern stets in seinen einsamen Entscheidungen bestärken. Auf Ratzingers

Standhaftigkeit schien also Verlass zu sein, und so verbürgte er seinen Wählern eine klare Aussicht auf Restauration.

Das ist die eine Seite des Papstes Ratzinger, diejenige seiner allgemein bekannten Geisteshaltung. Sie war und ist berechenbar, überraschen konnte sie nicht. Weniger bewusst war den begeisterten Benedetto-Rufern eine andere Seite des »Professor Dr. Papst«, wie ihn der *Spiegel* treffend charakterisiert hat. Trotz seiner inhaltlichen Nähe zu den Bewegungen hatte sich Ratzinger als Präfekt wie ein Mann über den Parteien verhalten. Von ihm erwartete man nun, dass er sich nach mehr als 20 Jahren Kurienerfahrung bestens darauf verstehen würde, sich des Apparates zu bedienen. Schließlich musste er doch wissen, wie er funktioniert und wie man es vermied, sich seinerseits von ihm vereinnahmen zu lassen.

Doch weit gefehlt! Dieser Glaube an Benedikts institutionelle Kompetenz hat sich als gewaltiger Irrtum erwiesen. Dabei braucht ein Papst eine Hausmacht, um sich durchsetzen zu können. Zuletzt hat die Kurie unter Paul VI. einwandfrei funktioniert. Der entstammte ihr, hatte Erfahrungen unter Pius XII. gesammelt und führte ein fast bürokratisches Regiment mit regelmäßigen Sitzungen und mit Berichterstattung, mit Aufträgen und Nachprüfungen, mit Gesprächen und Rapporten. Er ordnete an und fragte nach, wenn er kein Ergebnis erhielt.

Ratzinger hingegen kam erst unter Johannes Paul II. nach Rom, unter einem Papst, der sich um Bürokratie überhaupt nicht scherte. Der Apparat interessierte ihn nicht, die Macht dagegen umso mehr. »Polnische Vetternwirtschaft«, spottete mancher, als er erkannte, wie sich um Karol Wojtyla mehr und mehr Seilschaften bildeten, die immer mächtiger wurden. Diese Entwicklung wurde weiter verstärkt durch die lange Krankheit Wojtylas, die ja schon seit 1995 mehr oder weniger begründete Hoffnung auf einen Rücktritt des Papstes aufkeimen ließ, die übrigens auch durch Äußerungen des Kardinals Joseph Ratzinger bestärkt wurden. Die sieche Verfassung des Oberhirten erzeugte an der Kurienspitze ein Machtvakuum, das nach außen stets sorgfältig verheimlicht wurde. Der kranke Papst wurde öffentlich zur Schau gestellt, weil er dies einerseits wohl selbst wünschte und weil es andererseits den Mächtigen ihr verborgenes Spiel erleichterte. Sie taten so, als sei er trotz körperlicher Gebrechlichkeit im Vollbesitz seiner geistigen Kräfte, was tatsächlich aber, nach verschiedenen Quellen, nicht der Fall war.

Angesichts dieses Machtvakuums überrascht es nicht, dass gerade zu dieser Zeit der massive Einstieg des Opus Dei in die Kurie begann. Dem Papst war es ohnehin recht. Die Zügel hatte schließlich sein Sekretär Stanislaw Dziwisz in der Hand, ein Mann des Opus Dei. Verkündet wurden die päpstlichen Botschaften von einem Opus-Dei-Numerarier, Joaquín Navarro-Valls. Dem Opus Dei folgten auf demselben Weg nach und nach die anderen Bewegungen, bis sie nach Einschätzung von Vatikankennern alle Kongregationen und Räte zumindest in den unteren Rängen durchdrungen hatten. Das nun war aber die Ausgangslage, die Joseph Ratzinger vorfand, als er unter dem Namen Benedikt XVI. den Thron bestieg.

4 Die Realität holt den weltfremden Papst ein

Ratzingers Fehler sind auch die von Benedikt XVI.
Warum sollte er sich auch ändern?

In einem sollte Peter Seewald recht behalten. Der vielleicht beste und kritikloseste Ratzinger-Kenner unter den Journalisten hatte am Abend nach der Papstwahl felsenfest überzeugte Skeptiker wie mich ob meiner Kritik an dem bekannten reaktionären Kurs zurechtgewiesen:»Der Papst wird die Agenda setzen.« Ihn kümmerten die Forderungen der Medien, der Progressiven oder sonstiger Kritiker nicht. Er werde seinen Weg gehen und nicht auf die öffentliche Meinung achten.

Seewald sprach so, wie der Papst dann auch zu handeln versuchte. Der ehemalige *Spiegel*-Redakteur, Marxist und – durch Ratzingers Überzeugungskunst – zum Katholizismus seiner Jugend zurückgekehrte Journalist und Autor lag richtig. Allerdings nur, was die Absichten des neuen Papstes betraf. Am Ende jammerte Benedikt XVI. dann doch scheinbar unverstanden über die Hetze und den angeblichen Hass, die sich über ihn nach vier Jahren Pontifikat ergossen. Er wollte durchaus die Agenda setzen. Doch die Probleme dieser Welt ließen sich nicht ausblenden, und die Restauration der alten Kirche, die ihm und seiner Entourage so sehr am Herzen liegt, hat sein Ansehen in einem Tempo ruiniert, das im Wir-sind-Papst-Deutschland niemand für möglich gehalten hätte.

»Man täusche sich nicht«, hat Martin Mosebach der ungläubigen Welt am 9. Februar 2009 im *Spiegel* ins Stammbuch geschrieben:»Dieser Papst tut gar nichts unter Druck der Öffentlichkeit.« Die *Frankfurter Allgemeine Zeitung* antwortete:»Man hat sich getäuscht, wenn man diesen Satz für wahr genommen hat.« Benedikt XVI. hatte sich der Öffentlichkeit gebeugt, als er einen Brief an alle Bischöfe schrieb. Er erläuterte darin rechtfertigend einen kirchenrechtlichen Akt, nämlich die Aufhebung der Exkommunikation von vier Klerikern, einen Akt also, der normalerweise nicht der Erläuterung in einem Rundschreiben an die Weltkirche bedürfte. Es liegt auf der Hand, dass der Papst mit diesem Brief auf den Druck einer Öffentlichkeit reagiert hat, die in allen Ländern, in denen die Priesterbruderschaft St. Pius X. tätig ist, an der Begnadigung der vier Bischöfe aus dieser Bruderschaft Anstoß genommen hatte.

Dabei hatte alles so gut angefangen. Damals, im April 2005, schien es ja tatsächlich, als würde das Papstamt aus dem dogmatisch verhärteten Glaubenswächter einen einfühlsamen und seelsorgerischen Oberhirten machen. Die Schuhe des Vorgängers Johannes Paul II. waren ihm offenbar nicht zu groß, und selbst die Massenauftritte vor Millionen von Menschen, zum Beispiel noch im Jahr seiner Wahl beim Weltjugendtag in Köln, scheute der freundliche Papst mit dem schlohweißen Haar nicht.

Er lächelt schüchtern. Er genießt den noch fremden Jubel. Er lässt sich feiern. Er beginnt, mit den Massen besser umzugehen als mit den Einzelnen. Selbst die Skeptiker wollen dem deutschen Papst plötzlich eine größere Chance geben, als es mit Vernunft zu begründen ist. Eine weitverbreitete Hoffnung nährt sich aus dem Gedankenspiel, dass Joseph Ratzinger dem Amt des Präfekten der Glaubenskongregation ganz anders habe gerecht werden müssen als dem neuen, dem Papstamt, in dem er Hüter und Lehrer ist, aber mehr noch oberster Hirte. Die neue Aufgabe, spekulierten viele wohlmeinend, werde auch ihn verändern, wiewohl eine römische Spruchweisheit aus jahrhundertealter Geschichte besagt, man möge keinen Dogmatiker zum Kirchenoberhaupt erheben. Eine andere derartige »Weisheit« meint übrigens, aus dem Norden komme meistens eisige Kälte.

Woher dieser aller Erfahrung spottende Optimismus kam, blieb rätselhaft. Er muss wohl in jenen zehn Minuten nach der Bekanntgabe des Wahlergebnisses und beim ersten Auftritt »Urbi et orbi« entstanden sein. Er hat die Deutschen erfasst und hat Kritiker verstummen lassen, die nicht hatten glauben wollen, dass der Mann, der wie kein anderer in jüngster Zeit den Ärger zahlloser Katholiken mit Rom verkörpert hatte, sich nun gewissermaßen in sein komplettes Gegenteil verwandelt haben sollte. Ein Deutscher als Papst! Das war die endgültige Anerkennung des geläuterten Deutschland im Kreis der Nationen. Wenn das die Kardinäle gewusst hätten, als sie ihn wählten! Sie hätten gestaunt. Alles Mögliche hatte bei der Wahl eine Rolle gespielt, aber ganz bestimmt nicht die deutsche Nationalität, an die sich seine Landsleute jetzt klammerten, um zu erklären, warum sie so aus dem Häuschen geraten waren.

Doch ich will nicht abschweifen, obwohl diese Massenpsychose unter dem Motto »Wir sind Papst« sicher auch ein spannender Aspekt wäre. Bleiben wir dennoch beim Thema »Ratzinger und seine willigen Helfer« bzw. bei der Frage, warum sie unter ihm überall weiter erstarkten. Stellen wir noch einmal fest, dass Joseph Ratzinger bei seiner Wahl immerhin schon 78 Jahre alt war und sich aller Erfahrung nach unter normalen Umständen kein Mensch in diesem Alter noch so wesentlich verändert, dass aus einem rechthaberischen und dogmatischen Kirchenlehrer ein Seelsorger wird, der die Herzen der Menschen im Sturm erobert mit seinem väterlichen Verständnis für Schwangere in Konfliktsituationen, für die Probleme zölibatär lebender Pfarrer, für wiederverheiratete Geschiedene, für Frauen, die gern Priesterinnen wären, oder für

Menschen, die an der Kirche zweifeln und verzweifeln wegen ihrer weltfremdem Engherzigkeit. Nein, mit fast 80 Jahren wären solche Umbrüche nur dann denkbar, wenn besonders einschneidende Ereignisse tiefe Wunden rissen. Das war hier jedoch nicht der Fall. Joseph Ratzinger hatte einfach nur das Ziel erreicht, auf das er ziemlich klar und geradlinig hingearbeitet hatte. Es ist ja auch nichts dabei, wenn der zweite Mann beim Tod des ersten sein Nachfolger werden will.

Nur in der katholischen Kirche gilt die einfachste menschliche Logik nicht. Da wird Alltägliches für »tabu« erklärt und offener und begründeter Ehrgeiz als unanständig gebrandmarkt. Eigene Ambitionen werden sorgsam geheim gehalten, und nach außen gibt man sich betont demütig. Mir persönlich wäre es bei Weitem lieber gewesen, wenn Joseph Ratzinger glücklich strahlend auf der Mittelloggia des Petersdomes erschienen wäre, um uns zu sagen, dass er mit dem größten Vergnügen Papst geworden sei und dass er sich darauf freue, das höchste Hirten- und Lehramt ganz in seinem bekannten Sinn auszufüllen. Stattdessen erging er sich in der bekannten Heuchelei über den armen Diener im Weinberg des Herrn. Ohne sie hätte niemand mehr Zweifel daran gehabt, dass Ratzinger eben auch als Benedikt XVI. Ratzinger bleiben wird. Die irrigen Hoffnungen wären, wenn denn überhaupt erst aufgekommen, sogleich wieder einer vernünftigen Reflexion gewichen über seine bisherigen Lehren und Entscheidungen und darüber, was daraus für die Zukunft zu schließen wäre. Die festliche Stimmung wäre schnell wieder verflogen. So nun kam die Ernüchterung mit vier Jahren Verspätung umso gewaltiger.

Inzwischen hat die Erkenntnis durchgeschlagen, und Deutschland will nicht mehr Papst sein. Die alten Konflikte sind plötzlich wieder da. Schuld an Kritik, Distanzierungen und Kirchenaustritten sind aber nicht Gehässigkeiten oder antirömische Affekte, wie uns die Kurie in ihrem glückseligen Realitätsverlust glauben machen will. Es ist vielmehr wie bei einer enttäuschten Liebe, in der zuerst blind und überschwänglich geliebt und danach, in maßloser Enttäuschung, heftig überreagiert wird. Wen aber wundert dies? Wohl allein die Kurie und ihre amtlichen oder selbst ernannten Propagandisten. Benedikt XVI. hat Jahr für Jahr den alten Ratzinger hochleben lassen. Er wollte ihn nicht verleugnen. Er sah keinen Grund dazu. Er hat es auch nicht getan. Diese Geradlinigkeit überzeugt, auch wenn sie vielen nicht ins Bild passen mag. Jetzt sind die Beziehungen jedenfalls endlich wieder normal.

Es ist deshalb nur folgerichtig, wenn Papst Benedikt XVI. nach vielen Irrtümern und Fehlentscheidungen, so zuletzt wegen der Rücknahme der Exkommunikation von vier Traditionalistenbischöfen, in der deutschen Bevölkerung deutlich an Wertschätzung verloren hat. Anfang 2009 gaben in einer Umfrage für den *Stern* und den Fernsehsender *RTL* 42 Prozent der Bürger an, durch die Wiederaufnahme des exkommunizierten Traditionalistenbischofs Williamson in die katholische Kirche habe bei ihnen persönlich das Ansehen des Papstes gelitten. 48 Prozent verneinten dies. Bei den Katholiken beklagten immerhin noch 39 Prozent einen Ansehensverlust des Papstes, während 57 Prozent von ihnen dies nicht so empfanden.

Andere Katholiken, freilich weit weniger fundamentalistisch als jener Bischof, warten dagegen schon etwas länger vergeblich und anscheinend hoffnungslos auf ein Zeichen päpstlichen Einlenkens: Solche zum Beispiel, die ein zweites Mal kirchlich heiraten wollen, aber geschieden sind. Das Signal ist deutlich: Der Papst will seine Kirche offenbar tatsächlich »gesundschrumpfen«, so analysieren Rom-Korrespondenten, und zwar bis hin zurück auf eine noch kleinere, dafür aber eben durch die Bank erzkonservative Klientel. Indem er beharrlich diesen Weg verfolgt, nimmt er billigend in Kauf, dass ihm andere in Scharen davonlaufen.

In dieser Absicht unterscheidet sich der neue Papst nicht von den erklärten Programmen seiner Helfer. Opus Dei, Legionäre Christi, Traditionalisten und Comunione e Liberazione könnten ohne Weiteres die Autoren aller Erklärungen sein, mit denen Benedikt XVI. seit seiner Wahl viele Menschen – und unter ihnen besonders viele Katholiken – verwirrt und verschreckt hat. Haben sie in irgendeiner Form wirklich die Feder geführt, obwohl Ratzinger doch als Autor bekannt ist, der »pingelig« auf Eigenhändigkeit besteht und der sich kaum beraten lässt? Letzteres trifft sicher auch zu. Doch ganz so einsam dürfte er nun auch wieder nicht sein, jedenfalls ließ er dies einmal durch seinen Sprecher, Pater Federico Lombardi, versichern. Das kleine rechte Ambiente, in dem der Papst agiert, hat ihn zumindest nicht vor Irrtümern beschützt. Doch wie auch: Sie denken ja wie er. Stattdessen haben seine rechten Helfer ihn verteidigt und gerechtfertigt, wo Widerspruch dringend geboten gewesen wäre. Eine kleine Chronologie der Ereignisse, der wir uns nun zuwenden wollen, illustriert dies deutlich.

Am 29. Mai 2006 besucht Benedikt XVI. Auschwitz. Schon auf dem Flug nach Polen überrascht er die mitfliegenden Journalisten unangenehm mit der seltsamen Aussage, er, der ehemalige Flakhelfer, er, der deutsche Papst, komme vor allem als Katholik und nicht als Deutscher. Normalerweise nennt man so etwas Bewusstseinsspaltung und betrachtet es als krankhaft. In Auschwitz angekommen beginnt seine Rede dann aber doch mit den Worten: »Papst Johannes Paul II. stand hier als Sohn des polnischen Volkes. Ich stehe hier als Sohn des deutschen Volkes, und gerade deshalb muss ich, darf ich wie er sagen: Ich konnte unmöglich nicht hierherkommen. Ich musste kommen.« Und weiter: »Ich musste kommen als Sohn des Volkes, über das eine Schar von Verbrechern mit lügnerischen Versprechungen, mit der Verheißung der Größe, des

Wiedererstehens der Ehre der Nation und ihrer Bedeutung, mit der Verheißung des Wohlergehens und auch mit Terror und Einschüchterung Macht gewonnen hatte, sodass unser Volk zum Instrument ihrer Wut des Zerstörens und des Herrschens gebraucht und missbraucht werden konnte. Ja, ich konnte unmöglich nicht hierherkommen.« Diese Ungeheuerlichkeit verschlägt einem die Sprache. Ratzinger stellt sich in eine Linie mit all jenen, die aus dem Tätervolk ein Opfervolk gemacht haben, die typische Entnazifizierungsausrede nach dem Krieg.

Selbst heute, mit mehrjährigem Abstand und nach der Erfahrung mit jenen Auseinandersetzungen über antisemitische Traditionalisten, während derer Papst und Kurie den Medien Hasskampagnen unterstellt haben, bleibt nur genau das Urteil übrig, das der konservative *Welt*-Journalist Alan Posener 2009 in seinem Buch *Benedikts Kreuzzug* über den systematischen Kampf des Papstes gegen die Moderne gefällt hat. Dessen Rede sei ein Dokument des intellektuellen und moralischen Versagens: »Sie ist der Versuch, aus Tätern Opfer zu machen und die Geschichte des Holocaust vollständig umzudeuten.« Und weiter: »Weil aber Auschwitz für das Selbstverständnis Europas und des Westens von so zentraler Bedeutung ist; weil die Erfahrung des Holocaust für die – nennen wir sie ruhig so – Zivilreligion der Demokratie bestimmend geworden ist, handelt es sich bei dieser Umdeutung nicht um eine bloße Frage der Geschichtsinterpretation oder des Gedenkrituals. Es handelt sich eben um einen kalkulierten Angriff auf dieses Selbstverständnis und diese Zivilreligion. Wie es aus seinem Umkreis heißt, hat Benedikt die Rede allein geschrieben und niemandem zur Prüfung und Korrektur vorgelegt. Es ist also ein unverfälschtes Zeugnis seines Denkens.«

Dieses Denken manifestiert sich bis heute; schon wenige Monate nach Auschwitz lieferte der Papst dann eine neue

Kostprobe, die natürlich wieder »völlig falsch« verstanden wurde:

Am 12. September 2006 hielt Ratzinger seine inzwischen berühmte »Regensburger Rede«. In diesem theologisch-wissenschaftlichen Vortrag zitierte der Papst einen Text aus dem Mittelalter, dem zufolge Mohammed der Welt nur Schlechtes und Inhumanes gebracht habe. Mit diesem Zitat provozierte Benedikt nicht nur in der gesamten islamischen Welt Empörung und Protest. Sein Anhang jedoch verteidigte ihn mit dem Argument, es habe sich ja nur um ein Zitat gehandelt, das auch noch aus dem Zusammenhang gerissen worden sei. Ich kenne nun aber keinen Redner, der die von ihm verwendeten Zitate nicht gezielt zur Untermauerung seiner Ansichten auswählen würde.

30. November 2006. Benedikt XVI. besucht den Patriarchen von Konstantinopel angeblich in der Absicht, über Ökumene zu sprechen und endlich das große Morgenländische Schisma von 1054, die Spaltung der Kirche in West und Ost, zu beenden. Doch die Bilder und Interpretationen der Papstjubler täuschen. Bei der gemeinsamen Eucharistiefeier kommuniziert der Papst demonstrativ nicht und unterstreicht damit die Trennung. Schlimmer noch, er betont seine hervorgehobene Funktion als Nachfolger des Petrus und spricht sogar vom universalen Dienst Petri. Damit ist klar: Dieses Schisma wird Benedikts Pontifikat überleben. Jenes mit den Traditionalisten könnte dagegen, als eine Art bleierne Leistung dieses Papstes, beendet werden, wenn die Kirche außerhalb der reaktionären Kurienzirkel dabei mitmachen würde.

7. Januar 2007. Man erwischt einen klassischen Fehlstart ins neue Jahr. Trotz seiner bekannten Kontakte zum einstigen kommunistischen Geheimdienst soll der bereits vom Vatikan ernannte neue Warschauer Erzbischof Stanisław Wielgus in sein Amt eingeführt werden. Die Starrköpfigkeit Roms endet in

einer Blamage: Kurz vor der feierlichen Zeremonie erklärt Wielgus während der Messe dann doch seinen Rücktritt.

Eine Begründung für so viel Ungeschick könnte sein, dass die kuriale Front der Verweigerung jegliche ordentliche Aufklärung als gotteslästerlichen Angriff auf ihre Autorität ablehnt. Eine andere Version lautet: Benedikt wurde bewusst irregeführt, um ihm so zu schaden.

13. Mai 2007. Bei seiner Lateinamerika-Reise löst der Papst heftige Kritik unter Indio-Vertretern aus. Während der Eröffnung einer Bischofskonferenz in der Basilika von Aparecida erklärt er, den Ureinwohnern sei durch die Verkündigung des Evangeliums keine fremde Kultur aufgezwungen worden. Die Indianer hätten die Christianisierung vielmehr still herbeigesehnt. Historiker bezeichnen diese Äußerungen Benedikts XVI. schlichtweg als Geschichtsklitterung. Sein Vorgänger Johannes Paul II. hätte sich vermutlich für die Morde und die Zwangsmissionierung durch die Zerschlagung ganzer Kulturen noch entschuldigt. Eine solche Haltung entspricht aber weder Ratzinger noch seinem konservativen Anhang. Die Legionäre Christi zum Beispiel praktizieren gegenüber Indios puren Rassismus. Ihrem Denken hat sich Ratzinger mit seiner seltsamen Interpretation der Indianer-Missionierung leider angeschlossen.

27. Juni 2007. Der Papst erleichtert die Feier der Messe in der Sonderform der tridentinischen Liturgie. Das heißt: Auch Gottesdienste in Latein, bei denen der Priester mit dem Rücken zur Gemeinde steht, sind fortan wieder ohne große Ausnahmegenehmigungen erlaubt. Dieser Schritt gilt als ein erstes Zugeständnis an die Traditionalisten und weckt unter Katholiken in aller Welt die Befürchtung, der Papst wolle auch andere Reformen rückgängig machen, die im Zuge des Zweiten Vatikanischen Konzils beschlossen worden sind. Ratzingers traditionalistischer Bruder Georg liefert in einem mehr-

fach nachgedruckten TV-Interview eine einfache Erklärung für Benedikts Entscheidung, die uns zeigt, wie der Papst und seine Mitarbeiter denken. Sie verdeutlicht darüber hinaus auch, warum die reaktionärsten Organisationen der Kirche die tridentinische Messe pflegen: »Während der Liturgiereform kamen die Änderungen schnell. Es war nicht für alle leicht, sie anzunehmen. Von einem Tag auf den anderen wurde die alte durch die neue Liturgie ersetzt, der wir uns heute verbunden fühlen und in der wir die Messe mit einer freudigen inneren Anteilnahme feiern. Es gab aber in der Kirche einige, die diesen ›Sprung‹ nicht vollkommen akzeptierten, weil der Verlust der alten Liturgie ihnen etwas genommen und ihren Glauben erschüttert hatte. Um diese Personen nicht alleine zu lassen und um sie wieder voll in die kirchliche Gemeinschaft einzugliedern, beschloss mein Bruder, die alte vorkonziliare Liturgie freizugeben.« – Die Worte klingen versöhnlich, doch dürfen wir uns nicht täuschen lassen. Interessant ist nämlich besonders das, was Georg Ratzinger nicht sagt und worüber auch sein päpstlicher Bruder kein Sterbenswörtchen verloren hat: Dass nämlich die alte Messe auch ein anderes Kirchenbild vermittelt, bei dem das Volk keine wirkliche Rolle spielt.

10. Juli 2007. Der Vatikan bezeichnet die katholische Kirche in einem von Benedikt XVI. gebilligten Dokument als einzig wahre Kirche. Protestanten reagieren empört auf die darin enthaltene Bemerkung, andere christliche Glaubensrichtungen seien keine Kirchen im eigentlichen Sinn. Nach Aussagen führender Vertreter der evangelischen Kirche in Deutschland hat der Papst auf diese Weise mit wenigen Worten Jahre der gemeinsamen ökumenischen Arbeit zunichte gemacht. Die hannoversche Landesbischöfin Margot Käßmann (seit Oktober 2009 Ratsvorsitzende der Evangelischen Kirche in Deutschland) spricht von einem Trauerspiel. Der Hintergrund: Wirkliche, also ergebnisoffene Ökumene lehnen die Traditionalisten

ebenso ab wie das Opus Dei und die Legionäre Christi. Offener geben sich in diesen Kreisen lediglich die Focolarini und Sant'Egidio.

5. Februar 2008. Der Papst führt eine neue Version der umstrittenen Karfreitagsfürbitte ein. Darin heißt es: »Lasst uns auch beten für die Juden, auf dass Gott, unser Herr, ihre Herzen erleuchte, damit sie Jesus Christus als den Retter aller Menschen erkennen.« Nach Ansicht von Kritikern wird damit – zumindest indirekt – zur Missionierung der Juden aufgerufen. Die Neueinführung weckt böse Erinnerungen: Eine noch schärfere Form der Fürbitte, in der von »treulosen« sowie »verblendeten« Juden die Rede gewesen war, hatte das Verhältnis zwischen den Religionen jahrhundertelang schwer belastet.

24. Januar 2009. Nach über 20 Jahren hebt Papst Benedikt XVI. die Exkommunizierung von vier Bischöfen der traditionalistischen Pius-Bruderschaft des ultrakonservativen französischen Erzbischofs Marcel Lefebvre auf. Als Folge droht das Jerusalemer Rabbinat mit einem Abbruch der Beziehungen zum Vatikan, und der Zentralrat der Juden friert den Dialog mit der katholischen Kirche vorerst ein. Bundestagspräsident Norbert Lammert (CDU) reagiert mit scharfer Kritik, und Theologen wie Hans Küng mahnen, Rom drifte nach rechts ab. Der deutsche Kurienkardinal Walter Kasper räumt daraufhin Fehler im Kirchenmanagement ein.

17. März 2009. Auf dem Flug nach Kamerun bestätigt Benedikt XVI. die Verurteilung der Verwendung von Kondomen gegen Aids. Diese Haltung ist nun altbekannt, seitdem Paul VI. im Jahr 1968 mit seiner berühmt-berüchtigten »Pillenenzyklika« jegliche künstliche Empfängnisverhütung verboten hat. Sie aber nun gerade auf der Reise nach Afrika zu untermauern, wird in der ganzen Welt als Verantwortungslosigkeit gegenüber dem Leiden und Sterben von Millionen Menschen bewertet. Die »Pillenenzyklika« hatte seinerzeit eine tiefe Glau-

benskrise unter den Katholiken ausgelöst und die päpstliche Autorität nachhaltig untergraben, die den angeblichen Erneuerungsbewegungen bekanntlich über jede Gewissensentscheidung geht. Unabhängig von Kondomen oder Pillen kann kein vernünftig denkender Mensch nachvollziehen, warum künstliche Verhütung unerlaubt sein soll, während natürliche zugelassen wird, als wäre die Methode ein moralisches Kriterium. Die Reduzierung der Sexualität aufs Nachwuchszeugen entspricht steinzeitlichen Vorstellungen von Überlebenskämpfen, die jegliche Erkenntnis über den Wert der Sexualität missachten.

22. März 2009. Benedikt XVI. unterläuft bei einer Messe in der Sankt-Pauls-Kirche in Luanda/Angola ein Schnitzer, der aus unerfindlichen Gründen von der Öffentlichkeit kaum aufgegriffen wurde, vielleicht, weil es sich nur um einen Nebensatz in einer Predigt handelte. In jedem Fall hatte dieser Nebensatz durchaus enthüllenden Charakter und steht der Indio-Geschichtsklitterung in nichts nach. Wörtlich sagte der Papst: »In diesem Moment möchte ich gern mit meinen Gedanken um fünfhundert Jahre zurückgehen, oder genauer in das Jahr 1506 und in die Folgejahre, als in diesen Ländern, damals von den Portugiesen besucht, das erste christliche Reich unterhalb der Sahara gegründet wurde, dank des Glaubens und des Beschlusses des Königs Dom Afonso I Mbemba a Nzinga, der vom bereits erwähnten Jahr 1506 bis zum Jahr 1543, seinem Todesjahr, herrschte; das Reich blieb offiziell katholisch vom 16. Jahrhundert bis zum 18. Jahrhundert, mit einem eigenen Botschafter in Rom.« – »Besucht« also von den lieben Portugiesen: Da dreht sich einem doch der Magen um! Hätte Ratzinger mal auf die Schnelle im Internet nachsehen lassen, dann hätte er erfahren können, dass 1482 der portugiesische Seefahrer Diogo Cão als erster Europäer in der Region gelandet war, was in den folgenden Jahren zur Errichtung

von Handelsstationen an der Mündung des Kongo und entlang der Atlantikküste führte. Hauptzweck dieser Niederlassungen war der Sklavenhandel mit Brasilien, was sich erst mit dem Verbot des Sklavenhandels änderte. Angola war wohl dasjenige Land, welches mit Abstand am meisten unter dem Sklavenhandel zwischen dem 16. und dem 19. Jahrhundert zu leiden hatte, schätzungsweise 3,5 Millionen Sklaven wurden über die Häfen des Landes verschifft. Von Benedikt hörte man dazu kein Wort. Schließlich waren es ja auch katholische Herrscher, die von den Geschäften profitierten.

11. Mai 2009. Beim Besuch der Holocaust-Gedenkstätte Jad Vaschem in Jerusalem findet gerade der deutsche Papst Benedikt XVI. keine Worte der Entschuldigung für den Holocaust und die damalige Rolle der Kirche, wie sie noch Vorgänger Johannes Paul II. geäußert hatte. Auch seine spürbare persönliche Betroffenheit als Deutscher erwähnt der Papst nicht explizit. Er nennt weder die Täter beim Namen noch spricht er von Mördern. Die Juden wurden getötet und nicht ermordet. Knesset-Sprecher Reuven Rivlin wartete jedenfalls vergeblich darauf, »eine Entschuldigung und eine Bitte um Vergebung von denjenigen zu hören, die unsere Tragödie verursacht haben. Zu ihnen gehören auch die Deutschen und die Kirche.« Der Papst »kam und sprach zu uns, als ob er ein Historiker wäre, jemand, der von der Seitenlinie zuschaut. Und was soll man da machen? Er gehörte zu ihnen. Mit allem Respekt für den Heiligen Stuhl, wir können nicht die Bürde ignorieren, die er trägt als ein junger Deutscher, der der Hitlerjugend beitrat, und als Person, die in Hitlers Armee eintrat.« Der Leiter der Holocaust-Gedenkstätte, Avner Shalev, bezeichnete den Auftritt des Papstes als eine »verpasste Gelegenheit«.

Jüdische Gesprächspartner empfanden seine Ansprache als emotionslos, professoral und unbeteiligt. Ihr hartes Urteil bleibt auch dann noch gerechtfertigt, wenn man die besondere Empfindlichkeit der Gastgeber berücksichtigt und die ihr geschuldete Überinterpretation von Gegebenheiten einkalkuliert, die Ratzinger nun wirklich nicht angekreidet werden dürfen. Die Kritik, die diese jüdischen Würdenträger erhoben, wäre außerdem glaubwürdiger gewesen, wenn sie nicht leider alte Märchen wieder aufgewärmt hätten. Ratzinger wurde nämlich formal in die Hitlerjugend aufgenommen, weil er gar nicht anders konnte. Selbiges gilt für seine Wehrmachtsverpflichtung. Indem sie nun aber – neben durchaus berechtigten Vorwürfen – auch längst Widerlegtes und Unhaltbares auftischten, haben sie der ernst zu nehmenden Kritik einen Bärendienst erwiesen und damit gerade jene antisemitischen Gruppen bestärkt, die sowieso alle Vorhaltungen von jüdischer Seite für böswillige Verleumdungen halten.

Aber zurück zur »verpassten Gelegenheit«. Eine menschliche Geste, ein paar bewegte persönliche Worte wären doch schon genug gewesen, bilanzierte *Die Zeit*: »Sie kamen ihm nicht über die Lippen. Er wirkte wie eingemauert in die Angst, etwas falsch zu machen.« Es blieb also ein bitterer Nachgeschmack, der den gesamten katholisch-jüdischen Dialog nach wie vor belastet, zumal Benedikt XVI. bei allen anderen Gesprächspartnern besser ankam als ausgerechnet bei den Juden. Dazu passt, dass die stets pünktlich eintreffenden Empörungen des Zentralrates der Juden in Deutschland nicht nur die Geduld selbst Wohlwollender ob ihrer geringen Kenntnistiefe langsam auf eine harte Probe stellen, sondern leider auch Wasser auf die Mühlen der Antisemiten gießen. Dem stimmte übrigens selbst ein von deutschen Problemen unbelasteter amerikanischer Vatikanbeobachter zu, der *NCR*-Korrespondent John Allen jr. In seiner Bilanz, die er nach vielen Gesprächen während der Israelreise zog, meinte er lakonisch, dass es eben Juden gebe, denen es kein Papst jemals recht machen könne.

Die Papstanhänger beeilten sich im Nachhinein, Benedikt XVI. zu verteidigen. Sie argumentierten, dass er das Heilige Land als Pilger und nicht als Politiker besucht habe. Diese Entschuldigung schmerzt, weil sie geheuchelt ist. Der Papst beansprucht nun einmal höchste Autorität, und diese leidet, wenn er sie je nach Gelegenheit verschieden definiert, um beispielsweise verbale Ausrutscher zu entschuldigen. Solcherlei Rechtfertigungsversuche sind außerdem so alt wie die Papstreisen selbst. Schon immer wurde Kritik, die auf solche Reisen folgte, mit dem Hinweis auf den »pastoralen« Charakter dieser Besuche zurückgewiesen. Nach einer solchen Lesart hat das Kirchenoberhaupt praktisch noch nie einen Staatsbesuch absolviert, und das selbst, wenn die Reisen noch so politisch geprägt waren. Er war also immer als Seelsorger unterwegs.

Die *Süddeutsche Zeitung* fasste schließlich den Zwiespalt zusammen, der sich aus Ratzingers verkrampftem Verhältnis zu den Juden ergibt: »Seltsam nur ist, dass der Papst in Bethlehem die richtigen Worte und den richtigen Ton fand. Er warb um eine Zwei-Staaten-Lösung, spendete Geld, äußerte Mitgefühl für die Palästinenser im Gazastreifen und warnte vor Gewalt. In Israel dagegen, in der Holocaust-Gedenkstätte Jad Vaschem, war Benedikt zuvor kühl und distanziert geblieben. Er hatte dort keine Identifizierung mit dem Leid und dem Trauma der israelischen Nation gezeigt oder geäußert, sondern eine abstrakt klingende Rede vom Blatt gelesen.«

Eine Erklärung, die für Ratzingers ganze Persönlichkeit gilt, hat vielleicht die Theologin und Philosophin Andrea Günter aus Freiburg im Breisgau gefunden. Von ihm, so schreibt sie in einer Aufsatzsammlung mit dem schönen Titel *Rolle rückwärts mit Benedikt* (Sommer/Seiterich), wisse man nicht, »welche Spiritualität er praktiziert, nicht einmal, ob er überhaupt eine praktiziert«. Die Spiritualität von Johannes Paul II. müsse zwar nicht unbedingt dessen eigene gewesen sein. Aber er habe spüren lassen, wo er zu berühren, wo er offen für anderes und andere war, also eine Seite seines Herzens sichtbar öffnete. »Auch diese Seite ist für einen Papst eine zentrale Eigenschaft, eine Art Gegenkraft und Ausgleich für die Glaubensverwaltung in Form einer theologisierend-dogmatischen Vernunft.« Ein solcher Mangel an eigener Spiritualität könnte auch ein Stück weit erklären, warum Benedikt XVI. sich den Movimenti so weit öffnet. Hierbei ginge es dann aber nicht um die älteren, deren gestriges Kirchenbild er teilt, die aber selbst nur eine zweifelhafte Spiritualität zeigen; vielmehr wären es die jüngeren Bewegungen, die sich vor allem mit ihrer Marienverehrung das Wohlwollen des Papstes aus Bayern sichern.

Während nun also in Israel ein bitterer Nachgeschmack zurückbleiben wird, war der Papstbesuch in Bethlehem für die Palästinenser jedenfalls »ein PR-Erfolg« *(Süddeutsche Zeitung)*. Eine Zweistaatenlösung, wie sie Benedikt ins Spiel brachte, schreibt im Übrigen die Linie fort, die der von den konservativen Gruppen bis heute hochverehrte Pius XII. eingeschlagen hatte. Er plädierte von Anfang an für eine Internationalisierung Jerusalems als Schnittpunkt für einen jüdischen und einen palästinensischen Staat.

Der Pfad für die richtige, klare und dennoch nicht verletzende und damit erst wirksame Wortwahl ist also schmal und wird von Benedikt XVI. leichter verlassen als von Johannes Paul II., der mit seiner Menschlichkeit manche Kritik von vornherein entkräftet hatte. Er war zwar nicht weniger konservativ, konnte aber nicht so problemlos von Fundamentalisten oder Integristen vereinnahmt werden wie Ratzinger. Mit Benedikt XVI. können sie sich durch sein Denken, Tun und Verhalten leichter identifizieren, gleich wo er auftritt. Auf ihn berufen sie sich und werden weder gemaßregelt wie etwa die linken

Befreiungstheologen noch ernten sie römischen Widerspruch. Sie glauben sich seiner sicher zu sein.

In diesem Sinne handeln zum Beispiel traditionalistische katholische Pfarrer in der Überzeugung, seinem Wunsch zu folgen, wenn sie das Rad der Kirchengeschichte zurückdrehen wollen. Das sind zum Beispiel einsame Landpfarrer, die dem zunehmend geforderten Dialog nicht gewachsen sind. Dekane, die rigoroser, als sie es vor wenigen Jahren noch gewagt hätten, gegen modernere und meistens auch noch erfolgreiche Kollegen vorgehen, finden inzwischen leichter Gehör bei den übergeordneten Diözesanstellen. Das gilt erst recht, wenn der dortige Bischof in seinem Ansinnen, unliebsame Laiengremien kaltzustellen, endlich Oberwasser fühlt, so wie es der Regensburger Bischof Ludwig Müller betreibt, dem auch deshalb nicht ohne Grund Aussichten auf höhere Weihen in Rom nachgesagt werden.

Am 19. Juni 2009 rief Papst Benedikt XVI. das Jahr des Priesters aus. Als Vorbild für die modernen Seelsorger präsentierte der Papst logischerweise den Schutzpatron der Pfarrer, den 1925 heiliggesprochenen Pfarrer von Ars. Dieser hieß Jean-Baptiste Marie Vianney, lebte von 1786 bis 1859 und verbrachte als Pfarrer des gottverlassenen Dorfes Ars im südostfranzösischen Departement Ain sein halbes Leben, wie in den meisten Würdigungen nachzulesen ist, im Beichtstuhl. Der einfache Bauernsohn lieferte dem katholischen Schriftsteller Georges Bernanos für sein »Tagebuch eines Landpfarrers« das Vorbild. Neben seinen einfühlsamen Beichtabnahmen wurde er in Kirchenkreisen berühmt für sein Leben in Fasten und Selbstgeißelung sowie durch zahlreiche Teufelsaustreibungen. Tiefe Gläubigkeit und ein schlichtes Gemüt mit einer zeitgenössischen Marienverehrung machten aus ihm einen Heiligen.

Benedikt nahm nun in einem Schreiben zu Beginn des Priesterjahres mit einem Zitat auf ihn Bezug, das dem typischen katholischen Hochwürdigsten Herrn Amtspriester entspricht: »Ohne das Sakrament der Weihe hätten wir den Herrn nicht. Wer hat ihn da in den Tabernakel gesetzt? Der Priester. Wer hat Eure Seele beim ersten Eintritt in das Leben aufgenommen? Der Priester. Wer nährt sie, um ihr die Kraft zu geben, ihre Pilgerschaft zu vollenden? Der Priester. Wer wird sie darauf vorbereiten, vor Gott zu erscheinen, indem er sie zum letzten Mal im Blut Jesu Christi wäscht? Der Priester, immer der Priester. Und wenn diese Seele [durch die Sünde] stirbt, wer wird sie auferwecken, wer wird ihr die Ruhe und den Frieden geben? Wieder der Priester ... Nach Gott ist der Priester alles! ... Erst im Himmel wird er sich selbst recht verstehen.« Ist es das also, was der amtierende Papst zum Beispiel angehenden Priestern des 21. Jahrhunderts sagen will? Wer bei einem Pfarrer aus dem 19. Jahrhundert die Lösung von Problemen der modernen Seelsorge sucht, der dürfte wohl die falschen als Neupriester anziehen.

Der herrschende Papst scheint, so kommentieren kritische Leser auf Kirchenwebsites, die Provokation durch Zitate zumindest als Stilmittel zu lieben. Anders als bei seiner »Regensburger Rede« provoziere er mit seinem Brief zum Priesterjahr diesmal nicht nach außen (die Muslime), sondern nach innen (seine Priester), und nicht wie damals durch einen Vorwurf, sondern durch ostentative Frömmigkeit: »Lass eine Pfarrei 20 Jahre ohne Priester, und man wird dort die Tiere anbeten.« Welche Gedanken mag dieses Zitat des Pfarrers von Ars wohl wecken, welche Haltungen befördern?

Mit ihm setzt Benedikt XVI. konsequent das fort, was der brasilianische Befreiungstheologe und Franziskaner Leonardo Boff 1985 in Rom erlebte, bevor der Präfekt Ratzinger ihm Rede- und Lehrverbot erteilte. Boff, der inzwischen geheiratet hat, sich aber als »franziskanischen und ökumenischen Katholiken – nicht als römischen« betrachtet, hat den Papst in einem *Stern*-Interview 2009 mit den Worten charakterisiert, er sei ein »Professorenpapst, kein Hirte«, der »Charisma« und »Ausstrahlung« vermissen lasse. Er habe Joseph Ratzinger noch während dessen Zeit als Hochschulprofessor in Deutschland als »brillanten, offenen Theologen kennengelernt«, so Boff. Mit seinem Schritt nach Rom jedoch habe dieser »die Logik des römischen Systems, die Logik der Macht« für sich übernommen. Diese Logik der Macht widerspricht nun zwar dem Priesterbild, das der Papst im Jahr 2009 mit dem Pfarrer von Ars versinnbildlichen wollte. Sie liegt dafür aber genau auf einer Linie mit den konservativen Bewegungen.

1990 entstand in Frankreich eine Priestergemeinschaft nach dem Vorbild von Ars, die »Societas Johannes-Maria Vianney« (SJMV), die inzwischen auch in Deutschland einige Anhänger hat, vor allem an Rhein und Ruhr. Der »Generalmoderator« dieser SJMV, ein gewisser Pater Philippe, schwärmt in einem Interview auf der Homepage seiner Gesellschaft von ihren Zielen: »Glückliche Priester zu sehen, die eine richtige und klare Idee des Priestertums haben, gibt den Jugendlichen Lust, Priester zu werden. Gemeinsam werden sie Früchte für die Mission tragen können. Für uns ist die Gestalt des Pfarrers von Ars zentral, denn sie zeigt uns etwas Wesentliches von dem Priester. Da wir nicht Pfarrer von Ars sind, wollen wir uns die Mittel geben, um auf dem Weg der Heiligkeit fort zu gehen. Die Einheit zwischen der Ausbildung und der Weise, das Ministerium zu leben, ist der wichtigste Maßstab für die Bildung der zukünftigen Priester. Diese auf das geistliche Leben zentrierte Ausbildung erlebt sich in einem starken gemeinschaftlichen Leben, damit die Seminaristen dazu fähig werden, auch als Priester so zu leben.« Das von Benedikt ausgerufene Priesterjahr könnte dieser Gemeinschaft noch einmal Zulauf bescheren. Ihren Sitz in Ars-sur-Formans hat sie übrigens nach Johannes Paul II. benannt.

Einen besonderen Stellenwert nehmen in jedem Pontifikat die »Enzykliken« genannten päpstlichen Rundschreiben ein. Aus römischer Sicht beanspruchen sie unausgesprochen (und keineswegs zu Recht) die Autorität von verbindlichen Vorschriften, ganz so, als wären sie Dogmen. Benedikt XVI. hat bisher drei solcher »Regierungserklärungen« vorgelegt. Sie sind als Grundsätze formuliert, doch haben sie bisher keine konkreten Auswirkungen gezeitigt, schon gar nicht bei der Kirchenführung selbst. Kritiker haben in ihnen keine wirklichen Antworten auf die Gesellschafts- und Glaubensfragen der Moderne erkennen können. Bei der dritten, die eine aktualisierte katholische Soziallehre enthält, fehlte Benedikt XVI. ganz und gar jene visionäre Kraft, die die vorhergegangenen Enzykliken der Päpste Johannes Paul II. und Paul VI. noch ausgezeichnet hatte. Im folgenden Teilkapitel werden wir uns nun ausführlicher mit diesen programmatischen Schriften befassen.

Die drei Enzykliken

Zur Überraschung selbst der Fachwelt widmete Papst Benedikt XVI. seine erste Enzyklika »Deus caritas est« (Gott ist Liebe) dem sozialen Engagement der katholischen Kirche und fand sogar versöhnliche Worte zur kirchlichen Sexualmoral. Er unterstrich in dem 71 Seiten umfassenden Text, den er Weihnachten 2005 unterzeichnete, die zentrale Bedeutung von »Liebe und Barmherzigkeit« (lateinisch »caritas«) für die Christen. Die in der Gottesliebe verankerte Nächstenliebe sei zunächst ein »Auftrag an jeden einzelnen Gläubigen«, dann aber auch einer an die gesamte kirchliche Gemeinschaft »auf all ihren Ebenen«. Innerhalb dieser Gemeinschaft der Gläubigen »darf es keine Armut derart geben, dass jemandem die für ein menschenwürdiges Leben nötigen Güter versagt bleiben«. Zugleich hätten Christen die Pflicht, auch Andersgläubigen bedingungslos zu helfen.

Bemerkenswerterweise wandte sich der Papst gegen den alten Vorwurf, die katholische Kirche sei gegenüber der geschlechtlichen Liebe (Eros) grundsätzlich feindlich eingestellt. Das Christentum wende sich aber entschieden gegen eine »Verherrlichung des Leibes«, die Sex zur Ware und zur bloßen Sache »degradiere«. Der Mensch erlange dadurch keine Freiheit, sondern werde »ins bloß Biologische zurückgestoßen«. Der Theologe Hans Küng begrüßte daraufhin, dass der Text »kein Manifest des Kulturpessimismus oder leibfeindlicher kirchlicher Sexualmoral« sei. Die »KirchenVolksBewegung Wir sind Kirche« äußerte die Hoffnung, die Enzyklika möge ein Zeichen dafür sein, dass aus dem strengen Glaubenswächter Joseph Ratzinger nun, als Benedikt XVI., ein Hirte werden könnte, der weniger Ge- und Verbote als vielmehr Liebe und Vergebung in den Mittelpunkt rückt. Zweifel blieben jedoch: Zu fragen sei nämlich, ob die Worte des Papstes auch konkret genug waren, um nachhaltige Auswirkungen sowohl auf die Gesellschaft als auch innerhalb der Kirche zu haben: »Werden sich Politik und Wirtschaft von Benedikts Worten beeindrucken lassen?«

»Wir sind Kirche« forderte eine institutionalisierte, breit gefächerte Diskussion über konkrete Schritte, mit denen das Anliegen des Papstes in der gesellschaftlichen und kirchlichen Wirklichkeit umzusetzen wäre. Dazu müssten auch manche Strukturen und Haltungen, deren Änderungen seit dem Zweiten Vatikanischen Konzil von vielen und nicht zuletzt von der »KirchenVolksBewegung« angemahnt werden, im Sinne der Enzyklika auf ihren »Liebesdienst« hin ehrlich überprüft und endlich mutig korrigiert werden. Denn die katholische Kirche kann nicht glaubwürdig das Subsidiaritätsprinzip für die Gesellschaft fordern, solange die römische Kurie selbst Zentralismus ohne Gewaltenteilung praktiziert und nicht bereit ist, die

»Laien« als gleichberechtigte Partner anzuerkennen. Doch tatsächlich folgten den Worten des Papstes keine sichtbaren Taten. Nach der Predigt ist vor der Predigt, mag man dazu frei nach Sepp Herberger sagen. Für seine Absichten war er gelobt worden, allein, seine Autorität reichte nicht mehr aus, sie auch durchzusetzen.

In seiner zweiten Enzyklika »Spe salvi« (Gott ist die Hoffnung) vom 30. November 2007 verurteilte Papst Benedikt XVI. dann den technischen Fortschrittsglauben und die materialistischen Weltanschauungen; den Weg aus der Sinnleere der heutigen Welt weise einzig die christliche Hoffnung: »Eine Welt ohne Gott ist eine Welt ohne Hoffnung.« Der Mensch brauche Gott, denn: »Nicht die Wissenschaft erlöst den Menschen«, sondern die Liebe. Die Vernunft, so schreibt das katholische Kirchenoberhaupt, müsse sich öffnen für die »rettenden Kräfte des Glaubens«, für die Unterscheidung von Gut und Böse. Der Atheismus des 19. und 20. Jahrhunderts habe »zu den schlimmsten Formen der Grausamkeit und Verstößen gegen die Gerechtigkeit« geführt, meint Benedikt XVI. Vor allem mit Karl Marx und dem Renaissance-Philosophen Francis Bacon (1561– 1626) geht er in seiner Enzyklika hart ins Gericht. Während Marx in seinem Denken den Menschen und dessen Freiheit vergessen habe, sei Bacon dem Irrglauben erlegen, der Mensch werde durch die Wissenschaft erlöst. »Anmaßend und von innen her unwahr« ist nach den Worten des Papstes der Anspruch, die Menschheit selbst könne und müsse nun das tun, »was kein Gott tut und tun kann«. Aus einem solchen »Protest gegen Gott angesichts der Leiden dieser Welt« folgten die größten Grausamkeiten und Zerstörungen des Rechts: »Eine Welt, die sich selbst Gerechtigkeit schaffen muss, ist eine Welt ohne Hoffnung.« Gerade in diesen Zeiten zeige sich aber wieder, »dass da keine positive Weltgestaltung gedeihen kann, wo die

Seelen verwildern«. Die Hoffnung auf das ewige Leben sei für viele heute gar nicht mehr erstrebenswert, schreibt Benedikt: »Weiterleben scheint eher Verdammnis als ein Geschenk zu sein.« Dem hält der Papst nun entgegen, dass unter Ewigkeit jedoch keineswegs eine »Abfolge von Kalendertagen« zu verstehen sei, sondern vielmehr der Augenblick der Erfüllung: »Es wäre der Augenblick des Eintauchens in den Ozean der unendlichen Liebe, in dem es keine Zeit, kein Vor- und Nachher mehr gibt«, bringt er die christliche Hoffnung auf den Punkt. Gegenwart, »auch mühsame Gegenwart«, könne angenommen und gelebt werden, »wenn sie auf ein Ziel zuführt und wenn wir dieses Ziels gewiss sein können«.

Die Reformbewegung »Wir sind Kirche« hielt dem Papst daraufhin auf ihrer Internetseite *wir-sind-kirche.de* vor, er müsse sich trotz des »eindrucksvollen Dokuments« fragen lassen, »welche konkreten Hoffnungen diese Enzyklika für das Leben der Gläubigen in der römisch-katholischen Kirche bringen wird«. Seine Aussage, Strukturen seien zwar wichtig und notwendig, dürften aber die Freiheit des Menschen nicht außer Kraft setzen, könne nicht nur für politische Systeme gelten. Die »Liste der Maßregelungen und Einschüchterungen unter Joseph Ratzinger als langjährigem Präfekten der Glaubenskongregation ist – leider – lang«.

Die dritte, eine Sozial-Enzyklika zur Wirtschaftskrise, verzögerte sich zunächst einmal um mehr als ein Jahr und dann nochmals um Woche für Woche, und das nicht nur, weil es die weitere Entwicklung abzuwarten galt, sondern auch, weil Benedikt XVI. sich nicht entschließen konnte, angesichts des hochaktuellen Problems vielleicht doch einmal eine moderne Sprache zu wählen, zum Beispiel Englisch statt Latein. Latein ist ja traditionell diejenige Sprache, in der alle Enzykliken verfasst werden, und der Titel »Caritas in veritate« (Die Liebe in

Wahrheit) stand auch schon längst fest, doch die Lateiner in der Kurie hatten angeblich Mühe, heute so geläufige Begriffe wie »Börsenwert«, »Steuerparadies« oder »Globalisierung« in die von Ratzinger gern gepflegte altehrwürdige Sprache der Kirche zu übersetzen (und das, obwohl die Kurie eine ganze Reihe von kompetenten Lateinexperten beschäftigt). Der Verdacht liegt hier sehr nahe, dass man die Veröffentlichung ganz einfach behindern wollte. Schließlich wurde die Enzyklika dann tatsächlich ohne lateinische Version publiziert, vermutlich auch wegen ihres Aktualitätsbezugs. Auf Englisch würde der Papst vielleicht von einigen Traditionalisten nicht verstanden werden, dafür aber mehr Menschen erreichen und überzeugen können. Er wäre damit ebenso glaubwürdig wie etwa Papst Pius XI., der 1939 seine Enzyklika gegen Totalitarismus und Nationalsozialismus im Dritten Reich auf Deutsch unter dem Titel »Mit brennender Sorge« veröffentlicht hatte.

Am Festtag Peter und Paul, am 29. Juni 2009, unterzeichnete Benedikt XVI. dann endlich seine dritte Enzyklika, mit der er die katholische Soziallehre seit Paul VI. und dessen entwicklungspolitischem Rundschreiben »Populorum progressio« (Vom Fortschritt der Völker) aus dem Jahr 1967 fortschreiben wollte. Er kündigte an: »Mit dieser Enzyklika will ich einige Aspekte der Gesamtentwicklung unserer Epoche im Lichte der Barmherzigkeit und der Wahrheit beleuchten.« Einem Kommunikations-GAU wie nach der Ex-Ex-Kommunizierung der vier Traditionalistenbischöfe wollte »B16« (wie Vatikanisten Benedikt XVI. inzwischen weniger ehrfurchtsvoll unter sich abkürzen) dieses Mal vorbeugen. Ausgewählte Vatikankorrespondenten bekamen schon eine Woche vor der Veröffentlichung in einem diskreten Umschlag eine Zusammenfassung ausgehändigt, um sich auf die – wie man hoffte: positive – Berichterstattung vorbereiten zu können. Dabei war sicher durchaus einkalkuliert (wenn nicht sogar erwünscht), dass einige sich nicht an die Diskretion halten und sogleich Vorschauen veröffentlichen würden, die die Neugier der Öffentlichkeit erhöhen und die Erwartungen steigern sollten. Doch auch die im Übrigen zunehmend unkritischeren Vatikanisten konnten wieder nur viel Grundsätzliches im Sinne von »B16« ankündigen, der wieder einmal viel Wahrheitsanspruch erhob und wenig Bezug zur sozialen Wirklichkeit verspüren ließ.

Aufgrund ihrer Weltferne schoss sich die Kurie auch hier ein Eigentor. Die Berater und Mitautoren der Enzyklika, darunter wieder Kardinal Cordes, wollten ein weiteres Mal nicht wahrhaben, dass es kein Kirchenhass ist, der verhindert, dass päpstliche Verlautbarungen überall zum Aufmacher der Zeitungstitelseiten avancieren. Die Medien hätten nämlich durchaus gern über ein machtvolles und wirksames Papstwort berichtet. Für überhebliche Belehrungen jedoch waren weder sie und noch ihre Leser zu haben. Zudem hatte zu diesem Zeitpunkt die Autorität von Benedikt XVI. auch schon erheblich gelitten. Das spürten inzwischen übrigens auch diejenigen Vatikanisten, deren unkritische Routineberichterstattung nach der Einsicht eines gestandenen Korrespondenten »nur ein Zeichen des Resignierens« war.

Was soll denn auch die breite Öffentlichkeit erwarten, wenn selbst Paolo Rodari, Vatikanist der gemäßigt linken Tageszeitung *Il Riformista*, den Kerngedanken der Sozial-Enzyklika mit folgenden Worten zusammenfasst: »Die Wahrheit ist das Licht, das der Liebe Sinn und Wert verleiht.« Sein Kollege vom *Corriere della Sera*, Gian Guido Vecchi, schrieb, ohne Wahrheit, ohne Vertrauen in und Liebe zum Wahren gebe es kein soziales Bewusstsein und keine soziale Verantwortung. Das soziale Handeln verfalle der Willkür privater Interessen und der Logik der Macht – mit zersetzenden Auswirkungen auf das Gemeinwesen, und das erst recht in einer Gesellschaft, die sich auf dem Weg der Globalisierung befinde und schwierige Augenblicke wie den gegenwärtigen durchlebe. Die Enzyklika bekräftige die Notwendigkeit einer neuen und vertieften Reflexion über den Sinn der Wirtschaft und ihrer Ziele sowie die einer grundlegenden und geduldigen Revision des Entwicklungsmodells.

Das ist nun aber typisch Ratzinger, der sich zwar elegant in der Welt der Kirchenväter der alten Kirche bewegt, dafür aber weder in sozialen noch in gesellschaftlichen Kategorien denken kann. Welch ein Unterschied zu Paul VI.! Am Ende der Kolonialzeit hatte dieser am 26. März 1967 die bereits erwähnte Enzyklika »Populorum progressio« veröffentlicht, die in ihrer Kernaussage bis heute gültig ist und derentwegen Kapitalisten damals wie heute den progressivsten Papst der jüngeren Zeit sozialistischer Gedanken verdächtigten. Auch dieser wollte an vorausgegangene Rundschreiben anknüpfen und die Sozial-Enzyklika von Johannes XXIII. »Mater et Magistra« (1961) sowie dessen Friedens-Enzyklika »Pacem in terris« (1963) fortschreiben. Paul VI. erweiterte dabei den Friedensauftrag der Kirche um das Engagement für den Ausgleich zwischen Nord und Süd.

»Populorum progressio« ist die erste Sozial-Enzyklika, die sich ganz der internationalen Entwicklung zuwendet. Weltwirtschaftliche Gerechtigkeit und die Überwindung der Spannung zwischen den reichen und den armen Ländern seien Voraussetzung und Grundlage für Frieden. Dem sei das Recht auf Privateigentum unterzuordnen, denn dieses sei für niemanden ein unabdingbares und uneingeschränktes Recht. Niemand sei befugt, seinen Überfluss ausschließlich sich selbst vorzubehalten, wo es anderen am Notwendigsten fehle. Paul VI. relativierte also das Privateigentum mittels einer harten Kritik an Kernsätzen des Kapitalismus. Ein ungehemmter Wirtschaftsliberalismus, »wonach der Profit der eigentliche Motor des wirtschaftlichen Fortschritts, der Wettbewerb das oberste Gesetz der Wirtschaft, das Eigentum an Produktionsmitteln ein absolutes Recht darstellt«, ist nach Paul VI. wirtschaftsethisch abzulehnen. Die Preisbildung auf dem Weltmarkt sei häufig unbefriedigend und ungerecht. »Die Spielregel des freien Handels kann also für sich allein die internationalen Beziehungen nicht regieren ... Eine Verkehrswirtschaft kann nicht mehr allein auf die Gesetze des freien und ungezügelten Wettbewerbs gegründet sein, der nur zu oft zu einer Wirtschaftsdiktatur führt. Der freie Austausch von Gütern ist nur dann recht und billig, wenn er mit den Forderungen der sozialen Gerechtigkeit übereinstimmt.«

Marxisten und Sozialisten aller Provenienzen waren über die harsche Privateigentums- und Kapitalismuskritik des Papstes natürlich hocherfreut, Konservative und Wirtschaftsliberale hingegen ganz und gar nicht. Das *Wall Street Journal* diskreditierte die Enzyklika als »aufgewärmten Marxismus«, und das *Time Magazine* echauffierte sich darüber, dass Teile des Rundschreibens den schrillen Tonfall einer marxistischen Polemik des frühen 20. Jahrhunderts aufwiesen. Und doch, der Papst hatte sich in »Populorum progressio« weder als Marxist noch als Sozialist (und – natürlich – schon gar nicht als Konservativer) erwiesen, sondern einfach nur als exzellenter katholischer Sozialethiker und echter Humanist.

Was bringt dagegen nun Benedikt XVI. in seiner Fortschreibung? Den Termin für die Veröffentlichung seiner dritten Enzyklika legte er eigentlich sehr geschickt auf den Vorabend des Weltwirtschaftsgipfels der G8 in L'Aquila (Mittelitalien). Gemeinsam mit offensichtlich zahlreichen Mitautoren, die dem Papst bei der ihm fremden Materie die Feder führten, listet er in »Caritas in veritate« alles auf, was der unethische Liberalismus so angerichtet habe. Alles in allem ist dabei ein 141 Seiten (Kirchenkritiker Horst Herrmann: »141 Seiten Hilflosigkeit«) langer Leitartikel herausgekommen, der alle Themen anschneidet, die in Hunderten von Kommentaren und Analysen seit dem Ausbruch der Finanz- und Wirtschaftskrise besprochen, interpretiert, kritisiert und mit Forderungen verknüpft worden sind. Die meisten von ihnen lasen sich allerdings verständlicher und klarer.

In der *Süddeutschen Zeitung* fasste Kirchenfachmann Matthias Drobinski zusammen: »Es ist eine Enttäuschung. Es fehlt ihr die visionäre Kraft, die Paul VI. 1967 in seiner Sozial-Enzyklika ›Populorum progressio‹ entfaltete.« Ja, es stehe durchaus von allem, was die katholische Soziallehre entwickelt habe, etwas darin; nur komme es seltsam unstrukturiert und unverbunden daher, und dies manchmal gar als eine Art pflichtschuldig aufgeführtes Sammelsurium. Der Geist der reaktionären Kurienkräfte, die mitgeschrieben haben, legt über die Enzyklika noch dazu denselben kulturpessimistisch defensiven Grundton, den Ratzinger im Gleichklang mit den Ultrakonservativen seit Jahren anschlägt. Drobinski: »Sie verteidigt die katholischen Wahrheitskonzepte, sie verheddert sich in kirchlicher In-sich-Logik, wenn sie Hungertod und Geburtenkontrolle als zwei Seiten der gleichen Unmoral darstellt. Sie verliert dadurch die Kraft, die sie hätte haben können. Sie nimmt nichts zurück, was andere Päpste gesagt haben. Sie ist aber auch kein bewegender Appell an die Menschheit, nicht prophetisches Zeichen, Zeitansage, Aufbruchssignal.« Seit den Zeiten, als ein Pius XII. die Nachkriegsmoderne nicht mehr verstand, sei kein Pontifex mehr so weltfremd gewesen wie Benedikt XVI. Seine sogenannte Sozial-Enzyklika sei ein »schwacher Aufguss des bereits Gesagten«.

Selbst die *Frankfurter Allgemeine Zeitung* blieb ratlos zurück: »Die Rettung der Welt besteht darin, jedem Relativismus abzuschwören und das moralische Verhalten vom Einzelnen bis zur Weltgesellschaft an den Forderungen des Naturrechts auszurichten – und diesen mittels einer echten politischen Weltautorität Geltung zu verschaffen. Selten kam eine Enzyklika hermetischer daher, bar jeden Bestrebens, den Dialog mit der zeitgenössischen politischen Philosophie von liberal bis kommuntaristisch zu suchen und die Brücke zu anderen Weltreligionen zu schlagen. Soziallehre als katholisches Selbstgespräch – ein Trauerspiel.«

Auch der Sozialethiker Pater Prof. Friedhelm Hengsbach, einer der wenigen übrig gebliebenen Lehrer der einstmals berühmten jesuitischen Hochburg der katholischen Soziallehre, hat Schwachpunkte beklagt. Er hält Benedikts Forderung nach einer echten politischen Weltautorität für überholt. Außerdem vermisse er konkrete Lösungsansätze für die Fehlentwicklungen, die die Finanzkrise ausgelöst habe; es gebe »keine konkreten Anweisungen oder konkrete Orientierungen«.

Wenn man kritisch werten will, dann ist die Enzyklika, wie Hengsbach in einem *dpa*-Interview urteilt, »ein Selbstgespräch von Benedikt XVI. mit seinen zwei Vorgängern«. Die darin praktizierte Argumentationsweise sei zum Teil sehr diffus. Sie sei eigentlich nur für Leute verständlich, die auf dem Boden des Christentums stehen. Damit gehe sie an Adressaten wie den Teilnehmern des G8-Gipfels schon zu einem großen Teil vorbei. Die Pariser Zeitung *Le Monde* findet für jene Weltautorität, die alle Probleme lösen will, den kürzesten Nenner: »Ein päpstlicher Traum.«

Die Wiener *Presse* schaute tiefer in die Gedankenwelt des päpstlichen Absenders und entdeckte als eigentliches Anliegen dieses Rundschreibens: »Die Festigung der christozentrischen Prinzipien der katholischen Dogmatik unter Zuhilfenahme einiger Anschauungsbeispiele aus der ökonomischen Gegenwart.« Bedeutung habe »Caritas in veritate« nur im theologischen Kontext. Die konkrete Regulierung der Finanzmärkte spiele sich jenseits des Wahrnehmungshorizonts ihrer Urheber ab. Aber die Gelegenheit, »den gesteigerten Bedarf an Ethik und Moral für einen intellektuellen Schlag gegen den Relativismus zu nutzen, konnte und wollte er sich nicht entgehen lassen«.

Ebenso tief bohrt Robert Leicht in der *Zeit* und kommt zu der Einsicht, dass der Papst das Thema der Liebe aus dem Geist der Wahrheit systematisch durch fast alle Dimensionen der globalisierten Welt deklinieren und dabei immer wieder auf das Zentrum seines Denkens zurücklenken wolle. Wenn es nun ohne den Glauben an die kirchliche Lehre keine »ganzheitliche Entwicklung des Menschen«, ja des Menschengeschlechts, geben soll, »wie kann es dann angehen, dass die Kirche in ihrer Geschichte so oft gegen den Geist der Wahrheit und der Liebe gehandelt hat, von den Zwangsbekehrungen über die Kreuzzüge, die Inquisition und die religiösen Bürgerkriege bis zu der Kollaboration mit fragwürdigsten Machthabern und Eliten in der jüngsten Vergangenheit? Gehört zum Geist der Wahrheit nicht auch ein großes Maß an Selbstkritik und Selbstbescheidung?«

Robert Leicht ist Protestant, was uns weiterführen kann zu der Beobachtung, dass die Enzyklika in Ländern, die von der Reformation geprägt worden sind, kritischer aufgenommen wurde als im katholischen Umfeld wie etwa in Italien oder Frankreich. Nun kann dem Papst zwar niemand vorwerfen, dass er katholisch ist; aber auf welche katholische Vorstellung von Kirche und Lehramt er sich beruft, das ist schon eine Rückfrage wert, wenn er denn Gehör finden will.

Katholische und evangelische Kirchen in Deutschland führen seit mehreren Jahren einen offenen Dialog mit der Wirtschaft und sprechen sich untereinander ab. Das EKD-Ratsmitglied und »Director Corporate Citizenship« bei der Deutschen Bank, Marlehn Thieme, sagte der *Welt*: »Die soziale und ökologische Neuorientierung der Wirtschaft kann ohne ein stabiles Wertefundament nicht gelingen«; und weiter: »Was für den demokratischen Verfassungsstaat gilt: dass er von Voraussetzungen lebt, die er selbst nicht schaffen kann, das gilt auch für die Wirtschaft.« Für Thieme ist dabei »der protestantische Akzent auf der persönlichen Gewissensentscheidung und Verantwortung des Individuums besonders wichtig und hilfreich«. Denn »die Teilnehmer einer auf individueller Risikobereitschaft gegründeten Marktwirtschaft« müssten sich am Leitbild der Freiheit in Verantwortung orientieren. Dieses protestantische Prinzip dürfe in der Wirtschaft für viele leichter fassbar sein als jenes Wort von der »Liebe in Wahrheit« von Benedikt XVI. Dieser bejahe zwar die Marktwirtschaft und erhebe ähnliche Nachhaltigkeitsforderungen wie die Protestanten, doch lasse »seine Wanderung durch die etablierte katholische Gesellschaftslehre – vom Lebensschutz über ›die Grammatik der Natur‹ bis hin zum Geschenk – manche seiner Ideen schwer erkennbar werden«. Auch nach dem Eindruck der Bewegung »Wir sind Kirche« stellt sich die katholische Kirche deshalb als eine Kraft dar, »die sich allein und selbstgenügsam mit den Problemen der Welt befasst«. Dazu passe, dass der Papst auch die anderen Religionen oder Konfessionen nicht erwähne.

Seine Kirche, so wird klar, vertritt also den alleinigen Anspruch auf jene Wahrheit, mit der die Welt zu retten ist. Mit solchem vorkonziliaren und reaktionären Denken opfert Benedikt XVI. dann auch noch die Errungenschaften von »Populorum progressio«. »Wir sind Kirche« dazu: »Völlig fragwürdig ist es, wenn behauptet wird, die Enzyklika ›Populorum progressio‹ Pauls VI. liege ganz und gar auf der Linie der vorkonziliaren Lehraussagen; wird sie doch bis heute noch immer als eine Enzyklika betrachtet, die einen Bruch vollzogen und prophetische Anklage erhoben hat.«

Es fällt schwer, nach diesen gravierenden Einwänden von zufälligen Fehlurteilen zu sprechen. Es ist auch kaum noch vorzustellen, dass Benedikt XVI. mit der harten Kritik fehlinterpretiert und dass ihm somit Unrecht getan wird. Die Stimmen, die wir hier haben zu Wort kommen lassen, sind nicht diejenigen von erklärten Kirchenfeinden; im Gegenteil: Sie gehören Menschen, die sich konstruktiv mit der Zukunft der katholischen Kirche auseinandersetzen wollen. Unkritischen Beifall bekommt Benedikt bestenfalls noch von einer Anhängerschaft, der er allein schon deshalb aus der Seele spricht, weil er der Papst ist, oder von einer solchen, die sich in ihrem pessimistischen Urteil über die sündige Welt mit dem Papst im Einklang befindet.

Begriffe wie »Schlechtigkeit« und »Sündhaftigkeit« der Welt könnten von einem Legionär Christi, aber auch von einem Traditionalisten in den Text hineinformuliert worden sein. So gesehen setzt die dritte Enzyklika jene Linie fort, die sich bereits mit der Rehabilitierung der Lefebvrianer (Pius-Bruderschaft und Traditionalisten) angedeutet hatte. Die Annahme einer vom Papst eher unausgesprochen als explizit betriebenen Annäherung ist somit überholt, nachdem die Nähe nun offen demonstriert worden ist. Selbst bei einem aus kirchlicher Sicht eher weniger verfänglichen Thema wie der Soziallehre ist es ihm also gelungen, weitere Glaubwürdigkeit zu verspielen. Da fällt es dann schon kaum mehr auf, wenn Benedikt XVI. bei dieser Gelegenheit auch noch die Geburtenkontrolle als Mittel zum Kampf gegen Armut verurteilt. In diesem Punkt wenigstens besteht Kontinuität zur »Pillen-Enzyklika« von Paul VI. Das bigotte Milieu, das hier wieder aufscheint, hat dem Ansehen und der Autorität der Kirche mehr geschadet, als es dieser Papst je wieder gutmachen kann. Und der Schaden wirkt weiter fort.

Eingeschlossen in den Mauern des Vatikans

Der bekannte Tübinger Theologe und Religionswissenschaftler Hans Küng, einst Professorenkollege von Ratzinger, fand in einem seiner vielen Interviews eine simple Erklärung für den Irrweg des Papstes. In der angesehensten französischen Zeitung *Le Monde* (Paris) warf er Benedikt XVI. 2009 vor, immer in kirchlichem Umfeld gelebt zu haben und wenig gereist zu sein: »Er ist im Vatikan eingeschlossen geblieben ... wo er vor Kritikern geschützt ist.« In diesem Punkt sei der Vatikan wie der Kreml. Die Kirche drohe »sich in Richtung einer Sekte zu entwickeln«. Genau das aber wollen seine Helfer, wenn sie mithilfe von Benedikt XVI. ihre Vorstellungen von der Wahrheit, über die ja bekanntlich nur der Papst und sie selbst verfügen, allen Menschen aufzwingen wollen. »Viele Katholiken erwarten nichts mehr von diesem Papst«, schloss Küng.

Der Schweizer Theologe hatte Benedikt XVI. bereits einige Monate zuvor in einem Zeitungsartikel in der *Süddeutschen Zeitung* empfohlen, nicht dem Beispiel eines US-Präsidenten George W. Bush nachzueifern, der am Ende als gescheitert dagestanden habe. Wenn er dies erreichen wolle, müsse Ratzinger in seiner weiteren Amtszeit jedoch auf mittlerweile fünf »Warnzeichen« achten:

1. Mit der breiteren Zulassung der tridentinischen Messe und seiner Nachgiebigkeit gegenüber den Traditionalisten habe er sich im Episkopat und unter Seelsorgern viel Kritik zugezogen.
2. Bei einem gemeinsamen Auftritt mit dem Ökumenischen Patriarchen Bartholomaios I. von Konstantinopel habe er »jede Relativierung der mittelalterlichen römischen Rechtsansprüche über die östlichen Kirchen vermissen« lassen.
3. Durch seinen Auftritt »in eitlen, kostspielig nachfabrizierten liturgischen Gewändern« im Stil des Medici-Papstes Leo X.

habe Benedikt viele Protestanten in ihrer skeptischen Haltung bestätigt. Dies bestärke deren Ansicht, wonach der Papst kein inneres Verständnis für die Reformation habe. Gerade jener Leo X. habe das Papsttum genießen wollen und trage die Hauptverantwortung »für Roms Versagen angesichts der Reformforderungen Luthers«.

4. Durch »das starre Festhalten am ebenfalls mittelalterlichen Zölibatsgesetz« sei er der Hauptverantwortliche für den Niedergang des Priestertums in vielen Ländern.

5. Durch das Insistieren auf dem Verbot von Präservativen und jeglicher Art von Empfängnisverhütung mache er sich außerdem »mitschuldig an der ungeheuren Überbevölkerung gerade in den ärmsten Ländern und an der weiteren Ausbreitung von Aids«.

Von Benedikt XVI. sei des Weiteren »kaum ein Wort für ›Change‹ in Kirche und Gesellschaft« gekommen, abgesehen vom »späten Schuldeingeständnis für die ungezählten Pädophiliefälle katholischer Kleriker«. Ein Obama werde Benedikt XVI. nun wohl mit Sicherheit nicht mehr. Seinen »Change« suche der Papst »restriktiv und rückwärts in Richtung auf das Restaurationskonzil von 1870«, urteilte Küng im Sommer 2009 in einem Beitrag für das Buch *Rolle rückwärts mit Benedikt*. Er fordert deshalb als Antwort auf dessen Linie zunächst einmal »einen Episkopat, der die offenkundigen Probleme der Kirche nicht verschleiert, sondern offen benennt und in den Diözesen energisch angeht«. Woher dieser Episkopat kommen soll, sagt Küng allerdings nicht, was auch schwierig wäre, denn die päpstliche Personalpolitik zielt ja genau darauf, solche Bischöfe zu verhindern, auch wenn gelegentliche Überraschungen nicht ausgeschlossen sind.

Zweitens sollen gemäß Küngs Schlussfolgerungen aus seinem obigen Katalog Theologen aktiv an einer Zukunftsvision der Kirche mitarbeiten und sich nicht scheuen, die Wahrheit zu sagen und zu schreiben. Daran fehlt es nun ja auch gar nicht. Solche Theologen werden aber von Rom ignoriert oder dort, wo die Kirche die Macht dazu hat, nicht auf Lehrstühle berufen oder gar wieder von diesen entfernt – Küng selbst ist hierfür das prominenteste Beispiel.

Schließlich fordert dieser noch die Seelsorger auf, sich gegen Überlastungen zu wehren, die durch die Zusammenlegung von Pfarreien entstehen, und appelliert an die Frauen, ihre Möglichkeiten zur Einflussnahme selbstbewusst wahrzunehmen.

Trotz der Schärfe seiner Kritik bleibt Küng doch weiter konstruktiv und ergeht sich in Optimismus: »Yes we can.« Die ernüchternden Bestandsaufnahmen und bitteren Einsichten, wie sie in mehreren Kapiteln dieses Buches dargestellt werden, zwingen uns leider, seinen Optimismus zu relativieren und den Obama-Spruch so zu modifizieren: »Yes we can ... – after Benedikt«, und dies auch nur, wenn dann im Vatikan selbst wieder Bedarf nach einem echten Kurswechsel verspürt würde. Vielleicht wird es ja tatsächlich so kommen, falls man den ständig steigenden Reformdruck endlich erkennt und seine Anforderungen auf breiter Basis verwirklicht.

Hans Küng ist sich in seinem vernichtenden Urteil über den Kurs der Päpste seit 30 Jahren treu geblieben, zumal sich in Rom die Gründe für seine Kritik ja nach wie vor nicht einfach verflüchtigt haben. Schon in einer drastischen Bilanz der Amtszeit von Johannes Paul II. hat er den Papst aus Polen 2005 im *Spiegel* als »widersprüchlichsten Papst« des 20. Jahrhunderts bewertet. Dessen Pontifikat habe sich trotz einiger positiver Aspekte als »eine große enttäuschte Hoffnung« erwiesen. Gegen alle Intentionen des Zweiten Vatikanischen Konzils sei das »mittelalterliche römische System, ein Machtapparat mit totalitären Zügen, durch geschickte und rücksichtslose Personal- und Lehramtspolitik restauriert« worden.

Genau diese Personalpolitik seines Vorgängers mit ihren konservativen Seilschaften setzt nun Benedikt XVI. zugunsten einer Kirche fort, die er als Kardinal einst in einem Gespräch mit dem Chefredakteur der rechten Monatszeitschrift *Der Fels*, Hubert Gindert, seines Zeichens Organisator der konservativen Sammlungsbewegung »Forum deutscher Katholiken«, beschrieben hat: »Mir kommt es nicht auf die große Zahl an. Mir kommt es darauf an, ob es in der Kirche missionarische Zellen gibt.« Diese aber sieht er dort, woher die Teilnehmer des »Forums«, eines Gegentreffens zum Deutschen Katholikentag, stammen: beim Opus Dei, den Legionären Christi, der Gemeinschaft der Seligpreisungen und der Totus-tuus-Bewegung.

Was also treibt ihn nun wirklich um, diesen Papst? So fragt ausgerechnet das evangelische *Bayerische Sonntagsblatt* angesichts der nicht mehr zu leugnenden Tatsache, dass »der alte Mann im Vatikan das Verhältnis des Christentums zu anderen Religionen nachhaltig beschädigt hat«. Dieser Umstand lasse nämlich auch Protestanten nicht unberührt. Der Autor Wolfgang Weissgerber stellt fest: »Joseph Ratzinger alias Benedikt XVI. war nie Diplomat, stets Dogmatiker. Die Einheit der Kirche geht ihm über alles, für sie riskiert er alles. Wegen der Einheit der einen Kirche erkennt er die evangelische nicht als solche an. Die tausendjährige Spaltung der katholischen und der orthodoxen Kirche schmerzt ihn zutiefst. Die Existenz der Pius-Bischöfe, die zwar unerlaubt, aber theologisch gültig geweiht wurden, hat für den Papst dieselbe Qualität: ein Schisma, das es zu überwinden gilt – selbst dann, wenn ihm die Mehrheit seiner Schäflein nicht zu folgen vermag.« – »Auch viele Katholiken decken diesen Stil nicht mehr«, singt der evangelische Pfarrer Clemens Bittlinger in seinem umstrittenen Papstlied »Mensch, Benedikt«. Doch dies ficht den nicht an. Er hat allein seine Kirche im Blick und vergisst darüber die Welt.

»Was würde Jesus dazu sagen?«, schließt der Kommentar des *Bayerischen Sonntagsblattes*.

Dass dieser Papst sein Ziel so streng vor Augen hat, konnte dennoch nicht verhindern und darf nicht davon ablenken, dass der Papst die nötigen Mittel, um es zu erreichen, falsch gewählt hat, sei es aufgrund einsamer Entscheidungen oder wegen unfähiger Ratgeber. Er kann es einfach nicht besser. Joseph Ratzinger ist nun einmal nicht, wie sein Vorgänger, mitten aus dem prallen Menschenleben hinaus ins Amt gekommen, sondern direkt aus der Bibliothek. Trotz dieses Defizits sucht er fremden Rat aber kaum. Ganz anders Johannes Paul II.: Der machte sich beispielsweise die privaten Essen zunutze und ging dementsprechend nie allein zu Tisch. So mancher wurde seinerzeit von einer Essenseinladung ins päpstliche Appartement überrascht. Wojtyla ließ nämlich stets interessante Gesprächspartner zu sich bitten und erfuhr so vieles, was Ratzinger heute nicht einmal vom Hörensagen kennt. Bei Pasta und Wein ließ sich damals manches klären und regeln.

Der Kirchenkenner der *Frankfurter Allgemeinen Zeitung* Daniel Deckers, der eine einfühlsame Biografie über Kardinal Karl Lehmann veröffentlicht hat, wird Ratzinger in diesem Punkt wohl am ehesten gerecht, wenn er nach vier Jahren Pontifikat feststellt: »Die Zweifel an seiner Fähigkeit zu leiten und zu führen (donum regiminis), jene unabdingbare Voraussetzung für das Bischofsamt, sind seit 2005 nicht kleiner, sondern größer geworden.« Wo aber keine Führungsautorität vorhanden ist, da walten die Gruppeninteressen und schalten ihre Vertreter. Brutaler formulierte es der Kolumnist Dieter Degler in der *Süddeutschen Zeitung* (»Degler denkt«). Er bezeichnete Benedikt XVI. anlässlich des Besuchs von US-Präsident Barack Obama im Vatikan als »klerikalen Hardliner aus Bayern« und als »reformfeindlichen Greis mit den verkniffenen Lippen, der seine Gemeinschaft als letzter kalter Krieger des Katholizismus führt«. Dabei würde ein Obama auch im Vatikan dringendst gebraucht.

Einen eher schwierig zu interpretierenden Einblick in sein Denken bot Benedikt XVI. am 24. Juli 2009, und das nicht nur wegen seiner besonderen und schwer verständlichen professoralen Art; zum zweihundertsten Geburtstag des Evolutionsforschers Charles Darwin lieferte der Pontifex an diesem Tag nämlich einen unerwarteten Beitrag. Während der Sommerferien in Aosta sprach er in einer frei gehaltenen Predigt von einer »kosmischen Liturgie« und würdigte den zweimal von seinem Orden nach China verbannten und 1955 in New York im Alter von 74 Jahren gestorbenen Jesuitenpater, Theologen, Philosophen, Anthropologen und Paläontologen Pierre Teilhard de Chardin als einen »Mann mit großer Vision«.

Teilhard war nun ein katholischer Evolutionstheoretiker, der als »katholischer Darwin« zu Lebzeiten mit Lehr- und Publikationsverbot belegt war, weil seine Vorstellungen von einer Verbindung von Vernunft und Glauben, von Schöpfung und Evolution, dem Heiligen Offizium unter Papst Pius XII. als häretisch erschienen waren. In einem Monitum (einem Mahnschreiben) warnte die Behörde im Jahr 1962 vor der Gefährlichkeit der Schriften dieses französischen Jesuiten. Damit konnte die ehemals als »Inquisition« bekannte Kongregation Teilhards großen Einfluss auf das Zweite Vatikanische Konzil jedoch nicht verhindern. Darüber hinaus weckte man, wie schon so oft in der Geschichte der römischen Zensur, mit dem Verbot erst recht wachsende Neugier auf den französischen Denker, und folgerichtig wurden Teilhards Bücher nach seinem Tod Bestseller. Er hatte darin versucht, dem modernen Menschen die Rolle von Jesus als »Punkt Omega« zu erklären, auf den hin der Mensch sich entwickeln solle. Viele Skeptiker sehen in seinem Denken bis heute einen Zugang zum Erlösungsglauben.

Die Frage, ob auf diese ebenso spontane wie längst überfällige Anerkennung des französischen Jesuiten praktische Konsequenzen folgen werden und der Papst jenes vorkonziliare »Monitum« wieder aufhebt, hat Benedikt XVI. bei jener Predigt offengelassen. Kirchenrechtlich besteht damit die Verurteilung durch die Glaubenswächter weiterhin, nur dass sich nun wohl erst recht niemand mehr darum kümmert. Die üblichen ultrarechten Kommentatoren witterten hier schon die Anerkennung einer Irrlehre. Mehr, oder gar Differenzierteres, konnten sie jedoch mit Teilhard nicht anfangen. Dass seine Erkenntnisse mit der fundamentalistischen Schöpfungslehre kaum zu vereinbaren ist, ist ihnen wie allen anderen gerade noch einsichtig. Alles, was darüber hinausreicht, geht wohl über den Horizont katholischer Traditionalisten hinaus.

Was mag nun schließlich aber Benedikt XVI. zu dieser verklausulierten Würdigung veranlasst haben? Schon seit geraumer Zeit hatten Theologen die Rehabilitierung Teilhards gefordert. Nun erinnern sie sich wieder an den »frühen Ratzinger« und fragen sich, ob er wohl zu seinen »progressiven Zeiten« als Theologe zurückgekehrt sei. Denn seine spontanen Worte hätten durchaus ein Zitat aus den Sechzigerjahren sein können, was gar den *Corriere della Sera* dazu verführte zu hoffen, dass unter diesem Papst vielleicht doch nicht klammheimlich das Konzil beerdigt werde.

Die Hoffnung stirbt eben zuletzt. Und Ratzinger lässt sich – ganz in der Tradition der katholischen Kirche – Zeit, viel Zeit. Ein beredtes Beispiel dafür steuerte der Dirigent und Umweltschützer Enoch zu Guttenberg, der Vater des heutigen CSU-Verteidigungsministers, in einem Interview der *Süddeutschen Zeitung* 2009 bei. Er erinnerte darin an ein Gespräch im fernen Jahr 1978 mit dem Kardinal Joseph Ratzinger. Zusammen mit

Bernhard Grzimek und Hubert Weinzierl fragte er den frisch-
gebackenen Erzbischof von München und Freising, ob die Kirche die Entfremdung des Menschen von der Schöpfung aufhalten könne: »Wir baten dringend um kirchliches Eintreten
zum Erhalt der Schöpfung und um die Einsetzung eines katholischen Umweltbeauftragten nach dem Vorbild der evangelischen Kirche. Der Kardinal antwortete: ›Was Sie mir über die
Lage der Natur und über den Planeten und über die Zukunft
der Menschen erzählt haben, das leuchtet alles ein. Nur – wir
haben gerade erst Galilei überwunden, und jetzt kommen Sie
schon wieder mit etwas Neuem.‹ So ließ uns der Kardinal zwar
mit seinem Segen, aber im Regen stehen. Selten habe ich ein
Umweltgespräch so bedrückt verlassen.« Alle Jahrhunderte
wieder etwas Neues!

Das Darwin-Jahr ging vorüber, und Benedikt XVI. kam auf
Teilhard nicht mehr zurück. Er ordnete seine Kurie nach seinen Intentionen. Wenn Spitzenleute ersetzt wurden, folgten
stets konservativere nach, sofern das noch – über graduelle
Unterschiede hinaus – möglich war. Seit Jahren wurde die
Kirchenspitze nach rückwärts verstärkt, ohne dass das neue
Leitungspersonal einzelnen Gruppen zuzurechnen wäre oder
eindeutige Zugehörigkeiten signalisierte. Sympathien für welt-
offene Bewegungen bewies niemand.

Kardinal Kasper blieb entgegen Unkenrufen (noch) im Amt,
auch wenn er sichtbar an Einfluss verlor. So begeisterten sich
die Papstjubler Ende Oktober über einen angeblichen päpstlichen Ökumene-Durchbruch, einen wahren Donnerschlag,
über den Kasper offensichtlich zwar informiert, bei dem er
aber nicht mit einbezogen worden war. Der Ökumene-Minis-
ter hatte einige Mühe, seinen Chef zu rechtfertigen und gleichzeitig seine Kompetenz zu verteidigen.

Papstkritiker wie Hans Küng überraschte der Coup ebenso
wie die Fans. Küng sprach aber lieber von einer Tragödie und

»unökumenischer Piraterie«. In Zeitungsbeiträgen, darunter in der linksliberalen römischen Tageszeitung *La Repubblica*, schrieb er: »Dieser Papst fischt in rechten Gewässern.«

Was war geschehen, was trotz des internen Sturmes außerhalb der Kirchenlandschaft nur wenige zur Kenntnis nahmen, obwohl es langfristig unabsehbare Auswirkung entwickeln könnte? Am 4. November unterschrieb Benedikt XVI. eine Apostolische Konstitution, einen der höchsten Gesetzesakte, mit der der deutsche Papst eine neue Kirchengemeinschaft unter seine Obhut holte. Er gründete für reaktionäre Anglikaner eine Art Sonderkirche in der katholischen Kirche, und zwar mit eigenen Bischöfen, aber ohne Territorien, also Diözesen, ähnlich also einem Militärbischofsamt. Oder noch bezeichnender: Benedikt XVI. schuf nach dem Vorbild des Opus Dei, das ihm ja auch in einer »Personalprälatur« direkt untersteht, eine zweite Unterkirche, und wiederum eine der Vorgestrigen. Eine dritte könnten die Traditionalisten um die Pius-Bruderschaft werden.

Im aktuellen Fall ging es um eine Öffnung für anglikanische Traditionalisten. In der neuen Prälatur dürfen sich jene anglikanischen Bischöfe und ihre Priester unter römischem Dach zusammenfinden, die sich gegen die Modernisierung ihrer bisherigen Kirche, der in England beheimateten und in Afrika weitverbreiteten anglikanischen Kirche, vergeblich gewehrt haben – so wie die katholischen Pius-Brüder gegen das Zweite Vatikanische Konzil. Der Papst steht ihnen näher als der Erzbischof von Canterbury.

Willkommen also im Club der Antimodernisten! Die anglikanischen Traditionalisten lehnten die heiß diskutierten Neuerungen ihrer Kirche ab: Sie verabscheuten die Zulassung von Frauen zum Priester- und Bischofsamt und sie verurteilten gleichgeschlechtliche Paare. Für ihre Heimkehr mit ihren 500 000 Anhängern nach Rom war Benedikt XVI. jedes Mittel recht.

Die verheirateten Kleriker durften natürlich ihre Ehen fortführen. Der Zölibat gilt für sie nicht. Das um Jahrhunderte ältere Vorbild hierfür lieferten die mit dem Papst unierten Orthodoxen. Die übrigen Orthodoxen witterten hinter dem päpstlichen Entgegenkommen sogleich Abwerbungsabsichten auch in ihren eigenen Reihen. Ihr Verdacht: Wer den Primat des Papstes akzeptiert und auch sonst nichts mit der Moderne zu tun haben will, ist in Rom herzlich willkommen, ohne auf das eigene Profil verzichten zu müssen.

Die Befürchtung ist nicht von der Hand zu weisen. So antimodernistisch wie die anglikanischen Traditionalisten sind die Orthodoxen aller Schattierungen schon lange. Wenn nur dies zählen würde, könnten sie den Papst als gemeinsames Oberhaupt anerkennen. Zwischen den Anglikanern aus der lateinischen Christenheit und den griechischen oder russischen Orthodoxen gehen die Risse tiefer. Das ebenso reaktionäre Kirchenbild von Benedikt XVI. könnte dennoch Rom hoffen lassen, dass einige der vielen zerstrittenen Orthodoxen mitsamt ihren Gläubigen die päpstliche Oberhoheit anerkennen. Es wäre eine Ökumene nach Art des Opus Dei. Warum sollte also ein Deutscher noch stolz auf einen deutschen Papst sein (was seine Anhänger fordern), der Kirche und Gesellschaft vor die Aufklärung zurückwerfen will?

92

5   Der schöne Papstflüsterer und Traditionalist

Aufstieg, Einfluss und Fehler des Privatsekretärs Georg Gänswein

Eigentlich ist es kaum vorstellbar, dass ein Staats- oder Kirchenoberhaupt seine Sekretärin oder seinen Sekretär als Stellvertreter mit einer besonderen persönlichen Botschaft zu einer öffentlichen Veranstaltung schickt. Am Karfreitag 2009 ist genau dies jedoch geschehen. Papst Benedikt XVI. hat seinen Privatsekretär Georg Gänswein nach L'Aquila zur Feier für die Erdbebentoten gesandt, damit er dort den leidgeprüften Menschen den »tröstlichen apostolischen Segen« übermittle. Den Trauergottesdienst dagegen zelebrierte, diesmal wieder kirchlich-hierarchisch angemessen, der zweite Mann im Vatikan, Kardinalstaatssekretär Tarcisio Bertone.

Millionen haben die Direktübertragung im Fernsehen gesehen, und vielleicht haben sich auch einige gewundert, dass der Privatsekretär den Papst vertrat. So exponiert hat sich nicht einmal der später zum Erzbischof erhobene Privatsekretär des Vorgängerpapstes Johannes Paul II., Stanislaw Dziwisz, in der Öffentlichkeit gezeigt.

Da sie kein Hirtenamt innehaben, wurden Sekretäre früher normalerweise erst nach dem Tod ihres Chefs derart befördert. Gänswein muss im Leben des Joseph Ratzinger schon einen besonderen Stellenwert mit mehr Einfluss als üblich haben, was auch dadurch unterstrichen wird, dass italienische Bischöfe sich nach der Messe von L'Aquila in zufälligen Gesprächen über Ostern verwundert zeigten. Andererseits beweise diese ungewöhnliche Delegation aber auch die geringe Sensibilität des professoralen Papstes für menschliche Not. Er habe »brutta figura« (einen schlechten Eindruck) gemacht, trotz des durchaus ansehnlichen Emissärs. Dessen Persönlichkeit genauer unter die Lupe zu nehmen, lohnt im Übrigen: Wir werden, wenn wir uns im Folgenden einmal gründlicher mit Georg Gänswein beschäftigen, vielleicht die eine oder andere Erklärung für seine besondere Stellung, in jedem Fall aber so manch erstaunlichen Aspekt finden.

Es war eigentlich nur ein Nebensatz in einer Vatikan-Analyse der italienischen Wirtschaftszeitung *Il Sole/24 Ore*, die den aufmerksamen Leser elektrisierte. Eher als Randbemerkung nämlich erwähnte der Autor Giancarlo Zizola, dass der ältere Bruder des Papstes, Georg Ratzinger, und ebenso sein Privatsekretär Georg Gänswein »glühende Lefebvrianer« seien. Dem theologisch eher bescheiden profilierten Prälaten und Dirigenten Georg Ratzinger, dem wichtigsten Berater des Papstes, wird (wohl nicht zu Unrecht) eine Nähe zu Lefebvre zumindest in Regensburg nachgesagt. Aber sollte auch Gänswein ein glühender Traditionalist sein? Dafür sprach die Autorität der Quelle: Zizola, der den markanten Satz auf dem unverdächtigen blass rosafarbenen Papier des Wirtschaftsblattes schrieb, ist schließlich der Doyen der Vatikanisten, der journalistisch tätigen ständigen Beobachter des Vatikans. Er gilt nicht nur als sehr gut informiert, sondern auch als erfahrener Kollege, der sich ein halbes Jahrhundert lang mit Papst und Kurie beschäftigt hat und keine vorschnellen Urteile fällt, nicht einmal im Nebensatz, und das schon gar nicht, wenn es sich um einen Mann in der »camera dei bottoni«, im »Raum mit den Knöpfen«, handelt, womit der Mann im Kommandozentrum gemeint ist, frei übersetzt der »Strippenzieher« oder, nach einer Überschrift in einer Zeitung, »der Papstflüsterer«.

Zizola ist nicht der Einzige, der Gänswein nachsagt, er habe das Lefebvre-Seminar in Econe in der Schweiz frequentiert. Auch das französische Magazin *L'Express* ging im Februar 2009 in einer Untersuchung über die »Schlüssel zur Krise« von einer solchen Vergangenheit des Papstsekretärs aus und sah genau hierin eine gewichtige Erklärung für die Beziehungen zwischen Papst und Traditionalistenbischöfen.

Wenn nun die Annahme zuträfe, dass der Sekretär des amtierenden Papstes den Traditionalisten, also den Pius-Brüdern, nahesteht, dann wäre jede Spekulation über jene »Panne« im Vatikan überholt. Es wäre nämlich gar keine Panne gewesen, als Benedikt XVI. die Exkommunikation der Lefebvre-Bischöfe einschließlich Holocaust-Leugner aufhob. Es wäre ein zielgerichtetes Vorgehen im Sinne eines seiner wichtigsten Berater gewesen, der – wie schon früher – die Tragweite seiner Ratschläge in der Weltferne seines Traditionalismus nicht abgesehen hatte.

Die beiläufig geäußerte Hintergrundinformation entpuppte sich übrigens als überaus heikel. Zizola war trotz unserer fast vierzigjährigen freundschaftlichen Beziehung weder am Telefon noch per Mail bereit, aufzudecken, auf welcher Grundlage er zu dieser Bewertung der beiden Ratzinger-Vertrauten gekommen ist. Trotzdem beteuerte er mir gegenüber: »Es ist absolut sicher.« Mehr wolle er mir mündlich bei einem späteren Treffen in Rom sagen. Begnügen wir uns also fürs Erste damit, im Leben des Schwarzwälders Georg Gänswein auf Spurensuche zu gehen.

Einen Anfangsverdacht, wenn man so will, hätte eigentlich schon jeder hegen können, der 1984 die Primizfeier in Gänsweins Hotzenwälder Heimatort miterleben durfte. Der Neupriester las seine erste Messe zwar im neuen Ritus, aber auf Latein und mit dem Rücken zum Volk. Damit das anwesende Kirchenvolk ihm überhaupt folgen konnte, hatte er Übersetzungen verteilen lassen. Pfarrer aus dem Erzbistum Freiburg wunderten sich nicht schlecht angesichts des ungewohnten Geschehens, zumal der junge Mann bei seiner Predigt donnernd mit den Fäusten auf die Kanzel schlug, als ginge es darum, gegen einen abscheulichen Sündenpfuhl anzubrüllen. Weniger erstaunt zeigten sich etliche jüngere Kleriker, die im Ort noch nie zuvor jemand gesehen hatte und die auch den einheimischen Pfarrern nicht bekannt waren. Es waren Freunde und Kollegen von Gänswein, die sich nicht nur in ihrer Reaktion, sondern auch durch ihre strenge Erscheinung von den übrigen Anwesenden unterschieden. Keiner von ihnen war in »Räuberzivil«, also in modernem Anzug, erschienen, wie es längst auch bei Klerikern üblich ist. Nicht so der Gänswein-Anhang: »Alle mit Römerkragen«, erinnerte sich ein Teilnehmer.

Ende der Fünfziger- und Anfang der Sechzigerjahre lebten die Katholiken im Schwarzwald, wo ich aufgewachsen bin und Gruppenführer in der katholischen Jugend (KJG) war, noch sehr traditionell. Das Zweite Vatikanische Konzil stand noch aus, und auch danach setzten sich die Reformen nur langsam durch. Im Religionsunterricht lernten wir noch, dass die Juden gemäß dem Neuen Testament Gottesmörder seien. Am Karfreitag beugten wir bei den Fürbitten für ihre Bekehrung noch nicht das Knie. Gänswein ist zwar 13 Jahre jünger als ich. Seine Kindheit dürfte aber auch kein anderes Milieu gekannt haben.

Kursgenossen aus der ersten Studienzeit und aus dem Priesterseminar erinnern sich noch gut an seine schnelle Auffassungsgabe, eine beeindruckende Sportlichkeit und ein auffälliges Traditionsbewusstsein. Doch damit wird niemand automatisch Lefebvrianer. In diese Richtung wies schon eher seine Neigung zu alten Formen und zu kirchenrechtlicher Strenge. Solcherlei war aber der Gemeinde Oberkirch, wo er –

für gerade einmal zwei Jahre – seine einzige Zeit als praktischer Seelsorger verbrachte, nicht aufgefallen. An Gänswein interessierten hier ganz andere Dinge, und die könnten so manchen überraschen.

Wenn Mitte der Achtzigerjahre in Oberkirch jemand von »Rummenigge« sprach, dann dachte er nicht etwa an den Stürmerstar des FC Bayern München, sondern an den sportlichen Priester. Und auch die Mädchen der katholischen Jugend tuschelten keineswegs über das Bundesliga-Fußball-Ass. Ihr heimlich umschwärmter »Rummenigge« war nämlich Freizeitfußballer bei den »Sonntagmorgenkickern«. Doch nicht nur die Mädchen schwärmten von dem lokalen »Star«, der unter Katholiken heute vermutlich fast noch bekannter ist als jener fast gleichaltrige Fußballer, der heute als Vorstandschef des deutschen »Rekordmeisters« tätig ist. Obwohl mittlerweile schon 25 Jahre ins Land gegangen sind, erinnern sich viele Oberkircher in ihrem Renchtalstädtchen immer noch an den Kaplan von 1984, und dies liegt weder nur an seinen beträchtlichen Fähigkeiten am runden Leder noch ausschließlich an seiner späteren Karriere.

Er predigte kraft- und eindrucksvoll und erschien stets in Soutane und Römerkragen; Letzteres auch, wenn er Damen des Städtchens besuchte, was manch einen hinter vorgehaltener Hand spekulieren ließ. »Sprechen Sie doch mal mit Frau ...«, rieten mir alteingesessene Oberkircher bei meinen Recherchen. Ich verzichtete darauf, zumal mich schon weibliche Fans von Gänswein mit Vorwürfen belästigt hatten, er sei doch gar kein Hardliner oder gar Betonkopf. Gänswein habe sogar ein Herz für Geschiedene, versicherte eine Betroffene. Auf meine Gegenfrage jedoch, wie er es denn mit der Zulassung zur Kommunion für wiederverheiratete Geschiedene halte, endete der Kontakt abrupt. Begeisterte Anhängerinnen wollen nun einmal nicht zulassen, dass ihr Idol Kratzer bekommt.

Kapläne kommen und gehen, und die meisten von ihnen hinterlassen im Kirchenalltag nur wenige Erinnerungen. Doch dieser Kaplan von 1984 ist nun fast immer dabei, wenn Papst Benedikt XVI. auf dem Fernsehschirm erscheint. Der ehemalige Kaplan von Oberkirch, Georg Gänswein, ist heute die rechte Hand des Papstes, der Badener neben dem Bayer.

Geboren wurde Gänswein am 30. Juli 1956 im 450-Seelen-Dorf Riedern im Kreis Waldshut als ältester Sohn eines Schmiedemeisters. Nach Abitur in der Kreisstadt, Priesterseminar, Studium und Priesterweihe in Freiburg wurde er also Kaplan in Oberkirch. Danach kehrte er noch einmal an die Universität zurück. Sieben lange, sehr lange Jahre widmete er in München seiner Promotion im Kirchenrecht, um anschließend mit frisch verliehenem Doktorhut Offizial im Heimatbistum Freiburg zu werden. Doch schon nach kurzer Zeit, während der er zu einem engen Mitarbeiter von Erzbischof Oskar Saier avancierte, führte ihn sein Weg überraschend schnell nach Rom, obwohl der Drang in die Kirchenzentrale im deutschen Klerus nicht sehr ausgeprägt ist. Finanziell lohnt er sich nämlich nicht, und so karrierebewusst ist auch nicht jeder, dass er unbedingt gleich nach Rom streben muss.

Eigentlich hatte Gänswein sowieso nie die Absicht gehabt, Weltpriester zu werden. »Ich wollte in einen strengen Orden eintreten. Die Kartäuser haben mich angezogen«, bekannte er 2008 in einem Interview der *Zeit*. »Schorsch« also ein Mitglied dieses strengsten Ordens, eines Schweigeordens? »In einem Kartäuserkloster habe ich einmal bei einem alten Mönch gebeichtet. Ich fragte ihn: ›Vater, was soll ich tun?‹ Er sagte mir: ›Erst mal mach dein Studium zu Ende. Wenn dann noch Fragen offen sind, komm wieder.‹ Später wollte ich eine Zeit lang Benediktinermönch werden. Es ist dann mehr und mehr darauf hinausgelaufen, das zu werden, was ich nie sein wollte und jetzt bin: Weltpriester.«

Von einer Karriere an der Seite des Papstes hatte weder er noch sonst jemand in Oberkirch zu träumen gewagt, zumal den Menschen dort der Kaplan ja nicht als ehrgeiziger Karrierist, sondern vor allem als engagierter Seelsorger in Erinnerung geblieben ist. Leutselig oder badisch liberal war er zwar nie, aber wenn es um die Sorgen der Menschen ging, hatte er stets ein Ohr. »Das konnte beim Pfarrfest auch schon zu Zwiegesprächen an der Theke bis in die Morgenstunden führen«, erinnert sich ein Mitglied des damaligen Pfarrgemeinderates; »Er konnte zuhören, und er gehörte zu uns.« Daran halten die Oberkircher bis heute fest, und das nicht nur in verbalen Bekenntnissen. Einige sind auch schon nach Rom gefahren, um ihren ehemaligen Fußball-Mitspieler in der Kirchenzentrale zu besuchen, auch wenn dessen Terminkalender mit Sicherheit schon übervoll ist, sodass ihm nicht einmal mehr ausreichend Zeit für Sport bleiben dürfte. Besonders der Sport aber verbindet die Oberkircher in ihrer Erinnerung noch mit ihrem Kaplan, wie etwa die gemeinsamen Ausflüge zum Skifahren oder Wanderungen im Nordschwarzwald.

Sportlich ehrgeizig sieht Monsignore Dr. Georg Gänswein auch seine Funktion neben dem Papst. Seine Aufgabe sei es, an der Seite des Heiligen Vaters zu arbeiten, sagte er in einem Zeitungsinterview: »Da stehl ich mich nicht raus.« Er sehe sich als »Schneepflug« des Papstes, der verhindere, dass all das Viele, was auf Benedikt XVI. zukomme, ihn nicht erdrücke, sondern für ihn als Menschen erträglich bleibe.

Aus diesen Worten spricht die Motivation des Seelsorgers, der sich selbst gegenüber dem Papst noch verpflichtet fühlt. Leicht wird es ihm dabei in Rom nicht unbedingt gemacht. Auf seinem schnellen Weg an die Kirchenspitze lagen durchaus einige Stolpersteine, die er jedoch dank einiger glücklicher Fügungen umgehen konnte. Auch hat er gelernt, mit den im Kurienklerus nicht seltenen Eifersüchteleien umzugehen, wie er in Interviews offen erzählt. Und auch die fragwürdige Titulierung als »George Clooney des Vatikans«, die immer mal wieder zu hören ist, stört ihn kaum mehr.

Gänswein gehört nicht zu den Männern, die sich leicht beirren lassen. Sein analytischer Kopf sagt ihm sehr schnell, was er für seine Zwecke ernst nehmen muss, was er übergehen kann oder wo er in seinem und seines Herrn Sinn gegensteuern muss. Das päpstliche Vorzimmer mit der täglichen Auswahl von Post und Kontakten gibt ihm ein Instrument an die Hand, dessen sich schon immer alle Papstsekretäre diskret aber wirksam bedient haben. Gänsweins gewinnendes, noch immer jungenhaftes Lächeln verzückt im Übrigen nicht nur die Damenwelt. Der inzwischen leicht graumelierte, sportlich schlanke Monsignore irritiert (auf andere Weise natürlich) auch gestandene Prälaten, die in einem Papstsekretär lieber einen unauffälligen, beflissenen und eilfertigen Handlanger sehen wollen.

Die Nähe zum Papst wird durch solche Irritationen nicht getrübt. Diese besteht nicht nur räumlich in Form einer Wohnung ein Stockwerk über dem Papstappartement, sondern mindestens ebenso hinsichtlich der dogmatischen Strenge, die er mit Joseph Ratzinger schon teilte, als dieser ihm einst bei einem Frühstück im Kolleg des Campo Santo Teutonico begegnete. Gänswein wohnte seinerzeit dort neben dem Palast des Heiligen Offiziums, in dem Ratzinger als Präfekt der Glaubenskongregation seinen Amtssitz hatte und von wo er regelmäßig die wenigen Schritte nach nebenan zur Messfeier ging. Der Kardinal berief ihn schließlich 2003 zum Privatsekretär und behielt ihn später auch als Papst an seiner Seite. Seither musste er nicht nur weitgehend auf den Sport verzichten, sondern auch auf seine Dozententätigkeit an der Universität des rechtskonservativen »Opus Dei« in Rom. In der Glaubenskongregation war Gänswein einer von nur 35 Mitarbeitern und gehörte, was ins Bild passt, der Lehrabteilung an, die auch für Lehrbeanstandungsverfahren zuständig ist. Neben dieser »doktrinellen« Sektion, in der gerade einmal 14 Priester arbeiten, gibt es noch den disziplinären Bereich, die Priester- und die Eheabteilung.

Wirft man einen Blick auf die relativ spärlichen Veröffentlichungen von und über Gänswein vor seiner päpstlichen Karriere, dann fällt besonders eine Predigt von vor einigen Jahren in München zur Primiz eines Neupriesters auf. Mit einer Anekdote erklärte Gänswein, welchen Anspruch er an einen modernen Priester stellt: Ein Kriegsschiff befand sich in einem Manöver auf hoher See. Es war Nacht. Der verantwortliche Offizier meldete dem Kapitän auf der Kommandobrücke, dass er sich auf Kollisionskurs mit einem anderen Schiff befinde, dessen Licht aus dem Ozean aufleuchte. Der Kapitän befahl, diesem zu funken: »Wir befinden uns auf Kollisionskurs, ändern Sie Ihren Kurs um 20 Grad.« – Antwort: »Ich rate *Ihnen*, den Kurs um 20 Grad zu ändern.« Darauf wieder der Kapitän: »Ich bin ein Kriegsschiff. Es spricht der Kapitän. Wer sind Sie?« – Antwort: »Ich bin ein Seemann zweiter Klasse.« Darauf der Kapitän: »Dann befolgen sie gefälligst meine Weisung.« – Antwort des Seemanns zweiter Klasse: »Ich rate *Ihnen* dringend, den Kurs zu ändern. Ich bin ein Leuchtturm.« Mit dieser Geschichte, fuhr Gänswein fort, »können wir etwas Wesentliches sehen in Bezug auf den Dienst des Priesters. Denn auch der Priester muss den Kurs der Menschen steuern, so wie der Mann auf dem Leuchtturm. Wir sollen im Priester nicht zuerst die überragende Persönlichkeit sehen, die er vielleicht gar nicht ist. Sicher sollen wir die vielen guten Eigenschaften, die ein Priester hat, schätzen, die schlechten bedauern. Aber wir müssen wieder davon wegkommen, im Priester nur den Menschen zu schätzen. Der ist er auch, aber er ist noch mehr, besser: Wir müssen anerkennen, dass der Priester uns etwas bringt, das nicht aus den Möglichkeiten dieser Welt ableitbar ist. Wenn die Kirche nicht mehr die Wahrheit verkündet, sondern eigene Weisheiten vorträgt, dann gibt es Unheil und Schlagzeilen. Und haben wir davon in den letzten Jahren nicht mehr als genug erleben müssen? Die Gewissheit, auf einem Felsen zu stehen und auf die Wahrheit hinweisen zu dürfen, gibt dir eine ungeheure Kraft, ja ein Sendungsbewusstsein. Das ist nichts Schlechtes, man soll es nicht verdächtigen. Du hast etwas zu sagen, und deshalb darfst du ein Sendungsbewusstsein haben; nämlich das Bewusstsein, gesendet zu sein. Ich sage es einmal provokativ: Du darfst den Mund voller nehmen, als wenn du nur im eigenen Namen sprechen würdest. Du darfst, du musst den Menschen ein Ideal verkünden, mit dem du selber ringen wirst, solange du lebst. Denn dieses Ideal hast du nicht selbst erfunden. Du darfst wissen, dass du eine Würde hast, die dich von allen unterscheidet, die nicht Priester sind.«

Aus dem lang ausgeführten Gedanken dürfen wir wohl eine bereits früh entwickelte Vorstellung Gänsweins von jenem Amt erkennen, dem er heute untersteht, demjenigen des Papstes. Deutlich wird an dieser Predigt aber auch, dass Gänswein zwar über so ziemlich alles mit sich reden lässt, am hundertprozentigen Fundament der dogmatischen Aussagen der katholischen Kirche jedoch keinerlei Zweifel erlaubt. Seinem katholischen Ideal entspricht, wer an den Dogmen festhält und an dem, was Rom als verbindlich lehrt. Auf Zeitbedingtheit lässt er sich nicht ein. Er bleibt lieber traditionellen Formen treu. Geschichtsbewusstsein und eine historische Bedingtheit von Formen und Dogmen der Kirche akzeptiert er nicht. Die moderne Theologie liegt ihm – ebenso wie Ratzinger – fern.

Beinahe hätte dessen Personalpolitik als Präfekt der Glaubenskongregation dem strengen und traditionsbewussten Kirchenrechtler Gänswein eine vorzeitige Rückkehr in das heimatliche Erzbistum Freiburg beschert. Oberkirch war wie gesagt seine erste und einzige Kaplanstelle. Nach den sieben Jahren Promotionsstudium in München bei Winfried Aymans machte Erzbischof Saier den für seinen elegant-aufwendigen Lebensstil, seine Maßanzüge und seine »nur vom Feinsten« eingerichtete Wohnung bespötelten Gänswein 1994 zum Domkapitular sowie zu seinem persönlichen Referenten. Doch der zurückhaltende, vorsichtige Erzbischof und der forsche, dogmatisch fixierte Gänswein vertrugen sich auf Dauer nicht miteinander, und man verkrachte sich ziemlich schnell.

Nach einem Jahr hatte Saier wohl schon genug, jedenfalls half er nach Kräften nach, dass der ehrgeizige Mitarbeiter nach Rom wechseln konnte. Ganz ohne weitere Hilfe von dort ließ sich das aber nicht bewerkstelligen, und so erwies der damalige Leiter der deutschen Abteilung des Staatssekretariates, Hans Schwemmer, dem Freiburger Erzbischof den Gefallen und sah sich nach einem römischen Posten für Gänswein um.

Ob er es heute noch genauso tun würde, wenn er denn noch lebte? Schwemmer, ein guter Ratzinger-Kenner und Kritiker, ist unter bisher nicht völlig geklärten Umständen 2001 als Nuntius in Papua-Neuguinea überraschend gestorben, angeblich an inneren Blutungen. Gänswein war auf der Karriereleiter inzwischen bereits wichtige Stufen emporgeklettert. Nach einem Jahr in der Sakramentenkongregation wechselte er mit besten Aussichten zu Ratzinger in die Glaubensbehörde, wo er sich unter Kollegen als noch konservativer als sein Chef selbst profilierte.

Das prädestinierte den damaligen Mittvierziger für die Nachfolge des Freiburger Erzbischofs. Der Ruf, der ihm vorauseilte, war eindeutig: »Als Hardliner wird in Freiburg der konservative Dompräbendar Georg Gänswein aus der Glaubenskongregation von Kardinal Joseph Ratzinger gefürchtet.« So beschrieb ein Zeitungsbericht die Stimmungslage in der Schwarzwald-

Diözese, nachdem der kranke Erzbischof Oskar Saier wenige Wochen vor seinem siebzigsten Geburtstag den Rücktritt eingereicht hatte. Dazu passte eine gezielt lancierte Indiskretion in den Medien, die Gänsweins Rückkehr verhindern sollte. Ratzinger, so hieß es, habe seinen Schützling als Koadjutor des Erzbischofs durchsetzen wollen – mit dem Recht auf Nachfolge. Das Recht des Freiburger Domkapitels, aus einer Dreierliste den neuen Oberhirten auswählen zu dürfen, wäre somit ausgehebelt worden. Das wollte sich das Domkapitel jedoch nicht gefallen lassen. Rom verzichtete damals tatsächlich darauf, Gänswein unbeirrt durchzusetzen, was jedoch für die Zukunft wenig Schule machte, wie etwa das unsägliche Tauziehen um den Linzer Weihbischof Gerhard Maria Wagner später belegen sollte.

In einem raffinierten Gegenzug strich Rom dann den Wunschkandidaten der Freiburger, Weihbischof Paul Wehrle, von der Wahlliste. Gänswein hingegen kam zu seinem Glück nicht nach Freiburg, wo er vorerst nun auch »verbrannt« war. Einige ungeschickte Leserbriefe von ihm in der Diözesankirchenzeitung, dem *Konradsblatt*, hatten ein Übriges getan. Der Mann, so hieß es bald, müsse ein reaktionärer Betonkopf sein, der das Erzbistum zu spalten drohe. Der Hardliner wird daran gemessen, wie weit – oder besser: wie wenig – er sich auf Zeitbedingtheit einlassen will. Hierzu zeigt Gänswein keine Bereitschaft, weder damals noch heute.

Die Erinnerung an diese Episode soll uns ein Anlass sein, ein wenig über Gänsweins Zukunft nachzudenken. Wofür könnte er sich empfehlen, wenn der greise Benedikt XVI. daran geht, sein Erbe zu bestellen?

Einen Weg zurück nach Freiburg sieht für ihn zurzeit niemand, obwohl zum Beispiel Johannes Paul II. seinem damaligen Sekretär den ehemals eigenen Erzbischofsstuhl von Krakau mitsamt Kardinalspurpur zugedacht hatte. Der romanisierte Gänswein werde, so wird allgemein erwartet, am ehesten wohl in der Ewigen Stadt bleiben. Es würde nicht wundern, wenn er eines Tages als Kardinalpräfekt über die Reinheit der katholischen Lehre wachen würde, falls es Benedikt XVI. noch gelingen sollte, einen solchen Schritt zu programmieren. Vielleicht könnte die Personalie »Gänswein« über kurz oder lang aber auch so sehr das Pontifikat belasten, dass der Papst seinen Getreuen rechtzeitig auf einen weniger exponierten Posten als Präfekt oder Ratspräsident befördert.

Doch zurück: Mitten in meine Recherchen über den päpstlichen Sekretär platzte ein Anruf eines zuverlässigen Informanten. Die Deutsche Bischofskonferenz fürchte die baldige Rückkehr des Georg Gänswein! Er solle als Koadjutor mit Recht auf Nachfolge in absehbarer Zeit in Berlin an die Seite von Erzbischof Kardinal Georg Sterzinsky gestellt werden. Meine Überraschung war zunächst groß, denn das ergäbe auf den ersten Blick überhaupt keinen Sinn, wenn denn der Hotzenwälder Monsignore für den Papst tatsächlich so wichtig wäre wie immer angenommen. Denkt nun aber Benedikt XVI. bereits an die übliche Versorgungsregelung nach seinem Tod, oder spielen ganz andere Hintergründe eine Rolle, die nur die wenigsten kennen?

Eine Antwort findet sich unter dem Stichwort »Opus Dei«. Die machtbewussten Rechten hätten, so wird gemunkelt, sich ihren Dozenten an der römischen Universität als Joker bei einem geschickten Manöver ausgedacht. Der effiziente, tatkräftige und mit dem römischen Intrigenspiel bestens vertraute Papstsekretär könnte, so dächten sie, als einer der Ihren die deutsche Bischofskonferenz unter Kontrolle bringen. Als Kardinal in der Hauptstadt könnte er der mächtigste Bischof hierzulande werden und womöglich gar den Vorsitz der Konferenz übernehmen, sobald der Freiburger Erzbischof Robert

Zollitsch 2013 mit 75 Jahren nicht mehr zur Wiederwahl steht. Gegen den kurienerfahrenen Ratzinger-Schützling Gänswein hätte ihrer Spekulation nach der erwartete Nachfolger, Erzbischof Reinhard Marx aus München, dann keine ausreichenden Chancen mehr.

Seelsorgerische Fähigkeiten und Aufgaben oder gar die Ansicht der Gläubigen spielen natürlich keine Rolle. Das Konkordat, das eine Wahl durch das Domkapitel vorsieht, wäre leicht auszuhebeln, indem man den Amtsinhaber zum kranken Mann erklärt, dem ein Koadjutor zur Seite gestellt werden müsse. Dasselbe Rezept wurde ja schon mal in Freiburg versuchsweise angewandt. Damals jedoch scheiterte Ratzingers Versuch am Domkapitel; Gänswein war einfach nicht durchzusetzen. Lehren aus solchen Erfahrungen zählen jedoch nicht, wenn es um Macht geht, und inzwischen würde Ratzinger als Promoter der Angelegenheit nicht mehr als Kardinal, sondern als Papst handeln.

Eine ganz andere Variante hat der »Flurfunk« des Vatikans beizusteuern. Gänswein soll längst nicht mehr in der Gnadensonne des Herrn stehen. Der Heilige Vater habe ein Intrigenspiel zumindest andeutungsweise erkannt, wenn auch noch nicht völlig durchschaut. Das Opus Dei wolle zwar tatsächlich in der deutschen Bischofskonferenz mehr Einfluss gewinnen; dem Papst gehe es aber mehr darum, seinen Privatsekretär elegant und ohne Gesichtsverlust loszuwerden. Besonders verärgert sei der Papst gewesen, weil Gänswein klammheimlich den erzkonservativen Linzer Weihbischof Gerhard Maria Wagner durchsetzen wollte, der dann auf öffentlichen Druck und mit Benedikts Segen verzichten musste.

Gänswein habe gespürt, dass sich der Wind gedreht habe, kämpfe aber auf seine Weise weiter um eine glanzvolle Zukunft nach Benedikt XVI. Am 1. März 2009 erschien die schon fast rührende Geschichte vom schwerkranken Altbundespräsidenten Walter Scheel in der *Bild am Sonntag*. In einem Telefongespräch mit Ehefrau Barbara Scheel habe Gänswein einen heilenden Rat gegeben: Im Krankenzimmer des neunundachtzigjährigen Altbundespräsidenten möge sie doch jenes Foto des Heiligen Vaters aufhängen, das er ihm zu ihrem zwanzigsten Hochzeitstag geschenkt habe. Gesagt, getan: Das Bild bekam einen Ehrenplatz gegenüber vom Bett, sodass der Todkranke es stets ansehen konnte. Die Wirkung war wundersam; Frau Scheel berichtete der Sonntagszeitung: »Von diesem Tag an ging es mit meinem Mann wieder bergauf. Durch das Bild des Papstes wurde er gesund.«

Wunderbar! Walter Scheel sei es natürlich gegönnt, und Georg Gänswein weiß schon jetzt vom ersten Wunder zu berichten, das Benedikt XVI. noch zu Lebzeiten bewirkt hat. Und dann auch noch ausgerechnet an einem Protestanten! Der Selig- und Heiligsprechung des »Prof. Dr. Papst« Benedikt XVI. steht also nichts mehr im Wege. Benedetto santo!? Doch hilft es dem Sekretär auch weiter?

Mein wegen Krankheit immer wieder verschobener längerer Aufenthalt in Rom wird immer dringender, so dachte ich oft an diesem Punkt meiner Recherchen, zumal sich in der Kurie noch weitere Verschiebungen erkennen ließen, die bezeichnenderweise von den ganz rechten Gruppen in deren Internet-Auftritten bejubelt wurden. Zizola schickte einen weiteren Beitrag, wonach Gänswein als ehemaliger Student des Priesterseminars der Lefebvrianer in Econe in der Schweiz studiert habe. Bis zu meinem nächsten Besuch in der Ewigen Stadt sollte es noch ein Weilchen dauern.

Im Erzbistum Freiburg erinnern sich nur wenige an Gänsweins Spuren hierzulande. Oder wollen sie sich lieber nicht erinnern? Man weiß ja schließlich nie, was noch auf uns zukommt. Vielleicht schweigen die Insider auch einfach lieber über die Peinlichkeiten, die 1995 zum schnellen Wechsel des Sekretärs von Erzbischof Oskar Saier nach Rom geführt haben, nach nur einem Jahr der Zusammenarbeit. Bei Saiers Beisetzung am 10. Januar 2008 erschien Georg Gänswein übrigens auch und wirkte, wie es im *Südkurier* hieß, »wie ein überarbeiteter Landpfarrer – nicht mehr wie der Sonnyboy vom Petersplatz, und er schien sichtbar mitgenommen«. Es wäre sicher naiv zu glauben, dass nur die Arbeitsbelastung und die Trauer über den einst von ihm misstrauisch beobachteten Saier Grund für seine Verfassung gewesen sind.

Was für den Papst gilt und bereits beschrieben wurde, lässt sich in Teilen auch auf seinen Sekretär übertragen. Die hierarchische Struktur und der autoritäre Papst selbst verhindern den Fluss von Informationen und vor allem den von Ratschlägen von unten nach oben. So nimmt die Weltfremdheit täglich zu. Fehlreaktionen sind vorprogrammiert, sogar bei einem an der Seite des Heiligen Vaters der Realität entrückten Sekretär.

Gänswein hat seinerseits nicht alle Drähte kappen können, die noch bis zum Papst durchreichen. Eine dieser Leitungen verbindet Benedikt XVI. mit dem fast als Alter Ego Ratzingers erscheinenden Kardinal Christoph Schönborn, Erzbischof von Wien und Vorsitzender der österreichischen Bischofskonferenz. Schönborn gilt als ebenso freundlich, liebenswürdig und verbindlich im Ton wie Ratzinger. Er ist nicht weniger schüchtern und dogmatisch als der befreundete Chef in Rom. Bis ihm einmal sichtbar der Kragen platzt, dauert es lange.

Genau dies scheint nun aber endlich passiert zu sein. Wer beide gut kennt, kann sich das folgende Szenario gut vorstellen. Gänswein setzt den reaktionären Pfarrer Gerhard Maria Wagner als Weihbischof in Linz durch, der, wie österreichische Medien mutmaßen, auf keiner Vorschlagsliste gestanden habe. In Wirklichkeit jedoch gibt es diese Liste, Terna genannt, für Weihbischöfe auch gar nicht. Weihbischöfe werden nämlich nicht vom Domkapitel gewählt, sondern vom Nuntius und dann seinem Bischof (als künftigem Chef) vorgeschlagen. Doch Rom, in diesem Fall in Person von Gänswein, übergeht nach dieser Version den zuständigen Linzer Bischof, der damit ausgerechnet seinen engsten Mitarbeiter vor die Nase gesetzt bekommt, ohne vorher gefragt worden zu sein (denn dann hätte er ihn vermutlich abgelehnt). Doch Gänswein geht noch weiter und lässt auch den Wiener Kardinal außen vor, vielleicht, weil er ihn einfach nicht auf der Rechnung hat. Ein folgenschwerer Irrtum! Dem sonst so zurückhaltenden Kardinal Schönborn, so könnte man heute rekonstruieren, muss vor Wut förmlich der Römerkragen geplatzt sein, sodass er umgehend Benedikt XVI. angerufen hat. Wagner wurde daraufhin zum Verzicht veranlasst, und der Papst stimmte dem ganz schnell zu. Georg Gänswein, heißt es nun, habe sich verkalkuliert, vielleicht sogar seinen entscheidenden Fehler begangen.

Mein Informant freut sich zwar über diese Wende, doch seine Freude leidet sehr unter der Aussicht, dass Gänswein nun nach oben wegbefördert werden soll: »Was ist ein Bischofsamt heute dann noch wert? Wo soll das hinführen?«

Endlich bin ich nun wieder in Rom auf direkter Recherche am Ort und, wie es im Journalismus heißt, auf der Suche nach der zweiten Quelle, der Bestätigung. Diese kommt aus der Kurie selbst und will ungenannt bleiben, was bei heiklen Themen allgemein üblich ist. Gänsweins traditionalistische Schulung in mehreren Seminaren in Econe sei absolut sicher. Unklar bleibe der Zeitraum. Vieles spreche für die Münchner Jahre nach 1986. Ungeklärt bleibt aber vor allem, ob es vor oder nach der Exkommunizierung der Lefebvrianer, also vor oder nach 1988, war. Gehen wir also bis zum Beweis des Gegenteils zum Vorteil des Beschuldigten davon aus, dass es noch in die »legale« Zeit fiel, als die Bindung zwischen Econe und Rom ungebrochen bestand.

Am erzbischöflichen Ordinariat in Freiburg versichert Domkapitular Peter Kohl, ein Kurskollege von Gänswein, auf meine Rückfrage: »Sowohl der Herr Erzbischof als auch ich können Ihnen bestätigen, dass Herr Dr. Georg Gänswein nicht in Econe studiert hat. Seine Studienorte sind tatsächlich Freiburg, Rom und München.«

Gänswein selbst beantwortet meine direkte Anfrage an ihn überraschend schnell; er dementiert kategorisch: »Ich hatte nie und habe auch gegenwärtig keinerlei Kontakte mit Econe oder mit Anhängern von Econe. Wer das behauptet, will mir schlichtweg schaden. Zizola vorneweg!« Auch die Gerüchte um den Wechsel nach Berlin nennt er »baren Unsinn und ebenfalls frei erfunden«. Die Widersprüche bleiben also ungeklärt stehen, weil Zizolas »Angelo« sich zunächst nicht weiter äußern will.

Zwei Monate später jedoch spricht Zizola erneut mit dem »Engel«, der sich in der Zwischenzeit offenbar weitere Gewissheit hatte verschaffen wollen. Er stellt klar und unmissverständlich fest:

»Erstens: Es ist absolut sicher, dass Gänswein für eine gewisse Zeit eine traditionalistische, ja sogar lefebvrianische Ausbildung genossen hat.

Zweitens: Ich kann aber nicht sagen, ob er dafür tatsächlich in Econe anwesend gewesen ist.«

Wir sehen: Aussage steht gegen Aussage. Für eine endgültige Bewertung des Sachverhalts fehlen nach wie vor eindeutige Beweise, und es mangelt nicht an kritischen Beobachtern des päpstlichen Sekretärs, die weiter nach ihnen forschen werden. Wenden wir uns nun aber noch einmal, zum Abschluss des Kapitels, Gänsweins Situation in Rom zu.

Weitere römische Quellen relativieren Gänsweins Einfluss, obwohl auch sie bestätigen, dass Benedikt XVI. außer seinem Sekretär allenfalls eine Handvoll von Vertrauten um sich hat. Über eine wirkliche Hausmacht verfüge er nicht. Verlassen könne er sich am ehesten noch auf seinen Kardinalstaatssekretär Tarcisio Bertone, Salesianerpater und engster Mitarbeiter des Papstes in der Glaubenskongregation. Doch Bertone sei in seinem Amt als »Regierungschef« überfordert und habe das Staatssekretariat überhaupt nicht im Griff, was dieses zu einem Einfallstor für Seilschaften mache, die gegen ihn statt mit ihm arbeiteten. Zur überschaubaren Anzahl der Vertrauten kämen des Weiteren noch einige wenige Kardinäle hinzu, die wiederum unter sich uneins seien.

In einigen Angelegenheiten wie etwa beim Fall des Linzer Weihbischofs sei zudem schwer zu unterscheiden, wer die treibende Kraft gewesen sei. Wagner habe zwar unbestreitbar Gänsweins Interessen entsprochen, doch sei die Ernennung vom zuständigen Präfekten der Bischofskongregation ausgegangen; der wiederum gibt sich gänzlich unschuldig und beruft sich auf völlige Unkenntnis des tatsächlichen geistigen Standortes jenes Mannes, der sich inzwischen als ehemaliger designierter Weihbischof bezeichnen darf.

Und noch mehr hört man aus Rom über das nähere Umfeld des Heiligen Vaters: Neid und Eifersüchteleien vergifteten zu allem Übel auch noch die persönlichen Beziehungen im Personal um den Papst. Wie weit davon die Papstvertraute und frühere Haushälterin Ingrid Stampa betroffen ist, behandle ich an anderer Stelle gesondert (vgl. Kapitel 16, »Die unschuldige Papessa«); viel Stoff für Klatsch und Tratsch finden die Vatikanisten auch im Verhältnis zwischen Gänswein und seinem Vorgänger Josef Clemens, der Erzbischof und Sekretär des Laienrates wurde, als Ratzinger im Jahr 2003 Gänswein an seine Seite holte. Clemens habe es nicht verwunden, nicht selbst

Papstsekretär geworden zu sein. Zwischen beiden soll es hässliche Szenen gegeben haben.

Intrigen und Gerüchte konnte Gänswein im Sommer 2009 für einige Tage weit hinter sich lassen. Daheim in Riedern feierte er am 23. August sein silbernes Priesterjubiläum, und dies ebenso traditionalistisch wie einst vor 25 Jahren die Primiz, mit einer lateinischen Messe und tausend Gästen. Den vielen Medienvertretern fiel auf, dass die Messe eineinhalb Stunden lang dauerte. Auf den alten Ritus wurde nirgends eigens hingewiesen. Lediglich ein aufmerksamer Leser folgerte aus den dürftigen Angaben in einem Kommentar: »Ist das nicht diese stockkonservative Sache der Pius-Brüder? Und dieser Personenkult – äußerst unangenehm! So gern ich im Hotzenwald und den östlich davon liegenden Bergen bin und war – dieses Stockkonservative muss ich mir nicht antun. Schreckliches Mittelalter!«

Der Personenkult galt aber nicht nur Georg Gänswein (der sich übrigens einen Seitenhieb auf die Medien nicht verkneifen konnte: »Applaus bei Gott ist etwas anderes als der Applaus der Medien«); eine besonders begeisterte Papstanhängerin erwies dem Privatsekretär nämlich die Ehre: Im schwarzen Bentley fuhr Fürstin Gloria von Thurn und Taxis persönlich vor und schwärmte, umschwärmt, von der lateinischen Messe ...

6 Der Schutzherr der konservativen Bastion

Kardinal Cordes und die Vorliebe für den
spalterischen neokatechumenalen Weg

Im Zweifelsfall päpstlicher als der Papst und im Kampf um
Einfluss aufrecht an der Spitze der reaktionären Front, die er
fälschlicherweise »Erneuerungsbewegungen« nennt: Das ist
Kardinal Paul Josef Cordes. Ihn hat Papst Johannes Paul II.
zum persönlichen Beauftragten für die charismatischen Bewegungen ernannt, nachdem er ihn ein Jahr nach der Papstwahl 1978 als ersten Deutschen während seiner Amtszeit an
die Kurie berufen hatte. Inzwischen ist er dort dienstältester
Deutscher, leitete den Laienrat und übernahm danach das
päpstliche Koordinierungs- und Hilfswerk »Cor unum«. Benedikt XVI. erfüllte dem am 5. September 1934 in Kirchhundem
geborenen Priester aus dem Erzbistum Paderborn im Jahr 2007
endlich seinen sehnlichsten Wunsch und machte ihn zum Kardinal. Aus Altersgründen ist zwar das Ende seiner Amtszeit
abzusehen, nicht aber das seines fleißigen Wirkens als Buchautor und Propagandist der rechten, gottgegebenen römischen
Ordnung.

Beispiele seines Denkens lieferte er jüngst nach der Aufhebung der vier Lefebvre-Exkommunikationen. In der heftigen
Kritik des *Spiegels* an Papst und Kurie (unter dem Titel: »Chaos-
tage in Rom«) sah er »in Wahrheit eine gut orchestrierte Brun-
nenvergiftung – und ein schweres Versagen der deutschen Bischöfe«. Die gewiss nicht kirchenfeindliche *Welt* kommentierte

dazu trocken: »Man weiß ja, wer die Brunnen im Mittelalter nach Meinung der allein selig machenden Kirche vergiftete, um damit ordentliche, ungewaschene Christenmenschen der Pest auszuliefern: die Juden. Schtonk! Wie es scheint, können manche katholischen Würdenträger dieser Tage nicht einmal ihren Mund aufmachen, ohne Antijüdisches von sich zu geben.«

Ein weiteres Beispiel: In einem langen Artikel in der rechtskonservativ-katholischen *Deutschen Tagespost* warf Cordes seinem einstigen Doktorvater Kardinal Karl Lehmann Versagen vor und schrieb: »Gewiss hätte auch der in den letzten Tagen am meisten zitierte deutsche katholische Bischof die im Vatikan versäumten Erläuterungen dank seiner erprobten besten Beziehungen zu den Medien nachschieben, die Missverständnisse ausbügeln, die geistliche Dimension des Aktes ansprechen, mit dem Papst den Blick auf den Glauben und auf Gott lenken können.« Doch der so Gescholtene habe seine Stellungnahmen genutzt, um von »der Leitung der Kirche etwas mehr politische Sensibilität« zu fordern. »Dass den Papst ein geistlich krankes Glied am Leib Christi seit Jahren schmerzt, gilt im besten Fall als Alterssentimentalität.« Die gewiss diskutable Rüge von Bundeskanzlerin Angel Merkel am Papst »gab dem journalistischen Bundesgerichtshof erneut Gelegenheit zur Agitation«.

Solches Denken und Schreiben wurde lange Zeit vor allem in seiner Heimat, aber auch in Rom eher mitleidig belächelt. Die *Welt* beobachtete gar, Cordes sei neben dem Altbayern Joseph Ratzinger eine bevorzugte Adresse und Beschwerdestelle für all jene, die mit dem kirchenpolitischen Kurs seines Doktorvaters Lehmann nicht einverstanden sind – für die »fundamentalistischen Kaffeekränzchen« also, wie sich der Präsident des Katholiken-Zentralkomitees (bis 2009), Hans Joachim Meyer, einmal ausdrückte. Mit anderen Worten: Cordes war anscheinend offen für die Denunziation von Abweichlern, was vielleicht auch ein Grund dafür war, dass er unter Papst Johannes Paul II. nicht zum Kardinal erhoben wurde. Diese Würde schenkte ihm wie gesagt erst sein Nachfolger Benedikt XVI., an dessen erster Enzyklika »Deus caritas est« er dem Papst auch sogleich zuarbeiten durfte.

Bei vielen Aufenthalten in Deutschland profilierte sich Cordes als Wortführer der »konservativen Bastion« und – wie Ratzinger – als Schutzherr der neuen »Bewegungen« in der Kirche, und zwar vor allem der einflussreichsten unter ihnen: Comunione e Liberazione, das Neokatechumenat, die Legionäre Christi und das mächtige Opus Dei durften sich seiner Fürsprache stets sicher sein. Niemand war daher überrascht, als ihn Johannes Paul II. »ad personam« beauftragte, die neokatechumenalen Gemeinschaften zu betreuen.

Diese »Truppen des Papstes« sollen nach Cordes Hoffnung Europa neu evangelisieren. Die kirchenspalterischen Züge der neuen »Gemeinschaften« übersieht er dabei gern. Stattdessen rückt er diejenigen, die sie kritisieren, in eine Tradition mit Bismarcks Kulturkampf gegen Rom. Trotz eines »beklagenswerten Umfeldes kirchlicher Sendung«, so Cordes, könne man auch andere Akzente setzen. So etwa auf ein »Phänomen, das wir in der katholischen Kirche Geistliche Bewegung zu nennen begannen«. Mit seiner Tätigkeit im päpstlichen Rat für die Laien sei er 1980 erstmals diesem Phänomen begegnet, erzählte der Erzbischof bei einer Veranstaltung in Paderborn. Die ersten Bewertungen, die er vernommen habe, seien negativ gewesen, »galten die Gruppen doch als sektiererisch und elitär, eigenbrötlerisch und verschlossen«.

Als es 1984 darum ging, eine internationale Jugendwallfahrt nach Rom vorzubereiten, habe man dann aber die Gründer und andere große Gestalten der Bewegungen wie Mutter Teresa, Frère Roger, Chiara Lubich, Luigi Giussani, Tom Forrest und Francisco »Kiko« Arguello dafür gewonnen. Sie hätten 300 000 Teilnehmer zu einer eindrucksvollen Zusammenkunft aktiviert. Dieses Ereignis, verkündet Cordes, sei für ihn ein unmissverständliches Zeichen für die Stärke und Leistungsfähigkeit der Bewegungen gewesen: »In ihren Reihen zeigte das Evangelium Kraft. Ich sah sie wachsen, während in der sogenannten ersten Welt der Prozentsatz praktizierender Christen abnahm.« Die »Neuen geistlichen Bewegungen« erscheinen Cordes seitdem als Gegenmittel gegen gemütsarme Intellektualität und kalten Rationalismus in unseren Kirchen.

Fundamentalistische Rechthaber sind es also, die die Kirche der Zukunft aufbauen sollen; auf sie greift Cordes – nicht anders als Benedikt XVI. – immer wieder zurück, wenn Beispiele für den rechten Glauben und für überzeugtes christliches Handeln gebraucht werden. So verwies etwa Ratzinger bei seiner Afrikareise 2009 auf die Gemeinschaft Sant'Egidio und deren sozialen Einsatz als Antwort auf Aids. Weder der Papst noch Cordes wollen sehen, was für Organisationen diese Gruppierungen wirklich sind, denen im Vatikan anscheinend mittlerweile Tür und Tor offen stehen. Genauso wie sie im Skandalfall des Traditionalistenbischofs Williamson leicht alles hätten erfahren können, wenn sie es denn nur gewollt hätten, so sollte den Oberhirten auch hier durchaus bekannt sein, was ihre Lieblinge so treiben. Schon vor einem Jahrzehnt hat der Kölner Pfarrer Johannes Krautkrämer seinem Erzbischof, Kardinal Joachim Meisner, in einem inzwischen vielfach zitierten offenen Brief ins Gewissen geschrieben. Weil er so manchen erschreckenden Aspekt hinsichtlich der Neokatechumenalen trefflich schildert, werde ich ihn hier mit freundlicher Genehmigung des Verfassers ausführlich wiedergeben. Seine Anklage hat umso mehr Gewicht, als Krautkrämer sie in jüngster Zeit, trotz einer Gardinenpredigt von Kardinal Meisner, aufrechterhalten hat und weil er eben weder ein Kirchenfeind noch ein Aussteiger aus einer dieser Gruppen ist. Was Meisner weiß, dürfte Cordes und erst recht dem Chef von beiden, Papst

Benedikt XVI., wohlbekannt sein. Der auch im Internet frei zugängliche Brief in voller Länge:

»Sehr geehrter Herr Kardinal, mit großem Schrecken muss ich lesen, dass Sie ein Priesterseminar des Neokatechumenats einrichten und unterstützen wollen. Ich war 1971 Diakon in St. Marien Köln-Nippes. Einige gute Freunde und Mitarbeiter aus der CAJ [Christliche Arbeiterjugend] wohnen dort. Mit Herrn B. Antony, meinem Vorgänger bei der CAJ, treffe ich mich hin und wieder zum gegenseitigen Austausche. Von daher weiß ich, wovon ich rede. Meine Freunde sind heute alle voller Bitterkeit und Enttäuschung über das Vorgehen der neokatechumenalen Herren. Einer wollte deswegen schon aus der Kirche austreten und konnte nur mit Mühe von seiner Frau von diesem Schritt zurückgehalten werden. Es ist vor allen Dingen die unerträgliche moralische Einteilung in die guten und richtigen Christen im Neokatechumenat, und die anderen, die popeligen Christen, die eigentlich gar nicht richtig zählen. Eine tiefe Spaltung geht durch diese Gemeinden, und mir ist es rätselhaft, wie man im gleichen Atemzug das Neokatechumenat und die Communio der Kirche in den Mund nehmen kann. Was ist das für ein Verein, wenn da ein Pfarrer auf die Idee kommt, in einer Kirche und in einer Nacht zweimal die Osternacht zu feiern, einmal für die gewöhnliche Gemeinde und dann die richtige Osternacht für die Auserwählten? Das ist die wirkliche Einheit!

Warum fallen Sie auf solche Leute rein? Ist es die Frömmigkeit und die scheinbar heile Welt, die da so kritiklos und blind machen kann? Oder werden den Bischöfen vom Neokatechumenat nicht die ›bösen‹ Fragen gestellt, die die Weihbischöfe bei den Visitationen nicht mehr hören wollen? Was, nebenbei gesagt, diese Fragen natürlich nicht aus der Welt schafft. Aber zurück zum Thema. Ich bin gern bereit, Ihnen Leute zu nennen, die Ihnen diese Erfahrungen mit dem Neokatechumenat bestätigen und bekräftigen können. Bei denen hat sich eine kräftige Wut aufgestaut, dass die Einheit der Pfarrgemeinden durch die Priester so zerstört wurde und wird.

Diese Versetzungen der Priester quer durch die Länder und Kulturen sehe ich sehr kritisch. Es ist doch ein Unterschied, ob man in einem Land und einer Kultur groß geworden ist, das die Reformation, die Aufklärung, die Französische Revolution und andere gewaltige Umbrüche und Auseinandersetzungen mitgemacht hat, oder nicht. Da kann man meines Erachtens nicht so ohne Weiteres aus einer Welt in eine andere wechseln. Ich habe genug Priester aus Polen und den Dritt-Welt-Ländern kennengelernt, die mit unserer Welt, ihrem Reichtum und Überfluss und dem säkularen Denken der Menschen – um es ganz vorsichtig auszudrücken – nicht besonders gut zurechtgekommen sind.

Wenn Sie was für den Priesternachwuchs tun möchten, dann schaffen Sie diesen schrecklichen neuen Eid aus der Welt, der versucht, die Priester zu Marionetten zu machen, die dann, je nach Temperament und Veranlagung, mit Freude oder Schmerzen auf das nächste Amtsblatt warten, um dort zu lesen, an welcher Strippe sie nun gezogen werden und was sie denn ab sofort zu glauben und zu verkünden haben. Durch die mühsamen Erklärungsversuche der Bischofskonferenz zu diesem Eid wird die Sache nur noch schlimmer. Was gilt denn nun, der im neuen Eid geforderte Kadavergehorsam oder das von der Bischofskonferenz an die Mauern dieses Gefängnisses gemalte Schlupfloch? Machen sich die Kirche und hier die Bischofskonferenz durch solche Erklärungsaktionen in der Öffentlichkeit glaubwürdiger? Nein, sie bestätigen die Vorurteile vieler Zeitgenossen über die Kirche. Widerstand sollten sie leisten. Das wäre ein Zeugnis.

Viele Menschen in den Gemeinden fragen sich ja, was die Bischöfe für Waschlappen sind. Warum können die nicht einfach nein zu diesem neuen Eid sagen? Haben sie denn nicht das Evangelium auf ihrer Seite, das dem Schwören ganz ablehnend gegenübersteht? Etwas Mannesmut und Zivilcourage, bitte, bitte liebe Bischöfe, das würde euch gut anstehen! Was kann euch denn passieren? Und wovor habt ihr Angst? Und wenn die gleichen Leute, die einerseits diesen verhampelmannenden Eid fordern, auf der anderen Seite von Neuevangelisierung sprechen und diese für Europa fordern, dann darf man doch wohl nachfragen, ob es da wirklich um das Evangelium geht, oder ob man sich in einem Stück absurden Theaters befindet. Welches Evangelium ist denn gemeint? In meinem steht ganz eindeutig drin: ›Euer Ja sei ein Ja, euer Nein ein Nein, und alles andere stammt vom Bösen‹ (*Mt* 5,37), womit dann auch dieser kirchliche Eid gemeint sein dürfte. So etwas stammt vom Bösen, weil Misstrauen, Angst und Machtgier dahinterstecken. Wozu soll denn dieser verschärfte Eid eigentlich gut sein? Fördert er das Kommen des Reiches Gottes? Fördert und stärkt er den Glauben der Christen? Macht er die Theologen zu mündigen und selbstbewussten Menschen? Fördert er den Arbeitseifer der Priester? Fördert er die Freude an einer geschwisterlichen und einander liebenden und vertrauenden Kirche? Oder dient er nicht ganz allein der Machterhaltung Roms und dem gewaltsamen Abwürgen von Diskussionen und ungeliebten Themen???

Dazu steht in meinem Evangelium geschrieben (*Mt* 23,8): ›Nur einer ist euer Meister, ihr alle aber seid Brüder (und Schwestern).‹ Oder fehlt den Herren, die die Neuevangelisierung betreiben, vielleicht eine Seite in der Bibel? Aber diese Erfahrung hat Jesus auch machen müssen, dass er seinen Zeitgenossen vorgehalten hat, ihre eigenen Traditionen zu pflegen und den Willen Gottes außer Acht zu lassen. Das scheint bei Kirchens öfters vorzukommen. Zum Evangelium des Mannes aus Nazareth, dem es nicht um Titel, Kleidung, Macht oder Ansehen, sondern um die Geschwisterlichkeit der Menschen ging und geht, sollten wir uns wieder aufmachen. Im Übrigen, keine Bange, wir waren hier vorher schon katholisch und werden es auch ohne diesen Eid bleiben.

Wenn Sie was für den Priesternachwuchs tun möchten, dann führen Sie bitte nicht solch eine Kehrtwendung vor wie im vergangenen Jahr und fordern von anderen, es Ihnen nachzutun. Ich habe Übung darin, ein irrendes Gewissen zu haben. Ich habe meine Anerkennung als Kriegsdienstverweigerer betrieben, als das für die Kirche bedeutete, einem irrenden Gewissen zu folgen. Später hat dann die Kirche ihre Position geändert, und mein irrendes Gewissen war über Nacht ein richtiges Gewissen. Jetzt geht das Spiel andersrum. Ich bin nach wie vor Ihrer alten Meinung, dass es gut ist, Frauen in Konfliktsituationen ergebnisoffen zu beraten. Doch jetzt wird verkündet, wer das nach wie vor für richtig hält, der habe ein irrendes Gewissen. Entschuldigung, aber so beweglich und akrobatisch bin ich mit meinem Gewissen nicht mehr, dass ich solchen Pirouetten meiner kirchlichen Obrigkeit so schnell folgen könnten. Und ich will es auch nicht, denn ich halte diese Entscheidung, aus der bisherigen Beratung auszusteigen, für falsch. Eine Nachweispflicht haben meines Erachtens diejenigen, die da aussteigen, ob dadurch unter dem Strich mehr Kinder gerettet werden oder weniger. Ich trete jedenfalls offen und versteckt für Donum vitae ein und unterstütze es finanziell und moralisch.

Was damals nach so langen und qualvollen Gesprächen zwischen Kirche und Politikern als Kompromiss zustande gekommen ist und was nun nachweislich vielen Menschen das Leben gerettet hat, und was die (fast) ganze katholische Kirche in der Bundesrepublik für lange Jahre unterstützt hat, das kann doch nicht von heute auf morgen falsch sein. Wie viele Kinder werden denn in Polen abgetrieben oder in den romanischen Ländern, wo es so gute Gesetze nicht gibt. Sind das nicht furchtbar viel mehr als hier? Und haben die Seelsorger an der Basis nicht täglich damit zu tun, mit Menschen zu sprechen und sie zu beraten, und die Menschen gehen raus und tun genau das, was in den Augen des Seelsorgers falsch ist. Beratung, die dem Beratenen diese Freiheit nicht lässt, trägt den falschen Namen und ist eine Mogelpackung.

Wenn Sie was für den Priesternachwuchs tun wollen, dann sorgen Sie doch bitte mit großer Heftigkeit und Entschiedenheit mal dafür, dass Rom die Kriterien für die Ablehnung von Hochschullehrern offenlegt und die Betroffenen die Möglichkeit zur Stellungnahme und zum Einspruch erhalten. Dieses Agieren aus dem Dunklen heraus ist einfach unerträglich. Keine Berufungsmöglichkeit gegen eine solche Entscheidung zu haben, ja nicht einmal dagegen argumentieren zu können, ist unerträglich, ist des Christentums einfach unwürdig, geschweige denn in der modernen Welt zu vertreten, in der die Gewaltenteilung fundamental für unsere Lebensordnung ist. Die Kirche kann sich, wenn sie denn den heutigen Menschen verständlich sein will, so was nicht mehr leisten. Und man fragt sich darüber hinaus, was geht es eigentlich die Römer an, wer hier in Deutschland einen Lehrstuhl an der Uni bekommt. Aber es geht mal wieder um Macht. Dem Religionsstifter dürfte diese Entwicklung nicht sonderlich sympathisch sein: ›Ihr alle aber seid Brüder und Schwestern!‹ Gehen so Geschwister miteinander um? Und ist das eine Kirche, der sich junge Menschen anschließen möchten?

Wenn Sie was für den Priesternachwuchs tun wollen, dann könnten Sie dafür sorgen, dass im Albertinum Leute das Sagen haben, die eine menschliche und vertrauensvolle Atmosphäre aufbauen, in der man frei atmen, denken und reden kann. Die gegenwärtige Atmosphäre dieses Hauses ist wohl mehr von Angst und Kontrolle bestimmt.

Wenn Sie was für den Priesternachwuchs tun wollen, dann müsste auch eine breitere Diskussion in der Kirche möglich sein, ob denn die Vorstellungen, wie ein Priester zu sein hat, nicht doch mal heftig befragt werden müssen. Ob wir nicht doch ganz vorsichtig in die Richtung denken müssen, dass Gott den Menschen als Mann und als Frau geschaffen hat, und ob denn nicht auch Frauen auf die Dauer (heute sicher noch nicht) mal Diakon, Priester oder Bischof werden können. Der Papst ist dagegen, aber er kann die Zukunft nicht bestimmen. Und wenn er das versucht, macht er sich in den Augen der modernen Menschen nur lächerlich. Ähnliches haben ja schon Vorgängerpäpste versucht, aber mit wenig Erfolg, wenn man so an den Pius IX. und seinen Syllabus und die Verurteilung vieler Dinge denkt, die uns heute heilig und lebensnotwendig sind. Wenn die Kirche sich nur nach gestern richtet und nicht fürs Morgen offen ist und für all das, was noch möglich sein wird, ist sie für junge Menschen einfach von gestern.

Bei einer Flurprozession weigert sich der Pfarrer, den Acker eines Bauern zu segnen: ›Da hilft kein Segnen, da muss Mist drauf!‹ Und so muss in der Kirche zuerst mal einiges geändert werden, dass Leute unserer Zeit wieder beginnen, darin für sich einen Lebensraum und eine Zukunft zu entdecken. Wenn man all das getan hat, was in den eigenen Kräften steht, dann darf man auch beten.

Diese Gedanken werden Ihnen wahrscheinlich nicht sonderlich gut gefallen, aber sie sind vorhanden, und ich möchte sie Ihnen nicht verschweigen und nicht verleugnen. Sie haben als Bischof nicht nur eine Gehorsamspflicht nach oben, sondern Sie müssen genauso gut nach unten horchen und hören.«

Krautkrämer bezieht sich mit seinem Brief auf eine Untersuchung des Pastoralamts seines Erzbistums, der zufolge es dem Amt als eigentümlich erschien, wenn Christen, die nicht den

»Weg« gehen wollten, als Anhänger von Naturreligionen bezeichnet würden, und wenn Christen bekennten, allein durch
die Katechese des Neokatechumenats zum Glauben gekommen zu sein. So bedeute dies mit anderen Worten: Das Neokatechumenat betrachte sich als elitär, nur seine Anhänger als
die wirklichen Katholiken. Wer nicht mit ihnen sei, sei nicht nur
gegen sie, sondern gegen die Kirche überhaupt. Es gibt bekanntlich bereits genügend Pfarrer, die sich vor dem Einzug dieser
Sektierer fürchten, weil sie es immer wieder schaffen, selbst
vorher intakte Kirchengemeinden hoffnungslos zu spalten.

Genützt haben die Appelle des besorgten Pfarrers wenig,
denn geändert hat sich seither – nichts. Krautkrämer sieht auch
in seiner neuen Gemeinde dieselben schlimmen Umtriebe: »In
meiner Gemeinde in Brühl gibt es eine Familie, die sich dieser
Bewegung angeschlossen hat. Die Eltern traten wieder aus,
die Tochter hat jetzt jeden Kontakt zu ihnen abgebrochen.
Das sind sektenartige Züge«, sagte er dem *WDR*. Auf die Frage,
ob sich etwas gebessert habe, antwortete Pfarrer Krautkrämer
im Juni 2009 bezeichnenderweise: »Es ist noch schlimmer geworden.«

Die Anklage zeigt aus der Erfahrung eines Priesters, wie
diese Bewegungen arbeiten und wie sie ausschließlich ihren
eigenen besonderen Katholizismus als einzig richtigen durchsetzen wollen. Cordes, um zu ihm zurückzukommen, ficht das
nicht an. Im Gegenteil, einige seiner Thesen, mit denen ich
mich schon in meinem Buch *Die Deutschen im Vatikan* ausführlich befasst habe, belegen, wie sehr er die fundamentalistischen Positionen teilt: Bestimmte Weisen der Verkündigung
und bestimmte sakramentale Zeichensetzung seien allein den
geweihten Amtsträgern reserviert, »weil in ihnen Christi Handeln eine qualifizierende Dichte erhält. Das Wort des Priesters
ist dann das wirksame Wort Christi selbst, etwa bei der Los-
sprechung im Sakrament der Versöhnung oder bei der Feier

der Eucharistie«, so heißt es in einem Vortrag des Erzbischofs. Er beklagt darin, dass heute nicht einmal mehr diese theologische Grundüberzeugung als gegeben vorausgesetzt werden könne. Und es sei dabei keineswegs so, als würde sie nur von Fernstehenden oder Ungebildeten bestritten. Cordes wörtlich: »Kürzlich las ich nämlich den Bericht über den Vortrag eines Münsteraner Professors für Katholische Dogmatik zum Priestertum der Frau. Als Zitat wurde im Artikel abgedruckt: ›In der Eucharistiefeier spricht er (der Priester) als Rezitator, nicht als Person Christi, und er kann nichts, was andere nicht auch könnten.‹ Falls dieses Zitat so gefallen ist, verschlägt es einem doch den Atem. Man fragt sich, woher kommen der Schneid und die Überheblichkeit, sich über eine einmütige Tradition und kirchliche Lehre hinwegzusetzen und im Namen der Kirche die Gläubigen in die Irre zu führen. Ironischerweise wurde der Bericht schließlich auch noch in der münsterschen Kirchenzeitung veröffentlicht.«

Beispiel Aids: Cordes behauptete, dass die »Sünde die Ursache aller Krankheiten« sei. Römische Aids-Aktivisten forderten daraufhin eine Entschuldigung. Mit seiner haltlosen Behauptung spaltete der Erzbischof jedoch sogar den Vatikan. Der Cheftheologe des polnischen Papstes, Georges Cottier, bemühte sich eilig, die Wogen wieder zu glätten: »Kranke bezahlen mit ihrer Krankheit nicht für Sünden.« Er hatte bekanntlich gute Gründe, dies zu tun: Schließlich litt Johannes Paul II. selbst schon seit vielen Jahren schwer an der parkinsonschen Krankheit. Dass den Erzbischof der beißende Spott der Aktivisten traf, konnte er damit nicht mehr verhindern: »Nicht bekannt ist Herrn Cordes, welche Sünde der Papst begangen hat ...«

Ein weiteres Beispiel: Bei einem Kernproblem der Unterernährung, der Bevölkerungsexplosion, lässt Cordes nur die gebetsmühlenhaft wiederholte päpstliche Haltung gelten. Es sei sinnvoller, die Massenarmut zu bekämpfen, um das Bevölkerungswachstum zu bremsen, und sich nicht umgekehrt auf ein Absenken der Wachstumsrate der Bevölkerung zu beschränken, um die Armut zu besiegen. In dieser Logik fordere er Methoden der Familienplanung, »die im Einklang mit der wahren Natur des Menschen stehen«.

Unter aufgeschlosseneren Amtsbrüdern ist Cordes mit seinen Haltungen isoliert. Offen zugeben wollen die meisten dies aber nicht. Sie weichen lieber aus. Selbst solche, die mir ansonsten wohlgesonnen sind, wiegeln in dieser Sache ab. Sie wollen über Cordes nicht urteilen. Der Mann und seine Schutztruppe sind einfach zu mächtig. Nur außerhalb der römischen Kurie lassen einige Bischöfe erkennen, wie kritisch sie das Neokatechumenat beurteilen. 1996 lehnte der inzwischen verstorbene Londoner Erzbischof Basil Kardinal Hume eine Priesterweihe von 15 neokatechumenalen Priesteramtskandidaten ab. Der Berliner Erzbischof Georg Kardinal Sterzinsky hat zwar ein neokatechumenales Priesterseminar eröffnet, sich aber auf Anfrage folgendermaßen dafür gerechtfertigt: »Ich mache da nur mit, damit ich auch eingreifen oder mitsprechen kann: dass es nicht einen Wildwuchs gibt.«

Prominentester Kritiker war lange der Mailänder Kardinal Carlo Maria Martini, jener Beinahepapst, der sich allerdings, wie schon angedeutet, wegen seiner schweren Krankheit in den letzten Lebensjahren mittlerweile fast gänzlich aus der Öffentlichkeit zurückgezogen hat. Dafür warf eine Reihe von Oberhirten in den Jahren 2007 und 2008 dem Neokatechumenalen Weg Ignoranz gegenüber lokalen Kulturen vor, so etwa der Lateinische Patriarch von Jerusalem Michel Sabbah, gemeinsam mit seinen Bischofskollegen in Israel, und ebenso einige asiatische Bischöfe, darunter der »papabile« heutige indische Kurienkardinal Ivan Dias, in Briefen und bei Besuchen bei Papst Benedikt XVI. Immer geht es um dieselben Vorwürfe, und immer kommt dasselbe dabei heraus. Man fordert den Papst auf einzuschreiten, da Mitglieder des »Weges« sekten-ähnlich vorgingen und die Gemeinden spalteten. Nach den Begegnungen mit dem Papst berichten die Teilnehmer von sehr unterschiedlichen Bewertungen. Der Papst habe wohl verstanden, unternehme aber nichts.

7 Seilschaften, Intrigen und graue Eminenzen

Drei Jahrzehnte Reformstau öffnen
die Kurie für viele Einflüsse

Früher Nachmittag auf dem Bahnhof Roma Trastevere. Der Bahnsteig füllt sich mit Reisenden verschiedener Sprachen. Kein Zug fährt ein. Fast alle Wartenden wollen anscheinend zum Flughafen Fiumicino. Neben mir geht ein Mann sichtlich nervös auf und ab, als eine Durchsage noch mehr Unsicherheit verbreitet. Sie kommt recht unpräzise: »Unabsehbarer Streik der Lokführer.« Basta. Ich habe noch drei Stunden Zeit bis zum Abflug der Lufthansa-Maschine nach München. Mein Bahnsteignachbar fragt, ob ich auch zum Flughafen wolle. Er habe nicht mehr viel Zeit und müsse nach Paris. Ich entscheide mich angesichts der Ungewissheit für ein Taxi. Er könne mit mir fahren. Wir gehen vor den Bahnhof und winken Taxen heran. Wie immer bei Streiks dauert es lange, bis endlich ein freier Wagen auftaucht, viel Zeit also für Gespräche.

Mein Leidensgenosse trägt unauffälliges Zivil, obwohl er, wie sich bald herausstellt, Prälat und Mitarbeiter des päpstlichen Staatssekretariates im Vatikan ist. Außerdem ist er, welch angenehme Überraschung, ebenso wie ich mit Hans Schwemmer befreundet, der inzwischen als Leiter der deutschen Sektion abgelöst und als Erzbischof und Nuntius nach Papua-Neuguinea versetzt worden ist. Böse Ahnungen haben wir zu diesem Zeitpunkt noch keine. Schwemmer sollte (wie schon im Zusammenhang mit Georg Gänswein erwähnt) einige Monate später an einer bis heute ungeklärten Vergiftungserscheinung sterben, genauer gesagt am 1. Oktober 2001 in Cairns (Australien). Er wurde zwölf Tage später in der Kirche seiner Heimatpfarrei St. Georg in Pressath beigesetzt.

Hans Schwemmers bischöflicher Wahlspruch lautete ahnungsvoll: »In libertatem vocati« (Zur Freiheit seid ihr berufen). Viele Gerüchte rankten und ranken sich um ihn. Intrigante Kleriker machten seiner Familie im oberpfälzischen Pressath mit Gerüchten das Leben zur Hölle. Er war ein sehr direkter Mann, kraftvoll und scheinbar kerngesund, der erste immatrikulierte Student der neuen Universität Regensburg, an der Joseph Ratzinger nach seiner »Flucht« aus dem progressiven »Haifischbecken« Tübingen *(Südwest-Presse)* lehrte, und erster AStA-Vorsitzender.

Ich lernte Hans Schwemmer als einen geradlinigen Menschen kennen, der im Gegensatz zur anderen Seite des Petersplatzes, wo die Glaubenskongregation unter Ratzinger residierte, die Seelsorge an oberste Stelle setzte und nicht das rechthaberische Dogma. Er machte daraus kein Hehl und bekannte freimütig, welch Gräuel ihm schwule Priester bis in die höchsten Kurienränge bereiteten. So macht man sich dort natürlich Feinde. Sie rächten sich nach seinem Tod und verbreiteten das Gerücht, er habe eine Freundin mit Sohn in Rom. In der Oberpfalz wurden ihm gleich Drillinge angedichtet. Hängen geblieben ist davon nichts außer dem naheliegenden Verdacht, dass sein früher und überraschender Tod mit sechsundfünfzig Jahren einigen wohl durchaus nicht unwillkommen war. Unbewiesen, aber nicht ausgeräumt sind noch immer die Spekulationen darüber, ob dieser Tod auf so natürlichem Wege gekommen ist, wie es offiziell dargestellt wurde: »Zu hoher Blutverlust aufgrund innerer Blutungen.« Nach dem Urteil kompetenter Ärzte hätte das wohl kaum monatelange Beschwerden verursacht. Schwemmer hatte mir jedoch bereits zwei Monate vor seinem Tod über andauerndes Unwohlsein geklagt, das ihm kein Arzt genau habe erklären können.

All das wussten mein neuer Bekannter und ich im Frühjahr 2001 natürlich noch nicht. Bei strömendem Regen im Taxi zum Flughafen fahrend entdeckten wir schnell, wie viele übereinstimmende Vorstellungen von der Kirche wir hatten. Die Distanz, die Hans über den Petersplatz hinüber zu Präfekt Ratzinger empfand, teilte auch dieser Franzose, der sich mir als Monseigneur François Duthel vorstellte. Beide waren sie einer aufgeschlossenen, am Menschen orientierten Kirche verpflichtet, was im Vatikan eine eher ungewöhnliche Konstellation ist: Doch die Diplomaten des Staatssekretariates, meistens Kirchenrechtler wie auch Hans Schwemmer, dachten pastoraler als Joseph Ratzinger und seine Dogmatiker in der Glaubenswächterei. Deutlich wurde dies in Schwemmers Zusage, dass »von uns« nichts gegen die kirchliche Schwangerenkonfliktberatung zu erwarten sei, zumal die deutsche Lösung weitaus besser sei als etwa die gesetzliche Realität in ach so katholischen Ländern wie zum Beispiel in Polen, dem Heimatland des Papstes, mit einer reinen Fristenregelung ohne Beratungspflicht. Was die andere Seite machen werde, wisse er nicht, doch er befürchte Schlimmes. So sollte es dann ja auch kommen. Und derjenige, der diese schlimmere Lösung zu verantworten hat, heißt, was damals niemand zu glauben wagte, inzwischen Benedikt XVI.

Ich traf Duthel noch einige Male, bis ich aus gesundheitlichen Gründen eine Weile nicht nach Rom reisen konnte und unser Kontakt abriss. Als ich acht Jahre später unseren Austausch wieder aufnehmen wollte, suchte ich vergeblich nach meinem Bekannten, der noch im Jahr 2004 immerhin die Leitung der weitaus größeren und bedeutenderen französischen Abteilung übernommen hatte. Diese spielt eine Schlüsselrolle bei der Ernennung von Bischöfen in Frankreich. Im Internet fand ich schließlich jenen Hinweis, den mir in Rom niemand geben wollte. Auf ultrarechten Websites waren jubelnde Artikel über Duthels schnellen Abgang im Sommer 2008 zu finden. Er hatte früher einmal den Wunsch geäußert, als Bischof eines Bistums in den Alpen wirken zu können, statt eine Karriere als Diplomat zu machen. Jetzt fand ich ihn in seinem Heimatbistum Lyon als einfachen Pfarrer, im Übrigen krebskrank.

Auf diese Art degradiert zu werden, war für ihn überraschend, enttäuschend und vermutlich auch eine Ursache seiner Krankheit. Hintergründe wollte er mir jedoch nicht nennen. Er hatte ganz offensichtlich selbst noch nicht alles verarbeitet. Doch liefern Intrigen in der mit päpstlicher Hilfe überwiegend nach rückwärts sich wendenden Kirche Frankreichs, seine Opposition gegen Papst Benedikt XVI. und der Tod von Kardinal Jean-Marie Lustiger in Paris ausreichend Motive für die vatikanische Machtdemonstration.

Denn seither ziehen im Staatssekretariat, aber auch in der französischen Bischofskonferenz Priester die Fäden, die im besten Fall gemäßigt konservativ sind. Sie rufen in Erinnerung, dass Marcel Lefebvre, der traditionalistische Schismatiker, aus Frankreich stammt. Dort hat er die ersten Gemeinden gegründet. Und dort sind weitere kleine, aber einflussreiche Hochburgen der vorkonziliaren Kirche entstanden, zumal die praktizierenden Katholiken nach einer Umfrage im Mai 2009 im Auftrag der katholischen Tageszeitung *la Croix* in überdurchschnittlich hoher Zahl die Rechte wählen. Eine Schlüsselrolle im französischen Episkopat und in der Kurie spielt die »Communauté Saint-Martin«, von der im Kapitel über die Traditionalisten die Rede sein soll.

Die Kurie wurde in den ersten Jahren des Pontifikats von Benedikt XVI. systematisch von den wenigen verbliebenen »Linken« gereinigt. Duthel ist nur eines der auffallenden Opfer.

Alles in allem sind nun die entscheidenden Personen und die seither von Benedikt XVI. ausgewählten Bischöfe nach dem Urteil des französischen Kirchenhistorikers Luc Perrin (Universität Straßburg) durchweg »ratzingerianisch«. Besonders gut bekommen ist diese Personalpolitik dem römischen Apparat aber nicht, auch wenn sich in der Regel kein breites Publikum für die internen Machenschaften interessiert, obwohl sie doch sehr erhellend zeigen, wie es an der Spitze der katholischen Kirche menschelt. Allenfalls altgediente Vatikanisten gewinnen dem noch einen gewissen Reiz ab. Selten jedoch liefern sie Schlagzeilen, die über Rom hinaus beachtet werden.

Anfang 2009 sollte sich dies einmal für einige Zeit ändern. Bezeichnend hierfür steht eine Busfahrt Ende Januar 2009, die längst schon legendär ist. Die halbe Stunde vom Vatikan bis zur Gedenkmesse für den Apostel Paulus in der Kirche Sankt Paul vor den Mauern reichte vollkommen aus, um schlaglichtartig die inneren Zustände in der Kurie auszuleuchten. Ein gerade 75 Jahre alt gewordener und damit pensionsberechtigter Kardinal und Präfekt der Bischofskongregation, Giovanni Battista Re, wirft einem noch älteren, dem fast achtzigjährigen Darío Castrillón Hoyos, lautstark Unfähigkeit vor.

Hoyos hatte als Präsident der Kommission Ecclesia Dei die Aufhebung der Exkommunikation der vier Traditionalistenbischöfe vorbereitet und – angeblich ohne zu wissen, dass unter ihnen ein erklärter Antisemit steckte – den Papst diese genehmigen lassen. Re fühlte sich hereingelegt, zumal der als Präsident des Rates für die Einheit der Christen ebenfalls zuständige Kardinal Walter Kasper, auch fast fünfundsiebzig Jahre alt, gar nicht erst konsultiert worden war. Sandro Magister, Vatikanexperte des linksliberalen römischen Nachrichtenmagazins *L'Espresso*, schreibt dazu, die Erklärung zur Rücknahme der Exkommunikation der vier Lefebvre-Bischöfe hätten »zwei Kardinäle abgefasst, der Kolumbianer Darío Castrillón Hoyos und der Italiener Giovanni Battista Re, die sich in allem voneinander unterschieden: Der Präsident der für die Traditionalisten zuständigen Kommission ›Ecclesia Dei‹ war wie besessen davon, die Lefebvrianer wieder umarmen zu können, der andere wollte nichts davon wissen und unterschrieb allein mit Blick auf seine Amtspflicht das Dokument, da er schließlich der Präfekt der Kongregation für die Bischöfe ist. So überließen sie den Medien ein verworrenes, unverständliches Dekret, ohne die Motivationen des Papstes auch nur mit einem Wort zu erklären.«

Gezielt übergangen wurde auch der päpstliche Einheitsrat unter dem deutschen Kardinal Walter Kasper, der sich um den Dialog mit allen christlichen Kirchen kümmert und dem auch die Beziehungen zum Judentum anvertraut sind – beides gewichtige Gründe, den Rat unbedingt einzubeziehen. Vermutlich hat sich aber der Opus-Dei-Kardinal Hoyos von den Ökumenikern nicht den »Scoop« vermasseln lassen wollen. Vor seiner bevorstehenden Pensionierung wollte er unbedingt noch die Lefebvrianer heimholen, und dies, wenn es denn nicht anders ging, zur Not auch ohne Rücksprache. Der unvermeidliche Skandal brach dann auch noch ausgerechnet in der Gebetswoche für die Einheit der Christen und wenige Tage vor dem Holocaust-Gedenken aus. Im Juli wurde Hoyos mit dem Dank des Papstes abgelöst und durch den Glaubenspräfekten Kardinal William Levada als neuem Leiter der Dialogkommission »Ecclesia Dei« ersetzt. Gleichzeitig wurde in einem Papstschreiben »Motu proprio« (aus eigenem Antrieb) mit dem Titel »Ecclesiae unitatem« (Die Einheit der Kirche) »Ecclesia Dei« neu geordnet und untersteht seither der Glaubenskongregation.

Zur Krönung der Eigenwilligkeiten in der Kurie wurde auch der sogenannte »Pressesaal«, das Presseamt des Heiligen Stuhls, nicht ausreichend informiert. Trotz der bereits bekannten Fernsehäußerungen des antisemitischen Williamson bekam der Vatikansprecher einzig und allein den Text des Dekrets zur Aufhebung der Exkommunikation, darüber hinaus aber keine Erläuterung, keine Stellungnahme, nichts! Diese Praxis erinnerte nun doch sehr an die »Presseverhinderung«, wie sie noch unter Papst Paul VI. stets oberste Pflicht des Presseamtes war, zu Zeiten also, als dessen bemitleidenswerter Leiter auf Anfragen meist nur zu antworten wusste: »Ich weiß von nichts.« Doch seither sind fast 40 Jahre vergangen, Jahre, die eine rasante Entwicklung in der Massenkommunikation mit sich gebracht haben.

Der Schaden war jedenfalls gewaltig. Ein Aufschrei der Empörung ging nicht nur durch die kirchliche Welt, sondern auch durch sämtliche Medien. »Es ist eine Katastrophe, wie die Kurie um den Papst herum gearbeitet hat«, räumte Kardinal Karl Lehmann ein. Papstsprecher Federico Lombardi gab zu, dass in die Kurie noch eine »Kultur der Kommunikation« einziehen müsse. Jede Abteilung handle eigenständig, ohne Zusammenarbeit mit der Presseabteilung des Vatikans.

»Das ist kein GAU, nein, das ist ein Super-GAU«, bedauerte Benedikt Steinschulte vom Päpstlichen Rat für die sozialen Kommunikationsmittel vor einer österreichischen Journalistengruppe. Nach seiner Ansicht habe »der Papst davon mit Sicherheit nichts gewusst«. Das bleibt die offene Frage, die Benedikt XVI. bisher nicht beantwortet hat. Trotz aller Dementis lässt sich aufgrund schwedischer Quellen nachweisen, dass einige im Vatikan im November 2008 schon alles wussten (Einzelheiten in Kapitel 12, in dem die Traditionalisten genauer beleuchtet werden). Wurde der Papst nicht informiert? Dann hätte er die Kurie nicht im Griff. Oder wollte diese ihn ins offene Messer laufen lassen? Vielleicht erkannten auch beide Seiten die Tragweite der Affäre nicht, mangels Urteilsvermögen, oder weil sie sie gar nicht erkennen wollten.

Theologieprofessor Hermann Häring urteilt in seinem Buch *Im Namen des Herren* ganz eindeutig. Die Fehlleistung sei in jedem Fall in weitere Umstände einzubetten, die der Vatikan gern verschweige: »Ich meine erstens das allgemein verhärtete Klima einer Kurie, in der ultrakonservative bis reaktionäre Gruppen viel Terrain erobert haben; diese Entwicklung hat schon unter dem Wojtyla-Papst begonnen. Man denke an die Vertreter des Opus Dei, der Comunione e Liberazione sowie der Neokatechumenen – alles fromme Gemeinschaften, die engagierten Glauben mit untertänigem Papstgehorsam und rechten Gesinnungen verwechseln. Ich meine zweitens die hoch autoritäre Entscheidungsstruktur der Kurie selbst, die bislang noch kein Papst der Moderne durchbrochen hat.«

Der Papst geriet also aus vielerlei Gründen in ein Dilemma, für das er allein verantwortlich ist: War der Chef über den Holocaust-Leugner Richard Williamson informiert, dann hat er versagt. Wusste er aber nichts davon, dann hat er seinen Laden nicht unter Kontrolle. »Beides wäre schlimm für Benedikt den Einsamen«, schrieb ein Kommentator. Alles weist darauf hin, dass die angebliche Versöhnung mit den Lefebvrianer dem Traditionalistenfreund Benedikt XVI. ein Herzensanliegen ist. Aber auch, wenn dem tatsächlich so ist, muss doch, sollte man meinen, dabei Vernunft walten und der Schaden abgewogen werden, der unweigerlich entstehen würde!

Das verworrene Bild, das sich uns präsentiert, ist also dadurch entstanden, dass persönlicher Ehrgeiz und Einzelinteressen unkontrolliert sich haben durchsetzen können. Mindestens drei Jahrzehnte lang hat sich die Kurie verselbstständigt und sich dem Willen des Papstes – offen oder bürokratisch versteckt – mehr oder weniger entziehen können. Sie hat gemacht, was den Interessen einzelner Exponenten entsprach, und dies konnte sie ungehindert tun, weil der Papst die Aufsicht und das Regieren schleifen ließ.

Weder Benedikt XVI. noch sein »Regierungschef«, Kardinal-staatssekretär Tarcisio Bertone, beherrschen die Kurie, also die Gesamtheit der römischen Kirchenzentrale. So haben sich zuverlässigen Quellen zufolge die Leiter der vatikanischen Behörden seit zwei Jahren nicht mehr zu gemeinsamen Beratungen getroffen. Dabei war nach der Kurienreform von Paul VI. im Jahre 1967 die Jahrhunderte zuvor einmal beispielhafte, dann jedoch nach und nach zunehmend abgewirtschaftete Kirchenzentrale auf Effizienz getrimmt worden, soweit dies im noch immer italienisch geprägten Apparat überhaupt realistisch bzw. praktikabel war.

An dieser Stelle lohnt sich ein kurzer Überblick über die institutionelle Struktur des Vatikans und ihren Wandel in der jüngeren Vergangenheit. Das Konsistorium als regelmäßige Versammlung der in Rom anwesenden Kardinäle war einst die Form, in der man abstimmte, Beschlüsse fasste und diese schließlich dem Papst vortrug. Die Inquisition, später »Heiliges Offizium« und heute Glaubenskongregation, war die oberste Behörde für Kirchenfragen. Für die Angelegenheiten des 1870 untergegangenen Kirchenstaates als weltliche Monarchie war der Premierminister, der heutige Kardinalstaatssekretär, zuständig. Die Gründung neuer Räte und die wechselnden Kompetenzen der Kongregationen nach dem Konzil zwangen Paul VI. zu einer Reform. Er hatte schließlich noch unter dem autokratischen Pius XII. miterlebt, wie ein einzelner Mann in der Lage sein konnte, das Ganze zu beherrschen und gegebenenfalls auch zu blockieren. Dies vor Augen, strebte der ambitionierte Papst nun an, dass aus der Reform eine vernünftige Delegation mit klar definierter Verteilung der Aufgaben hervorgehen sollte. Deshalb wertete Paul VI. das Staatssekretariat mit seinen beiden Sektionen, der »ordentlichen« Politik (sprich Innenpolitik) und der »außerordentlichen« (sprich Außenpolitik), erheblich auf. Nichts sollte mehr an dieser zentralen Stelle vorbeilaufen.

Er hob zudem alte Behörden auf und schuf neue; in die Gesamtorganisation und die Verteilung der Einzelkompetenzen kam im Zuge der Umstrukturierung mehr Transparenz; um eine Verjüngung des Personals zu erreichen, wurde die Amtszeit der Mitglieder und Sekretäre der Kongregationen auf fünf Jahre begrenzt; auch wurde eine intensivere Zusammenarbeit mit den residierenden Bischöfen und den Bischofskonferenzen der Weltkirche ins Auge gefasst. Das alles funktionierte bis in die letzten Jahre des Pontifikats von Paul VI. durchaus auch sehr gut. Der Mann, der selbst dem Apparat entstammte und den Umweg über das Amt des Erzbischofs von Mailand genommen hatte, beherrschte und kontrollierte diesen Apparat bestens. Er überprüfte die Einhaltung von Absprachen, er fragte nach bei unerledigten Aufträgen, er insistierte wenn nötig, und er ließ sich durch zahllose Arbeitspapiere ständig über den aktuellen Ablauf der Dinge unterrichten. Nach dem Ende seines Pontifikats jedoch blieb nichts davon übrig: Mit pastoraler Lässigkeit ließ Johannes Paul II. die Kurienarbeit wieder schleifen.

Dennoch – oder vielleicht auch gerade deswegen – reformierte Wojtyla 1988 die Kurie erneut. Er bestätigte die Koordinierungsfunktion des Staatssekretariats, gliederte die Kurie in neun Kongregationen, fünf Tribunale und elf Räte und zog damit einen vorläufigen Schlussstrich unter die alte kuriale Behördenorganisation. Während die Kongregationen Regierungs- und die Tribunale Gerichtsorgane sind, haben die Räte, die im Wesentlichen als Förderungsorgane fungieren (»prevalemente promozionali«) keine wirkliche Entscheidungskompetenz.

Die Stellung der Glaubenskongregation wurde vom polnischen Papst nun wieder gestärkt. Über umfassende Zuständigkeiten hinaus greift sie in einer Art von ressortübergreifender Kompetenz überall dort ein (und durch), wo es sich – nach ihrem Ermessen – um Fragen des Glaubens, der Ideologie und der Disziplin handelt. Wo ist dies nun aber in der katholischen Kirche nicht der Fall?

Bei der Zusammenarbeit der Dikasterien (gleich Ministerien gleich Kongregationen und Räte) blieb es bei der von Paul VI. vorgegebenen Praxis: Die Präfekten und Präsidenten sollten sich mehrere Male im Jahr zu gemeinsamen Sitzungen treffen. Ein »Ministerrat« des Papstes ist daraus jedoch leider, wie sich bald erweisen sollte, nicht hervorgegangen. Schon 1988 vermerkte ein Beobachter: »Über Mangel an Koordination wird innerkurial wieder mehr geklagt als zur Zeit Pauls VI. und seines Substituten Benelli.«

Trotz aller Abneigung gegen demokratische Methoden funktionieren die Kongregationen und Räte dennoch immerhin wie kleine Parlamente oder, wie es in der Kirche programmatisch heißt, »kollegial«. Unter der Leitung des jeweiligen Präfekten oder Präsidenten treffen sich Kardinäle, Kurien- und Diözesanbischöfe aus der ganzen Welt, die der Papst berufen hat, regelmäßig, um Sitzungen abzuhalten. Daraus entsteht ein Netz von Querverbindungen und Interessengruppen, das wiederum auch mehr Kontrolle ermöglicht. So war beispielsweise Ratzinger als Präfekt der Glaubenskongregation zugleich stimmberechtigtes Mitglied in den Kongregationen für die Ostkirchen, die Sakramente, die Bischöfe, die Evangelisierung und die Erziehung. Kasper stimmte seinerseits in der Glaubenskongregation und in derjenigen für die Ostkirchen mit ab. Cordes wiederum saß in der Klerus-, der Heiligsprechungs- und der Evangelisierungs-Kongregation. Diese an sich vielversprechende Vernetzung scheint aber in der Praxis dennoch keine reale Zusammenarbeit zu fördern.

Ein Ministerrat mit regelmäßigen Sitzungen unter dem Vorsitz des Papstes bleibt vorerst ein Wunschtraum, auch wenn

Ratzinger vor seiner Papstwahl einmal geäußert hat, die Kirche könne von einem Mann allein nicht mehr regiert werden. Die Macht hat ihn da wohl eines anderen belehrt. Unter seinem Vorgänger war vieles anders, aber nicht besser: Weder das Regieren noch das Aktenstudieren waren die Sache von Papst Johannes Paul II. Unter ihm begann folgerichtig die Zeit des Gegeneinanders und der Seilschaften. Eine Zeit, die bis heute andauert, obwohl Joseph Ratzinger es nach dreiundzwanzig Jahren Präfektendasein eigentlich besser wissen und diese Dinge abstellen müsste. Dem »Professor Dr. Papst« liegen nun aber das Bücherschreiben und das Austüfteln theologischer Grundsatzreden mehr als alles andere am Herzen.

Aus dem Staatssekretariat ist unter seiner Ägide eine inkompetente Behörde geworden, ein besseres Vorzimmer, in dem nach Aussagen italienischer Kurienkenner fast jeder gegen jeden arbeitet und dessen Chef am liebsten durch Abwesenheit glänzt, indem er auf Reisen geht. Als ein Kanzleramt, das den Anspruch erhebt, alles zu koordinieren und zu lenken, existiert es nur noch auf dem Papier.

Wenn der Papst nun schon kein Regierungsmensch ist, was ja auch vorteilhaft sein kann, so hätte er auf den zweiten Platz wenigstens einen Mann berufen sollen, der davon etwas versteht. Seine Wahl hat sich jedoch, zumindest in diesem Sinne, als komplette Fehlbesetzung erwiesen: Der Salesianerpater Tarcisio Bertone, jahrelang enger Mitarbeiter Ratzingers in der Glaubenskongregation, reist fast noch lieber als Papst Johannes Paul II. in der Welt herum und führt sich bisweilen auf wie andernorts Frühstücksdirektoren, statt vor Ort im Vatikan die Kurie zu steuern. Der Papst vertraut ihm, kann aber wegen seiner offensichtlichen Inkompetenz in den entscheidenden heiklen Momenten nicht auf ihn zählen.

Am Anfang seiner Amtszeit hatte Benedikt die Chefs der Kurienbehörden noch zu ein paar wenigen gemeinsamen Beratungen zusammengeholt. Inzwischen ist von solchen »Kabinetts-Sitzungen« nichts mehr zu hören. Ein fatales Manko: Denn nach einer freien Diskussionsrunde, so sagen Leute im Vatikan, wäre die Rehabilitation der Traditionalisten-Bischöfe sicherlich anders ausgefallen, nämlich vorsichtiger, umsichtiger, klüger. Dann hätte ganz sicher nicht ein einzelner Kardinal die Sache »durchgedrückt«, einer, der sich innerhalb der Kurie eines päpstlichen Mandats rühmte, dessen Konturen aber offenbar auch seinen Kollegen unscharf geblieben sind.

Schon nach einem halben Jahr Pontifikat berichteten Zeitungen von Murren in der Kurie, von Intrigen und von Distanzierungen gegenüber dem neuen Papst. Kleine Indizien wurden häppchenweise gestreut, damit sie von der Öffentlichkeit besser wahrgenommen werden konnten. So etwa der ebenso diskrete wie maliziöse Hinweis aus dem Kirchenapparat, dass Ratzingers Reden oft wochenlang auf Übersetzungen warten müssten. Will da wohl jemand ihre Verbreitung behindern? Zumindest über den Verdacht wurde geschrieben. Die am Vatikan besonders als Lokalereignis interessierten römischen Zeitungen *La Repubblica* und *Il Messaggero* beobachteten ferner, wie Ratzingers autoritärer Führungsstil so manchen verärgerte.

Das Staatssekretariat ist wegen personeller Fehlbesetzung oder wegen interner Auseinandersetzungen nicht einmal in der Lage, die päpstlichen Nuntiaturen in aller Welt rechtzeitig über relevante Vorgänge im Vatikan zu informieren. Wer sich beispielsweise von einer der Botschaften Einzelheiten erhoffte, kurz nachdem der Traditionalistenskandal ausgebrochen war, wurde enttäuscht. Man wusste dort genauso wenig, ja eher noch weniger, als die Medien und deren römische Mitarbeiter.

Für den Wiener Pastoraltheologen Paul Zulehner »beweist Benedikt XVI. kirchenpolitische Inkompetenz«. Er bestätigt auch, dass der Papst sich mit »schlechten Mitarbeitern« umgeben habe. Italienische Beobachter kommen bei ihren Analysen zum selben Ergebnis. Johannes Paul II. und sein Stab hatten wenigstens politisches Gespür. Nicht auszudenken, was in der Umbruchzeit des Ostblocks hätte passieren können, wenn dies anders gewesen wäre, auch wenn der Chef die Kurie ansonsten sich selbst überließ und nur wenig Interesse für sie zeigte. Der schon zitierte *L'Espresso*-Vatikanist Sandro Magister führte auf diese Nachlässigkeit im Übrigen die Entstehung von »Feudalherrschaft« zurück, in der Kardinal Achille Silvestrini, eine große graue Eminenz des Vatikans, und der damalige Kardinalstaatsekretär Angelo Sodano zentrale Stellen mit ihren Leuten besetzt und so zahlreichen Mitarbeitern steile Karrieren eröffnet hätten. Auf diesem Weg sei eine Seilschaft entstanden, deren Mitglieder vor allem eines vereit: Sie können dem heutigen Kardinalstaatssekretär nicht verzeihen, dass er keiner der ihren ist. Tarcisio Bertone entstammt nicht dem diplomatischen Dienst des Vatikans, sondern war, bevor er Erzbischof von Genua wurde, engster Mitarbeiter des Kardinals Joseph Ratzinger in der Glaubenskongregation. Keine gute Basis also für den Mann, der eigentlich die Oberaufsicht über seine Behörde ausüben sollte: In der »seconda loggia«, dem zweiten Stock des Apostolischen Palastes direkt unterhalb der Papstetage mit dem Staatssekretariat, herrsche, so heißt es, seither entsprechende Anarchie.

Magister nennt auch die Männer der Kurie, auf die sich der Papst verlassen kann: »Der Kreis derjenigen, die Benedikt XVI. absolut treu sind, ist im Vatikan sehr schmal besetzt: Neben Bertone und dem persönlichen Sekretär Georg Gänswein gehören dazu der Präfekt der Kongregation für den Gottesdienst, Kardinal Antonio Cañizares Llovera, der Präfekt der Kongregation für die Selig- und Heiligsprechungsprozesse, Erzbischof Angelo Amato, der ›Kulturminister‹ Erzbischof Ravasi, der Direktor des *Osservatore Romano*, Giovanni Maria Vian, und sehr wenige andere« – also niemand im Staatssekretariat unterhalb von Bertone.

Benedikt XVI. will im Gegensatz zu seinem Vorgänger nicht Seelsorger, sondern Theologe sein. Und er will – in den kleinen Schrittfolgen, die ihm nach Johannes Pauls Pontifikat der Sieben-Meilen-Stiefel möglich sind – eigene Spuren hinterlassen. Dazu gehört eine Neuakzentuierung der Wahrheitsfrage im ökumenischen Gespräch und im interreligiösen Dialog. Die Wiedereinführung einer Fürbitte um eine Bekehrung der Juden zu Jesus Christus war ebenso wenig ein Betriebsunfall wie der – in ein mittelalterliches Zitat verwobene – Hinweis auf das Gewaltpotenzial des Islams. Und dass die Protestanten aus katholischer Sicht den Schatz der Glaubensüberlieferung nur mit – nun ja – »Abstrichen« bewahren, das wird der Papst doch wohl noch sagen dürfen, unter Brüdern und als aufrechter Intellektueller ...

So denkt vielleicht ein einsamer Papst, aber ganz sicher kein Kirchenpolitiker. Konsequenterweise hat Benedikt alles Politische an Kardinalstaatssekretär Tarcisio Bertone abgetreten, den Ratzinger in der Glaubenskongregation als eine Art »Mann fürs Grobe« geschätzt hatte, der seinerseits aber auch Fachtheologe ist, sprich ohne Welterfahrung, kein gelernter Diplomat und nicht einmal – wenigstens bei seinem Amtsantritt im September 2006 – mit nennenswerten Englischkenntnissen ausgestattet.

Als Ausgleich hierfür würde es der Vorsitzende der Deutschen Bischofskonferenz und Freiburger Erzbischof Robert Zollitsch denn auch begrüßen, wenn sich die Kurienkardinäle im Vatikan wenigstens alle paar Wochen mit dem Papst zum Austausch treffen würden, wie er in einem Interview im *Mannheimer Morgen* sagte. »Ich wünsche mir ein Kabinett, das heißt eine Regierung, für den Vatikan, um Kommunikationspannen wie den Fall Williamson künftig zu vermeiden«, analysiert der

Leiter vom deutschsprachigen *Radio Vatikan*, Pater Eberhard von Gemmingen. Von »Missmanagement« hatte Kurienkardinal Walter Kasper gesprochen.

In Rom müsste also dringend umstrukturiert werden. Unbedingt sollte man die Leiter der Dikasterien (Behörden) nach fachlicher Kompetenz aussuchen. Zweitens müsste wenigstens das Modell von Paul VI. konsequent angewendet werden, wenn sich Benedikt XVI. schon nicht zu einer Reform durchringen mag. Er könnte ja die regelmäßigen Konsistorien aktivieren, was aber angesichts der komplexer werdenden Themen nicht wirklich abhilft und schon wegen der großen Zahl von Kardinälen in Rom nicht regelmäßig praktikabel wäre.

Ein ganz anderer, aber wesentlicher Grund für die Notwendigkeit einer straffer geführten Kurie liegt in einem wachsenden kirchlichen Zentralismus. In den 40 Jahren seit dem Zweiten Vatikanischen Konzil hat Rom mit seinem autoritären Führungsstil den Bogen überspannt. Kollegialität und Subsidiarität, also Miteinander und Delegation, sind zum Etikettenschwindel degradiert worden. Die Absicht des Konzils wurde vom römischen Apparat und den machtbewussten Gruppen systematisch ignoriert und unterhöhlt.

Je papsttreuer, desto zentralistischer, so könnte man die Linie dieser Kräfte formulieren, eine Linie, die mit einer Konsequenz verfolgt wird, die glücklicherweise das Gegenteil der Ziele der Machthaber und ihrer willigen Helfer bewirkt. Der einsichtige Kardinal Walter Kasper sieht das Petrusamt bereits beschädigt. Viele Seelsorger kümmerten sich nicht mehr um die nach ihrer Ansicht nicht praktikablen Normen. Dadurch komme es erst recht zu einem pastoralen Wildwuchs: »Der Zentralismus schlägt dann in sein genaues Gegenteil um. Beschädigt wird dabei sowohl die Autorität des Papstes wie die der Bischöfe. Denn sie müssen mehr oder weniger ohnmächtig der Entstehung einer problematischen ›Pastoral von unten‹ zusehen, sind aber durch ihre Loyalität gegenüber Rom daran gehindert, eigenverantwortlich sach- und situationsgerechte Lösungen herbeizuführen, so wie es ihre Hirtenverantwortung ist.«

Ein Synonym für »Pastoral von unten« sind die Kirchenvolksbewegungen in der ganzen Welt. Sie sammelten bis Mitte 2009 genau 54 104 Unterschriften zugunsten einer Petition »Für die uneingeschränkte Anerkennung der Beschlüsse des II. Vatikanischen Konzils«. Unterschrieben haben dabei überproportional viele Priester, Theologieprofessoren, haupt- oder ehrenamtlich in der Pastoral und in kirchlichen Gremien Tätige, Religionslehrer, Ordensleute sowie Mitglieder katholischer Verbände. Doch die opportunistische vatikanische Glaubenskongregation weigerte sich, Petition und Unterschriften entgegenzunehmen oder gar mit den Initiatoren ins Gespräch zu kommen. Auch intensive Vermittlungsbemühungen des Apostolischen Nuntius in Deutschland, Jean-Claude Périsset, konnten nicht weiterhelfen.

Die Autoren interpretierten die Dialogverweigerung als Anzeichen zunehmender fundamentalistischer Tendenzen sowie als Bestätigung einer Rückkehr von Teilen der römisch-katholischen Kirche in eine antimodernistische Exklave. Während sich Papst Benedikt XVI. in einem bedingungslosen »Akt der Barmherzigkeit« der Pius-Bruderschaft zugewandt habe, die als fundamentalistische und revisionistische Minderheit jegliche Reform verweigert und zentrale Beschlüsse des Zweiten Vatikanischen Konzils ablehnt, sei ein Zugehen auf die weltweit aktiven katholischen Reformkräfte für diesen Papst offensichtlich undenkbar. Die Kurie folgt ihm auf diesem Kurs bedingungslos. Dazu passt, dass sie es arrangierte, dem Papst die zeitgleich erfolgte Unterschriftensammlung »Ja zu Benedikt« in einer Generalaudienz zu präsentieren. Die konservativen Papstfans brachten es zwar nur auf 33 000 Unterschriften, doch nahm er sie dankbar entgegen; schließlich wurde darin ja auch kein Dialog gefordert.

Schon vier Jahre vor der Wahl von Joseph Ratzinger zum Papst Benedikt XVI. hat der Tübinger Theologe und Ratzinger-Kenner Hermann Häring geschrieben, der fromme Katholik denke, es könne eigentlich mit Kurie und Kirche nicht schlimmer kommen. Dieses oder jenes würden sie nicht wagen. Das werde der Papst nicht zulassen. »Aber solches Hoffen hat seit Jahren getrogen. Möglich ist inzwischen alles. Es hat keinen Zweck, sich darüber aufzuregen. Wir müssen die Gründe dafür entdecken und ihnen entgegenwirken, obwohl das nicht einfach ist. Es hängt an den Strukturen.« Schon vor 30 Jahren hatte Hans Küng im Übrigen behauptet: »Wenn der Papst will, dann kann er alles.«

Das absolutistische römische Prinzip stellt sich Küng und Häring klar dar: Regiert wird in Rom, und zwar von ganz wenigen; das vereinfacht die Strukturen und macht die Ideen kontrollierbar. Die Kanäle von unten nach oben sind gekappt, aus einigen Edelrohren fließen gefilterte Nachrichten. Diese sind aber prinzipiell derart geschönt, dass sich dort oben niemand beschmutzt. In den Siebzigerjahren erzählte man von einem Priester an der Kurie, der für den Papst pro Woche fünf Briefe aus Deutschland selektierte. Er hatte die strikte Anweisung, nur positive auszuwählen (und mit Vorzug protestantische).

Häring würde es nicht wundern, wenn das heute noch so wäre. In einer solchen Atmosphäre fühlen sich nur ganz bestimmte Leute wohl. Häring: »Ich glaube, dass sie von Haus aus einsam sind, aber diese Einsamkeit als Geborgenheit erfahren. Das Problem ist nur, dass Einsamkeit für ein lebendiges Denken schädlich ist und Christliches in ihr kaum gedeihen kann. Schließlich wächst Christliches aus der Gemeinsamkeit, an den ›grassroots‹, den Graswurzeln, also von unten. Stattdessen ist ›Kirche‹ vielerorts zum Synonym für ein Gehorsamssystem verkommen. Das Phänomen Ratzinger und sein extremer Autoritarismus passen genau in dieses System. Drei Faktoren spielen zusammen: seine selbstgenügsame Getto-Sprache, sein gesellschaftspolitisches Kampfmodell und die Kooperation einer systemimmanenten Theologie.«

Am Ende hat nach den Turbulenzen um traditionalistische Antisemiten und Holocaust-Leugner das Ensemble einer unfähigen Kurienspitze mit einem opportunistischen, auf eigene Machtinteressen fixierten Apparat und einem autoritären, traditionalistisch geprägten Papst der alten Kirche die Glaubwürdigkeit Benedikts XVI. und seines Pontifikats ruiniert. Wer diesen Verlust offen bestätigt und die Kritik in Hörweite der päpstlichen Macht äußert, riskiert seinen Arbeitsplatz. Die Wirklichkeit ist in der Kurie noch nicht angekommen. Sie will sie nicht hören und nicht sehen.

Genau das hat der Fernsehreporter Roberto Balducci vom öffentlich-rechtlichen TV-Sender *RAI 3* zu spüren bekommen. Er wurde als Vatikan-Berichterstatter abgesetzt, nachdem er wegen angeblich herablassender Bemerkungen über den Papst Proteste ausgelöst hatte. In einem Bericht über die Ankunft Benedikts XVI. im Bergdorf Introd (Aostatal), wo er im Sommer 2009 einen dreiwöchigen Urlaub verbrachte, hatte der Reporter gesagt, dass der Heilige Vater von einer »Handvoll Menschen« erwartet worden sei, »die noch den Mut und die Geduld haben, auf seine Worte zu hören«. Der vatikanische Pressesprecher Pater Federico Lombardi forderte mehr Respekt für die Kirche und die Person des Heiligen Vaters. Balducci entschuldigte sich daraufhin öffentlich für seine Worte. In Online-Kommentaren fragten allerdings Leser, in welchem Jahrhundert der Vatikan lebe.

Nach einem Vierteljahrhundert in der Kurie sind Joseph Ratzinger trotz mancher Betriebsblindheit die Schwachstellen durchaus bewusst geworden. Statt aber einen großen Schnitt zu setzen, baute er sie lieber langsam in seinem Sinn um, was den Aufstieg der Reaktionäre weniger auffallen ließ. In diesem Kontext konnte auch Kardinalstaatssekretär Tarcisio Bertone im Sommerloch 2009 mit einem Interview in der vatikanamtlichen Tageszeitung *L'Osservatore Romano* mit einer eigenwilligen Beschreibung der päpstlichen Regierungsführung aufwarten. Der »Zweite Mann« im Vatikan wies darin zunächst geradezu pflichtgemäß alle Kritik am Kirchenoberhaupt zurück. Benedikt XVI. sei nicht nur »ein großer Theologe und Lehrmeister«, sondern auch »nah an den Menschen«; Gerüchte über ein Zurückgehen auf die Zeit vor dem Zweiten Vatikanischen Konzil seien haltlos. Benedikt sei keineswegs entrückt, sondern spreche »für alle verständlich«, auch für die »einfachen Leute«. Er sei »ein profunder Kenner der römischen Kurie«, wenn er sich auch immer »von den Manövern und dem Geschwätz« ferngehalten habe, »die manchmal leider in gewissen Kurienkreisen aufkommen«. Vor allem aber stehe Benedikt für einen »Weg der Erneuerung« aus einer »intimen Kenntnis des Konzils« heraus: Viele »Ergüsse und Gerüchte über angebliche rückwärtsgewandte Dokumente«, die demnächst anstünden, seien »reine Erfindung und ein ständig wieder aufgewärmtes Klischee«.

Zu den in diesem Sommer in Rom kursierenden »Gerüchten« gehörten nun aber gut belegte Indiskretionen über eine Reform der Reform (die Liturgie betreffend), die bevorstehe und die etwa die Handkommunion wieder abschaffen und die Messe – in Anlehnung an die alte lateinische – »feierlicher« gestalten solle. Bertone war nur der ranghöchste »Monsignore Dementi«. Andere waren ihm bereits vorausgegangen. Überzeugen konnte jedoch keiner von ihnen.

Als Beleg für die interne Reformfähigkeit kündigte dann der Kardinalstaatssekretär einige wichtige anstehende Ernennungen an, bei denen es nicht an Überraschungen mangeln werde. Vor allem die neuen Kirchen würden zum Zuge kommen: »Afrika hat bereits hervorragende Kandidaten hervorgebracht und wird dies auch weiterhin tun« – was Kenner bezweifeln. Erinnert sei hier nur an die Spekulationen um einen »Schwarzen Papst« vor Ratzingers Wahl. Ein wirklicher Papabile aus Afrika war nicht unter den Kandidaten.

Der Papst hat nach Bertones Angaben bisher schon 70 Leiter der verschiedensten Dikasterien neu ernannt. Diese Zahl »70« elektrisierte konservative Beobachter. Sie freuten sich, dass der erste große Aderlass jetzt komplett sei. Die Spitze und Arbeitsebene des Staatssekretariats seien nun nach Ratzingers Willen geformt. Bertone hat seine eigene Personalpolitik dabei nicht erwähnt. Ende September besetzte er beispielsweise die Spitze der Vatikanbank IOR neu, mit einem persönlichen Freund und Opus-Dei-Anhänger.

Bei den nächsten »Überraschungen« sollen vor allem sämtliche »Nicht-Ratzingerianer« ganz aus dem Amt entfernt oder auf bedeutungslose Posten versetzt werden. Der inzwischen fünfundachtzigjährige Kardinal Achille Silvestrini zum Beispiel soll bereits kaltgestellt worden sein, und so wäre es dann also vorbei mit dem Strippenziehen jenes Kardinals, der Ratzinger als Papst verhindern wollte.

Zum Abschluss dieses Kapitels noch eine kleine, aber bezeichnende Randerscheinung. Der vierunddreißigjährige Florian Kolfhaus ist eher eine Randfigur im Vatikan, als Personalie jedoch hat sein jüngster Aufstieg größere Aufmerksamkeit verdient. Der aus Straubing (Bistum Regensburg) stammende Priester wurde nämlich ins Staatssekretariat berufen, wo er für die internationalen Beziehungen tätig sein wird. Nichts Ungewöhnliches soweit für einen Absolventen der päpstlichen Diplomatenakademie und Jung-Diplomaten. Wahrhaft ungewöhnlich jedoch ist sein Hintergrund: Kolfhaus wurde im Jahr 2000 vom umstrittenen damaligen St. Pöltner Bischof Kurt Krenn zum Priester geweiht und gehört zur Ordensgemeinschaft »Diener Jesu und Mariens« (SJM), zu einer der traditionalistischen Gemeinschaften also, die aus Protest gegen das Zweite Vatikanische Konzil gegründet wurden, in diesem Fall von einem abgesprungenen Jesuiten. Bei Krenn in St. Pölten hatte der Orden Aufnahme gefunden. Aus den Bistümern Augsburg und Fulda hingegen wurden die Diener verwiesen bzw. zerstritten sich mit dem Ortsbischof.

Die Berufung eines Florian Kolfhaus ist sicher nur eines von vielen Mosaiksteinchen, die das Bild der Kurie in naher Zukunft ausmachen. Eine »Überraschung« im Sinne von Reformen auf dem »Weg der Erneuerung«, wie ihn Bertone angedeutet hatte, ist sie sicherlich nicht.

8 Die andere Familie des Papstes

Die Integrierte Gemeinde als Wächter
an den Zugängen zu Benedikt XVI.

Die Begegnung, von der gleich die Rede sein soll, erinnerte mich an einen Sonntagmorgen im fernen Jahr 1966. Ich hatte damals einen nächtlichen Reportereinsatz in Frankfurt hinter mir und wollte einfach nur noch ausschlafen, als es plötzlich an der Tür klingelte. Zwei junge Männer in Anzug und Krawatte standen vor mir und wollten mich zu ihrem Glauben bekehren. Der denkbar schlechteste Augenblick für eine Missionierung, zumal bei mir in diesem Punkt wirklich Hopfen und Malz verloren sind, und das erst recht, wenn Sekten wie hier die Zeugen Jehovas mich stören.

Sekten erschienen mir in den Sechzigerjahren noch als exotische Sonderlinge, die es zwar überall gab, die aber keinesfalls in der katholischen Kirche Platz finden noch amtlichen Segen empfangen könnten. Eine spätere Begegnung, 30 Jahre nach diesem erfolglosen Vorsprechen zweier junger Männer, sollte mich eindrucksvoll eines Besseren bzw. eines Schlechteren belehren.

Eines Nachmittags besuchte mich in meiner Redaktion in München ein guter Bekannter aus alten gemeinsamen Zeiten in der katholischen Jugend im Schwarzwald. Glücklicherweise hatte er sich angemeldet, denn sonst hätte ich ihn nicht wiedererkannt. Er war nur wenige Jahre älter als ich, doch schien er um einige Jahrzehnte mehr gealtert. Sein Blick war unstet.

Er brauchte ganz offensichtlich eher meine Hilfe als ich die seine, was er nun allerdings anders sah. Er erzählte viel wirres Zeug über die Schlechtigkeit der Welt im Allgemeinen und die der Medien im Besonderen, um schließlich auf den Punkt zu kommen: Ich müsse umgehend umkehren, müsse mein Leben ändern. Das reichte: Ich hätte ihn am liebsten einfach rausgeworfen, so wie damals die Zeugen Jehovas. Ich musste mich zur Höflichkeit zwingen. Aus dem fröhlichen jungen Mann, den ich in Erinnerung hatte, diesem lebenslustigen Kerl, der einmal durchaus gute Perspektiven gehabt hatte, war ein gebrochener alter Mann geworden, gebrochen, aber voll von missionarischem Bekehrungswahn.

Was war geschehen, wer war daran schuld? Von sich aus erzählte er mir, er sei ein Mitglied der Integrierten Gemeinde, die ihn nach meinem Eindruck völlig deformiert hatte. Er hatte seinen Beruf aufgeben müssen, um etwas zu lernen, was ihm nicht lag, das er aber, getrieben von einem abergläubischen Gehorsamsversprechen, klaglos auf sich genommen hatte. Einzelheiten habe ich leider nicht in Erinnerung behalten. Der furchtbare Eindruck, den diese zerstörte Person, die mir da gegenübersaß, auf mich gemacht hat, hat alles andere verdrängt. Ich war damals äußerst betrübt und doch gottfroh, als er endlich, die Unmöglichkeit seines Missionierungsversuchs wohl einsehend, die Redaktion wieder verließ.

Der Persönlichkeitswandel, den er durchgemacht hatte, konnte nur eine Ursache haben, die mir dann auch in Gesprächen mit Angehörigen bestätigt wurde: Gehirnwäsche. Persönlichkeit brechen, absoluter Gehorsam gegenüber der Kirche in der Person eines Vorderen, der angeblich am besten weiß, was Gott mit einem vorhabe, Selbstentäußerung bis hin zum Verlust der eigenen Identität, Fremdbestimmung und Lob eines Gottes, der nur entfernt mit dem von der Kirche gepredigten liebenden des Neuen Testaments, dafür aber sehr viel mit dem strafenden des Alten Testaments zu tun hat.

Konnte das alles wahr sein? Ich hatte die Integrierte Gemeinde, die sich längst »Katholische Integrierte Gemeinde« nennt, anders in Erinnerung, zumal sie sich selbst als Versuch darstellt, urchristliche Gemeinschaft zu leben. Von solch einem Ziel schwärmten wir in der katholischen Jugend ja ebenfalls. Ihren Namen leitet die »Gemeinde« davon ab, Arbeit, Alltag, Freizeit und gemeinsamen Glauben integrativ oder integrierend zu verbinden. Von »integrativ« und »integrierend« ist es nun allerdings auch nicht mehr weit bis zum Begriff »integristisch«, einem anderen Wort für »traditionalistisch«, und schon ist man ganz schnell ganz nahe bei Joseph Ratzinger ...

Ich nahm mir vor, die Sache gründlich unter die Lupe zu nehmen, etwas genauer hinter die schöne Fassade der Katholischen Integrierten Gemeinde zu blicken und vor allem ihren Einfluss auf Papst Benedikt XVI. einschätzen zu lernen. Bei meinen Recherchen in Rom fragte ich nun auch konkret nach diesem Verein, der meinen alten Bekannten so ruiniert hatte, zumal die KIG und ihre Nähe zu Joseph Ratzinger bei meinen Forschungen über die hilfreichen Truppen des Papstes schon zuvor immer wieder angesprochen worden war. Doch es erging mir nicht anders als allen anderen Kollegen, die an demselben Thema arbeiteten: Von Vatikaninsidern erhielt ich unisono nur den Rat, das heikle Thema besser zu meiden.

Dabei verfügt die KIG in der Kurie über keine institutionelle Macht. Sie hat aber enormen Einfluss auf Papst Benedikt XVI., weil er sich bei ihr, mit der er seit 30 Jahren vertraut ist, allem Anschein nach wie in einer Familie fühlt, deren Vorstellungen er teilt und der er hilft, wo es nur möglich ist. Ein Beispiel: Als die aus Oberbayern stammende KIG in den Neunzigerjahren in Rom eine angemessene Niederlassung suchte, entdeckte sie schnell den ehemaligen Sommerpalast der Jesuiten, die Villa

Cavalletti in den Albaner Bergen nahe der päpstlichen Sommerresidenz Castel Gandolfo. Es traf sich gut, dass die Jesuiten den Palast verkaufen wollten, doch war er leider viel zu teuer für die nur tausend Mitglieder zählende Gemeinde. Ratzinger half umgehend. In einem Privatissimum mit dem Jesuitengeneral drückte er den Kaufpreis schließlich so weit, bis die Integrierte Gemeinde ihn im Jahr 1995 endlich aufbringen konnte und folglich den Zuschlag bekam. Seither lädt die KIG stolz hierher, in ihre »Akademie für die Theologie des Volkes Gottes«, zu theologischen Kursen ein, deren Schwerpunkt auf der Zusammengehörigkeit von Altem und Neuem Testament sowie von Juden und Christen liegt.

Manche Neumitglieder haben ihr Hab und Gut verkauft, um, wie es in solchen Fällen heißt, dem radikalen Lebensweg der KIG in deren Häusern zu folgen. Angehörige solcher Aussteiger sehen das anders. Sie schildern, wie die Betroffenen ihre Persönlichkeit verloren, ihre Familienkontakte abbrachen und sich im Streiten für das angeblich urchristliche Dasein von ihren Angehörigen trennten, die dabei hilflos zuschauen mussten. So gibt beispielsweise der Bruder eines Priesters, der der KIG gefolgt ist, selbst im hohen Alter immer noch nicht die Hoffnung auf, dass jener sich endlich besinne. Ansehen zu müssen, wie sich Menschen ruinieren bzw. ruinieren lassen, lässt die meisten sprachlos leiden. Zumindest sind sie nicht bereit, eine Veröffentlichung unter ihrem Namen zuzulassen. Außerdem haben sie als Katholiken regelrecht Angst vor dem langen Arm der KIG.

Solche Lebensgeschichten haben die KIG schnell in den Verdacht geführt, eine Sekte zu sein. Doch die Mitglieder wehrten sich. 1976 protestierten sie in vier bayerischen Bischofskirchen. Obwohl Julius Kardinal Döpfner, der damalige Erzbischof von München und Freising, zunächst zögerte, sprach er das Glaubensbündnis vom Sektenverdacht frei und erklärte es zur

»freien Gruppe« in der Kirche. Kurz danach starb er allerdings, genau gesagt am 24. Juli 1976. Das war ein schwerer Schlag für die KIG, denn, so erinnert sich der in Rom praktizierende Kinderarzt und Sohn der Gründerpaares, Tobias Wallbrecher: »Man hat uns sogar den Tod Kardinal Döpfners angelastet.« Verständnislosigkeit kann nun einmal zu Unterstellungen verführen.

Jedenfalls lud die Gemeinschaft bald darauf, am 16. Oktober 1976, zahlreiche Theologen ein, um ihren Ruf offensiv zu verteidigen. Das Echo war allerdings bescheiden. Nur ein einziger folgte der Einladung: der Regensburger Theologieprofessor Joseph Ratzinger. In den folgenden Jahren sollte der Dogmatiker zum unschätzbar wichtigen Ratgeber und zum guten Freund der Familie Wallbrecher werden, und das später auch noch als Papst. Solche Freundschaftsdienste erregen Verdacht. So spotten Vatikanisten aufgrund ihrer Erfahrungen, dass, wenn der Fuchsbau Seiner Heiligkeit acht Eingänge habe, an sieben davon jemand von der KIG wache, und am achten natürlich der päpstliche Privatsekretär Georg Gänswein.

Der KIG-Einfluss ist für Fachleute vielerorts spürbar. An ihren früheren Universitäten hoch angesehene Theologieprofessoren wie die Bibelexperten Gerhard Lohfink und Rudolf Pesch gaben für den Eintritt in die Gemeinde ihre Lehrstühle auf. Die KIG-Theologen entwickelten eine judentumsfreundliche sogenannte Volk-Gottes-Theologie, die in Benedikts viel verkauften, aber vermutlich wenig verstandenen Bestseller »Jesus von Nazareth« eingeflossen ist, wie der an der Jesuitenhochschule in Frankfurt Sankt Georgen lehrende Dogmatiker Werner Löser nachgewiesen hat.

In die wunderbar gelegene Villa Cavalletti kommt gelegentlich eminenter Besuch, darunter Kardinäle wie der umtriebige Walter Kasper oder der Wiener Ratzinger-Anhänger Christoph Schönborn. Das sagt noch nicht alles. Das Rätselraten, welcher Kardinal zu welchem Movimento gehört, ist müßig. Viele scheuen sich auch, ihre Präferenzen explizit zu bestätigen. Deshalb zeigen sich die meisten einfach bei den großen Treffen der Bewegungen oder schicken Grußworte. Beim vierzigsten Jahrestag von Sant'Egidio fehlte kaum einer aus der Kurienspitze, was nicht heißt, dass alle vorbehaltlos hinter der »UNO aus Trastevere« stehen, wie sich die Egidianer gern nennen lassen. Das ist auch nicht entscheidend. Die Zugehörigkeit eines Kardinals zu einer Bewegung sagt nicht alles über deren Macht aus. Wenn ihre Leute dort, wo die Entscheidungen vorbereitet werden, also auf der Arbeitsebene, mitmischen und das Betriebsklima bestimmen, manipulieren sie die Kurie mehr als ein mit ihnen sympathisierender Kardinal. Auf dieser Ebene mischen alle mit.

Der einsame und weitgehend isolierte Benedikt XVI. erbte diese Kurie, ohne sie in der Folge zu beherrschen. Die Voraussetzungen für die weitere Vernetzung der in ihr wirkenden Kräfte, die »schleichende [Macht-]Übernahme« durch das Opus Dei (so Peter Hertels Buchtitel), die Ciellini (Comunione e Liberazione, abgekürzt »CL«, auf Italienisch: »tschi-elle«) und die Legionäre, waren noch nie so günstig wie unter diesem Papst, weil Ratzinger die düstere Seite der Bewegungen nicht sehen will und stattdessen in ihnen den neuen Frühling der Kirche zu erkennen glaubt.

Ob sie ihm deshalb immer dienlich sind, sei hier stark angezweifelt, denn einige Bewegungen können ihre Vergangenheit nicht so leicht abstreifen, in der sie »ihren Kardinal« als Santo in cielo, als Heiligen im Kurienhimmel, gefunden haben, darunter so geschickte Strippenzieher wie etwa Achille Silvestrini, der Ratzingers Kurs wie schon gesagt sehr kritisch betrachtet. Verschärft wird das Machtgerangel bis heute durch die noch immer mächtigen Verlierer im Konklave, durch die machtbewussten purpurnen Eminenzen, die Ratzingers Restauration ablehnen, obwohl sie meist ihrerseits konservativ sind. Sie pflegen ihre Hausmacht, darunter auch die Bewegungen, ohne sich aber Benedikt XVI. selbst richtig anzunähern. Vielleicht denken sie auch schon an die Zeit nach ihm oder wollen einfach nur ihre Freiräume nutzen.

Die Katholische Integrierte Gemeinde nun hat ein Merkmal, das sie von den anderen Konkurrenten unterscheidet. Macht und Einfluss im Vatikan hängen für sie weitgehend von den Vorlieben des Pontifex und seiner Empfänglichkeit für solche Beziehungen ab. Noch scheint die KIG nämlich den Apparat nicht durchdrungen zu haben. Ihre Wirkung definiert sich allein über die Bereitschaft des Papstes, ihrem Rat zu befolgen. Das sieht ganz anders aus bei einem halben Dutzend von Organisationen, die sich gezielt um die Posten in der Kurie kümmern und dabei auch den hausüblichen Proporz unterlaufen. Das Opus Dei, die Legionäre Christi, die Focolarini, Sant'Egidio und Comunione e Liberazione sind inzwischen so verbreitet, dass sie ohne Mühe aus allen Ländern, die überhaupt Mitarbeiter für die Kurie abstellen, eigene Leute vorschlagen können. Auf diese Weise bilden sich Seilschaften, ohne dass sie durch eindeutige Zuordnung ohne Weiteres zu identifizieren wären.

Die Bewegung Comunione e Liberazione lässt dabei am deutlichsten ihre Absichten erkennen. Ihre Mitglieder, die Ciellini, stellen dem Papst den weltlichen Arm in der italienischen Politik zur Verfügung. Über das Movimento verläuft beispielsweise ein direkter Draht zu Silvio Berlusconi, der – natürlich nicht ganz uneigennützig – immer wieder gern bereit ist, vatikanische Lehren in Gesetze zu gießen, was ihm von dort wiederum Unterstützung sichert – trotz aller moralischen Vorbehalte, die der Papst eigentlich hegen müsste. In sämtlichen aktuellen Streitthemen wie biologischem Testament, Krankenverfügung, Sterbehilfe, künstlicher Befruchtung oder Stammzellenforschung gehen Berlusconi und Benedikt Seite an Seite. Der »Cavaliere« glaubt offenbar, damit in Italien immer noch Stimmen fangen zu können.

Benedikt XVI. denkt seinerseits so unpolitisch, dass scheinbar päpstliche Einmischungen in die italienische Politik kaum auf seinem Mist gewachsen sein können. Da ist vielmehr die Handschrift des rechten Parteienspektrums zu erkennen, namentlich des erzkatholischen Politikers und germanophilen Ciellino Rocco Buttiglione aus Apulien, der beim Opus-Dei-eigenen Lindenthalinstitut in Köln als Referent geführt wird. 2004 wäre er beinahe Justizkommissar der Europäischen Union geworden. Der Nominierungsausschuss des EU-Parlaments lehnte ihn aber wegen seiner Ansichten über Homosexuelle und die Stellung der Frau in der Gesellschaft ab. Er verzichtete daraufhin auf das Amt und verbreitete fortan die Legende von der Kirchenverfolgung, deren Opfer er als Katholik geworden sei.

Immer dann, wenn die italienische Politik einmal nicht dem Papst folgt, droht Buttiglione mit der Quittung durch die katholischen Wähler. Wenn er sich da mal nicht täuscht. Immerhin ist Italien keineswegs so katholisch, wie die Bischöfe glauben machen wollen, und Buttigliones Katholizismus ist auch nicht mehrheitsfähig, auch wenn er dank eines Wahlsystems, das auch Splitterparteien den Einzug ins Parlament ermöglicht, von 1994 bis 1999 dem Abgeordnetenhaus angehörte. 1999 zog er weiter ins Europäische Parlament, um dann von Juni 2001 bis April 2005 als Europaminister und von April 2005 bis Mai 2006 als Kulturminister in Berlusconis Regierungen zurückzukehren.

Bereits im Jahr 2002 jedoch ermittelte die Staatsanwaltschaft von Monaco gegen Buttiglione wegen des Verdachts der Geldwäsche zugunsten seiner Partei. In Italien wurde einer seiner leitenden Mitarbeiter wegen betrügerischen Bankrotts angeklagt, gegen den man zudem wegen des Verschwindens mehrerer Millionen Euro aus italienischen und EU-Fonds ermittelte. Der schillernde Jurist lehrte dennoch unbeirrt weiter an der internationalen Akademie für Philosophie in Liechtenstein und an der »freien«, aber konservativ katholischen »Europäischen Universität« in Rom.

Wer hat nun aber den größten Einfluss auf Papst und Kurie? Papst Johannes Paul II. beschäftigte seinerzeit insgesamt 70 Ghostwriter. Benedikt XVI. dürfte weniger von ihnen brauchen, da er vieles selbst schreibt und ihm nach dem Eindruck von Vatikanbeobachtern ohnehin kaum jemand missliebige Entwürfe vorlegen würde – aus Respekt vor dem Theologen-Papst. In Kernfragen verlässt ein Ratzinger sich zunächst einmal ganz auf sich selbst. Doch lässt er sich durchaus zuarbeiten, was wiederum den Weg für Worte Gleichgesinnter in die päpstlichen Texte ebnet. Diese Mitarbeiter sind nun aber mehrheitlich den mächtigen Bewegungen zuzurechnen, deren Verteilung in der Kurie natürlich von Interesse wäre. Leider ist eine genaue Zuordnung unmöglich, da diese Organisationen sich desto geheimnisvoller geben, je mächtiger sie sind. Mitgliederlisten werden nicht veröffentlicht. Außerdem darf nicht vergessen werden, dass die Gruppen einander keineswegs sonderlich grün sind. Die Papsttreue schließt Konkurrenz untereinander nicht aus. Aus vielen Hinweisen lässt sich dennoch eine Rangordnung ableiten, bei der zwei Gruppen zu unterscheiden sind. Die erste hat Macht im Apparat der Kurie, die zweite den direkten Einfluss auf den Papst.

Die größte Macht im Vatikan üben aus:

1. Opus Dei
2. Legionäre Christi

3. Comunione e Liberazione

4. Neokatechumenat

5. Focolarini

6. Sant'Egidio

Den größten Einfluss auf den Papst haben:

1. Sekretär Georg Gänswein und Kardinalstaatssekretär Tarcisio Bertone

2. Integrierte Gemeinde (durch persönliche und private Bindung)

3. Opus Dei

4. Traditionalisten (durch die Nähe im Denken)

Eine andere Gliederung, die nichts mit der Macht in Rom zu tun hat, ließe sich nach dem Selbstverständnis der Organisationen aufteilen. Drei Gruppen bilden sich dabei heraus: die Reaktionären, die erklärtermaßen urchristlichen Gemeinden und die Politischen, wobei die jeweils typischen Schwerpunkte betont werden, da alle etwas von allem beanspruchen. Zu den Reaktionären zählen die spanischen Gründungen Opus Dei und Legionäre Christi sowie die Traditionalisten. Die betont urchristlichen Gemeinschaften werden beherrscht vom Neokatechumenalen Weg, den Focolarini und der Integrierten Gemeinde. Zu den politisch Gewichtigen zählen Comunione e Liberazione und Sant'Egidio.

Eigentlich müssten Gemeinschaften, die sich als urchristlich verstehen, auch ökumenisch offen sein, da sie, historisch gesehen, vor die Zeit der Schismen (Kirchenspaltungen) zurückblicken. Tatsächlich sind sie es aber nicht und behaupten stattdessen dreist, ein reaktionär katholisches Kirchenbild entspreche dem ursprünglichen Willen Christi. Ökumenisch offen hingegen sind die Focolarini und die Bewegungen mit Aktivitäten in der italienischen Politik wie etwa Sant'Egidio als Friedensstifter (zum Beispiel in Mosambik) und Comunione e Liberazione.

Den wichtigsten der hier genannten Gruppen und Personen sind die folgenden Kapitel gewidmet. Über Sekretär Gänswein, der den deutschen Lesern durch seine Nähe zum Papst besonders bekannt ist, wurde bereits berichtet, und ebenso über den deutschen Kardinal Josef Paul Cordes, der als persönlicher Beauftragter von Papst Johannes Paul II. für die geistlichen Erneuerungsbewegungen wesentlich zu deren Anerkennung und Aufstieg beigetragen hat.

Gemeinsam ist den »neuen Soldaten des Papstes« durchweg, dass sie schnell erkannt haben, wie wichtig es ist, in Rom Präsenz zu zeigen. Opus Dei und die Legionäre haben daher ihren Hauptsitz in den Schatten des Vatikans gelegt. Die Focolarini sind ebenso wie die Integrierte Gemeinde in die Albaner Berge gezogen. Sant'Egidio wurde in Rom gegründet und residiert dort bis heute. Die Mächtigsten unterhalten in Rom sogar eigene Universitäten, so etwa das Opus Dei die Hochschule Santa Croce und die – nach einem Bericht der Zeitung La Repubblica von 2003 – ihm nahestehende Freie Universität Pius V. in der Via delle Sette Chiese (Straße der sieben Kirchen). Der Anlass zu jenem Zeitungsartikel war übrigens eine Zusage von staatlichen Geldern von jährlich 1,5 Millionen Euro ohne die üblichen Zweckbindungen, und das in Zeiten, wo anderen italienischen Hochschulen die Mittel immer mehr gekürzt wurden. Unter den Dozenten, die an dieser Hochschule lesen, findet sich neben hohen Prälaten und dem unvermeidlichen Rocco Buttiglione bezeichnenderweise auch der Altpolitiker Giulio Andreotti.

Den Legionären Christi gehören die Universität Regina Apostolorum und die Europäische Universität von Rom, deren religiöser Hintergrund im Lehrprogramm weitgehend verschwiegen wird. Beide werden, ebenfalls wenig durchschaubar und offensichtlich an den üblichen Haushaltsvorgaben vorbei, von Silvio Berlusconis Rechtsregierung finanziert.

Die aggressivsten Bewegungen kommen aus der spanischen Welt, das Opus Dei und die Legionäre (Mexiko), aber auch das Neokatechumenat. Dieses erfreut besonders die willigen Helfer wie die Kardinäle Josef Paul Cordes und den Kölner Erzbischof Joachim Meisner. In der Kurie können sie jedenfalls auf mehrere Kardinäle als Förderer zählen.

Gefährlich an den Neokatechumenaten ist jedoch nicht so sehr ihr schillernder Einfluss auf die Kirchenführung. Gefährlich für die katholische Kirche ist ihre sektenhafte Aktivität in den katholischen Pfarrgemeinden. Der Kölner Pfarrer Johannes Krautkrämer machte bekanntlich im Juli 2000 seinem Ärger über die neokatechumenalen Umtriebe in einem Brief an Kardinal Meisner Luft, der im Kapitel über Kardinal Cordes ausführlich zitiert wurde. Für ihn führt der »Neokatechumenale Weg« durch sein elitäres Bewusstsein zu Spaltungen in den Gemeinden. Der Kardinal falle auf ihre Frömmigkeit und »scheinbar heile Welt« herein. Meisner hat anscheinend versucht, solchen Vorwürfen entgegenzusteuern, indem er für die Bonner Seminaristen an der in Deutschland üblichen Regelung festhielt: Leben im Seminar, Studium an der Universität. Unter den übrigen Theologen fallen die Seminaristen nun aber mitunter dadurch auf, dass sie Priesterkleidung tragen – was kirchenrechtlich für Nichtgeweihte eigentlich verboten ist.

Die Kritik am »Neokatechumenalen Weg« wird sogar vom Standardwerk des katholischen Wissens, dem bei Herder erscheinenden *Lexikon für Theologie und Kirche* (»LThK«), in der Ausgabe von 1998 bestätigt: »Die starke Gruppenbindung und das Eigenleben der Gemeinschaften« habe »u. a. im deutschsprachigen Raum häufig zu erheblichen Konflikten geführt«. Der Bonner Kirchenrechtler Bernhard Anuth hat 2006 in seiner Doktorarbeit weitere Konflikte aufgezählt. In der Pfarrei Sankt Marien in Köln-Nippes wurden im Jahr 2000 mehrere Frauen über längere Zeit aus einer neokatechumenalen Gruppe ausgeschlossen, weil sie ihre Ehemänner nicht zum Mitmachen hatten bewegen können. In der Kölner Pfarrei Sankt Franziskus trat schon 1990 der gesamte Pfarrgemeinderat zurück, weil er die Konflikte um eine neokatechumenale Gruppe nicht mehr lösen konnte. Diese hatte sich sogar erdreistet, für sich einen separaten Gottesdienst in der Osternacht zu verlangen. Kardinal Meisner versuchte, den Frieden wiederherzustellen, indem er solche Sondergottesdienste an Festtagen untersagte. Die Spaltung aufhalten konnte er damit freilich nicht mehr. Dabei versteht sich das »Neokatechumenat« selbst als »Hilfe für die Pfarreien, um den fernstehenden Christen zu eröffnen, was es bedeutet, ein Christ zu sein«, wie es in einer Selbstdarstellung heißt, die vom Erzbistum herausgegeben wird.

Anuth bezeichnet die Bewegung nicht als Sekte, meint aber, die Vorwürfe sektenähnlicher Züge seien ernst zu nehmen; hierbei zielt er vor allem ab auf ihre Tendenz zur elitären Absonderung, zu weitgehender Geheimhaltung der in den Gruppen vermittelten Inhalte, dem Gruppendruck und einem undurchschaubaren Finanzgebaren.

Anhänger dieses neu-katechetischen Weges (im Unterschied zur klassischen Katechese = Unterricht/Unterweisung) weisen solche Vorwürfe als reine Erfindungen zurück, können sie aber doch nicht überzeugend widerlegen, da ihre persönlichen Zeugnisse nicht durch wirkliche Einblicke ins Innenleben und dessen geheim gehaltene Regeln überprüfbar sind. Die Auswirkungen ihres Treibens sind dagegen eindeutig feststellbar, in Gemeinden nämlich, wo die Neokatechumenalen sich bereits eingemischt und Pfarreien ebenso wie Familien gespalten haben. Die Anschuldigungen gegen das Neokatechumenat müssen deshalb als berechtigt ernst genommen werden.

Die Bewegung entstand 1964 in den Barackensiedlungen der armen Vorstädte von Madrid. Kiko Argüello lebte dort inmitten von Randgruppen. Bis zum Umzug nach Rom im Jahr 1968 nannten sich deshalb die mittlerweile entstandenen Gemeinschaften auch »Kiko-Familien«. Erst später gab sich die Bewegung ihren heutigen Namen. Von Rom aus betrachtet sie die ganze Welt als ihr Missionierungsgebiet für eine Neuchristianisierung. Besonders intensiv missionieren dabei sogenannte Itineranten, also mit ihren Familien umherziehende Katecheten, in den neuen Ostländern, aber auch in Südamerika und Asien, insbesondere in Japan. Sie berufen sich auf Richtlinien, die »Kiko!« verfasst hat und die doch nur wenigen Mitgliedern bekannt sind. Die Bewegung selbst leugnet ihr Vorhandensein. Ebenso weist sie zurück, dass sich ihr Gründer als Apostel verstanden habe, der sein Charisma und damit seine Leitlinien direkt von Gott – als unantastbar also – erhalten habe, eine Anmaßung, die sich im Übrigen ebenso bei den Gründern der Legionäre und des Opus Dei findet.

In der Praxis nutzen die Neokatechumenalen die bewusst gewählte namentliche Nähe zum ordentlichen Katechumenat, also der Vorbereitung auf die Taufe. Sie tun so, als handle es sich um dasselbe, aber eben nur für überwiegend bereits Getaufte, die in der säkularisierten und angeblich vom moralischen und ethischen Untergang bedrohten modernen Welt wieder zum Christentum zurückgeführt werden müssten. Diesem Schreckensszenario hält die Bewegung eine utopische neue Welt entgegen, die in ihren Gemeinden verwirklicht werde, eine ganz und gar religiöse Welt, in der einzig und allein die Evangelisierung zählt und jeder andere Einsatz für mehr Gerechtigkeit oder Frieden als Anmaßung gegen Gott und als Schwäche des Menschen gilt.

Genau so, wie es in der Apostelgeschichte erzählt ist, sollen alle alles gemeinsam haben. NK-Mitglieder sind deshalb angehalten, Hab und Gut zu verkaufen. Jeder könne ja von dem Gemeineigentum bekommen, was er brauche. Die Mitglieder bringen dann den Erlös aus dem Verkauf ihres Besitzes zu den NK-Katechisten oder Lehrern. Diese »Apostel« verwalten die gemeinsame Kasse.

Die Bewegung ist straff hierarchisch aufgebaut. Die untersten Mitglieder müssen, selbst gegen besseres Wissen, den oberen absoluten Gehorsam erweisen. Kiko fordert: »Vollkommener Gehorsam. Denn wo es keinen Gehorsam gegenüber dem Katechisten gibt, gibt es keinen katechumenalen Weg.«

Das Leben in dieser »Gemeinschaft« ist geprägt vom Gebet und von den Gesprächen über Bibeltexte, von den gemeinsamen Eucharistiefeiern, die vorbereitet werden müssen, und von weiteren religiösen Aufgaben, die von der Bewegung vorgeschrieben werden. Die Unterwerfung der Mitglieder wird durch Prozeduren durchgesetzt, die einer Gehirnwäsche entsprechen, so etwa mit der öffentlichen Beichte und mit Befragungen wie in einem Kreuzverhör. Die Mitglieder werden systematisch erniedrigt, und bevor man nach NK-Vorstellungen ein Jünger Christi sein darf, muss zuerst die Persönlichkeit gebrochen werden. Das Ganze wird einerseits begleitet von ständiger Angst vor dem Satan und andererseits von der tröstlichen angeblichen Gewissheit, der wirklichen Lehre Christi zu folgen.

Den Schutzherren im Vatikan scheint der krass zutage tretende Widerspruch zur katholischen Lehre gleichgültig zu sein, sofern die NKler nur eifrig »evangelisieren«, also behaupten, neue Katholiken für die Kirche zu gewinnen. Vielleicht sollten die mächtigen Patrone sich einmal zur Erforschung des eigenen Gewissens fragen, was sie eigentlich von Kikos Worten halten (nachzulesen u. a. auf der Internetseite *herzovision.de*):

»Der erste Mythos, den das Christentum zerstört, ist der von der Familie, denn das ist ein ungeheurer Mythos, wenn die Familie zur Religion wird.« Gottesliebe müsse auf Kosten der Nächstenliebe gelebt werden; Kiko lehrt: »Wenn du in deinen Mann verliebt bist, wird er dir zum Idol! Eine verliebte Frau ist keine wahre Christin, in diesem Fall muss sie lernen, ihren Mann zu hassen.« Denn es sei stets die Bewegung, die Vorrang habe vor Partnern und Kindern.

Auch die Liebe zu Kindern ist nach Kiko also falsch, denn sie verdeckt nur die Aggressionen, die Eltern eigentlich den Kindern gegenüber hegen. Er redet den Eltern ein, wahre Liebe zu Kindern bestehe darin, sie zu vernachlässigen und allgemein weniger zu beachten. Den größten Beweis ihrer Liebe könnten Eltern ihren Kindern darbringen, indem sie diese in die Bewegung integrierten.

Ein weiteres »falsches Idol« ist natürlich die Sexualität. Jede Form von ihr ist per se Sünde des Fleisches. Empfindungen von Lust und Befriedigung sind selbstredend sündhaft. Die Bewegung macht keinen Unterschied zwischen Empfängnisverhütung, Sterilisation, Autoerotik, vorehelichem Sexualverkehr, Homosexualität und künstlicher Befruchtung; sie verdammt einfach alles. Sogar die natürliche Empfängnisverhütung verbietet die NK-Bewegung, denn auch die Ausnutzung »sicherer« Tage sei sündhaft. Wer seine Sexualität auf diese Weise auslebt, darf, so fordert die Bewegung, nicht »Vater unser« beten. Nur wer bereit ist, Sexualität ausschließlich als notwendiges Mittel zu einer angestrebten Schwangerschaft zu betrachten, sei offen für das Leben. NK-Frauen müssen nach dieser haarsträubenden Lehre auch dann noch bereit sein, Kinder zu bekommen, wenn dadurch ihr eigenes Leben in Gefahr gerät.

Die hier aufgeführten Aussagen stammen aus verschiedenen Quellen (Bücher und Internet), die sich aber weitgehend decken. Einig sind sich ihre Verfasser auch in einem allgemeinen Urteil, das ebenso für die anderen Bewegungen gilt: Sie lassen sich innerhalb der katholischen Kirche als die neuen Stoßtruppen der römischen Kurie und des Papstes sowie ihrer Anliegen betrachten. Insofern darf also auf eine Distanzierung seitens des Vatikans nicht gehofft werden, im Gegenteil: Benedikt XVI. erkennt in einigen von ihnen, vor allem in der Integrierten Gemeinde, wieder, was er schon 1958 in der Zeitschrift *Hochland* prophezeit hat, dass es nämlich der Kirche nicht erspart bleiben werde, »Stück für Stück von dem Schein ihrer Deckung mit der Welt abbauen zu müssen und wieder das zu werden, was sie ist: Gemeinschaft der Glaubenden«.

9 Geschäftig, gewaltig, geheim und gedrillt

Das Netzwerk der Santa Mafia Opus Dei

Mit aller Vorsicht vermutet der österreichische Theologe und Psychoanalytiker Alfred Kirchmayr, das Opus Dei verwalte derzeit nicht nur die Gelder des Vatikans,»sondern es beherrscht auch unter seinem Gönner Papst Benedikt XVI. die römische Kurie«. Als spekulative Information beschreibt der Theologe diesen Verdacht in seinem 2008 erschienene Buch *Opus Dei – Das Irrenhaus Gottes?*. Aus rechtlichen Gründen scheinen solch vorsichtig-distanzierende Formulierungen angebracht. Die Botschaft verfehlt ihre Wirkung dennoch nicht. Der Kurs Benedikts XVI. und seine Äußerungen, wie ich sie im Kapitel über den unverstandenen Papst analysiert habe, könnten in weiten Teilen aus der Feder des Opus-Gründers Josemaría Escrivá de Balaguer stammen, einmal abgesehen natürlich von der ihm eigenen verleumderischen Wortwahl. Escrivá hat das Zweite Vatikanische Konzil als »Konzil des Teufels« bezeichnet und den gütigen Konzilspapst Johannes XXIII. verachtungsvoll einen »Bauern mit Körpergeruch« genannt.

Zum Einstieg seien noch weitere Zeitzeugen zitiert. Der inzwischen verstorbene Kardinal und Freund der neuen charismatischen Bewegungen Hans Urs von Balthasar sah im Opus Dei »die stärkste integralistische Machtballung in der Kirche« (*Spiegel* 12/1965) und schrieb in der Zeitschrift *Wort und Wahrheit*: »Integralismus herrscht überall dort, wo Offenbarung primär als ein System wahrer, zu glaubender Sätze von oben herab vorgestellt und wo infolgedessen die Form über den Inhalt, die Macht über das Kreuz gestellt wird.« Escrivás spirituelles Standardwerk »Der Weg« belege, dass das »Werk« keine christliche Spiritualität besitze, bestenfalls eine voraussetze, die es dann verhindere. Das Buch sei in schneidendem Kasernenbefehlston verfasst und mit »Parolen, Devisen, Rüffel, Belobigungen« gespickt. Alles in allem sei es ein »Sammelsurium von barschen, schroffen Marschbefehlen«.

Gegründet wurde das »Werk Gottes« 1928 in Madrid von dem jungen Priester Josemaría Escrivá de Balaguer y Albás (1902–1975). Das Ziel des »Werkes« – »die Heiligung der alltäglichen Arbeit« – gleicht dem der Action-catholique-Bewegungen, die sich zur gleichen Zeit in Frankreich und Belgien bildeten, und aus denen der Traditionalisten-Erzbischof Marcel Lefebvre stammt. Das Umfeld seiner Entstehungszeit, also die Jahre vor dem spanischen Bürgerkrieg, sollte das Opus Dei dauerhaft prägen. Hieraus leitete die angesehenste französische Zeitung *Le Monde* im Jahr 1995 seine unüberwindliche Abneigung gegen das Zweite Vatikanische Konzil ab, seinen obsessiven Hass auf den Kommunismus und seinen maßlosen Hang zur Heimlichtuerei.

Auch wenn Escrivá de Balaguer behauptet haben soll, er habe das Prinzip der Heiligung des Alltags »entdeckt«, so ist diese Idee in Wahrheit doch so alt wie das Evangelium selbst. Viele Heilige haben Entsprechendes gelehrt, so etwa die Karmeliterin Thérèse von Lisieux. Sehr schnell indes wurde die ursprüngliche Zielsetzung des Opus durch die Persönlichkeit seines Gründers deformiert: Er war ein ehrgeiziger, jähzorniger und eitler Kleinbürger. Das Geheimnis seines Erfolgs beruhte auf einem nimmermüden Enthusiasmus und einem Charisma, dem sich keiner, der ihm nahestand, entziehen konnte.

Für den jungen Escrivá de Balaguer war der spanische Bürgerkrieg ein Kampf zwischen Katholiken und Kommunisten, wobei er Letztere als die Verkörperung des Bösen betrachtete. Diese Perspektive hat seine Weltsicht dauerhaft verzerrt: Ganz wie Pius XII. verharmloste er die Schrecken des Nazismus (ja selbst die Bedeutung des Holocaust), sah er in ihm doch ein »von der Vorsehung gesandtes« Bollwerk gegen den Kommunismus. Vladimir Felzmann, ein ehemaliges Opus-Mitglied, berichtet von einem in dieser Hinsicht höchst aufschlussreichen Gespräch mit Escrivá. Nachdem dieser nämlich darauf bestanden habe, dass die mit Hitlers Hilfe erfolgte Machtergreifung General Francos das Christentum vor dem Kommunismus gerettet habe, sei ihm noch folgender fataler Satz unterlaufen: »Hitler gegen die Juden, Hitler gegen die Slawen, das hieß Hitler gegen den Kommunismus.«

Einer der wenigen weiteren bekennenden Opus-Aussteiger, Klaus Steigleder, warf schon 1985 dem Opus Dei subtile fromme Manipulation vor, durch die so »massiv und gravierend in die Persönlichkeit und Psyche eines Menschen eingegriffen« werde, »dass das Zusammenwirken dieser Praktiken in seinem Effekt mit der unter anderem von den sogenannten Jugendsekten her bekannten Seelenwäsche vergleichbar ist«.

Der bekannteste deutsche Opus-Kenner, Peter Hertel, hat die kriegerischen Parolen des Opus aufgelistet. Escrivás Nachfolger sprach demnach von der »Generalmobilmachung der Laien« als Aufgabe des »Werkes«, vom »Kreuzzug der Romanität« und vom »mobilen Corps« des Heiligen Stuhls. Das Opus baue eine »Verteidigungslinie gegen die böse Welt« auf und sehe sich selbst als »die furchterregende Armee«. Wie zum Beweis ließ der peruanische Opus-Dei-Bischof von Ayacucho und jetzige Kardinal-Erzbischof in Lima, Juan Luis Cipriani Thorne, an seinem Palast eine Tafel anbringen: »Beschwerden in Menschenrechtsfragen werden nicht angenommen.«

Der Ruf der von den einen als heilige Mafia oder Geheimsekte verurteilten oder von den anderen als Vorhut des Papstes gelobten Organisation kann modernen Katholiken Furcht einflößen. »Persönliches Entsetzen« kam bei dem in Paderborn lehrenden katholischen Theologen Peter Eicher auf, als er die Dokumente las, die Peter Hertel in seinem Buch *Geheimnisse des Opus Dei* zusammengetragen hat.

Den Kapuzinerpater Anton Rotzetter aus Altdorf in der Schweiz erinnern die Lebensformen des Opus Dei an einen »Anachronismus, der in eine andere, vorkonziliare Welt gehört«. Das Opus Dei versuche, die katholische Kirche »zum Tummelplatz für Machtgelüste verkommen« zu lassen. Rotzetter und Eicher analysierten die von Hertel gesammelten Opus-Dei-Schriften. Ihr theologischer Befund ist ein vernichtendes Urteil über den Gründer Josemaría Escrivá. Die beiden Theologen finden in »Vater Escrivás« Schriften, die den Opus-Dei-Mitgliedern heilig sind, »kein einziges Bibelzitat, das im ursprünglich gemeinten Sinn gebraucht wird«.

Da sage noch einer, das Christentum sei die Botschaft der Nächsten-, ja sogar der Feindesliebe. Die wenigen Aussagen können eigentlich nur zu einem Schluss führen: Wer so spricht, der kann nicht christlich sein. Katholisch? Mit Jesus Christus haben Escrivás Parolen nichts zu tun, dafür jedoch sehr viel mit dem Geist der Kreuzzüge gegen die damals höher kultivierten Moslems. Aus diesen Parolen spricht der Wahn jenes christlichen Abendlandes, in dem Folter, Hexenverbrennung und Religionskriege an der Tagesordnung waren. Christentum? Nein danke. Vielleicht mag ja das christliche Abendland, das das Opus Dei so sehr beschwört, so ausgesehen haben. Christlich war es dann jedenfalls nicht. Die Menschenrechte wurden schließlich gegen päpstliche Anmaßungen erkämpft. Demokratie ist dem Vatikan noch heute suspekt. Wo decken sich nun aber trotz all dem die Ansichten von Opus Dei und

Benedikt XVI. (bzw. zuvor Johannes Paul II.) in dem Maße, dass es zum heimlichen Machtfaktor innerhalb der Kirche werden konnte?

Die Überraschung war groß, als Kardinal Pericle Felici von der Mittelloggia des Petersdoms am 16. Oktober 1978 zunächst den Vornamen des neuen Papstes, »Carolus«, und dann einige Titel verlas, während derer ich eilig überlegte, wer gemeint sein könnte. Mir fielen auf die Schnelle nur zwei »Karl« im Kardinalskollegium ein. Zum einen Confalonieri, aber der war über 80 und konnte es nicht sein. Der andere war der Karol aus Krakau. Sollte es der etwa sein? Dann folgte auch schon der Nachname: »Wojtyla«. Tatsächlich! Die erste Eilmeldung ging raus. Danach die mühsame Suche nach biografischem Material.

Der Krakauer stand auf so gut wie keiner der Listen der Papabili, die die Journalisten vorbereitet hatten, um schnell den neuen Papst vorstellen zu können. Der Griff ins Handarchiv förderte dennoch, zu meiner eigenen Überraschung, einige Ansprachen zutage, und davon manche sogar auf Deutsch. Ich hatte sie im Laufe der Zeit gesammelt, so wie eben Vatikanisten Materialberge anhäufen, auf denen dann »faf« steht – »für alle Fälle«. Nun war der Fall eingetreten, und ich vergewisserte mich umgehend, dass es auch wirklich authentisch war, was da an übersetzten Reden und Beiträgen von Wojtyla im Archivschrank vor sich hin geschlummert hatte.

Geliefert war das Material vom Opus Dei, ein Umstand, dem ich damals wenig Gewicht beimaß. Für mich als stets brandaktuell arbeitenden Agentur-Korrespondenten *(dpa)* drängten sich zunächst andere Aufgaben auf. Wichtiger war vor allem, zu klären, was vom polnischen Papst denn nun zu erwarten war. Darüber gaben die Reden ebenso reichlich wie eindeutig

Aufschluss: Reformen ade! Die Frage nach dem »Warum« blieb zunächst zweitrangig. Es wird wohl, so dachte ich, an der Herkunft aus dem polnischen Katholizismus liegen. Dass dessen Prägung mit blindem Antikommunismus genau in das Raster des Opus Dei passte, schien nur natürlich und – noch – nicht beunruhigend.

Der schon genannte Opus-Kenner Peter Hertel recherchierte allerdings schon bald Hintergründe, die mehr zu denken geben mussten. So fand er heraus, dass Karol Wojtyla sich nur wenige Tage, bevor er zum Papst gewählt wurde, ins römische Hauptquartier des Opus Dei begeben hatte, um am Grab des »Padre«, des »Vaters« und Opus-Dei-Gründers Josemaría Escrivá de Balaguer, zu beten: »Er war ein gern gesehener Gast, seit er 1970 erstmals eingeladen worden war. Damals lebte der spanische Priester Escrivá noch. 1975 starb er im Alter von 73 Jahren. 2002 wurde er von seinem Fan Johannes Paul II. zum katholischen Heiligen erhoben und damit dem Kirchenvolk als ›leuchtendes Vorbild‹ präsentiert.«

Mächtigster Global Player

Peter Hertel schreibt in *Schleichende Übernahme* über Escrivás Opus Dei: »Unter päpstlicher Protektion ist sein erzkonservativer Geheimbund zum wohl mächtigsten und reichsten Global Player in der katholischen Kirche aufgestiegen – mit Filialen in 56 Staaten und rund 86 000 Mitgliedern in etwa 90 Ländern, gut 30 000 davon in Spanien.«

Dennoch sind seine Strukturen schwer zu durchschauen, und die Namen der Mitglieder sind zum großen Teil ebenso unbekannt wie die Aktivitäten der Organisation.

Bekannt ist das ursprüngliche Ziel ihrer Gründung: »die Heiligkeit und das persönliche apostolische Engagement« der Christen (und seit 1930 auch der Christinnen) zu fördern. Das Opus versteht darunter vor allem die Durchdringung der Gesellschaft mit konservativen bis reaktionären christlichen Idealen. Dazu wiederum Hertel:»Die ›Kampftruppe‹ (Opus Dei über sich selbst) ist eine der umstrittensten katholischen Organisationen. Zwar sehen manche wie Karol Wojtyla in ihr eine gottgewollte Bewegung zur Rettung der katholischen Kirche. Doch selbst ansonsten brave Gläubige meinen, sie schade ihr wegen eines skandalösen Sündenregisters: Geheimniskrämerei; rigides Innenleben, dubiose Werbemethoden; Nähe zum Faschismus, Freundschaft Escrivás mit dem Diktator Francisco Franco; undurchschaubares Geschäftsgebaren von Mitgliedern des ›Gotteswerkes‹, das im spanischen Ursprungsland auch ›Santa Mafia‹ genannt wird.

José María Ruiz-Mateos beispielsweise. Anfang der Achtzigerjahre besaß der damals größte private Arbeitgeber Spaniens ein globalisiertes Firmenkonglomerat aus mehr als 700 Unternehmen, 20 Banken. Ruiz-Mateos beschäftigte 60000 Angestellte. Zu dem Imperium gehörten Strohmänner-Firmen, Scheingewinne wurden gemacht; Opus Dei habe, wie Ruiz-Mateos später erklärte, an seinen dubiosen Transaktionen kräftig mitverdient.«

Verbindungen unterhielt Ruiz-Mateos auch mit dem Bankenimperium des Italieners Roberto Calvi, der wegen seiner Geschäfte mit dem Vatikan »Bankier Gottes« genannt wurde, 1982 spektakulär pleiteging und schließlich in London erhängt unter der Dominikanerbrücke (Blackfriars) aufgefunden wurde. Mitsamt Calvis »Banco Ambrosiano« geriet auch die Vatikanbank IOR ins Zwielicht. Sie war der mit Abstand größte Minderheitsaktionär des zusammengebrochenen Geldkonzerns. Die italienische Bankenkontrolle machte den Vatikan mit haftbar, der sich umgehend zu einer raschen Zahlung von 242 Millionen Dollar bereiterklärte. Dabei sollen ihm, so heißt es aus Calvis Familie, Opus-Dei-Banker aus der Klemme geholfen haben – was die gegenseitige Sympathie vermutlich nur noch mehr gestärkt hat, wenn es denn so war.

Einer meiner alten Vertrauten unter den Vatikanmitarbeitern gab damals eine Insider-Losung aus den kurialen Finanzabteilungen preis: »Bei Geldproblemen wende dich bitte an die Valls.« Gemeint ist die reiche Familie des päpstlichen Sprechers Joaquín Navarro-Valls. Der seit dem Jahr 1945 dem Opus Dei angehörende Luis Valls war Jahre lang Chairman der spanischen Banco Popular, einer der effizientesten europäischen Banken. Zusammen mit seinem Bruder Javier Valls, ebenfalls Opus-Dei-Mitglied, rekrutierte er Führungskräfte aus ihren Reihen und drückten ihnen mit ausgezeichnetem wirtschaftlichem Erfolg das Ethos des »Werkes« auf. Jeder Mitarbeiter soll sich täglich immer wieder besonders bemühen, die Arbeit so perfekt wie möglich zu erledigen.

Wie immer wäscht die Organisation in allen Skandalfällen ihre Hände in Unschuld. Sie übernimmt keinerlei Verantwortung für eventuelle unmoralische Geldgeschäfte ihrer Mitglieder. Juristisch ist ihr bisher auch noch nie eine Verwicklung nachgewiesen worden. Dazu sagt Ex-Opus-Mitglied Widmar Puhl, der in der Informationsabteilung des deutschen Opus Dei gearbeitet hat: »Die Organisation ist reich und versteckt diesen Reichtum hinter juristischen Tricks. Und da beginnt ein regelrechtes Verwirrspiel mit Tarnorganisationen.«

In den Siebzigerjahren, als noch Escrivá gegen die in stinkender Verwesung begriffene Kirche wetterte, knüpften seine Freunde das Finanznetz, das es dem »Werk« später ermöglichen sollte, mit Dollarmillionen zu jonglieren. Die wichtigste der darin verwobenen Institutionen ist die 1972 in Zürich gegründete Limmat-Stiftung, die eng verbunden ist mit Banken oder Stiftungen in Spanien (Fundación General Mediterránea), in Deutschland (Rhein-Donau-Stiftung bzw. Lindenthal-Institut) und in Lateinamerika (Fundación General Latinoamericana in Venezuela).

Dazu wiederum Hertel: »Das Opus Dei hat jede Beteiligung an finanziellen Unternehmungen bestritten; das Werk habe nur religiöse, nicht aber gesellschaftliche Ziele. Gleichwohl ziehen seine Mitglieder in der Gesellschaft gegen ›Atheismus‹, die ›Verdrängung des Glaubens aus dem öffentlichen Leben‹ und eine ›losgelassene Sinnlichkeit, ja Verblödung‹ zu Felde. In einem Ukas an die Führungskader steht gar: ›Wir haben den großen Ehrgeiz‹, die gesellschaftlichen Institutionen ›zu heiligen und zu christianisieren‹.«

Die selbst erklärten Missionare dieser Heiligung und Christianisierung scheuen allerdings das Licht und verstecken sich in geheimbündlerischen Grauzonen. Wenn sich das Opus Dei mehr Offenheit leisten könnte, hätte es längst bewiesen, dass alle Vermutungen, Verdächtigungen und Beschuldigungen nachweislich haltlos sind. Bisher hat das »Werk« aber – aus gutem Grund, wie man vermuten muss – keinen einzigen Vorwurf als unbegründet zurückgewiesen. Es hat also ganz offenkundig etwas zu verbergen und muss die Verdächtigung bis zum Beweis des Gegenteils akzeptieren. Dazu zählen zwei Ereignisse aus der Zeit des Pontifikats von Papst Johannes Paul II., das 2005 mit seinem Tod endete. Da wären zuerst die bereits erwähnten mafiosen Verstrickungen der Vatikanbank IOR mit Millionenverlusten und zwei toten Bankern. Und dann gab es da noch den Mord in der Schweizergarde, mit drei Toten.

Mord in der Schweizergarde

Schnell hatte Papstsprecher und Opus-Dei-Numerarier Joaquín Navarro-Valls eine Erklärung parat für den Doppel- und Selbstmord bei der Schweizergarde am Abend des 4. Mai 1998. Der junge Gardist Cédric Tornay habe in einem »Raptus«, einem Ausraster oder Anfall von Wahnsinn, seinen Vorgesetzten und dessen Frau umgebracht und danach mit einem Schuss in den Mund seinem eigenen Leben ein Ende gesetzt. Er sei wegen der Verweigerung einer päpstlichen Treuemedaille frustriert gewesen.

Die damalige *Spiegel*-Korrespondentin in Rom, Valeska von Roques, die als studierte evangelische Theologin mit dem blutigen Teil der bald zweitausendjährigen Kirchengeschichte bestens vertraut ist, sieht Widersprüche, viel zu viele Widersprüche, und wittert einen Skandal. Es ist ja gerade erst zwanzig Jahre her, dass sogar ein Papst, Johannes Paul I., unter geheimnisvollen Umständen gestorben ist. Damals, im Jahr 1978, wurde vom Vatikan jegliche echte Aufklärung systematisch verhindert. Warum sollte es jetzt anders sein? Er mauere auch diesmal wieder, aber noch schlechter, erläutert die Autorin in ihrem Buch *Mord im Vatikan*.

So entpuppt sich zum Beispiel ein Abschiedsbrief des angeblichen Täters als Fälschung. Der Autopsiebericht, der nicht etwa von Gerichtsmedizinern des weltlichen Italien, sondern von zwei greisen Medizinalchargen des Vatikans erstellt wird, erweist sich schnell als unhaltbar und wird später von einem der besten forensischen Ärzte der Welt in Lausanne widerlegt, und zwar auf Veranlassung der Mutter des angeblichen Selbstmörders, die sich hartnäckig der Wahrheitssuche verschrieben hat. So wird dann also schließlich klar, dass es sich bei der offiziellen Version um eine bewusste Lüge handelt. Wenn es aber schon schwierig ist, die Irreführung zu entlarven, so ist es noch einmal um einiges schwieriger, die tatsächliche Wahrheit ans Licht zu bringen.

Die Mutter von Cédric Tornay beauftragte daher die französischen Staranwälte Jacques Vergès und Luc Brossolet, die endlich herausfinden sollten, was wirklich geschehen war, um dann Anklage zu erheben. Vergès war der Verteidiger des »Schlächters von Lyon«, Klaus Barbie. Seine Kanzlei gilt als brillanteste und zugleich heißeste Adresse für Rechtsuchende, erst recht für solche, die sich gegen staatstragende oder gar unberührbare Institutionen richten.

Für Luc Brossolet handelt es sich eindeutig um ein Komplott; er sagt: »Die Drahtzieher und Mörder sind bisher noch unerkannt.« Man müsse befürchten, dass sie immer noch frei herumlaufen, sich also nach wie vor im Vatikan befinden. »Wir sind sicher, dass Cédric ermordet wurde und die Estermanns auch«, meint Brossolet; »Der vermeintliche Mörder ist also selbst ein Opfer.« Um die Unschuld Tornays zu belegen, haben die Anwälte zahlreiche Beweise vorgelegt. Unter anderem eine Kugel, die intakt ist, die keinerlei Schürf- und Druckstellen aufweist: »Sie muss, wenn sie die Mordkugel sein soll, Schockspuren tragen«, erklärt Luc Brossolet. »Aber diese Kugel zumindest hat keinerlei schweres Hindernis durchlaufen.«

Die vatikanische Version des Selbstmords mit gesenktem Haupt haben Schweizer Experten inzwischen ebenso widerlegt wie den angeblichen Schussverlauf. Hätte sich Tornay auf diese Weise erschossen, dann hätte die Kugel die beiden Halswirbelknochen in Splitter aufgelöst. Das war aber nicht der Fall. Eine zweite Autopsie zeigt: Tornays Kopf muss im Moment des Schusses nach hinten gelehnt gewesen sein. Und noch ein weiteres Indiz spricht laut Brossolet gegen den Selbstmord: »Das in der Lunge gefundene Blut stammt vom Bruch des Felsenbeins an der Schläfe«, sagt er. Für Brossolet ein Beweis, dass Cédric zuerst niedergeschlagen und erst dann erschossen wurde; demnach lag er also zu dem Zeitpunkt, als er geschossen haben soll, bereits im Koma. »Außerdem deuten ausgeschlagene Zähne darauf hin, dass die Waffe ihm mit Gewalt in den Mund gesteckt worden ist«, sagt der Anwalt; »Es ist also mehr als sicher, dass die Theorie des Vatikans nicht der Wahrheit entspricht.«

Auch der Abschiedsbrief Cédric Tornays ist einem Gutachten zufolge eine Fälschung. Dafür sprechen viele Indizien. So hat Tornay nie von »Le pape«, also vom »Papst«, sondern immer vom »Heiligen Vater« gesprochen. Außerdem verabschiedet er sich am Ende des Briefes zwar von seinen Schwestern und seinem Vater, vergisst aber ausgerechnet seine Verlobte und seine Halbbrüder. Logisch, von deren Existenz, so Brossolet, habe im Vatikan niemand gewusst.

Warum wir die Mordgeschichte gerade hier im Kapitel über das Opus Dei aufrollen? Dem ermordeten Kommandanten Estermann wurden nicht nur Beziehungen zur DDR-Staatssicherheit nachgesagt, sondern vor allem auch zum Opus Dei. War er also in Machtkämpfe im Vatikan verwickelt, wurde er deshalb ermordet? Der junge Gardist wäre nach dieser Version nur durch Zufall unschuldig in die Schusslinie geraten.

Eine italienische Zeitung präsentierte eine andere Theorie: Dieser zufolge müsse es einen vierten Mann gegeben haben, da der Tathergang sonst völlig unlogisch sei. Ihre Vermutung: Der vierte Mann sagt zu Tornay, dass Estermann ein »Verräter« sei, ein ehemaliger Stasispitzel. Daraufhin fasst Tornay den Entschluss, Estermann zu töten, um den Papst zu schützen. Gesagt, getan: Er geht hin und erschießt Estermann. Daraufhin kommt wieder der vierte Mann ins Spiel und erschießt Tornay und die einzige Zeugin, Estermanns Frau. In Tornays Brief sei jedenfalls keine Rede von einem geplanten Selbstmord gewesen. Vergès und Brossolet untermauern ihrerseits in ihrem in Italien erschienenen Buch *Assassinati in Vaticano* (Ermordet im Vatikan) diese Version. Sie vermuten ebenfalls, der vermeintliche Mörder sei selbst ermordet worden.

Die Kirchengeschichte ist reich an Fällen krimineller Machenschaften aufgrund von Konkurrenz und Rivalität. Dass dies heutzutage anders sein sollte, würde eher überraschen. Jedenfalls enthüllte beispielsweise der inzwischen verstorbene, zu Lebzeiten schillernde und mit Vorsicht zu genießende Prälat Luigi Marinelli Machtstreben und Erpressung im Umfeld des Heiligen Stuhls sowie totalitäre Umgangsformen und mafiose Machenschaften. Als Mitautor des Enthüllungsbuchs *Via col vento in Vaticano* (wörtlich: »Vom Winde verweht im Vatikan«, auf Deutsch jedoch erschienen unter dem Titel *Wir klagen an: zwanzig römische Prälaten über die dunklen Seiten des Vatikans*) urteilt er: »Karrieristen und Freimaurer, wo man nur hinschaut im Vatikan. Das dürfen wir nicht länger hinnehmen.«

Karrieristen gibt es dort mit Sicherheit, wie in jedem anderen Regierungsapparat auch. Aber Freimaurer? Das ist eher fraglich, obwohl sie seit 1870, dem Zeitpunkt, als der der alte Kirchenstaat unterging, in Italien einflussreich waren und seitdem für mindestens ebenso viele Schandtaten als tatverdächtig herhalten müssen wie das Opus Dei. So ziemlich alle düsteren Ereignisse werden nämlich in Italiens Öffentlichkeit mit fast hundertprozentiger Sicherheit mit Mafia oder Freimaurerei in Verbindung gebracht. Erleichtert werden solche Spekulationen dadurch, dass der Vatikan weit davon entfernt ist, ein weltlicher Rechtsstaat zu sein. Luc Brossolet kommentiert dazu in einem *ARD*-Bericht: »Das Justizsystem des Vatikans ist alles andere als demokratisch. Man macht und erlässt Gesetze im Namen Gottes und eben nicht im Namen des Volkes.« Freisprechen lässt sich das Opus Dei in diesem Machtkampf ebenso wenig, wie ihm eine Schuld nachgewiesen werden kann.

Die Interessen an der Vatikanbank IOR

Den anderen Skandal, bei dem vieles auf eine Beteiligung des Opus Dei hindeutet, lieferte das »Istituto per le Opere di Religione« (IOR; übersetzt: Institut für die Werke der Religion). So heißt die Vatikanbank, deren Sitz auf fünf Etagen im Torre S. Niccolo V. untergebracht ist, einem Festungsmauerwerk gleich hinter dem Vatikan-Haupteingang von Sankt Anna und direkt unterhalb vom Papstpalast, sodass zum Heiligen Vater ein direkter Zugang besteht. Im Vorstand, der sich aus fünf Laien zusammensetzt, saßen zeitweise mindestens zwei Opus-Dei-Leute. Dieses seltsamste Bankhaus der Welt muss kurz vorgestellt werden, damit man versteht, wie es um die dortigen Möglichkeiten des Opus Dei bestellt ist.

Am 11. Februar 1887 gründete Papst Leo XIII. eine »Kommission für wohltätige Werke«. Sie verwaltete die Kirchengelder und betrieb Anlagegeschäfte, ohne aber als Bank eigenständig operieren zu können. Das Institut genoss dennoch hohes Ansehen, weil es auf geschickte Art Geld beschaffte, Anlagen tätigte (größtenteils in italienischen Aktien) und von höchst diskret agierenden Finanzfachleuten geführt wurde. Am 27. Juni 1942 wertete sie Pius XII. »ad pias causas« (zu frommen Zwecken) zum »Istituto per le Opere di Religione« mit allen Bankbefugnissen auf. Die Banker in Soutane verhalten sich noch diskreter, als es verschwiegene Banker sonst tun. Vergeblich sucht der Neugierige im Internet nach einer Homepage des IOR. Online-Banking ist hier ein Fremdwort. Die Kunden sind ohnehin so ausgesucht, dass die Mitarbeiter sie persönlich kennen und genau wissen, was sie ihnen bieten können oder dürfen.

Größte Bedeutung für den Vatikanstadtstaat und die italienische Finanzwelt gewann das IOR im Zweiten Weltkrieg und in den darauf folgenden Jahren. Es war ihm ein Leichtes, Geld ins Ausland zu transferieren und internationale Geschäfte abzuwickeln, was vor allem zur Kapitalflucht in den Dollar genutzt wurde. Nach 1945 unterhielt das IOR sogar einmal für ein paar Jahre eine eigene Flotte, um die Versorgung des kleinen Staates sicherzustellen. In den Fünfzigerjahren wurden die Frachter und Tanker allerdings schon wieder an eine französische Reederei verkauft.

Am 18. Juni 1982 schlitterte das IOR unter seinem amerikanischen Chef litauischer Abstammung, Erzbischof Paul Marcinkus (geboren 1922 in Cicero, jenem Vorort von Chicago, wo der Mafiaboss Al Capone sein Hauptquartier unterhielt und brutal herrschte), in einen Finanzskandal. An diesem Tag wurde auch die Leiche des Bankiers Roberto Calvi in London gefunden. Seine Bank, die Banco Ambrosiano, ging angeblich bankrott (was inzwischen als Vorwand gilt) und zog das IOR in Mitleidenschaft. Ermittlungen ergaben, dass Marcinkus zusammen mit Calvi und dem als Mafia-Banker und Geldwäscher bekannten Michele Sindona Gelder verschoben und veruntreut haben soll. Sindona starb später in einem italienischen Gefängnis an einer Vergiftung.

Die tatsächlichen Hintergründe der dunklen Geschäfte wurden bis heute nicht aufgedeckt. Eine Version besagt, dass Marcinkus durch windige Anlagen und Bürgschaften versucht haben soll, im ehrenhaften Auftrag des Papstes Geld für die polnische Gewerkschaft »Solidarność« zu beschaffen. Als sicher gilt nur, dass er sich selbst nicht bereichert hat. Am Ende des Skandals bezahlte der Vatikan wie schon erwähnt schließlich 242 Millionen Dollar für eine geplatzte Bürgschaft, ohne jedoch auch nur die geringste Mitschuld am Skandal einzugestehen. Das notwendige Geld, eine auch für den Vatikan gewaltige Summe, soll mithilfe des Opus Dei und der deutschen katholischen Kirche aufgebracht worden sein.

Wer aber hat Calvi ermordet? Denn um Mord handelt es sich zweifelsfrei. Eine gängige Vermutung deutet auf gewisse

Machtzirkel innerhalb der Kurie, nachdem schon Papst Johannes Paul I., der »33-Tage-Papst« vom Sommer 1978, angeblich umgebracht worden war; vielleicht, weil er die Machenschaften des Lebemannes Marcinkus entdeckt hatte? Oder weil er nicht nur Marcinkus, sondern auch drei weitere Würdenträger, den Kardinalstaatssekretär Jean Villot, Kardinal Sebastiano Baggio und Kardinalvikar Ugo Poletti, entlassen oder versetzen wollte, allesamt Freunde des Opus Dei und Fürsprecher der Heiligsprechung von Escrivá? Der neue starke Mann als Kardinalstaatssekretär unter Johannes Paul I. wäre Giovanni Benelli geworden, Erzbischof von Florenz und früher einmal, als Substitut, so etwas wie ein Innenminister, der »Macher« der Kurie. Benelli war ein erklärter Gegner des Opus Dei und hätte sowohl die Heiligsprechung Escrivás als auch die weitere Aufwertung des Opus vermutlich verhindert. Doch blieb ihm hierzu keine Zeit, der allzu schnelle Tod des neuen Papstes machte den Kurswechsel zunichte. Albino Lucianis Leiche wurde trotz zahlreicher Zweifel an der Natürlichkeit seines Todes nie untersucht. Einer der wichtigsten Förderer des Opus Dei und reaktionärster Kardinal seiner Zeit, Silvio Oddi, hatte sich in der Kurie gegen die Bitten der italienischen Ermittlungsbehörden durchgesetzt.

Wer hat nun also den Papsttod gewollt und die Aufklärung verhindert? Wer hat später den Tod des katholischen Bankers Roberto Calvi gewollt? Wer hat die Verbrechen angeordnet oder begangen? Wenn es sich tatsächlich um kriminelle Machenschaften gehandelt hat, dann dürfte es sich, könnte es sich, müsste es sich um dieselben Hintermänner handeln.

Im Fall »Calvi« hatte Scotland Yard seinerzeit eine höchst interessante Erklärung abgegeben; ihr zufolge sei es dem stark hinkenden Calvi trotz seiner Behinderung gelungen, sich zunächst zwei Steine in die Jackentaschen zu stecken, sich dann wie ein Athlet unter die Eisenbrücke zu schwingen, um dort

Meter für Meter unter dem Stahlgerüst entlangzuhangeln. Schließlich solle er sich, so Scotland Yard, mit einem Arm festgehalten haben, während er mit dem anderen eine Schlinge um seinen Hals legte, bevor er sich habe fallen lassen: Selbstmord wäre also die gewünschte Erklärung für Calvis Tod gewesen, wenn es denn auch so geschehen wäre.

Wie schon beim Mord in der Schweizergarde tauchten selbstredend Zweifel auf. Ein Selbstmord schien unter den gegebenen Umständen absolut unmöglich. Eine gerichtsmedizinische Untersuchung ergab dann auch, dass Calvi bereits tot war, als man ihn aufhängte.

Ein möglicher Hintergrund für einen Mord könnte gewesen sein, dass Calvi für seine Bankgeschäfte dringend frisches Geld brauchte. Der Chef der Vatikanbank IOR, Marcinkus, hatte davon genug. In einem Interview des *Hamburger Abendblattes* sagte der Chef der später aufgeflogenen Geheimloge P 2, Licio Gelli: »Calvi kam mit Bündeln von Banknoten aus dem Vatikan: Er riss immer die Banderole ab, auf der ›IOR‹ stand.« Gerüstet mit den Summen aus dem Vatikan ließen sich Calvi und Sindona mit dem »Kassierer der Mafia«, Pippo Calo, ein. Bis heute ist unklar, welche seltsamen Geschäfte damals liefen, sicher ist nur, dass Calvi 1982 starb. Michele Sindona floh, konnte aber später verhaftet werden. Ein ungeheurer Verdacht ging um: Hatte der Vatikan etwa Geschäfte mit der Mafia gemacht? War deshalb die Banco Ambrosiano pleitegegangen? Wollte Bischof Paul Marcinkus etwas vertuschen? Vieles sprach und spricht auch heute noch für diese Version.

Sindona kündigte jedenfalls an, auspacken zu wollen. Er kam in das Gefängnis von Padua, wo ihm jedoch keine Zeit mehr zum Aussagen blieb: Er starb am 22. März 1986 in diesem Hochsicherheitsgefängnis, und zwar an einem vergifteten Espresso. Der Mord blieb ungeklärt. Am 25. Februar des darauffolgenden Jahres jedoch tauchte am Grenzübergang zum

Vatikan plötzlich die Staatsanwaltschaft auf und präsentierte einen Haftbefehl gegen den Vatikan-Staatsangehörigen Marcinkus. Das war noch nie passiert! Der Vatikan lehnte die Auslieferung ab, und Marcinkus blieb im Kirchenstaat. Die offizielle Begründung war nicht ohne Komik: Der Vatikan habe kein Auslieferungsabkommen mit dem Staat Italien. Das stimmt. Marcinkus verschwand in seine amerikanische Heimat, wo er dann starb, ohne ein Wort über IOR und Calvi zu verraten. Leider konnte ich ebenso wenig einen engen Mitarbeiter von Calvi, zu dem mir ein befreundeter Banker geraten hatte, zu der Angelegenheit befragen. Kurz vor unserem ersten Kontakt starb auch er, völlig überraschend.

Calvi ist tot, Sindona ist tot. Marcinkus ist tot. Zahlreiche Zeugen aus dem römischen Mafia-Umfeld sind gestorben oder auf rätselhafte Art und Weise verschwunden; andere, auf die man noch zugreifen könnte, entbehren jeglicher Glaubwürdigkeit. Eine Fülle von Büchern über alle denkbaren Querverbindungen ist in Italien erschienen, ohne dass mehr dabei herausgekommen wäre als neue Verdächtigungen. Die Toten werden dadurch aber nicht lebendig. Dafür ist das IOR inzwischen eine allgemein als seriös anerkannte Bank. Die Frage nach den Mördern und deren Auftraggebern bleibt dennoch weiter ungeklärt. Seltsamerweise haben während der nun schon Jahre andauernden Aufklärungsarbeiten die britischen und italienischen Behörden die Ermittlungen immer wieder verzögert, hin und her geschoben und sich wechselseitig für unzuständig erklärt. Das aber deutet sehr auf einen Schutzpatron hin, auf einen Unberührbaren, einen »Santo in Cielo«, wie die Italiener sagen, einen »Heiligen im Himmel«.

Die Loge P 2 (Propaganda 2) käme dafür infrage, die einmal einen Umsturz in Italien plante und zu der auch ein damals noch ziemlich unbekannter, aber auf nicht ganz klare Weise steinreich gewordener Silvo Berlusconi gehörte. Möglicherweise gehörten die Protagonisten aber auch sowohl zur P 2 als auch zu anderen Netzwerken, zu mafiosen, klerikalen, politischen und wirtschaftlichen. Schließlich war Bestechung in Italien lang Zeit allgemein üblich. Ohne »bustarelle«, Umschläge mit Geld, lief lange Zeit so gut wie nichts.

Bei Machenschaften, die auf Macht zielen, taucht in Italien immer wieder der Name eines schillernden Mannes auf, der bis ins hohe Alter von über 90 Jahren zahllose Anklagen, Prozesse und Verdächtigungen ungestraft überstanden hat. Seine Gegner nennen ihn Beelzebub. Seine Freunde hingegen preisen ihn in den höchsten Tönen als eine Säule der Nachkriegsrepublik. Trotz ihrer buckligen Erscheinung strahlt diese Person respekteinflößende Autorität aus. Auf ihrem Nachttisch liegt angeblich die Bibel des Opus-Dei-Gründers Escrivá mit dem Titel »Das Werk«, vermutlich ein Druck aus dem größten italienischen Verlagshaus, Mondadori in Mailand, das nicht zufälligerweise Silvio Berlusconi gehört. Bei dieser Person kann es sich natürlich nur um Giulio Andreotti handeln, den Senator auf Lebenszeit, mehrfachen Ministerpräsidenten und Vielfachminister, den Mann also, der am meisten verdächtig ist und verdächtigt wird.

Dieser fromme Kirchgänger und Freund dreier Päpste (Pius XII., Paul VI., Johannes Paul II.) tritt immer dann in Erscheinung, wenn sich in der rechten katholischen Szene etwas Wichtiges bewegt. So ist er beim alljährlichen Sommertreff der Ciellini in Rimini mit dabei, und natürlich auch beim Opus Dei, zu dem er von seinen Überzeugungen her gut passt. Ob er jedoch Mitglied ist, kann nicht bewiesen werden. Nahe steht er ihm auf jeden Fall.

Aus eben dieser Nähe leiten Journalisten und Buchautoren seit Jahrzehnten ab, dass Andreotti mit Opus-Dei-Mitgliedern den gemeinsamen Todfeind, die Kommunisten, bekämpft habe. Hand in Hand sollen sie im Untergrundnetzwerk »Gladio«, das zu Beginn des Kalten Krieges von der CIA und der Nato gegründet wurde, eine Partisanenstruktur aufgebaut haben, die dafür vorgesehen war, bei einer kommunistischen Machtübernahme in Italien das rote Regime mit Terror zu bekämpfen. Finanziert habe »Gladio«, benannt nach dem römischen Kurzschwert Gladius, die CIA.

Die Gefahr einer demokratisch gewählten kommunistischen Regierung bestand Mitte der Siebzigerjahre in der Tat. Die KPI trennte bei Wahlen nur noch ein halber Prozentpunkt von den Christdemokraten. Bei den Rechten, aber vor allem in den USA, läuteten die Alarmglocken. Sollten die Millionen, die in all den Jahren an italienische Politiker geflossen waren, vergeblich ausgegeben worden sein? Wäre es nicht doch besser gewesen, rechten Kreisen in Rom zu folgen und rechtzeitig einen Staatsstreich zu verüben? Bei Neofaschisten, aber auch in Kurienkreisen und bei konservativen Christdemokraten soll die Bereitschaft dazu bestanden haben.

Andreotti, so heißt es, sei damit einverstanden gewesen, zusammen mit dem Opus Dei den beiden verhassten neuen Kurs einer fast 30 Jahre lang unvorstellbaren Zusammenarbeit mit den modernen Eurokommunisten des charismatischen KPI-Chefs Enrico Berlinguer zu verhindern. Diesen Kurs der Annäherung aber verfolgte nun Aldo Moro, Andreottis Konkurrent seit den gemeinsamen Jahren in der katholischen Studentenbewegung. Die neue Linie wurde von ihren Verfechtern als »historischer Kompromiss« gefeiert, bedeutete sie doch eine ganz große Koalition von bislang Unvereinbarem und versprach, in Italien langfristig eine demokratische Alternative von Links *und* Rechts einzuleiten, wenn schon die christdemokratische Herrschaft nicht mehr zu sichern war. Aldo Moro wurde 1978 entführt und ermordet. Nicht wenige lasten Andreotti wenigstens eine Mitschuld an, ganz so als ob die Täter der Roten Brigaden Handlanger von Andreotti und

Opus-Dei in einem klerikal-faschistischen Komplott gewesen wären.

Andreottis wirkliche Macht, sein Reichtum und sein Netzwerk sind bis heute nicht durchleuchtet und schon gar nicht veröffentlicht. Prozesse gegen ihn endeten mit Freispruch, wenn auch einmal, in einem Fall von angeblicher Mafia-Verbindung, nur mangels Beweise. Seinen tatsächlichen Einfluss können vielleicht erst spätere Historiker klären. Am Ende meiner Andreotti-Biografie, die ich in den Neunzigerjahren schrieb, konnte ich lediglich bilanzieren, dass er moralische Schuld an Missständen in Italien habe, bisher aber nicht justitiabel sei. Andreotti ist eben nicht nur eines von mehreren christdemokratischen »Rassepferden«, wie damals die Führungsriege genannt wurde. Er hat sich als das Raffinierteste von ihnen erwiesen.

Ein Freund des Opus Dei zu sein, ist per se natürlich noch nicht ehrenrührig. Ein konservativer Katholik zu sein, der ins Bild der Reaktionäre passt, ebenso wenig. Aber »Beelzebub« soll nun, nach der Überzeugung der Calvi-Witwe Clara, wegen Korruption und Kreditbetruges Interesse am Verschwinden des Bankiers Calvi gehabt haben. Doch welcher Querverbindung hat sich Andreotti dann bedient? Aussagebereite Eingeweihte leben nicht mehr. Und die Geheimorganisationen haben keinerlei Interesse an Aufklärung.

Im Frühjahr 2009 wurden immerhin einige Einzelheiten bekannt hinsichtlich spezieller Beziehungen Andreottis mit dem Vatikan, konkreter: mit der Vatikanbank IOR. Ein italienischer Autor, Gianluigi Nuzzi, konnte die Aufzeichnungen des 2003 gestorbenen Prälaten Renato Dardozzi auswerten und als Buch veröffentlichen (»Vaticano SpA«). Dardozzi hatte nach dem IOR-Skandal im Auftrag des päpstlichen Staatssekretariates die Überwachung der Bankgeschäfte als »Bank-Prälat« übernommen, nachdem die Kurie Marcinkus 1989 durch den Mailänder Angelo Caloia ersetzt hatte, der zwar kein Priester, dafür aber Finanzfachmann ist und dem Opus Dei zumindest nahestehen soll. Trotz einiger Anfeindungen lief Caloias Vertrag noch bis 2011. Er sanierte die Bank im Auftrag des damaligen Kardinalstaatssekretärs Agostino Casaroli.

Wiederholt hörte man nun aber von Caloia Klagen über eigenmächtige Aktionen und Querschüsse sowie eine, wie man heute sagen würde, »Bad Bank« innerhalb der Bank mit obskuren Konten, die unter der Verantwortung des für die Bank abgestellten Prälaten Donato De Bonis standen bzw. von ihm eingerichtet und geführt wurden. Alles schien zwar auf den ersten Blick unverdächtig, weil es sich durchweg um »schöne« Konten handelte, die samt und sonders auf wohltätige Stiftungen liefen, so etwa für Leukämiekranke. Die Kontenbewegungen jedoch weckten Verdacht, denn hier fanden sich offensichtlich Verluste. Caloia drängte im Staatssekretariat mit Nachdruck auf die Ablösung von De Bonis. Dieser wurde dann auch 1993 entfernt, und statt befördert zu werden, fand er sich als Kaplan des Souveränen Malteserordens wieder. Durch diesen Kunstgriff bekam er diplomatischen Status und wurde wohl nicht ohne Grund so dem Zugriff nicht vatikanischer Ermittler entzogen.

Renato Dardozzi übernahm seine Rolle im IOR und erfüllte sie bis zu seinem Tod im Jahr 2003. Er bestätigte die als »kriminell« bezeichneten Manipulationen von De Bonis. Hinter den Stiftungskonten verbargen sich nämlich Gelder, die am italienischen Fiskus vorbeigeschleust waren und deren Herkunft nicht geklärt werden konnte.

De Bonis, der am 23. April 2001 starb, genoss in Rom bis zu seinem Tod den Ruf einer der schillerndsten Figuren, mit besten Beziehungen zum gesellschaftlichen wie politischen Establishment von Andreotti über den christdemokratischen Staatspräsidenten Francesco Cossiga bis hin zur Schauspielerin Sofia Loren. Zu Marcinkus' Zeiten galt er als *der* starke

Mann im IOR und als sein eigentlicher Macher. Er eröffnete dort Konten für Prominente, die nie hätten geführt werden dürfen, weil das IOR kirchlichen Einrichtungen vorbehalten ist. Den Kunden war es recht: Ihre Gelder waren so dem Zugriff des italienischen Fiskus entzogen.

Viele schützten sich durch falsche Namen. Andreottis Konto 001-3-14774 zum Beispiel lief vorgeblich auf die »Stiftung Kardinal Francis Spellman«, wie aus Dardozzis Aufzeichnungen hervorgeht. Von diesem Konto soll übrigens auch Andreottis Anwalt in seinen Mafia-Prozessen bezahlt worden sein.

1993 hatte De Bonis das bevorstehende Ablaufen der ersten Amtszeit von Caloia nutzen wollen, um ein ihm genehmeres Mitglied der amerikanischen Kolumbusritter als Nachfolger zu installieren, von dem er sich weniger Ärger erwartete. Stattdessen wurde De Bonis wie bereits erwähnt zu den Maltesern abgeschoben, und Caloia blieb im Amt, zumindest vorerst. Als Schutzpatron von De Bonis agierte dabei der für die wirtschaftlichen Angelegenheiten des Heiligen Stuhls zuständige Kardinal, namentlich der aus Venezuela stammende Rosalio José Castillo Lara und somit einer jener drei Kardinäle, die damals dem Opus Dei angehörten.

Im laufenden Jahr 2009 verbreitete sich unter einer neuen Riege von Bankern die Hoffnung, die Präsidentschaft des IOR zu übernehmen und so den Mailänder Ökonomen Angelo Caloia, Jahrgang 1939, nach über 20 Jahren Amtszeit spätestens 2011 endlich abzulösen, wobei es ihnen wohl eher weniger um die nach wie vor bestehenden Vorwürfe ging, dass es auch unter ihm und somit nach der Kaltstellung von De Bonis ungeklärte Transaktionen gegeben haben solle. Die *Neue Zürcher Zeitung* urteilte schon 1999, also zehn Jahre nach Caloias Amtsübernahme, dass der Verdacht, in den Büros des IOR würden weiterhin dunkle Geschäfte getätigt, bestehen bleibe. An Indizien dafür fehle es jedenfalls nicht.

Im Zuge des Ferruzzi-Montedison-Skandals, jenes größten Unternehmenszusammenbruchs der italienischen Nachkriegsgeschichte, gab Caloia zwar sofort und teilweise unaufgefordert die Bankverbindungen der Familie Ferruzzi preis. Diese hatte noch 1991, das heißt ein Jahr nach der IOR-Reform, zwei Drittel ihres monumentalen Schmiergeldverkehrs exklusiv über das IOR abgewickelt, ohne dass die vatikanischen Bankiers auch nur geahnt haben wollen, welchen Zwecken die hektischen Transfers im Wert von mehr als 100 Millionen Schweizer Franken dienten. Die berechtigte Frage danach, warum Alessandra Ferruzzi und ihr Ehemann Carlo Sama zu dieser Zeit überhaupt noch ein eigenes Konto beim IOR unterhalten konnten, sei von vatikanischer Seite nicht beantwortet worden. Offenbar habe es trotz Caloias Beteuerungen und trotz der Statutenreform weiterhin Sonderregelungen für gewisse vatikanexterne und kirchenunabhängige Interessenten gegeben. Und das nicht nur, wie etwa bei Andreotti, unter schützenden Pseudonymen.

Vor der besagten Statutenreform soll dies sogar auch offiziell möglich gewesen sein, sofern man nur dem Vatikan einen kleinen Teil des Gewinnes aus den Finanzoperationen als Spende überließ. Der dafür übliche Satz lag mit zehn Prozent weit unter dem italienischen Verrechnungssteuersatz, der das Dreifache betrug. Inzwischen sollen nun aber vor allem Nonnen die besten Kunden des IOR sein, wenn man Caloia glaubt, der dies im Jahr 2005 dem Journalisten Giancarlo Galli versicherte.

Dennoch tauche das IOR immer wieder in neuen Skandalgeschichten auf. Einer seiner legitimen Kunden, Kardinal Michele Giordano, der den Gläubigen Neapels zweimal jährlich das »Wunder« mit dem verflüssigten Blut des San Gennaro vorgaukelt, soll seine Spekulationen, Wuchergeschäfte und Steuerhinterziehungen nach Darstellung der italienischen Untersuchungsbehörden gemeinsam mit dem IOR ausgeheckt und abgewickelt haben.

Bischof Salvatore Cassisa, dem auch Verbindungen zur Mafia nachgesagt werden, habe einen Teil der von der Region Sizilien für die Reparatur des Domes von Monreale bereitgestellten 8,6 Milliarden Lire aufs eigene Konto beim IOR abgezweigt, und auch in der monumentalen »Cheque to Cheque«-Untersuchung von Torre Annunziata (Waffenhandel, Geldwäscherei) führe über den Erzbischof von Barcelona eine direkte Spur zum IOR.

Doch all jene Geheimnisse, die sich hinter den dicken Mauern des Niccolo-Turmes verbergen, liefern anscheinend keine ausreichende Grundlage, um gegen Caloia effizient zu intrigieren. Immerhin sieht er sich ja auch noch Ende 2008 in der komfortablen Lage zu versichern, dass das IOR die Finanzkrise nicht fürchten müsse: »Unsere Anlagen sind stabil, und wir haben keinen Mangel an Liquidität.« Die Bank vergebe keine Darlehen und vermeide den Handel mit sogenannten derivativen Finanzinstrumenten wie etwa Optionen oder Futures, weshalb sie keine uneinbringlichen Verluste mache.

»Unser Kapital ist solide. Wir waren schon seit jeher bei der Verwaltung unserer Finanzen umsichtig, ich würde sagen konservativ. Wir haben stets auf defensive Investitionen gesetzt. Wir verwalten unsere Finanzen mit klaren, einfachen und ethisch fundierten Investitionen. Es gibt keinerlei Spekulationen«, beruhigte Caloia. Ein hoher Würdenträger der Kurie kommentierte im Privatgespräch jedoch, dass es sehr wohl Kredite vom IOR gebe: »Da reicht manchmal ein gutes Wort von einem Kardinal als Bürgschaft.«

Dass das IOR auch unter Benedikt XVI. noch nicht frei war von jedem Verdacht, zeigten im Jahr 2006 Gerüchte, wonach der frühere Bundesbankpräsident Hans Tietmeyer die Führung der Bank übernehmen solle. Kanzler Helmut Kohls Finanzberater bei der Wiedervereinigung würde dann, wie der

Spiegel 2007 schrieb, »vom Soli zum Peterspfennig« wechseln. Tietmeyer, der einige Semester Theologie studiert hat, sitzt bereits seit 2004 im Päpstlichen Rat für Sozialwissenschaften.

Vom deutschen Banker beim deutschen Papst war schon zwei Jahre später keine Rede mehr. Dafür sprach man aber umso mehr von der »Bewerbung« des früheren italienischen Notenbankpräsidenten Antonio Fazio, Jahrgang 1936, der sich 2005 sichtlich beeilte, mit seiner Familie einschließlich aller fünf Kinder den neuen Papst auf dem Petersplatz zu begrüßen. Doch bereits wenige Monate später musste er wegen Amtsmissbrauchs und Bestechungsvorwürfen das Amt des »Governatore« der Banca d'Italia (der italienischen Zentralbank) niederlegen, obwohl dessen Inhaber eigentlich auf Lebenszeit ernannt werden. Mitarbeiter der Notenbank atmeten nach seinem Abschied auf in der Hoffnung, dass berufliche Fähigkeiten in Zukunft wieder mehr zählten als die von Fazio geforderte Nähe zum Opus Dei.

Überraschend erklärte Caloia dann doch zum 23. September 2009 seinen Rücktritt. Die informierten Kreise wussten auch warum. Staatssekretär Bertone als Chef der Kardinalskommission, die als kuriale Oberaufsicht über dem IOR wacht, habe ihn unter gewaltigen Druck gesetzt. Hauptvorwurf: Er habe nicht genügend getan, um das (oben erwähnte) Enthüllungsbuch von Gianluigi Nuzzi zu verhindern. Die Wahrheit, nicht einmal Wahrheiten, darf bzw. dürfen also bekannt werden. Denn das steht unter Strafe.

Fazio zog nicht in den Niccolo-Torre. Statt ihm wurde der konservative, vierundsechzigjährige Finanzfachmann und Wirtschaftsprofessor Ettore Gotti Tedeschi berufen, ein Freund von Kardinalstaatssekretär Bertone und ein Mann des Opus Dei. Bis dahin war Gotti Präsident der italienischen »Santander Consumer Bank« und Hochschullehrer an der katholischen Universität von Mailand »Sacro Cuore«. Er leitartikelte bereits für das Vatikanblatt *Osservatore Romano* und forderte den Wirtschaftsnobelpreis für Papst Benedikt XVI. wegen dessen Sozial-Enzyklika, an der er selbst mitgearbeitet hat. Das Opus Dei und Comunione e Liberazione begrüßten umgehend Gottis Ernennung.

In einer Veröffentlichung rechtfertigte der Papstopportunist den Kapitalismus als urchristlich. Der Protestantismus sei für den Niedergang verantwortlich, eine Bemerkung, mit der er nur beweist, dass er von den Kirchen der Reformation nur ein italienisch-katholisches Zerrbild besitzt. In seinem Buch *Denaro e Paradiso* (Geld und Paradies) vereinbart der »sehr katholische« Gotti (so italienische Medien-Porträts) Reichtum und Christentum und verteidigt den moralischen katholischen Kapitalismus: »Der Ursprung und die wesentlichen Grundsätze des Kapitalismus sind katholisch, ganz ausgerichtet auf die Menschenwürde. Die Technik muss dazu dienen, den Menschen von den Mühen zu befreien. Die Frucht der Arbeit muss sich in Privatbesitz übertragen, um dem Menschen die persönliche Freiheit zu sichern. So haben Forschung und Technik erreicht, dass in den dunklen Jahrhunderten benediktinische Klöster quasi Silicon Valley wurden, die sich zum Vorteil der Menschen ganz auf Gott ausrichteten. Darauf beruhen die Voraussetzungen, die für den Kapitalismus unverzichtbar waren, so entwickelte sich die Gießerei, die Energie, die Hydraulik, die Textiltechnik und das Bauen.«

Gottis Aussage, er diene zu hundert Prozent Gott und zu hundert Prozent dem Mammon, könnte eins zu eins als Leitmotiv auf das Opus Dei übertragen werden, obwohl Jesus die Vereinbarung von Gott und Geld verurteilt hat. Jesus lebte, so müsste man verständnisvoll interpretieren, dummerweise vor dem Zeitalter des katholischen Kapitalismus.

Zum IOR-Vize wurde das ehemalige, nicht unumstrittene Vorstandsmitglied der Deutschen Bank Ronaldo Hermann

Schmitz ernannt, der bisher schon im IOR-Aufsichtsrat gesessen hatte. Der neu gewählten Bankenaufsicht gehören außerdem Carl Anderson, oberster Kolumbusritter aus den USA, Giovanni De Censi, Präsident der Volksbank »Credito Valtellinese« (Italien), und wie bisher Manuel Soto Serrano (Spanien) an, der ebenfalls dem Opus Dei zugerechnet wird und auch von der Santander-Bank kommt, deren Führung dem »Werk« sehr verbunden sein soll.

Die Geheimorganisation, ihr prominenter Banker und die vatikanischen Finanzen passen wunderbar zusammen. Der italienische Vatikankritiker Curzio Maltese gab deshalb in seinem Buch *Scheinheilige Geschäfte*, das jede Menge Spekulationen über das Geld der Kirche enthält, am Ende zu bedenken: »Ohne genaue Zahlen wird das Hab und Gut der Kirche zu einer metaphysischen, geheimnisumwitterten Größe.«

So viel also zum Thema Vatikanfinanzen und Opus Dei, wobei noch angemerkt sei, dass Kapital ein scheues Reh ist. Es mag keine Öffentlichkeit, schon gar nicht in Zeiten der Wirtschaftskrise. Besonders schmerzhafte Erfahrungen hatte der Vatikan beispielsweise bei einem Skandal nach der »Pillenenzyklika« von Papst Paul VI. im Jahr 1968 gemacht, als er feststellen musste, dass sich im eigenen Depot ausgerechnet Beteiligungen an einem Pharmaunternehmen befanden, das die Pille herstellte. Ein Kurswechsel war die Folge. Von ethischer Seite her fragwürdige Aktiengesellschaften sollten nun gemieden werden. Die kurialen Anleger gingen fortan in »sichere« Großbanken und Dow-Werte, darunter General Motors. Die Folgen der Finanzkrise für den Vatikan sind bislang unbekannt. Beim Wechsel an der Spitze des IOR wurde wenigstens ein Geheimnis gelüftet: Der Vatikan wirtschaftet durchweg in roten Zahlen.

Geldbedarf scheint also in jedem Fall zu bestehen. Im Haushaltsjahr 2008 verbuchte der Heilige Stuhl einen Verlust von einer Million Euro. Der gesamte Vatikanstaat geriet mit 15 Millionen Euro in den Minusbereich, wie der Aufsicht führende Kardinalsrat, mit dabei der Kölner Kardinal Joachim Meisner, nach der Bilanzenprüfung im Juni 2009 bekanntgab. Nach seinen Angaben hat der »Peterspfennig«, also die Spenden von Gläubigen aus aller Welt, dem Papst rund 54 Millionen Euro eingebracht, was einen spürbaren Rückgang bedeutet. 2006 waren es noch 102 Millionen Dollar gewesen, 2007 nur mehr 79,8 und 2008 dann gerade noch 75,8 Millionen Dollar.

Am 29. Juni 2008, dem Fest »Peter und Paul« und traditionellem Kollektetag für den Obolus für Sankt Peter, schien dennoch nach außen die Welt noch in Ordnung: Weder war von der Austrittswelle noch von der geschäftsschädigenden Empörung über die Traditionalistenpolitik von Benedikt XVI. die Rede, und die Spendengelder flossen reichlich. Neben Spendern aus den USA schickten die Deutschen den größten Beitrag nach Rom – sogar per Bankeinzug oder Kreditkarte. Das Opus Dei hilft? Seine Macht würde dadurch noch größer.

In einem anderen »Geschäftsbereich« kann aber selbst das sonst allmächtige Opus Dei nichts mehr bewirken. Im Gegenteil: Mit seiner Linie schadet es nur. Statt der 3,23 Millionen Pilger, die im Jahr 2006 herbeigeströmt waren, kamen zwei Jahre später nur noch 2,15 Millionen zum Petersplatz: Gleichzeitig stieg aber die Zahl der sonstigen Rom-Besucher. Es kann also nur am sinkenden Interesse am Papst liegen. Rund um den Petersplatz klagen die Händler, die Kerzen, Devotionalien, Medaillen, Rosenkränze, Gipsfiguren und Bildchen mit dem Papstnamen oder einem Bild von Benedikt XVI. feilbieten, über schwindende Käufer. Manche Lieferanten haben sogar die Benedikt-Schriftzüge wieder in die des populäreren Vorgängers Johannes Paul II. getauscht. Benedikt verkauft sich schlecht und verscherzt sich damit zusätzlich die Sympathien der keineswegs besonders frommen Römer. L'Espresso titelte: »Rosso Ratzinger«, Ratzinger in den roten Zahlen.

Die »geschäftsschädigende« Wirkung des Opus Dei hat zahlreiche Gründe. Seine Außenwirkung schreckt viele »einfache« Katholiken ab. So erwies sich etwa der heilige »Josefmaria« (Escrivá) bei der Wahl der Heiligungsmittel nie als zimperlich, wie Peter Hertel schreibt: »Die Ebene der ›Heiligkeit‹ soll seine nicht nur fromme Gemeinde mittels ›heiligem Zwang‹, ›heiliger Unnachgiebigkeit‹ und ›heiliger Unverschämtheit‹ erklimmen. Der heilige Zwang weckt Erinnerungen an die päpstliche und spanische Inquisition. Escrivá setzte ihn mit physischer Gewalt (›fuerza‹) gleich und regte an, durch ihn ›das Leben vieler zu retten, die idiotischerweise unbedingt den Selbstmord ihrer Seele verüben wollen‹.

Vielen fortschrittlichen Katholiken sind solch unheilige Praktiken ein Gräuel. Doch seit 2001 reicht der Arm der Elitetruppe sogar bis ins Kardinalskollegium. Im Konklave ist sie durch die Erzbischöfe Julián Herranz (74, Vatikan) und Juan Luis Cipriani Thorne (61, Peru) vertreten, denen Johannes Paul II. den Kardinalspurpur verliehen hat. Darüber hinaus stehen ihr mindestens 50 der (derzeit höchstens 120) Wahlmänner nahe oder zeigen offen Sympathien; unter ihnen neun Kirchenfürsten, die als ›papabile‹, als wählbar für das Papstamt, gelten: der Oberhirte von Mailand, Dionigi Tettamanzi, Ehrendoktor der Opus-Dei-Universität vom Heiligen Kreuz in Rom, und der Chef der Glaubenskongregation, Joseph Ratzinger, Ehrendoktor der Opus-Dei-Universität im spanischen Pamplona, sowie die Kardinäle Sodano, Danneels, Ruini, López Trujillo, Schönborn, Castrillón Hoyos und Rivera Carrera.«

Peter Hertel, der Autor von *Schleichende Übernahme*, stellte schon vor der Wahl resignierend fest, dass selbst dann, wenn ein gemäßigter Papst herauskäme (was dann mit Ratzinger nun wirklich nicht geschah), dieser an der Macht des Weltunternehmens nicht mehr vorbeiregieren könnte: »Dank der Gunst Johannes Pauls II. gelangten Opus-Mitglieder in fast sämtliche vatikanische Kongregationen und Räte, in Kommissionen und Nuntiaturen.

Als ›Sklavenschaft der Kirche‹ hat sich das Werk in den Achtzigerjahren der römischen Machtzentrale angedient. Das Angebot, das gern akzeptiert wurde, hatte seinen Preis: Unaufhaltsam konnten die Sklaven die vatikanischen Amtsstuben und die kirchliche Hierarchie weltweit durchsetzen.

Seit 1987 erhielt das Opus Dei außer den beiden Kardinälen sechs weitere Erzbischöfe, sechs Bischöfe und drei Weihbischöfe. Als Wojtyla sein Amt übernahm, stellte die Opus-Phalanx einen Bischof und drei Weihbischöfe. Damals kam ein Bischof auf 325 Priester des Opus Dei, 2003 einer auf 98.«

Beförderungen durch Johannes Paul II.

Peter Hertel weist darauf hin, dass mehr als 100 ihrer gut 1800 Kleriker von Papst Johannes Paul II. in den geistlichen Adelsstand erhoben wurden: »Als päpstliche Prälaten und Hauskapläne empfehlen sie sich für Schlüsselposten in Generalvikariaten und kirchlichen Hochschulen. Einer von etwa 13 Priestern des Opus Dei hat ein Amt oder einen Titel vom Papst bekommen. Vor 15 Jahren kam nur einer auf 100 Priester.« Aufschlüsselungen für die Zeit unter Papst Benedikt XVI. liegen noch nicht vor, weil die Zugehörigkeit häufig verschwiegen wird und informierte Außenseiter sich zunehmend reservierter äußern. Auch wegen dieser diskreten Einmischung, so Hertel, sei das »Werk« vielen Katholiken unheimlich. »Sie wissen zwar, dass es da ist, aber kaum jemand weiß: wo, wie und mit wem.«

Wir folgen weiter seiner Darstellung: »Nach der osteuropäischen Wende hatte Johannes Paul II. ein christliches Europa vom Atlantik bis zum Ural anvisiert. Dazu gehörte die ›Neuevangelisierung der Gesellschaft‹, verbunden mit der ›Kultur der Liebe‹, in der das Sexualproblem den Vorrang gewann, während ihm Werte der westlichen Gesellschaft wie Demokratie, Gleichberechtigung der Frau oder Redefreiheit als zweitrangig erschienen.

Bei der Umsetzung hoffte er vor allem auf neue Bewegungen, in denen Bischöfe schon 1987, auf der römischen Bischofssynode, ›biblischen oder dogmatischen Fundamentalismus‹ entdeckt hatten. Der päpstliche Laienrat hat jedoch mehr als 50 neue Gemeinschaften offiziell anerkannt, allen voran das in Spanien entstandene ›Neokatechumenat‹, das in Belgien gegründete ›Het Werk‹, die aus Mexiko stammenden ›Legionäre Christi‹ und die mächtige italienische Organisation ›Comunione e Liberazione (CL)‹.«

Der »päpstliche Favorit unter den Neugründungen des 20. Jahrhunderts« sei aber nach wie vor das Opus Dei: »Selbst CL-Gründer Luigi Giussani zollte der nicht unbedingt geliebten spanischen Konkurrenz hohes Lob: ›Die Leute vom Opus Dei, sie haben die Panzer. Sie gehen mit ihren Panzern voran, auch wenn sie ihre Raupenketten mit Gummireifen verkleidet haben. Sie machen keinen Lärm. Aber sie sind da. Und wie!‹«

Mangelnde echte Spiritualität und Machtgier haben Papst Johannes Paul II. am Opus Dei nie gestört. Der Papst aus Polen »empfand gegenüber dem Opus so etwas wie Verliebtheit auf den ersten Blick«, notierte der spanische Vatikankenner Juan Arias in seiner Biografie *Das Rätsel Wojtyla*. Der Theologe Peter Eicher nennt auch den Grund für diese Liebe: Den Papst fasziniere vor allem die klerikale Sicht der gesellschaftlichen Wirklichkeit. Absehbare Konsequenz für die ganze Kirche: »Am Ende des 20. Jahrhunderts trennt sich die Spitze der Hierarchie vom Volke Gottes.«

Zwei Arten des römischen Katholizismus macht Eicher schon jetzt aus: ein humanes Katholischsein auf der einen und einen autoritären Priesterkatholizismus auf der anderen Seite. Letzterem gehöre natürlich auch das Opus Dei an, das »den härtesten Kern der klerikalen Restauration« bilde, ein »Klientensystem der Priesterherrschaft, eine Klerokratie«. Für alles gibt es bei Peter Eicher und Anton Rotzetter, die wie gesagt die Schriften des Opus analysiert haben, eine Erklärung: Escrivás Erfahrungen im ultrakonservativen Franco-Spanien, wo ein Katholizismus überlebte, der ebenso wenig die innerkirchliche Erneuerungsbewegung mitgemacht hat wie jener polnische Katholizismus des Papstes Johannes Paul II. Der mittlerweile massive Einfluss des Opus Dei auf die Kirchenspitze ist ein Grund dafür, dass Rotzetter meint, man könne die Opus-Dei-Anhänger nicht einfach auch nach ihrer Façon selig werden lassen. Der Umkehrschluss liegt nahe: Das Opus ist seinerseits intolerant und will keinen anderen auf dessen Art selig werden lassen.

In diesem Sinne geht das Opus laut Hertel gern ungefragt Koalitionen ein: »Um die Neuevangelisierung zu befördern, ließ die ›furchterregende Armee‹ (O-Ton Opus Dei) 1994, im Vorfeld der Kairoer Weltbevölkerungskonferenz, den Heiligen Vater wissen, sie werde ihm beistehen, den erwünschten Schutzwall (›neue Maginot-Linie‹) gegen Sexualisierung und allgemeinen Sittenverfall zu errichten. Gezielt wurden internationale politische Institutionen, Regierungen und Parlamente ins Visier genommen.« Auf der anderen Seite dieser Maginot-Linie, so sei ergänzt, standen islamische Länder wie etwa der Iran der Ayatollahs.

Für solche »Knappendienste« habe, so Hertel weiter, »der vatikanische Monarch das ›mobile Corps‹ (O-Ton Opus Dei) fürstlich« belohnt, nämlich mit Escrivás Heiligsprechung als Höhepunkt. Escrivás Nachfolger Javier Echevarría Rodríguez habe sich mit einem Gelöbnis revanchiert: »Die ›Soldaten Christi‹, wie der Opus-Gründer die Werksmitglieder gern genannt hatte, würden dem ›Statthalter Christi‹ durch ›intensive Gebete‹ wie ›berufliche Arbeit‹ weiterhin mit Inbrunst dienen – und durch ›großzügige Abtötungen‹.«

Diese »Abtötungen«, die Escrivá schon im Jahr 1950 auf Latein in seinen *Constitutiones* als rituelle Einübung der Selbsthingabe festgelegt hatte, sollen für uns das Stichwort sein, das Leben im Opus Dei genauer zu betrachten. Peter Hertels Forschungsergebnisse (in diesem Fall ein *Spiegel*-Artikel mit dem Titel *Der Aufstieg der Santa Mafia*) gewähren uns diesen Einblick und seien weiter zitiert: »Männer und Frauen bilden ›eine Familie, unbelastet von den Beschwernissen der Fleischeslust und eine ‚militi' (Heerschar), die zu größtmöglicher Stärke gerüstet ist – bei noch härterer Disziplin‹. In dieser platonischen Weltfamilie sind nicht nur Männer und Frauen separiert, sondern die Unverheirateten, etwa 50 Prozent der Mitglieder, fördern auch mit mittelalterlichen Mönchswerkzeugen die eigene Bußgesinnung und den Korpsgeist: durch ein mit Dornen bespicktes Metallband, das um den Oberschenkel gebunden wird und gelegentlich Wunden, jedenfalls aber Schmerzen hervorruft; sowie durch die Geißel, eine mit Knoten oder Metallstücken besetzte Peitsche, deren lateinische Bezeichnung sagt, worum es geht: ›disciplina‹.

Die verheiratete Hälfte tötet sich insbesondere durch hohe finanzielle Spenden ab. Da die meisten Opus-Angehörigen beruflich wie gesellschaftlich auf gehobenen Rängen residieren, fließen die Geldopfer auf Konten des Opus Dei reichlich. Aber auch Escrivás Heiligenschein bereichert die Organisation, indem er sie gegen binnenkirchliche Vorwürfe immunisiert. Wer als Katholik seit Oktober 2002 behauptet, Escrivá sei nicht heilig, kann disziplinarisch abgestraft werden.«

Dies ist nun natürlich ein Umstand, der es Kritikern des Opus erschwert, an Informationen aus dem Innern der Organisation zu gelangen. Aussteiger, die reden könnten, laufen

Gefahr, mit der katholischen Kirche als solcher in Konflikt zu geraten. Peter Hertel berichtet von einem solchen Fall: »Als erste international bekannte Kritikerin des Opus Dei knickte die Spanierin María del Carmen Tapia (Jahrgang 1925) ein. Der Gemeinschaft hatte sie von 1948 bis 1966 angehört und war vier Jahre in deren römischer Machtzentrale tätig gewesen. 1992 hatte sie in ihrem Buch *Tras el umbral* (Hinter der Schwelle) gegen Escrivás Seligsprechung gestritten und ihn als unbarmherzig gegenüber seinen Mitarbeitern hingestellt. Er habe sie an die ›Mentalität der politischen Kommissare in totalitären Ländern‹ erinnert. Aber nach der Heiligsprechung leistete sie Abbitte: ›Als römisch-katholische Christin‹ lebe sie ›in guter Übereinstimmung mit der Kirche‹ und stimme ›mit jeder Entscheidung des Papstes überein, die er in Wahrnehmung seines Lehramtes trifft, auch mit der Heiligsprechung irgendeines Heiligen, Monseñor Escrivá eingeschlossen‹.

2004 brachte María del Carmen Tapia in Spanien dennoch eine Neuauflage ihres Buches heraus. Auf 16 römisch bezifferten Seiten, die sie ihm vorschaltete, exkulpierte sie indes den ›Vater‹: Sie habe erfahren, dass er von seiner Umgebung, zu der auch der heutige Chef Echevarría gehörte, leider falsch über sie informiert worden sei und sich deshalb so rücksichtslos betragen habe. Nun wisse sie, dass er in Wirklichkeit ein Heiliger sei.«

María del Carmen Tapia ist nun aber beileibe nicht das einzige Beispiel für ehemalige Kritiker, die scheinbar reumütig, in Wahrheit aber wohl nur resignierend angesichts der römischen Rückendeckung für das »Werk«, ihre Vorwürfe widerrufen. Hertel im selben *Spiegel*-Artikel: »Falschem Zeugnis ist offenbar auch Kurt Koch (Jahrgang 1950), Bischof von Basel, aufgesessen. Als Theologieprofessor in Luzern hatte der Hoffnungsträger der Reformer dem Vatikan vorgehalten, das Opus Dei ›zur Disziplinierung der Ortskirchen und ihrer Bischöfe‹

einzusetzen. Escrivá bezichtigte er gar der ›Arroganz‹, weil er seine Schöpfung als Werk ›Gottes‹ ausgegeben habe. Doch 2002 erschien dem inzwischen zum Bischof aufgestiegenen Kleriker der überhebliche Werksgründer als ›leuchtender Stern für die Kirche auf ihrem Weg ins dritte Jahrtausend‹. Seinen Sinneswandel begründete Koch mit mangelnder wissenschaftlicher Professionalität als Gelehrter: Er habe sich ›von den von Journalisten und Theologen veröffentlichten Meinungen (ver-) leiten lassen‹.«

Selbst unter Kardinälen macht Hertel Gesinnungswechsel aus, die er als »wunderliche Wende« bezeichnet. Eine solche habe etwa der 1936 geborene Vorsitzende der Deutschen Bischofskonferenz, Kardinal Karl Lehmann, vollzogen. Seinem öffentlichen Bekenntnis vom Frühjahr 2002, nicht für eine Heiligsprechung Escrivás eingetreten zu sein, habe er nun, nach dessen Glorifizierung, die Aussage entgegengestellt, in ihm einen »Vorläufer des Zweiten Vatikanischen Konzils« zu sehen, den er vielen Menschen nahebringen wolle. Seine Begründung: Der Opus-Gründer habe für die Mitglieder der Organisation eine »Spiritualität« geschaffen, die ihnen »im Berufsalltag eine große innere Freiheit« gewähre.

Was von dieser »Freiheit« tatsächlich zu halten ist, zeigt Hertel, indem er auf Passagen in den spanischen Originalschriften Escrivás verweist, die Kardinal Lehmann wohl nicht bekannt waren: »In Wirklichkeit hat Escrivá seine Jünger auch in ihrem ›Apostolat‹, also in ihrer beruflichen Tätigkeit, zu ›blindem Gehorsam‹ gegenüber ihren Oberen ermahnt: ›Blind dem Vorgesetzten gehorchen ... Weg der Heiligkeit. In deinem Apostolat gehorchen ... der einzige Weg. Denn in einem Werk Gottes kann der Geist nur so sein: gehorchen oder weggehen.‹ Lehmann hätte das spanische Original ›Camino‹ (Nr. 941) lesen sollen, um den wirklichen Escrivá kennenzulernen. In der deutschen Ausgabe (›Der Weg‹) hatte das Opus Dei zwar zwei

Auflagen lang wortgetreu ›blind gehorchen‹ übersetzt, muss dann aber gemerkt haben, dass deutsche Katholiken mit verordneter Blindheit nicht zu krallen sind. Seit der dritten Auflage (Köln 1967) ist des Werksgründers Forderung jedenfalls eliminiert.«

Der Papst selbst habe sich jedoch mit diesen Schriften bestens ausgekannt und somit ganz genau gewusst, mit wem er es zu tun hatte: »Der Heilige Vater dagegen hat Escrivá im Original kennengelernt. Seine Schriften waren ihm ›eine reiche Quelle der Inspiration‹. Er dürfte sie im römischen Zentrum der Opus-Dei-Priester erhalten haben. Es war die Zeit nach dem Reformkonzil (1962 bis 1965), in der Escrivá klagte, die katholische Kirche sei anscheinend ein ›Leichnam in stinkender Verwesung‹. Millionen Gläubige fühlten sich ›verwirrt‹. Um die Kirche und damit auch die Welt dem Verderben zu entreißen, entwickelte der Opus-Chef eine regelrechte Strategie – dies enthüllte 1984 der englische, aus Tschechien stammende Priester Vladimir Felzmann, der dem Opus Dei von 1959 bis 1982 angehörte, von 1965 bis 1969 in Rom lebte und nach eigenen Angaben ein Vertrauter Escrivás war. Jeder Kirchenmann, der wichtig werden konnte, wurde ins Priesterzentrum eingeladen. Dessen klerikale Atmosphäre war den Kardinälen aus eigener Erfahrung gut bekannt. Wehmütig wurden sie an die Zeiten der religiösen Geschlossenheit erinnert, als die katholische Kirche in westlichen Ländern wesentlich mehr Macht und inneren Zusammenhalt als heute hatte. Das Opus Dei, das wuchs und wuchs, verschrieb ihnen als Arznei eine Kirche, wie sie früher war: männlich, geschlossen, kompromisslos, martialisch.

Als Papst Wojtyla, vom Opus Dei präpariert, dann in den Vatikan kam, wusste er nicht, wem er trauen konnte. Die Jesuiten, die frühere ›königliche Leibwache‹, so Felzmann, habe er in Auflösung und in die ›marxistische Befreiungstheologie verwickelt‹ gesehen. Das Opus Dei dagegen habe die Kirche verkörpert, wie er sie aus Polen kannte und ›wie sie sein sollte‹. Die ›Priester trugen Talare; man sprach Latein‹. Der neue Papst habe an ›diesen Leuten‹ geschätzt, dass sie ›Sachkenntnis in Finanzen‹ hatten, ›etwas von Kommunikation verstehen‹, ›verlässlich, gehorsam, ruhig und diskret‹ waren. Deshalb habe er sie ›eingesetzt‹.«

Die Kombination aus Expertentum im Finanzwesen und in der Kommunikation fügte sich ideal zum Geschäft mit Johannes Paul II. Der mit Numerarier und Papstsprecher Navarro-Valls befreundete und Opus-nahe italienische Schriftsteller Vittorio Messori hat nicht nur ein Huldigungsbuch herausgebracht *(Der Fall Opus Dei)*. Messori hat dem Papst auch die Fragen zu seinem Interview-Buch *Die Schwelle der Hoffnung überschreiten* gestellt. Vatikankenner in Rom vermuten, dass das Buch eine Idee des Opus Dei gewesen sei, um mit einem Bestseller die Finanzen des Vatikans aufzubessern.

Vor allem die klerikale Sicht verbinde laut Hertel den Papst mit dem Opus Dei: »Spitzenämter können im Opus Dei nur Priester übernehmen. Laien können zwar in die mittlere Führungsebene gelangen, müssen dann aber – gleich den Priestern – männlich sein und zölibatär leben. Die Ehe ist ›für das Fußvolk‹ da, jedoch nicht für ›den Generalstab Christi‹, der die rechte Moral verkünde. ›Laien können nur Schüler sein‹ (Escrivá).«

Und: »Um Einfluss in Gesellschaft und Kirche erringen zu können, sucht es, ebenfalls laut Escrivá, hohe Ämter und Führungspersonen für sich zu gewinnen: Politiker, Erbadelige, Industriebosse, Bankiers, Wissenschaftler, Kardinäle. Die Kurfürsten des katholischen Monarchen hat es seit 1968 im Visier, seitdem es die römische Kirche durch ›Irrlehren, Theologenaufsässigkeit, Priesterflucht, Liturgiewillkür und allgemeinen Disziplinverfall‹ bedroht sieht. Im kompromisslosen Kampf gegen den vermeintlichen Irrtum und für ihre glaubenstreue Kirche wurde jeder Kirchenmann, der wichtig war, der wichtig werden konnte, ins Zentrum der römischen Opus-Dei-Priester eingeladen.«

Intrige gegen Bischof Gaillot

Nicht jeder entspricht jedoch dem Anforderungsprofil des Opus Dei. Ist dies nun aber einmal der Fall, dann werden entsprechende Persönlichkeiten – so es denn in der Macht der Bewegung liegt – entweder gnadenlos beseitigt oder, wie im folgenden Fall, regelrecht in die Wüste geschickt. Damals halfen auch keine Bitten und Warnungen, wie etwa die von Erzbischof Joseph Duval von Rouen in Frankreich. »Geht nicht so weit«, bat der damalige Vorsitzende der französischen Bischofskonferenz den aus Benin (Afrika) stammenden Kurienkardinal Bernardin Gantin, Personalchef der katholischen Bischöfe in Rom. Doch die römische Kurie hatte längst beschlossen, genau das in Kauf zu nehmen, was Duval ahnungsvoll mit einer Lage beschrieb, die »kaum zu bewältigen« sei. Diese Lage trat dann auch ein und trieb eine vermutlich beträchtliche Menge von Katholiken aus der Kirche, deren genaue Zahl wegen der in Frankreich fehlenden Erfassung leider schwer abzuschätzen ist.

Rom enthob den Bischof von Evreux (Normandie), Jacques Gaillot, seines Amtes und übertrug ihm die Diözese Parthenia in Mauretanien. Gaillot behielt zwar den Bischofstitel, fand sich nun aber ohne Gemeinde wieder. Parthenia ist nämlich vor eineinhalb Jahrtausenden unter dem Ansturm des Islam untergegangen.

Der Schachzug war an sich raffiniert geplant. Die Welt blickte auf den Papst, dem gerade in Manila Millionen Katholiken zujubeln. Die bis dahin größte Versammlung in der Geschichte der Christenheit sollte die Absetzung des »Bischofs jener Menschen, die nicht in die Kirche gehen« (Gaillot über sich) überstrahlen. Falsch gedacht! Die »älteste Tochter der Kirche« begehrte auf. Zu Tausenden demonstrierten Gläubige und Ungläubige für den populären Bischof, dem zwar unbequeme Ansichten, aber keinerlei Glaubenssünden nachgesagt werden.

Die Kirchenzeitung *La Vie* ermittelte, dass 64 Prozent der Franzosen (76,3 Prozent davon katholisch) die Maßnahme missbilligten. *L'Express* folgerte, die französische Kirche ertrage »immer weniger die Ukasse des Heiligen Stuhls«.

Plötzlich vom Himmel gefallen ist die Affäre nicht. 1982 war der Bibelwissenschaftler Gaillot zum Bischof von Evreux berufen worden. Der damalige Präsident der Bischofskonferenz, Jean Vilnet, lobte ihn als »kultivierten Mann mit großen menschlichen Qualitäten«. Ein Jahr später erntete er nur noch die Kritik seiner Mitbrüder im Bischofsamt.

Gaillot hatte die gerühmten humanen Qualitäten zu sehr entfaltet und durch sein undisziplinierbares Wesen den Korpsgeist der Bischöfe verletzt. In dem sozial schwierigen Evreux (starke Nationale Front, kommunistischer Bürgermeister, viele Einwanderer) wollte er sich »wie Jesus« um die Randgruppen kümmern. Dabei wurde er zum »roten Bischof« und zu einem Medienstar, der mit seiner Kritik am Kirchenapparat gern zitiert wurde. Gaillot scheute sich nicht einmal, einem Männermagazin ein Interview zu geben und in einer frivolen Fernsehsendung mitzumachen. Er empfahl Kondome gegen Aids und forderte das Ende des Zölibats.

Dies blieb auf Dauer natürlich nicht folgenlos: Es kam zu einer Flut von Beschwerden traditionalistischer Katholiken in Rom. »Die römischen Büros«, so *Le Monde*, »hörten nur zu gern auf die konservativen Sirenen.« Wieder einmal soll, nach

Darstellung dieser Zeitung, das Opus Dei die Fäden gezogen haben. Dafür spricht auf jeden Fall, dass der Kölner Opus-Dei-Freund Kardinal Meisner Gaillot das Auftreten in seinem Erzbistum verboten und Amtskollegen aufgefordert hat, ihm bei der Isolierung des in Paris als Seelsorger für Arme, Obdachlose und Asylsuchende lebenden »Wüstenbischofs« zu folgen.

Frankreichs Bischöfe befürchteten eine Kirchenspaltung und, damit verbunden, einen Massenauszug der Gläubigen. Ganz so schlimm kam es zwar nicht, aber zumindest die Gottesdienstbesuche und die Spenden, das »Denier du cult«, das in Frankreich anstelle der nicht erhobenen Kirchensteuer die Kirche finanziert, gingen zurück. Ein weiterer Baustein auf dem Weg hin zur elitären Kirche!

Weltweite Ausbreitung

Auf seinem Weg dorthin, so haben wir schon mehrfach gesehen, lässt sich das Opus von Rücksichten auf die Belange Einzelner nicht aufhalten. Im Vordergrund steht aber weiterhin die »Infiltration« zentraler Ämter und Gremien. Ein weiteres Beispiel (von vielen) liefert dafür ein weiteres wichtiges »Schlachtfeld«, das ewig heikle Thema »Familie« und, damit verbunden, die Sexualität im weiteren Sinne, von der Rolle der Frau also bis hin zur Abtreibung. Zuständig innerhalb der katholischen Kirche fühlt sich hier der päpstliche Familienrat, in dem das »Werk« nach Hertels Recherche damals »bezeichnenderweise bereits durch mindestens sechs Mitglieder, darunter Bischof Klaus Küng, sowie zahlreiche Sympathisanten vertreten ist und damit überdurchschnittlich starken Einfluss hat«. Präsident des Familienrates war lange Kurienkardinal López Trujillo. Die Kleruskongregation wiederum, bedeutend für das Opus-Thema »Klerus und Laien«, leitete der umstrittene Kurienkardinal Darío Castrillón Hoyos. Der zeigte sich gern vertraut mit dem konservativen niederländischen Kardinal Adrianus Johannes Simonis und dem Kölner Kardinal Meisner, einem der Protektoren des von Opus-Dei-Priestern gegründeten »Internationalen Mariologischen Arbeitskreises Kevelaer« (IMAK). Hertel: »Meisner gab bereits 1997 in der römischen Universität zu erkennen, dass er aus der gemeinsamen Front der Deutschen Bischofskonferenz in Sachen Schwangerenkonfliktberatung ausscheren werde: Die deutsche Kirche müsse ›Opposition‹ betreiben gegen den deutschen Staat und seine ›rechtliche Regelung der Abtreibung‹, programmatisierte er unter dem Beifall der Opus-Dei-Führung.«

1999 habe sich dann in der Universität, die das Priesterseminar des Opus Dei integriere, ein befreundeter Kardinal, der auch mir damals zeitweise als Geheimtipp für die Papstnachfolge galt, geoutet: Dionigi Tettamanzi, zuerst Erzbischof von Genua, später von Mailand. »In Anwesenheit des Autors Andrés Vázquez präsentierte er dessen Biografie Escrivás, den er gemeinsam mit dem Opus Dei zum ›Vorbild‹ für das dritte Jahrtausend emporstilisierte. Die Universität lud aber auch (noch) unbekanntere Kirchenleute ein, so beispielsweise Kurienbischof Jorge María Mejía, einen Verbündeten Ratzingers, der dann beim folgenden Konsistorium, im Januar 2001, zum Kardinal erhoben wurde.« 2005 durfte dieser dann Ratzingers Papstwahl verkünden. Das »Habemus Papam« bekam auf diese Weise einen ganz besonderen Beigeschmack: »Wir«, das Opus Dei also, hatte »seinen« Papst!

In Le Monde diplomatique hat der französische Journalist François Normand vor zehn Jahren zusammengestellt, wie das »Werk« sich inzwischen ausgebreitet hat. Außerhalb der vatikanischen Dikasterien haben es vor allem in Lateinamerika zahlreiche Opus-Mitglieder zu Bischofstiteln gebracht: bis zu jenem Zeitpunkt sieben in Peru, vier in Chile, zwei in Ecuador, jeweils einer in Kolumbien, Venezuela, Argentinien und Brasilien. Als Brückenkopf für die Offensive wurde Peru gewählt, um den starken Einfluss des peruanischen Befreiungstheologen Gustavo Gutiérrez zu bekämpfen. Einen Schock löste die Ernennung des Opus-Mannes Fernando Sáenz Lacalle zum Erzbischof von San Salvador aus, weil dieser Ort zuvor der Sitz des (von Joseph Ratzinger verurteilten) Märtyrerbischofs Oscar Romero war, der von der extremen Rechten ermordet wurde.

In Spanien hat das »Werk Gottes« zwar an Macht verloren, seit die Sozialisten regieren. Doch es wartet gelassen darauf, dass seine Stunde wieder schlägt. Die Führer des Partido Popular, darunter der frühere Ministerpräsident José María Aznar, gehören zum Freundeskreis des Opus, und zeitweise standen sogar mehrere Numerarier an der Spitze der Armee.

Nur allmählich kann das Opus auch in den Vereinigten Staaten Fuß fassen, wo es bislang gut dreitausend Mitglieder zählt, die sich auf 64 Zentren verteilen, von denen wiederum die meisten in der Nähe eines Universitätscampus angesiedelt sind. Mehrere Universitätsseelsorger haben sich mittlerweile über die »klandestinen Methoden«, mit denen die Bewegung arbeitet, ebenso beklagt wie über ihr »sektiererisches Verhalten«.

In Großbritannien hat das Opus immer wieder ebenso schwere wie öffentlich diskutierte Rückschläge einstecken müssen, darunter 1982 die Enthüllungen von John Roche, einem ehemaligen Opus-Dei-Leiter. Er bezeichnet das »Werk Gottes« als »eine Kirche in der Kirche«, die »eine seelische Gefahr für die eigenen Mitglieder darstellt«, und zitiert aus Aufsätzen der internen Zeitschrift *Cronica*, wonach »die katholische Kirche von ihrem ureigentlichen Weg abgewichen ist, und dass es die Aufgabe des Opus Dei ist, sich mit allen Mitteln über die Welt auszubreiten. Es gibt keinen anderen Weg zum Heil.«

Im laizistischen Frankreich – um hier den kurzen Überblick zu beenden – hat das Opus Dei trotz der Sympathien verschiedener Politiker bisher keine ihm gefügige Partei gefunden.

International, also über Ländergrenzen hinaus, versucht das »Werk«, Organisationen wie die Vereinten Nationen, die UNESCO oder die OECD zu infiltrieren. Seine besondere Vorliebe gilt der konservativen Volkspartei im Europäischen Parlament in Straßburg sowie der Brüsseler EU-Kommission.

Eben von Brüssel aus verteilte das Opus in den Neunzigerjahren die auf Englisch, Französisch und Spanisch erscheinende Wochenzeitung *Europe Today*, in der die reaktionärsten Positionen der katholischen Rechten vertreten werden. So titelte etwa die Nummer 124 vom 2. August 1994 auf der ersten Seite: »Die natürlichen Methoden der Geburtenkontrolle sind in 99 Prozent der Fälle wirksam«, während die »künstlichen« Methoden nur zu 50 Prozent sicher seien. Nirgends in dieser Publikation, die von der Brüsseler Kommission subventioniert wird, erscheint das Etikett »Opus Dei«. Gleichwohl gehört ihr Chefredakteur, wie andere bei der Kommission akkreditierte Journalisten auch, selbstredend dem Opus an.

In Deutschland verfügt die Bewegung über mehr als tausend überaus eifrige Aktivisten, die in Fragen von Glaube, Erziehung, Familie und Sexualität ihre extrem konservativen Positionen propagieren. Besonders fortgeschritten ist ihr Marsch durch die Institutionen in Köln, wo in jüngster Zeit mithilfe von Erzbischof Meisner eine wichtige Stelle nach der anderen mit Opus-Leuten besetzt wird.

Auf Meisner, so sei hier als kurzer Exkurs angemerkt, und die drei weiteren »M-Bischöfe« (Marx/München, Mixa/Augsburg, Müller/Regensburg) geht ja auch der unsägliche Streit gegen die neue Führung des Zentralkomitees der deutschen Katholiken zurück, bei dem – erstmals in der Geschichte – der ZK-Kandidat für den Vorsitz von der Bischofsmehrheit abgelehnt wurde. Mixa interpretiert vorauseilend und überbietend seinen Herrn in Rom, wo er nur kann. Zum Ulrichsfest seiner Diözese Augsburg offenbarte er in der Festpredigt Roms antikonziliaren Kurs. Das Zweite Vatikanische Konzil habe die Tore öffnen wollen, um Christus in die Welt zu tragen und nicht, um die Welt in die Kirche zu lassen.

Kardinal Meisner ist, um zurückzukehren, eng vertraut mit dem deutschen Opus-Dei-Chef Christoph Bockamp und fördert großzügig dessen Arbeit. Sein Generalvikar Dominik Schwaderlapp schwärmt von der Institution: »Ich bin froh, dass es Opus Dei gibt, dass es im Erzbistum wirkt und zur Vielfalt beiträgt.« Der Direktor des erzbischöflichen Priesterkollegs, Markus Hofmann, engagiert sich für die Ziele Escrivás. Die einst liberal-katholische Nachwuchsstätte steht heute ganz unter dem Einfluss des elitären Zirkels. Unter Kölner Kirchenjuristen, im Priesterrat und in einer Reihe von Gemeindeinstitutionen sind weitere Opus-Dei-Mitglieder aktiv. Insgesamt finden sich in diesem Erzbistum etwa 300 Anhänger.

Meisner pflegt auch seine enge Beziehung zu Papst Benedikt XVI. und kann sich freuen, dass man in Rom nun endlich auch die Bewertung jenes Ereignisses korrigieren wird, das nach dem Urteil von Papst Benedikt XVI. und Opus Dei unnötigerweise mehr Freiheit in die katholische Kirche gebracht hat. Die Geschichtsschreibung über das Zweite Vatikanische Konzil soll nach des Papstes Willen von »ideologisch gefärbten Interpretationen« gereinigt werden. Überdeutlich mahnte der Sekretär des Päpstlichen Rats der Seelsorge für die Migranten und Menschen unterwegs, Erzbischof Agostino Marchetto, bei einem Vortrag am Florentiner Kulturinstitut »Accademia dei Ponti«, das vom Opus Dei geleitet wird, viele historische Interpretationen des Zweiten Vatikanischen Konzils seien zu einseitig. So habe eine ideologisch motivierte Geschichtsschreibung das Ereignis des Zweiten Vatikanums bisher überwiegend als

Bruch mit der Kirchentradition dargestellt. Dabei sei der Eindruck entstanden, aus dem Konzil von 1962 sei eine völlig neue Kirche entstanden. Das entspreche erstens nicht den historischen Fakten und habe zweitens schismatischen Gruppen wie den Lefebvre-Anhängern Aufwind gegeben. Zwar seien auf dem Konzil wichtige Reformen beschlossen worden, die zu einer zeitgemäßen Anpassung der Kirchenlehre an die moderne Gesellschaft geführt hätten. Doch sei der Tradition von den Konzilsvätern keine Absage erteilt worden. Diesen sei es vielmehr um eine »gegenseitige Umarmung von Tradition und Erneuerung« gegangen. Die Wiederaufnahme der Traditionalisten in die katholische Kirche, so darf man folgern, ist also mehr als der Versuch, ein Schisma zu beenden. Sie ist eine Botschaft.

Nicht ohne Grund hat Thriller-Autor Dan Brown das geheimnisumwitterte Opus für seinen Roman *The Da Vinci Code* (deutsch: *Sakrileg*) ausgewählt. Der fanatische Silas schreckt als Hauptfigur vor nichts zurück, solange es nur dem »Werk« dient. Lüge, Gewalt, Mord? Seine Seele ist mit sich in Frieden. Nach einer bösen Tat geißelt er sich den Rücken blutig, um sein spirituelles Konto wieder auszugleichen. Ganz besonders in diesen schmerzlichen Ekstasen fühlt er sich angekommen im Kern des Christentums, im Opus Dei. Selbst die wildesten Fantasien des Autors, so kommt es dem Leser vor, scheinen zum Opus zu passen, auch wenn die dargestellte Handlung komplett erfunden ist. Eines beweist der Bestseller auf jeden Fall: Opus Dei und Vatikan reizen nach wie vor durch ihre Geheimniskrämerei zu jeder kriminellen Verdächtigung, zumal es in der Kirchengeschichte ja schon alles gegeben hat. Warum nicht auch heute?

Das alles verunsichert die Herren in ihrer römischen Festung im vornehmen Parioli-Viertel nicht. Sie halten sich für die Zukunft der katholischen Kirche, gelegentliche Rückschläge sind einkalkuliert. Ihre finanzielle Macht und ihr Einfluss im Kurienapparat machen sie selbstsicher. Mitten im Pontifikat von Papst Johannes Paul II., das dann mit 26 Jahren doch länger dauerte als erwartet, rechneten sie felsenfest mit einem der ihren als Nachfolger. Der Erzbischof von Barcelona, Kardinal Ricardo María Carles Gordó, Jahrgang 1926, sollte es werden. Doch der warf sich leider durch einen Finanzskandal selbst aus dem Rennen.

Jetzt denkt das Opus bereits an den Nachfolger von Benedikt XVI. Der greise Deutsche auf dem Stuhl Petri handelt zwar ganz nach ihrem Geschmack, bleibe aber, so hört man raunen, ein Übergangspapst. Er mache den Weg frei für einen Schwarzafrikaner. Denn in Afrika entscheide sich die Zukunft der Kirche. Dort müsse im Geist der Kreuzritter der Islam besiegt werden. Doch trotz vielfacher und aufwendiger Bemühungen um die Förderung des klerikalen Nachwuchses vom schwarzen Kontinent ist es dem Opus bisher nicht gelungen, einen schwarzen Papabile heranzuziehen. Als mehrheitsfähig im Konklave, wie es ein Joseph Ratzinger war, kann sich derzeit auch niemand profilieren. Genau diese Mehrheitsfähigkeit jedoch müsste ein geeigneter Kandidat schon besitzen, denn seine tatsächliche Befähigung zum Petrusamt spielt, im Falle des Falles, für das »Werk« eine zweitrangige Rolle. Schließlich wird es ihm ja beistehen, wird ihm zuarbeiten, wird mit ihm Seite an Seite mit bisher unbekannter Machtfülle die katholische Kirche führen. So Gott wirklich will.

10 Der unbekannte Legionär

Reich, diszipliniert, sportlich und
voller Skandale: die Legionäre Christi

Ein Geheimtipp hat sich unter engagierten Laien sehr schnell herumgesprochen. Wer sich über kirchliche und dabei vor allem über römische Aktualität schnell informieren will, hält sich am besten an den für private Nutzer kostenlosen Nachrichtendienst *Zenit* im Internet. In wenigen Jahren hat er sich als zuverlässiger, wenn auch konservativer Informationsdienst einen Namen in der katholischen Welt gemacht. Die Meldungen sind aus journalistischer Sicht zwar nicht immer gut aufbereitet. Sie geben aber auf jeden Fall den offiziellen Stand der vatikanischen Veröffentlichungen wieder. Die katholische Nachrichtenagentur *KNA* hat für private Kunden nichts Vergleichbares anzubieten. *Zenit* gilt als zuverlässig, selektiv und offiziös. Das wundert niemanden, der weiß, wer dahinter steckt: Es sind die Legionäre Christi, die mit modernsten Kommunikationsmitteln ihre konservativen Ansichten zeitgemäß unter die Menschen bringen.

Medien interessieren sie besonders. Zwei junge Männer in Anzug und Krawatte besuchten mich zu einer Zeit, als diese von der jüngeren Generation nicht mehr üblicherweise getragen wurden, in der Münchner Redaktion. Der Vorstand hatte sie zu mir als dem »Vatikanisten« des Hauses geschickt, und das mit freundlicher Empfehlung, wie sie versicherten. Das Gespräch verlief allerdings unergiebig. Als journalistische Quellen offenbaren sie sich nicht, und als Missionare waren sie in der Auslandsredaktion eines Nachrichtenmagazins erst recht fehl am Platz. Immerhin nannten sie ihre Herkunft und verabschiedeten sich höflich. Es waren zwei Legionäre Christi, wie sie typischer nicht hätten sein können.

Medien nutzten die Legionäre früher und intensiver als andere kirchliche Einrichtungen. Auf *YouTube* sind sie schon seit Jahren zu bewundern, weitaus länger, als der Vatikan dort die Papstansprachen verbreiten lässt. Auf diesem sogenannten Clip-Portal, das meist kurze Videofilme verschiedenster Art offeriert, warben die eleganten, glatten und sportlichen jungen Männer für die Legionäre. Arische Rassenfanatiker müssten beim Betrachten der Videos ihre Freude habe. Diese zunächst vielleicht anstößig anmutende Assoziation erwähne ich hier nicht von ungefähr. Die Legionäre haben in ihren aggressiven Missionsbemühungen gerade in Lateinamerika stets die Urbevölkerung, also die Indios, fühlen lassen, für wie minderwertig sie sie halten. Von dieser rassistisch motivierten Vorverurteilung ist es aber bis zu der verbalen Entgleisung von Papst Benedikt XVI., der den Indios Sehnsucht nach Jesus unterstellte, in dessen Namen sie tatsächlich aber ermordet oder ihrer Kultur beraubt wurden, nur ein kleiner Schritt.

Zu diesem politisch befremdlichen Männerbild passt auch, dass die italienische Online-Zeitung *affaritaliani.it* einen neuen, vatikanischen George Clooney entdeckt haben will: Er sei der »Hübscheste des Vatikanstaates« und übertreffe sogar noch den in die Jahre gekommenen deutschen Papstsekretär Georg Gänswein. Das Klatschmagazin *Novella 2000* schwärmte gar in fragwürdiger Diktion: »Blaue Augen, hochgewachsen, verführerisch, eine leichte Ähnlichkeit mit keinem Geringeren als George Clooney.« Dieser Mann, der offenbar manche Herzen höher schlagen lässt, heißt Thomas Williams, ist mit seinen 48 Jahren zehn Jahre jünger als Gänswein und gehört natürlich zur Ordensgemeinschaft der Legionäre Christi. Er war sogar schon Dekan der theologischen Fakultät der päpstlichen Legionärs-Universität Regina Apostolorum. Geboren wurde er 1962 in Pontiac im US-Bundesstaat Michigan; seit 1994 ist er Priester. Vor seinem Eintritt in den Orden war er Finanzanalyst bei der spezialisierten Glasfabrik »Libbey-Owens-Ford« in der Stadt Toledo im US-Bundesstaat Ohio. Die Firma wurde damals, im April 1986, von einer multinational agierenden britischen Gesellschaft aufgekauft. *Affaritaliani.it* zählt seine Familie zu den mächtigsten der Vereinigten Staaten. Seine Primiz habe er an keinem geringeren Ort als dem Sitz des Obersten Gerichtshofes der USA in Anwesenheit aller Richter und der bekanntesten Persönlichkeiten gefeiert.

Gute Manieren und seriöses Auftreten gehören zum Markenzeichen der Legionäre, was allerdings Skandale dennoch nicht immer verhindern konnte. Im Gegenteil: Ihre ganze Geschichte ist davon durchzogen. Aber dazu später. Beginnen wir lieber bei ihrem selbst gewählten Namen, der für sich schon Programm ist: »Legionäre Christi«! Der Ausdruck als solcher müsste bereits für einen normalen denkenden Christen ein Skandal sein. Militanz klingt an, der Gedanke an Kreuzzug und Schwert ist unvermeidlich. Und die Assoziation trügt nicht: Auch und gerade nach ihrem eigenen Verständnis sind die Legionäre keine friedfertigen Verkünder des Glaubens, sondern kämpferische Soldaten des Papstes.

Eine Erklärung für die Militanz dieser Bewegung findet sich wieder einmal in der Vergangenheit. Ebenso wie das Opus Dei sind sie in der spanischsprachigen Welt entstanden, und zwar zu Zeiten der Kirchenverfolgungen. Im Fall des Opus Dei war es zunächst der spanische Bürgerkrieg und dann die ihm folgende, von den Päpsten wohlgelittene und (von Pius XII.) geförderte Franco-Diktatur mit ihrem »Nationalkatholizismus«, in dem das Opus bald eine tragende Rolle zu spielen begann –

in einer Diktatur also, die mit Oppositionellen bekanntlich noch schlimmer umging als mit Feinden. Die Legionäre wurden ihrerseits in einem Mexiko gegründet, in dem die katholische Kirche unterdrückt wurde und wo bis heute Kirche und Staat, zumindest der Form nach, streng getrennt sind.

Christenverfolgungen haben in der Geschichte immer Gegenbewegungen ausgelöst. In der katholisch geprägten spanischsprachigen Welt haben sie besonders den radikalen, reaktionären Katholizismus gestärkt.

Anders im gemischt konfessionellen Deutschland, wo die Christen im gemeinsamen Erdulden und Versagen nach dem Krieg zu einer neuen Ökumene gefunden haben: Zuerst einmal wurden die konfessionellen politischen Parteien in der CDU/CSU überwunden. Danach setzte sich eine Ökumene durch, die restaurativem Druck von oben widerstand und bis heute widersteht und die sich zu einer Art dritter Konfession ohne Gehorsam gegenüber den »Amtskirchen« entwickelt hat.

Die jahrhundertelang unaufgeklärt katholisch geprägten Länder haben einen solchen Aufbruch zunächst nicht zugelassen. Sie nährten stattdessen Bewegungen, die sich mit aller Kraft gegen die Freiheit des Geistes wehrten, weil sie in dieser Freiheit zu Recht das Ende von Bigotterie und Verdummung im Namen des Glaubens witterten. Kadavergehorsam verträgt sich nicht mit einem aufgeklärten Christentum.

Damit wäre ich wieder beim Ursprung der programmatischen Militanz der Legionäre Christi. Zu ihr gehört auch der absolute Gehorsam, der jahrelang die intern bekannten Skandale vor den Blicken der Außenwelt verborgen hat. Doch die katholische Kirche und insbesondere ihre verschwiegensten Organisationen müssen langsam lernen, dass in einer freiheitlichen Gesellschaft, in der jedermann Wissen zugänglich ist und in der jeder ohne Angst seine Rechte einklagen kann, kriminelle Machenschaften auf Dauer nicht vertuscht werden können und daher bisweilen großen Schaden anrichten. Schaden, der in der Regel dann die ganze Kirche trifft.

Es hat zum Beispiel Jahrzehnte gedauert, bis der Missbrauch von Kindern und ihre Sklavenhaltung in kirchlichen Einrichtungen, in Heimen und Internaten, bekannt und strafrechtlich verfolgt wurden, so etwa in Deutschland nach den Enthüllungen des *Spiegel*-Reporters Peter Wensierski in seinem Buch *Schläge im Namen des Herrn – Die verdrängte Geschichte der Heimkinder in der Bundesrepublik*, oder kurz danach in dem doch so katholischen Irland. Dort konnte sich dann Kardinal Sean Brady, ranghöchster irischer Katholik, nur noch »zutiefst beschämt« über den »schandvollen Katalog der Grausamkeit« zeigen, nachdem der offizielle Bericht über Kindesmissbrauch in katholischen Einrichtungen vorlag. Fünf Bände umfasst dieser Bericht, den die zuständige Kommission in Dublin vorgelegt hat. Die Untersuchung umfasst die Fälle von 35 000 verwaisten, verlassenen oder vernachlässigten Kindern aus den Jahren zwischen 1914 und 2000.

In neun Jahren befragte die Kommission mehr als 2000 Zeugen, die ihre Kindheit in einer von 216 Institutionen in der Republik Irland verbracht haben. Meist handelte es sich dabei um sogenannte »Industrial Schools«, Arbeitshäuser für Minderjährige, die von christlichen Orden geführt wurden. Mehr als die Hälfte der Aussagen bezieht sich auf Fälle von sexuellem Missbrauch. Mehr als 800 Priester, Ordensleute und Laienmitarbeiter der Anstalten wurden als Täter beschuldigt.

Vor allem in Heimen für Jungen, so befand der Bericht, seien Körperstrafen »allgegenwärtig, hart, willkürlich und unvorhersehbar« gewesen. »Die Kinder lebten im täglichen Schrecken nicht zu wissen, woher die nächsten Schläge kommen würden«, schreiben die Autoren. Sexueller Missbrauch sei in Institutionen für Jungen »endemisch« gewesen, also permanent und Bestandteil des Systems. Doch auch in Mädchenheimen sei es regelmäßig zu Übergriffen durch Angestellte oder Besucher gekommen.

Warum an diese Schreckensheimherrschaft im Zusammenhang mit den Legionären Christi erinnern? Die Frage beantwortet sich von selbst. Auch dort sind Übergriffe ebenso verbreitet, wie sie verschwiegen, verniedlicht und verdrängt worden sind, und das in einem Ausmaß, das bis heute nicht abzusehen ist. Den Schlüssel dazu liefert der Gründer der Legionäre am besten selbst.

Am 30. Januar 2008 ist der Gründer dieser Ordensgemeinschaft (und ebenso der Bewegung »Regnum Christi«), Pater Marcial Maciel Degollado, im Alter von 87 Jahren in den USA eines natürlichen Todes gestorben. Der Generaldirektor der Gemeinschaft, Pater Álvaro Corcuera, gab nicht nur dies bekannt. Er betonte auch, dass Pater Maciel die letzten Jahre seines Lebens »in privatem Gebet und im Geist des Gehorsams, der Unterwerfung und der Verehrung für die katholische Kirche« verbracht habe. Er habe diese sehr geliebt und viele andere Menschen mit seiner Liebe angesteckt.

Der am Ende eines langen Lebens von ihm geforderten Unterwerfung waren zahlreiche Verfehlungen vorausgegangen, die sich zuletzt nicht mehr hatten vertuschen lassen. Pater Maciel wurde dann auch entsprechend »in schlichtem und privatem Rahmen und in einer Atmosphäre des Gebets« nach einem Requiem in seiner Heimatstadt Cotija de la Paz im mexikanischen Bundesstaat Michoacán beigesetzt. Das zurückgezogene Leben in Gebet und Buße hatte er sich keineswegs freiwillig ausgesucht: Die vatikanische Kongregation für die Glaubenslehre hatte ihm dies im Mai 2006, nach Prüfung verschiedener Anschuldigungen, nahegelegt. Er musste nun auch auf die Ausübung eines öffentlichen pastoralen Dienstes verzichten.

»Die Legionäre Christi und die Mitglieder der Bewegung Christi trauern über den Verlust ihres geliebten Gründers, dessen sich Gott bedienen wollte, um dieses Werk im Dienst an der Kirche und der Gesellschaft ins Leben zu rufen«, hieß es in einer Presseerklärung; »P. Maciel hinterließ ein gewaltiges Werk.« Seine Kongregation der Legionäre Christi und die Apostolatsbewegung »Regnum Christi« sind derzeit weltweit in etwa 40 Ländern vertreten. Im selben Text verkündet er stolz: »In seinen 87 Lebensjahren hat Pater Maciel all seine Kräfte darauf verwandt, die ihm von Gott anvertraute Mission zu erfüllen und zum Evangelisierungsauftrag der Kirche beizutragen, damit immer mehr Männer und Frauen die Liebe Christi und die gute Nachricht seines Evangeliums kennen, leben und verbreiten.«

Die Lebensdaten, wie sie in der Mitteilung erwähnt werden, lesen sich kurz und bündig. Maciel wurde am 10. März 1920 in Cotija de la Paz geboren. Im Alter von 15 Jahren trat er ins Priesterseminar ein, das von seinem Onkel, dem heiligen Rafael Guízar y Valencia und damaligen Bischof von Veracruz, geführt wurde. Im Jahr 1936 verspürte der Seminarist den Ruf, einen Orden zu gründen. Am 3. Januar 1941 errichtete er mit dem Segen des Bischofs eine Gemeinschaft in der Art eines kleinen Seminars. Pater Maciel war damals erst 20 Jahre alt. Er stand einer Gemeinschaft von 13 Jugendlichen vor.

Erst mehr als drei Jahre später, am 26. November 1944, wurde Pater Maciel zum Priester geweiht. Am 13. Juni 1948 folgte die kanonische Errichtung der Kongregation »Missionare vom heiligsten Herzen und unserer Lieben Frau von den Schmerzen«, aus der schließlich die »Legionäre Christi« hervorgingen, die seit 1965 eine Kongregation von Priestern und Brüdern päpstlichen Rechts sind. Von Mexiko ausgehend erlebte die Ordensgemeinschaft eine rasche Ausbreitung: zunächst auf dem amerikanischen Kontinent und dann auch in einigen süd- und westeuropäischen Ländern. Heute zählt sie nach ihren eigenen Angaben 750 Priester und 2500 Seminaristen. Der Bewegung »Regnum Christi«, die Verheirateten, Gott geweihten Laien und Weltpriestern offensteht, gehören weltweit rund 50 000 Mitglieder an.

Nach Maciels Tod wurde wenigstens im Ansatz mehr über den doch seltsamen Ordensgründer bekannt. Er hatte zum Beispiel ein Verhältnis zu einer Frau und ist Vater einer Tochter. Die zuständige Kurien-Kongregation für die Institute geweihten Lebens und die Gesellschaften apostolischen Lebens unter Leitung von Präfekt Kardinal Franc Rodé hatte Schritte gegen den Gründer der für den Vatikan inzwischen wichtigen Gemeinschaft dennoch nur als Option angedacht. Üblicherweise, so hieß es aus Rom, schreite sie erst ein, wenn die Ordensgemeinschaft selbst es wünsche oder wenn eine Krise intern nicht gelöst werden könne. Das Doppelleben des ehrenwerten Paters musste wohl zuerst gründlicher untersucht werden. Jedenfalls plante der Vatikan unter solcherlei Vorwänden keine weiteren Maßnahmen gegen die »Legionäre Christi«.

Gründervater Maciel ist jedoch nicht nur wegen dieser mittlerweile ans Licht gekommenen Enthüllungen eine schillernde Figur. Mit 15 Jahren bereits ins Priesterseminar einzutreten, ist selbst für den Nachwuchs streng katholischer Familien außergewöhnlich, unter denen diejenige Maciels nun allerdings zu den allerstrengsten gehörte. Sie geht auf spanische Einwanderer zurück und nimmt einen Platz unter den reichsten Grundbesitzern Mexikos ein. Mit den armen einheimischen Landarbeitern verbindet sie allenfalls der gemeinsame Glaube an die Jungfrau von Guadalupe.

Maciels Mutter wollte zunächst einem religiösen Orden beitreten, wie es schon zwei ihrer Brüder, die später Bischöfe wurden, getan hatten. Die Familie beschloss indes, sie mit einem reichen und 15 Jahre älteren Grundbesitzer zu verheiraten. Frauen und ihre Wünsche zählten in diesen Familien also nicht einmal dann, wenn sie ein besonders frommes Leben führen wollten. Das Mädchen fügte sich demütig in sein Schicksal und tröstete sich mit dem Glauben. Ihre Kinder erzog sie deshalb wie kleine künftige Priester, zumal der kleine Maciel einmal schwer erkrankt und schließlich durch die Wallfahrt zur Muttergottes wundersam geheilt worden war.

Maciel schwärmte bereits als Kind von den katholischen Untergrundkämpfern, den sogenannten Cristeros, die gegen die antiklerikale Politik der mexikanischen Regierung kämpften. Sie wurden das erste personifizierte Modell für die künftigen Legionäre Christi. Diese sogenannten Christkönigs-Krieger waren selbst dem Klerus suspekt, der sie für reaktionär und fanatisch hielt. Sie störten die Versuche der Kirche, mit der Regierung einen relativen Frieden zu arrangieren. Der starke Einfluss dieser Rebellen auf den jungen Maciel war dennoch (oder gerade deswegen) nicht zu verhindern. Einer der wichtigsten Anführer der Cristeros, General Jesus Degollado Guízar, war nämlich ein Onkel von ihm.

Bleibende Eindrücke brannten sich dem Kind ein, als es zusehen musste, wie Mitglieder der christlichen Rebellen mit dem Ruf »Es lebe Christus König« auf dem heimischen Dorfplatz erhängt wurden. Mit 15 Jahren beschloss Maciel deshalb, dem illegalen Priesterseminar seines bischöflichen Onkels beizutreten, wo ihn ein hartes und entbehrungsreiches Leben erwartete. Immer wieder wurde er in der Folgezeit wegen illegaler Missionierung für mehrere Tage ins Gefängnis gesteckt.

Während eines Gebetes am Herz-Jesu-Fest 1936 in der Kapelle seines Onkels wurde der Seminarist nach eigener Darstellung von einer Erscheinung des Heiligen Geistes überwältigt. Er habe von dieser einen Befehl erhalten. »Ich sprach gerade zu Christus und erzählte ihm von meinem Wunsch, mich ganz ihm hinzugeben, die Seelen zu retten und sie in den Himmel zu führen. Auf mysteriöse Art und Weise pflanzte er plötzlich den Gedanken in meine Seele, eine Gruppe von Priestern zu gründen, die sich vollkommen der Predigt und der Verbreitung des Gottesreiches widmet.«

Zunächst sollten es die Missionare des Herzen Jesu sein, aus denen dann später wie gesagt die Legionäre Christi wurden. Das einmal gesteckte Ziel ließ den jungen Mann nicht mehr los. Zweimal wechselte er nach dem Tod seines Onkels das Priesterseminar, zumal sein infantiler Absolutismus – dies lassen die Chronisten lieber im Dunkeln – die Vorgesetzten in Angst und Schrecken versetzte. Er musste deshalb bereits mit 16 Jahren in ein Seminar in Neumexiko in den USA fliehen, wo man, unterstützt von nordamerikanischen Bischöfen, Priester für Mexiko ausbildete. Mit 21 Jahren sah er sich endlich in der Lage, ein Haus als Seminarsitz zu mieten und ein Dutzend Gleichgesinnte um sich zu scharen. Später sollten die Legionäre ihren Maciel als den jüngsten Ordensgründer in der Geschichte der Kirche überhaupt feiern.

Mit 26 Jahren reiste Maciel nach Rom, um von Papst Pius XII. die Anerkennung seiner Organisation als kirchliche Kongregation zu erhalten. Man schrieb das Jahr 1946, und der Papst hatte ganz andere Sorgen, als sich auch noch um einen jungen, angehenden Ordensgründer zu kümmern. Dem Mexikaner gelang es dennoch, zu einer Audienz zugelassen zu werden, was sicher daran lag, dass dieser Papst grundsätzlich von der Notwendigkeit der Evangelisierung in Lateinamerika überzeugt war. Pius XII. befürchtete seinerzeit, dass die dortigen Führungen sich von der Kirche entfernten. Maciel kam ihm mit seinem Anliegen wohl gerade recht: Pius XII. ordnete jedenfalls ein Gespräch mit seinem engen Mitarbeiter Giovanni Battista Montini an, dem späteren Papst Paul VI., der ihm dabei helfen sollte, eine Verfassung für die neue Kongregation zu formulieren, um sie auf eine kirchenrechtliche Grundlage zu stellen.

Zwei Jahre später wurde die Kongregation nach diözesanem Recht offiziell anerkannt. Inzwischen hatte Maciel Kontakt mit der Franco-Regierung in Spanien aufgenommen und von dort jede mögliche Unterstützung im Kampf gegen die Revolutionäre in Lateinamerika erhalten. Dieser Kampf gegen die Kommunisten verband die Legionäre von Anfang an mit den spanischen Franquisten. Mit solchem ideologischen Rückenwind fiel es den Legionären dann auch leicht, in Chile Fuß zu fassen. Sie öffneten dort zwei Universitäten sowie mehrere Privatschulen und unterhielten eine eigene Radiostation. Vermutlich von Italiens »Duce« Benito Mussolini wurde Maciel bei der Namenswahl inspiriert. Er leitete sie nämlich von den faschistischen Legionen ab, deren Ursprung er beim Besuch der Ruinen des alten Rom entdeckt haben wollte, wo zu Zeiten des römischen Imperiums die verfolgten Christen als Gladiatoren hatten kämpfen müssen.

»Ich spürte das Blut der vielen Märtyrer und ich wurde davon ergriffen, mein Leben in den Dienst meiner Brüder zu stellen«, notierte er später. Krieg und Martyrium wurden zu Schlüsselbegriffen für Maciels neue vatikanische Gladiatoren. Die beiden französischen Autorinnen Caroline Fourest und Fiammetta Venner haben daraus in ihrem Buch über *Die neuen Soldaten des Papstes*, in dem auch die oben zitierten Maciel-Worte nachzulesen sind, abgeleitet, dass keinerlei religiöse Formen, sondern ausschließlich die quasi militärische Disziplin diese Legionäre von allen anderen Christen unterscheide. Sie seien keine Jünger, sondern, seltsamerweise, Soldaten Christi.

Das entspricht nun aber auch eher der Lebenserfahrung des Gründers, der sich als extrem charismatisch verstand, auch wenn er nur über eine geringe Bildung verfügte. So konnte er mit 14 Jahren nach eigener Aussage noch nicht einmal schreiben. Dieser Mangel an Bildung in Verbindung mit eindeutig rassistischen Vorstellungen, wonach beispielsweise Kinder, deren Aussehen an Indios erinnerte, nicht aufgenommen werden durften, erschreckte vor allem Priester und Patres, die sich in den Hochschulen beruflich näher mit den Legionären befassen mussten, was einer der Gründe dafür war, dass die Legionäre schon bald ihren Nachwuchs lieber in eigenen Häusern heranbildeten.

Bereits in dieser Frühzeit soll es sexuellen Missbrauch unter den Legionären gegeben haben. Anklagen gegen den Gründer und seine Mitarbeiter verliefen jedoch im Sand, weil die Familie und die Anhänger der Bewegung in Mexiko inzwischen ein dichtes Beziehungsnetz aufgebaut hatten.

Nachdem immer wieder junge Legionäre von Universitäten ausgeschlossen worden waren, gründete die Bewegung nicht nur ihre eigene Universität, nein, sie tat dies in Rom. Man konnte dabei auf großzügige Spenden und Erbschaften zurückgreifen. In Rom hatten die Legionäre nämlich einen besonderen Schutzpatron: Erzbischof Montini, der schon bei ihrer Anerkennung maßgeblich mitgewirkt hatte. Er förderte sie und ermunterte Maciel immer wieder im Namen des Heiligen Vaters. Eine schwere Krise konnte jedoch auch er nicht verhindern: Am 30. September 1956 wurde Maciel seines Amtes enthoben. Seine Legionäre mussten nun vorübergehend von einem Vikar, das heißt einem Stellvertreter, geleitet werden, nachdem ein Brief den Vatikan alarmiert hatte. Mehrere Persönlichkeiten der mexikanischen Kirche hatten den Oberlegionär wegen Erpressung seiner jungen Mitglieder und wegen Drogenmissbrauchs angezeigt. Sie forderten sogar seine Einweisung in eine psychiatrische Klinik, nachdem bekannt geworden war, dass Maciel täglich Drogen zu sich nahm.

Der Angeklagte selbst behauptete, er sei schwer magenkrank und müsse diese »Drogen« gegen die Schmerzen einnehmen. Mit derselben Begründung rechtfertigte er sogar die bei ihm übliche Praxis, dass junge Seminaristen ihn sexuell befriedigen mussten, um ihn so von seinem Leid zu befreien. Montini soll später, mittlerweile zum Papst gewählt, diesen Verdächtigungen angeblich ein Ende gesetzt haben. Einen offiziellen Beleg dafür gibt es jedoch nicht. Schriftlich dokumentiert ist lediglich die offizielle Anerkennung der Kongregation aus dem Jahr 1959.

Nach dem Ende des Zweiten Vatikanischen Konzils sah Maciel eine neue Aufgabe auf die Legionäre zukommen. Ihm genügte es nun nicht mehr, einfach nur fanatische Priester auszubilden. Im Zeitalter der Aufwertung der Laien in der Kirche wollte er auch für sie eine eigene Organisation gründen. 1965 war dann alles bereit. Es entstand das »Regnum Christi« (das Reich Gottes), eine Laienorganisation, die vor allem in ordenseigenen Schulen die Laien im Sinne der Legionäre erziehen sollte. Immerhin gehören diese Schulen in den USA heute zu den besten Gymnasien. Sie bedienen allerdings auch rassistische Vorstellungen. So sind selbst in nordamerikanischen Staaten mit afroamerikanischer Mehrheit an diesen Schulen dunkelhäutige Kinder die große Ausnahme. Kennzeichnend für solche Institute ist auch die Geschlechtertrennung. In einem internen Brief unterstrich Maciel einmal die wahre Aufgabe dieser »Schulen«: Sie sollten streng christliche Priester hervorbringen.

Auf dieses Ziel hin werden die Schüler mit eiserner Disziplin getrimmt. Sie müssen die 368 Verse der Lebensanweisungen des Gründers auswendig lernen und dürfen nur einmal im Monat ihren Familien schreiben; direkter Kontakt ist bis zum Ende ihrer Ausbildung verboten, und eine Ausnahme wird lediglich zu Weihnachten gemacht. Die Post der Schüler wird kontrolliert, und ihre Telefongespräche werden abgehört. Nach den Aussagen eines ehemaligen Legionärs haben sie ein zweigeteiltes Weltbild: Da gibt es zum einen die Legionäre, und zum anderen den minderwertigen Rest, mit dem nur im höheren Interesse der Legionäre überhaupt Kontakt gehalten werden darf. Ausdrücklich wird in der Verfassung der Legion ein regelmäßiger Briefwechsel mit Außenstehenden verboten, weil ein solcher angeblich ihr Apostolat gefährden könne. Jede Einzelheit ihres Lebens wird den Legionären präzise vorgeschrieben.

Aussteiger haben sich zum besseren Schutz gegen Nachstellungen in einer eigenen Organisation zusammengeschlossen. Von ihnen stammen wertvolle Auskünfte über die entwürdigenden Methoden, die bei den Legionären zur Anwendung kommen. Sie berichteten, was ihnen in Christi Namen eingetrichtert worden sei, so etwa, dass jede Kritik an ihnen nur von Feinden der Kirche stammen könne und Gottes Werk zerstören wolle. Wer sich mit dem Gedanken trage, auszusteigen, werde systematisch isoliert, von seinen Kameraden als hassenswerte Person geschnitten, gemobbt und mit den unwürdigsten und diskriminierendsten Aufgaben gequält. Am Ende verlange man von ihnen sogar eine größere Summe Geld, mit der sie sich freikaufen könnten.

Wem es dennoch gelinge, diese Legion hinter sich zu lassen, brauche oft Monate oder Jahre, bis er wieder zu einem halbwegs normalen Leben fähig sei. Manche verharrten aber auch, von Gewissensbissen geplagt, in hilflosem Hass gegen Kirche und Gott, und dies wegen der Existenz einer derartigen christlichen Gruppe, die nichts mit Christentum zu tun habe, aber dennoch von Papst und Kirche unterstützt werde.

Wegen einer anderen Besonderheit dauerte es Jahre, bis weltliche Gerichte sich endlich mit dem sexuellen Missbrauch und dem Gewissensterror der Legionäre befassen konnten.

Jeder Neuling, so lauten Berichte, müsse schwören, weder einen anderen Legionär zu kritisieren noch irgendjemanden aus der Legion anzuzeigen. Dem diene letzten Endes auch der verordnete Bruch mit der eigenen Familie. Kein Vertrauensverhältnis außerhalb der Organisation dürfe sich erhalten oder entwickeln.

Ein eindrucksvoll abschreckendes Beispiel für das Leben bei den Legionären (geschildert bei Fourest/Venner) lieferte einer der ersten mexikanischen Seminaristen, Juan Vaca. Maciel hatte seine Pfarrei im Jahr 1947 besucht und sofort Gefallen gefunden an dem athletischen Jungen mit dem offenen Gesicht. Er umschmeichelte ihn mit den Worten: »Ich brauche Jungs wie dich.« Juan wurde also eines der ersten Mitglieder der neuen Kongregation, litt aber fortan gewaltig unter der Trennung von der Familie. Die Legion schickte ihn deshalb zu ihrer Universität Comillas in Spanien. Kompensiert beziehungsweise schmackhaft gemacht wurde Vaca die Isolierung durch seinen Aufstieg hinauf in den engsten Zirkel um den Gründervater.

Eines Abends, als er bereits zu Bett gegangen war, wurde er wieder aus seiner Kammer gerufen: »Unser Vater will dich sprechen.« Er ging zu diesem ins Zimmer, wo Maciel ausgestreckt auf dem Bett lag und über Magenschmerzen klagte. Der Junge möge ihm den Bauch massieren. Widerstrebend begann Juan Vaca damit, doch schon forderte der »Vater« ihn auf, immer tiefer zu massieren. Er musste beobachten, wie der verehrte Legionärsführer eine Erektion bekam. Juan, der gerade erst die Pubertät überstanden hatte, kehrte verwirrt in sein Zimmer zurück. Der Vater war doch ein heiliger Mann. Dennoch schienen die Magenschmerzen ihn zunehmend zu quälen, jedenfalls kamen die Massagen immer häufiger vor: »Gelegentlich missbrauchte er mich wie ein Mädchen und steckte seinen Penis zwischen meine Schenkel. Einmal missbrauchte er gleichzeitig zwei von uns.«

Juan brauchte, nachdem er die Legionäre verlassen hatte, Jahre, um diese Dinge endlich erzählen zu können. Zuvor hatte er vergeblich versucht, sich Hilfe bei Beichtvätern der Legion zu holen. Diese hatten ihm lediglich erklärt, es sei nichts Böses an diesem Verhalten. Maciel selbst behauptete sogar, Papst Pius XII. habe ihn wegen seiner chronischen Schmerzen vom Keuschheitsgebot entbunden.

Noch nach seinem Abschied von der Legion litt Juan Vaca unter der Vorstellung, dass ihm jetzt ganz so, wie es den Mitgliedern der Bewegung jahrelang eingetrichtert wird, die ewige Verdammnis drohe. Erst 1976 schrieb er dem Vatikan und forderte die Amtsenthebung des Gründervaters. Seinem Beispiel folgten zwei weitere ehemalige Legionäre, und selbst ein Bischof schrieb an den Heiligen Stuhl. Der jedoch reagierte nicht.

Erst im Jahr 2002 wurde der Skandal öffentlich, als in einem kirchlichen Untersuchungsbericht festgestellt wurde, dass 4392 amerikanische Priester in den Jahren zwischen 1950 und 2002 10 667 Kinder vergewaltigt haben. Die Vereinigung der Opfer sprach sogar von 100 000 missbrauchten Kindern, von denen jedoch die meisten nicht darüber sprechen wollten. Alle litten darunter, dass die Kirche unter Johannes Paul II. und damit unter Kardinal Joseph Ratzinger als dem Chef der für solche Fragen auch zuständigen Glaubenskongregation immer versucht habe, den Familien und den Kindern selbst die Schuld zuzuschieben und sie von einer Anzeige abzuhalten. In diesem Sinne war es die übliche Praxis, beschuldigte Priester einfach nur in andere Pfarreien zu versetzen, ohne denen jedoch die Gründe dafür geschweige denn den Inhalt der vorliegenden Klagen mitzuteilen. Die erstaunlich enge Freundschaft zwischen Legionärsgründer Maciel und Papst Johannes Paul II.

hat dabei selbst den damaligen Glaubenswächter Joseph Ratzinger in sonst ungekannte Grenzen verwiesen. Gegenüber einem Missbrauchsopfer, das sich an ihn wandte, hat er anscheinend zugegeben: »Ich kann in Ihrem Fall nichts tun, denn Maciel ist ein persönlicher Freund des Papstes, er hat ihm viel Vermögen gegeben.« So schilderte es jedenfalls Fernando Gonzáles, ein mexikanischer Soziologe und Psychoanalytiker, der Missbrauchsopfer behandelt. Johannes Paul II. weigerte sich, die Leidensgeschichten der Opfer Maciels überhaupt wahrzunehmen.

In einem Interview mit dem mexikanischen Blog *milyunamascaras* berichtete Gonzales: »Der Ex-Legionär Patricio Cerda hat ein Dossier erarbeitet, aus dem hervorgeht, dass in der Legion ein Netz von Pädophilen besteht. Maciel konnte die vielen Jahre als Pädophiler im Orden nur überleben, weil er Komplizen hatte. Maciel verwies immer wieder auf die guten Früchte, also die äußeren Leistungen des Ordens, aber im Grunde ist das eine Betrugsgeschichte.«

Inzwischen haben die amerikanischen Bischöfe Schuld eingestanden sowie Fonds zur Entschädigung gegründet (die einige Diözesen ruinieren könnten), und selbst ein Kardinal musste zurücktreten. Der Vatikan entzog sich der Verantwortung bislang mit leeren Erklärungen. Der für die Priester zuständige Präfekt der Klerus-Kongregation Kardinal Cláudio Hummes, verurteilte beispielsweise in einem Interview der spanischen Familienzeitschrift *Vida Nueva* Mitte 2009 Pädophilie als ein »entsetzliches Verbrechen«. Nach seinen Angaben sind weltweit etwa vier Prozent der Priester Pädophile, also Kriminelle. Noch mehr würden den Zölibat brechen – als wäre das vergleichbar. Die Kirche müsse etwas dagegen tun. Amen.

Das Ausmaß wird erst deutlich, wenn man die dürftigen abstrakten Angaben in konkrete Zahlen umrechnet. Vier Prozent pädophile Priester wären dann fast 20 000 mögliche Kinderschänder. Von homosexuellen Priestern sagte Hummes nichts, obwohl die katholische Kirche behauptet, Homosexuelle dürften nicht Pfarrer werden. Schätzungen gehen davon aus, dass sich unter den Pfarrern mehr Schwule als im Bevölkerungsdurchschnitt finden, also mindestens zehn Prozent, umgerechnet 44 000. Nicht an den Zölibat halten sollen sich nach dem Urteil von Insidern bis zu 50 Prozent. Angesichts solcher Zahlen wundert die Aussage eines Kurienprälaten, der mit Bischofsernennungen befasst ist, nicht: »Mir ist jeder Pfarrer mit einer Freundin recht. Das ist wenigstens ein normaler Mann, und man braucht keine Sorge um Ministranten zu haben.«

Was unter Papst Paul VI. begann, als die Legionäre quasi unberührbar waren, setzte sich unter Johannes Paul II. fort. Auf seiner ersten Auslandsreise im Januar 1979 pilgerte der polnische Papst nach Mexiko und wurde auf allen Etappen von Maciel begleitet, der auch gleich die Reise organisiert hatte. Den Legionären und dem Regnum Christi gelang es, die Massen zu bewegen und dem Papst ein Bild zu vermitteln, als hinge von ihnen allein die Evangelisierung Lateinamerikas ab.

Ein Höhepunkt dieser engen Beziehung zwischen Papst und Legionären war die feierliche Priesterweihe von Mitgliedern am 3. Januar 1990 im Petersdom in Rom, anlässlich des 50. Jahrestages der Bewegungsgründung. Auch wurde Maciel sogar zur Teilnahme an der Bischofssynode eingeladen, die sich in Rom mit der Ausbildung von Priestern befassen sollte. Die Kurie übersah einfach alle Angriffe gegen die Legionäre. 1997, im Alter von 76 Jahren, wies Maciel, mit dem Rückenwind des römischen Schweigens, in der amerikanisch-römischen Zeitschrift *Inside the Vatican* alle bestehenden Beschuldigungen als völlig falsch zurück.

Mit seiner unbelehrbaren Dreistigkeit löste er eine nachhaltige Protestwelle unter ehemaligen Legionären aus. Die Anklagen gipfelten in der Beschuldigung, Maciel habe sogar die Beichte missbraucht, um seine sexuellen Opfer von der Sünde freizusprechen. Schlimmer könnte auch nicht der Teufel durch Beelzebub ausgetrieben werden. Doch Papst Johannes Paul II. verharrte fest in seiner Freundschaft zu dem ihm treu ergebenen Oberlegionär. Selbst im Jahr 2004, als der Skandal bereits Schlagzeilen gemacht und der katholischen Kirche schwer geschadet hatte, empfing der Papst den Legionärsvater anlässlich des sechzigsten Jahrestages seiner Priesterweihe in Begleitung von 4000 Legionären in Rom. Kein Wort von einer Verurteilung. Erst im Jahr 2006 forderte Rom Maciel endlich auf, jede öffentliche Amtshandlung zu unterlassen und das schon zitierte Leben in Gebet und Buße zu führen. Die Legion reagierte auf diese Maßnahme mit einem internen Verbot. Allen Mitgliedern wurde untersagt, etwas über sexuellen Missbrauch auszusagen. Diese Abschottungspolitik hat Früchte getragen: Trotz aller noch so schweren Vorwürfe darf die Legion ihre Schulen bis heute weiter unterhalten.

In Europa kann die Legion vor allem in Spanien auf die Unterstützung der konservativen Parteien und Familien zählen. Katholische Unternehmer und führende Politiker der europäischen Rechten zählen in Frankreich zu ihren großen Förderern. Trotz aller Vorwürfe hat sich der Vatikan mit Rücksicht auf diese »allerkatholischsten« Kreise nicht von der Legion distanziert. Denn, so meinte ein Insider in Rom, Reaktionäre, Faschisten und Antikommunisten seien in der Kurie noch immer höher angesehen als jeder, der auch nur im Entferntesten marxistischer Ideen verdächtigt wird. Im Vatikan werde das Gewicht der Legionäre unter Papst Benedikt XVI. vermutlich sogar noch zunehmen. Bei der Nahostreise des deutschen Papstes sei zwar von niemandem angesprochen worden, dass das päpstliche Institut Notre-Dame de Jerusalem seit 2004 den

Legionären anvertraut sei. Vermutlich sei es einfach niemandem aufgefallen, obwohl die Legionäre mit ihrem Rassismus gerade hierher kaum passen sollten.

In Deutschland unterhält die Bewegung ein Zentrum in Düsseldorf, und dies natürlich mit Unterstützung des Kölner Erzbischofs Meisner. Sie bietet Exerzitien an und arbeitet im konservativen *Radio Horeb* mit. Als Mitglieder gelten Konstantin Fürst zu Löwenstein, der die Kongresse des rechten »Forums deutscher Katholiken« moderiert, und Christiana von Habsburg Löwenstein. Legionäre sollen auch beim »Bund katholischer Unternehmer« und beim Hilfswerk »Kirche in Not« mitmischen.

Die deutsche Hochburg der Legionäre Christi liegt im Rheinland. In Bad Münstereifel bildet der Orden seinen Nachwuchs aus. Mit dem Schuljahr 2008/2009 hat er dort mit Genehmigung des Erzbistums Köln, der Bezirksregierung Köln und des Kreisjugendamts Euskirchen eine Apostolische Schule eröffnet. Nach einer Vorbereitungs- und Übergangsphase solcher Institute in Frankreich und Spanien besuchen nun 17 Jungen aus verschiedenen Regionen Deutschlands im Alter zwischen elf und 18 Jahren diese Schule. Die Einrichtung befindet sich auf demselben Gelände wie auch das Noviziat der Legionäre, die seit 1995 im ehemaligen St.-Angela-Internat leben.

Ihr Leiter, der einundvierzigjährige Allgäuer Pater Klaus Einsle, bezeichnet gegenüber der *Welt* die Vorwürfe gegen die Legionäre als »total abwegig« und als »Erfindungen einiger Intriganten«, was in dieser Form ganz dem üblichen Verhalten des Ordens entspricht. Auf die Frage, ob der Skandal seiner Arbeit nicht schade, antwortet er kopfschüttelnd: »Wir haben in diesem Jahr mehr Neuzugänge als sonst. Gott ist eben größer als die menschlichen Probleme.« Er zögert auch nur kurz, bevor er etwas sagt, was andere Christen als blasphemisch betrachten würden: »Jesus Christus wurde auch als Verbrecher gekreuzigt.«

Jesus wurde nun aber nie vorgeworfen, was Anfang Februar 2009 in der New York Times veröffentlicht wurde und im Nachbarland Mexiko sogleich helle Aufregung auslöste. Marcial Maciel, der Gründer der »Legionarios de Cristo«, habe eine mehrjährige Beziehung zu einer Frau gehabt. Er soll auch Vater einer Tochter sein. Papst Benedikt XVI. hat danach endlich eine offizielle Überprüfung dieser Ordensgemeinschaft angeordnet. Eine Kommission aus Bischöfen und Priestern soll verschiedenen Einrichtungen eine »apostolische Visite« abstatten, eröffnete Vatikanstaatssekretär Kardinal Tarcisio Bertone in einem Brief dem seit 2005 amtierenden Ordensoberen Álvaro Corcuera. Bertone bescheinigte der Legion und ihrem Regnum Christi danach »delikate Zeiten«. Nach der Meldung in der New York Times über »mindestens eine Tochter« Maciels ergänzte die spanische theologische Website Redescristianas, die Legionärstochter solle an der legionseigenen Universität in Madrid studiert haben. Ihre Mutter, so berichtet zudem ein Exlegionär, sei eine verheiratete und sehr reiche Spanierin. Offenbar wolle sie an der Erbschaft des begüterten Paters und Vaters teilhaben, vermutet der Exlegionär Patricio Cerda.

Kaum war die Sache einmal losgetreten, da folgte eine Enthüllung nach der anderen. Der Buchautor Alejandro Espinosa nannte Maciel in einem Interview des mexikanischen Radio Trece einen »sexuellen Vielfraß«. Neun Frauen nannte er namentlich – mehrere davon reiche Witwen –, mit denen Maciel etwas gehabt haben soll. Eine venezolanische Erdölmagnatin habe dem Pater eine Luxusresidenz im französischen Cannes geschenkt. Und die superreiche Flora Baragán de Garza habe ihm, so deren Tochter, 50 Millionen US-Dollar zukommen lassen. Danach habe der Unersättliche die Liebhaberin und Gönnerin umgehend wieder verlassen. Solch delikate Veröffentlichungen geben ein Bild davon, welche Geldquellen der Orden offenbar auftun konnte. Wenigstens ist mittlerweile doch so einiges bekannt, zumindest in Amerika und Spanien. Die katholische Kirche schweigt dazu lieber weiter.

Erstaunt hat selbst Kenner der Legionäre, dass Maciel das weibliche Geschlecht nicht verschmähte. Eigentlich war er ihnen nur als Päderast bekannt gewesen. Seit 1997 berichteten bislang acht ehemalige Legionäre Christi, die heute als Professoren oder Diözesanpriester arbeiten, wie sie selbst als Kinder und Jugendliche von ihrem »Vater« Marcial Maciel sexuell missbraucht wurden. Die sexuellen Verfehlungen des pädophilen Priesters sind so umfassend, dass sich jetzt eine eigene DVD *(Vows of Silence)* dem Thema widmet. Außerdem gibt es spezielle Foren und Internetauftritte der Opfer wie *www.exlc.org* oder *www.exlcesp.com*.

Der schon zitierte mexikanische Soziologe Fernando González vermutete übrigens, dass die Enthüllungen über Maciel von »hohen Kreisen des Vatikan« gesteuert worden seien. Sechs Jahre arbeitete er an seinem Buch über Maciel *(Marcial Maciel. Los Legionarios de Cristo)* und kam zu dem eindeutigen Ergebnis: Maciel habe drei verschiedene Leben geführt; er sei zum einen Päderast gewesen, zum anderen Morphinist und habe außerdem nicht nur ein Kind, sondern gleich mehrere gehabt. Letzteres bestätigte auch José Barba Martin, der früher ebenfalls zu den Legionären gehörte. Er erwarte vom heutigen Ordensoberen Álvaro Corcuera eine »Flucht nach vorn«, da die Beweise für Maciels gravierendes Fehlverhalten immer erdrückender würden: »Die Legionäre brauchen einen radikalen Schnitt, sonst haben sie keine Zukunft.«

Der Sprecher des Ordens in den USA, Jim Fair, räumte in einer Erklärung, die zum Beispiel auf *zenit.org* nachzulesen ist, wenigstens ein: »Die Verletzungen, die das Verhalten von P. Maciel der Kirche und ihren Mitgliedern zugefügt hat, erfüllen uns mit Schmerz und Trauer. Wir bitten um Entschuldigung für das Ärgernis, das dadurch erregt wurde. Wir haben von einigen Dingen im Leben unseres Gründers erfahren, die uns überraschen und die schwer zu verstehen sind.«

Die apostolische Visitation, die nun am 15. Juli 2009 offiziell von den Bischöfen Ricardo Watty Urquidi (Tepic, Mexico), Erzbischof Charles J. Chaput (Denver, USA), Erzbischof Ricardo Ezzati Andrello (Concepcion, Chile), Bischof Giuseppe Versaldi (Alessandria, Italien) und Bischof Ricardo Blázquez Pérez (Bilbao, Spanien) begonnen wurde, könnte mit der Bitte um Auflösung der Bewegung enden.

Die ersten prominenten Legionäre haben in jüngster Zeit bereits das sinkende Schiff verlassen. Einer von ihnen ist der Amerikaner Thomas Berg aus New York. Er war 1986 Legionär und 2000 Priester geworden. Er war Dozent und Beichtvater am Legionärs-Seminar von Thornwood (New York). Im April 2009 trat er aus und ließ sich in den Diözesanklerus des Erzbistums New York inkardinieren. Zwei Tage vor dem Beginn der Visitation prangerte er in einem Interview des römischen Magazins *L'Espresso* den Personenkult in der Legion an. Er forderte, so schnell wie möglich alle Bezüge zu Maciel zu löschen und dessen Bilder aus den Legionärsräumen zu entfernen. Kein Platz mehr für »Vater Maciel«! Und ebenso wenig für die totale Kontrolle über die Legionäre! Außerdem empfahl er der Legion noch, wenigstens so lange keine neuen Mitglieder mehr zu werben, wie die Visitation laufe. Schließlich legte er den Verbliebenen auch noch eine komplette Neugründung nahe. Nur so sei es möglich, »die schreckliche Vergangenheit irgendwann wirklich hinter sich lassen zu können«.

11 Die Freunde der Freunde der Freunde

Ein weltlicher Arm der Kurie:
Comunione e Liberazione in Italiens Politik

Katholikentage gibt es in Italien nicht. Das Hochfest des deutschen Laienkatholizismus hätte im Land des Papstes keine Chance, weil sich dieser Laienkatholizismus dort nie von der Bevormundung durch die römische Kirche hat befreien können. Papst und Kurie hatten auch nie das Bedürfnis, die Laienorganisationen als freie gesellschaftliche Kräfte ernst zu nehmen, eine Haltung, die ja jetzt auch in Deutschland – nach restaurativem römischem Vorbild – mehr und mehr durchgesetzt werden soll. In Rom regierte der Vatikan jahrzehntelang mit einem direkten Draht in die italienische Gesellschaft hinein. Die herrschenden Christdemokraten wagten es nicht, ein Gesetz gegen den Willen des Papstes zu verabschieden. Dabei hatte sich der Vatikan schon einmal für längere Zeit schmollend aus der italienischen Politik verabschiedet, nämlich nach dem Verlust des alten Kirchenstaates in der zweiten Hälfte des 19. Jahrhunderts. Den Staat beherrschten zunächst die Liberalen und Freimaurer, später die Faschisten, mit denen sich die Kirche in den sogenannten »Lateranverträgen« von 1929 arrangierte. Nach dem Zweiten Weltkrieg griffen Papst Pius XII. und seine Kurie dafür dann umso fester zu, um den Katholizismus erfolgreich quasi als Staatsreligion zu installieren.

Fortan holten die Regierenden eifrig und diskret die Meinung von »Oltre Tevere« ein, der vatikanischen Seite jenseits des Tibers. Der »Adenauer Italiens«, Alcide de Gasperi, hatte sich zwar noch gegen päpstliche Einmischungen gewehrt. Doch nach ihm fanden sich genügend Opportunisten, denen die klerikale Wahlhilfe von der Kanzel zugunsten der Christdemokraten wichtiger war als eine ehrliche Auseinandersetzung mit der Problematik oder gar eine Trennung von Kirche und Staat.

Einer der willfährigsten Erfüllungsgehilfen des Vatikans war, aus persönlicher Nähe zu den Päpsten ebenso wie aus echter religiöser Überzeugung, Giulio Andreotti, der mehrfache Ministerpräsident, Minister und, inzwischen, über neunzigjährige Senator auf Lebenszeit. Mehr als alle anderen »Rassepferde« der DC (Democrazia Cristiana), wie die Italiener die Parteiführer nannten, verkörperte er das politische Italien der Nachkriegszeit, mit allen seinen schillernden, ungeklärten wie faszinierenden Facetten.

Andreotti steht für einen dem Papst ergebenen Laienkatholizismus, der in Italien seinen Platz nicht auf aufmüpfigen Katholikentagen hat, sondern sich stets am selben Ort manifestiert: In Rimini treffen sich die Heerscharen der katholischen Politiker und jener Übrigen, die sich ebenfalls, mit Blick auf die Wählerstimmen, am Vatikan orientieren, auch wenn sich von etwa 40 Millionen italienischen Wählern gerade vielleicht noch zwei Millionen als streng gehorsam katholische Wählerschaft identifizieren lassen.

Rimini steht für den ganz großen Auftritt der katholischen Rechten, obwohl es einmal lediglich als Jahrestreffen der Laienorganisation Comunione e Liberazione begonnen hat. Andreotti ist selbstredend fast immer dabei. Der philosophierende erzkatholische Rechtspolitiker Rocco Buttiglione, der sich der Freundschaft von Päpsten rühmt und als ihr selbst ernannter Ratgeber firmiert, sowie zahlreiche Parteigrößen aus dem Regierungslager des Silvio Berlusconi lassen sich die Fahrt an die

Adria selbst im heißesten Sommermonat August nicht nehmen. Anspruchsvollere Geistesgrößen wie etwa der deutsche Philosoph Robert Spaemann wirken da inzwischen schon eher wie Fremdkörper. Der Hausphilosoph von Papst Benedikt XVI. hat den konservativen Katholiken übrigens nicht nur Grundsätzliches zu sagen. Im Sommer 2007, so berichtete eine Nachrichtenagentur, wusste er ihnen auch den Rücken zu stärken, als er sie in der modernen freiheitlichen Gesellschaft, die auch Italien erreicht hat, verunsichert sah. Fast könnte man sagen, er habe im Namen des Papstes dessen Kampagne gegen den Relativismus nach Rimini getragen: Niemals gebe es so etwas wie eine »Wahrheit *für mich*«, also eine individuelle Wahrheit: »Wenn ich etwas für wahr halte, dann ist das nicht eine Wahrheit für mich, sondern es ist meine Meinung über die Wahrheit.« Spaemann vertritt den ausschließlichen kirchlichen Wahrheitsanspruch genauso wie seine Gastgeber in Rimini, die Anhänger von Comunione e Liberazione, die mit einer solchen Vorlage am liebsten die italienische Gesellschaft in einen katholischen Gottesstaat verwandeln würden.

Derartige Forderungen gehören nun allerdings schon seit Anfang der Bewegung zu den Grundlagen ihres Denkens. Entstanden ist CL (damals noch unter anderem Namen) im Jahr 1954 als Studentenorganisation in Mailand, um sich dann bald, ähnlich wie Sant'Egidio, nach den 1968er-Unruhen zu einem Sammelbecken der konservativen Studentenschaft unter der Führung des Seelsorgers Don Luigi Giussani zu entwickeln. Sant'Egidio jedoch wollte dabei »nur« eine christliche Antwort auf die linken 68er sein, Comunione e Liberazione dagegen eine katholisch-fundamentalistische.

Der Priester Giussani aus Norditalien hatte sich nicht nur vorgenommen, die Jungen zu lehren, wie sie persönlich das Christentum in seiner ganzen Spannbreite des menschlichen Daseins erfahren konnten; sein Ziel war es auch, die Präsenz der Christen in den verschiedenen Bereichen des gesellschaftlichen Lebens zu verstärken. Dies war seine religiös verbrämte, aber durchaus politische Antwort auf die linken 68er. Ohne ihren Fundamentalismus hätte die Bewegung keinen Sinn bzw. keine Durchschlagskraft gehabt. In Italien wimmelte es damals ja noch von »christlichen« Etiketten, hinter denen sich letztlich doch nur politischer Pragmatismus verbarg, immer hübsch verbunden mit einer gehörigen Portion Vetternwirtschaft und Bereicherung.

1969 nahm die Bewegung den Namen »Comunione e Liberazione« (CL) an: Gemeinschaft und Befreiung! Dieser Name soll die Notwendigkeit der Erfahrung ausdrücken, dass nur das in Gemeinschaft gelebte Ereignis Christi (lateinisch: communio) zu einer wahrhaften Befreiung des ganzen Menschen führe. Der Name wurde aus einem Flugblatt übernommen, das 1969 als polemische Antwort auf die aktuelle linke Kultur verbreitet wurde. Die Autoren lehnten im Sinne des vorkonziliaren Theologen Giussani die linken Revolutionsideen als Weg zur Befreiung des Menschen ab und setzten die Gemeinschaft mit Christus dagegen: Nur in ihr sei wirkliche Befreiung möglich. Obwohl Giussani nie eine Organisation gründen wollte, inspirierte er die Bewegung und bestimmte ihren Alltag bis zu seinem Tod im Jahr 2005. »Ich fühle mich nicht als Gründer von Comunione e Liberazione. Mein ganzes Leben lang habe ich nur versucht, den katholischen Glauben, der mir von meiner Mutter und von meinen Lehrern im Seminar mitgeteilt worden ist, zu leben.« Seine Bescheidenheit mag ihn ehren; heute ist die päpstlich anerkannte Laienbewegung jedenfalls in über 50 Ländern vertreten und zählt über 100 000 Mitglieder.

Tatsächlich gilt der am 15. Oktober 1922 in Desio bei Mailand geborene Luigi Giussani seit dem Aufstieg von CL als eine der wichtigsten Persönlichkeiten des zeitgenössischen italienischen Katholizismus der zweiten Hälfte des 20. Jahrhunderts. »Seine« CL wird nicht nur wegen ihrer konservativen Glaubenspraxis und der fast mystischen Verehrung ihres Gründers »Don Gius« häufig als italienisches Gegenstück zum spanischen Opus Dei gesehen. Der Vergleich liegt auch durchaus nahe, da es in Italien anscheinend ähnlich starken politischen Einfluss gewinnen konnte wie das Opus Dei im konservativen Spanien.

Von einer hieraus vielleicht ableitbaren lokalen Abgrenzung kann aber heutzutage keine Rede mehr sein. Das Opus Dei hat sich in Italien mittlerweile breit eingenistet, und auch CL hat ihrerseits die Landesgrenzen hinter sich gelassen, auch wenn es sich im Ausland bisher noch lange nicht so wie das Opus mit der politischen Klasse verfilzen konnte. Hier steht bisher noch Giussanis Spiritualität im Vordergrund.

In Deutschland sitzt CL in Freiburg. Offizielles Organ der Bewegung ist die Zeitschrift *Tracce-Litterae Communionis*. Ihr nahe steht die Zeitschrift *30 Giorni* mit der deutschsprachigen Ausgabe *30 Tage*. Als Chefredakteur zeichnet, zumindest der Form nach, Giulio Andreotti.

In Italien traten die sogenannten »Ciellini« nach dem Zweiten Vatikanum als eine konservative Alternative zum progressistischen kirchlichen oder politischen Zeitgeist auf und wurden so zum Sammelbecken konservativer Politiker, obwohl die Bewegung stets betonte, keine Politik betreiben zu wollen. Doch nicht nur das eigene erklärte Ziel, das Christentum in der Gesellschaft zu verankern, dementierte diesen angeblichen Verzicht von vornherein. Und heute nun ist eine öffentliche Diskussion ohne Beiträge von Comunione e Liberazione in Italien kaum mehr denkbar.

Die Bewegung fällt in der öffentlichen Auseinandersetzung dadurch auf, dass sie offizielle vatikanische Positionen vertritt, sich also als verlängerter Arm der Kirche im Staat versteht. Sie unterstützt die Politik des gegenwärtigen Ministerpräsidenten Silvio Berlusconi, der seinerseits sogar von sich behauptet, von Don Giussani geprägt worden zu sein. In seiner Partei engagieren sich dementsprechend viele CL-Mitglieder. Sie lassen ihn vermutlich glauben, dass er dank ihrer Hilfe seine Mehrheit sichern könne. Und tatsächlich verdankt etwa der Gouverneur der Lombardei, Roberto Formigoni, seine Karriere als Christdemokrat und späterer Vize von Berlusconi in dessen »Forza Italia« trotz Korruptionsvorwürfen seiner exponierten Rolle bei CL.

Doch nicht nur in der Politik, sondern auch innerhalb der Kirche hat die Bewegung einen steilen Aufstieg genommen. Als im Februar 2005 der Gründer von Comunione e Liberazione zweiundachtzigjährig starb, hielt – wie bereits eingangs erwähnt – kein Geringerer als der damalige Kardinal Joseph Ratzinger in Mailand die Traueransprache. Der jetzige Papst hegt grundsätzlich eine große Wertschätzung für die Ideen der Bewegung. Darüber hinaus hat er jedoch auch noch eine »tägliche Verbindung« zu CL: Die Küche von Benedikt XVI. wird von zölibatär lebenden weiblichen Mitgliedern der Bewegung betreut, der kirchlichen Vereinigung »Memores Domini«.

Mit einem solchen Erfolg hatten Giussani und seine CL noch nicht rechnen können, als sie in den Jahren des Pontifikats von Papst Paul VI. mit ihrem Kultbuch *Der religiöse Sinn* auf wenig kuriale Gegenliebe stießen. Paul VI. kannte die Bewegung aus seiner Zeit als Erzbischof von Mailand nämlich nur zu gut. Ebenso wie er war auch sein dortiger Nachfolger, der Jesuit Carlo Maria Martini, auf Distanz zu Giussanis Truppe gegangen. Beiden Oberhirten waren die Ciellini doch erheblich zu reaktionär. Sie sahen in ihnen genau die katholischen Fundamentalisten, die nach dem Konzil als überholt galten. Erst recht auf Widerstand stieß in dieser Zeit ihr Versuch, mit einer eigenen politischen Formation, dem »movimento populare«, ins politische Geschäft einzusteigen. Das Movimento wurde denn auch inzwischen aufgelöst.

Der nach diesen schweren Anfängen für viele unerwartete Einflussgewinn der Ciellini ist nun aber keineswegs dem Papst aus Deutschland geschuldet, auch wenn Benedikt es wohl kaum anders gemacht hätte als sein Vorgänger. Der nämlich, Papst Johannes Paul II., war es, der CL ebenso wie viele weitere ultrakonservative Gruppen aufwertete. 1982 erkannte der päpstliche Laienrat die Bewegung offiziell an, und kurz darauf verlieh Johannes Paul II. Giussani nur zu gern den Titel eines päpstlichen Ehrenprälaten.

Eine der Stärken von CL, die maßgeblich zu ihrem Bedeutungszuwachs beigetragen haben dürfte, hat sich im Laufe der Jahrzehnte aus dem Netzwerk ihrer Mitglieder entwickelt. Aus Studenten wurden Anwälte, Lehrer, Professoren, Politiker und Unternehmer. Sie gründeten 1986 die »Compagnia delle Opere« (CDO), die Gemeinschaft der Werke, einen Zusammenschluss von 2000 Einrichtungen, deren Spektrum von kleinen und mittleren Firmen über karitative Werke und Kulturinstitute bis hin zu Non-Profit-Organisationen reicht. Formal sind zwar in allen diesen Institutionen nur diejenigen Personen verantwortlich, die sie leiten. Doch zusammen bilden sie ein riesiges Netzwerk, eine gewaltige italienische Beziehungskiste. Allein in der Vereinigung der Handwerker sammeln sich hunderttausend Mitglieder. Die so konstituierten »freundschaftlichen Verbindungen« beherrschen das italienische Alltagsleben mehr als alles andere. Nichts geht ohne die »amici degli amici degli amici«, ohne die »Freunde der Freunde der Freunde«. CL und seine Strukturen wenden dieses System, das man typisch italienisch, aber auch mafios nennen könnte, mit vollendeter Perfektion an.

Ein gutes Beispiel hierfür sind die gottgeweihten Mitglieder von »Memores Domini«. Sie leben entsprechend den evangelischen Räten, allerdings ohne Habit oder Gelübde. Sie verpflichten sich zwar zu mehreren Stunden Gebet pro Tag, verfolgen aber, und das ist der springende Punkt, eine weltliche Beschäftigung und stehen also »mitten im Leben«. Man wird den Ciellini ihre religiöse Bestimmung kaum absprechen wollen; als sicher dürfte aber dennoch gelten, dass das nur allzu weltliche System der Freunde der Freunde den Hauptgrund für den Aufstieg der Bewegung und für die Anziehungskraft von Don Giussanis Erbe darstellt.

Ein solches Netzwerk zieht als Hausmacht Politiker natürlich magisch an, lässt aber auf der anderen Seite auch kritische Beobachter einen neuen katholischen Filz befürchten. Wann immer Ethik oder Religion in der Tagesaktualität angesprochen werden, so etwa bei der Regelung der umstrittenen Stammzellenforschung oder dem Recht auf den Tod (im Fall einer 17 Jahre lang im Koma liegenden Frau), drängen sich Ciellini in den Vordergrund oder munitionieren rechte Politiker. Ob ihnen auf längere Sicht diese Rückkehr zum intoleranten Katholizismus wirklich hilft, darf jedoch bezweifelt werden. Mit einer autoritären Gesetzgebung, wie sie bis in die Siebzigerjahre durchaus üblich war, sind heute die Debatten nicht mehr zu beenden. Das trotz aller Skandale und Mehrheitswechsel lange Zeit stabile italienische Regierungssystem ist Geschichte, auch wenn Berlusconis Herrschaft das Gegenteil zu beweisen scheint. Die stets stabilisierend wirkende Polarisierung zwischen Christdemokraten und Kommunisten ist überwunden. Zurzeit fehlt es auf Seiten der Linken oder der linken Mitte nur an Persönlichkeiten und an einem Einigungsprozess der Splitterparteien.

Emanzipierte Katholiken finden sich heute in allen Lagern. Der Katholik Romano Prodi, Exchristdemokrat und dann linker Regierungschef, war der sichtbare Beweis. Niemand wird heute Katholiken des totalitären Kommunismus verdächtigen, nur weil sie linke Thesen vertreten. Unabhängige liberale Köpfe finden Gehör weit über ihr »Lager« hinaus, ohne wie in den Jahrzehnten nach dem Krieg verdammt zu werden, wenn sie einmal die Kirche kritisieren. So etwa der Chefredakteur der Monatszeitschrift *MicroMega*, Paolo Flores d'Arcais: Der mutige Journalist hat sich nicht gescheut, katholisch geprägte Gesetze als Monstrosität zu brandmarken, als mit einer freiheitlichen Demokratie nicht zu vereinbaren. Berlusconis »Katho-Khomeinisten« wollten Italien beispielsweise staatliche Folter verordnen. D'Arcais hat dagegen aufbegehrt. Don Giussanis Enkel wollten den Italienern den Katholizismus nicht anders diktieren, als Stalin alle Menschen zum Staatsatheismus zwingen wollte. D'Arcais und sein Blatt prangern dies an und gelten weiterhin als hoch angesehenes linksliberales Sprachrohr der Bürgerrechte, obwohl Italien heute vielen – nicht nur im kopfschüttelnden Ausland – korrupter vorkommt als eine lateinamerikanische Bananenrepublik, in der diskrete Machenschaften angeblich alles beherrschten.

Der gern polarisierende Intellektuelle d'Arcais ist bestimmt nicht mehrheitsfähig. Aber er spricht doch vielen Italienern aus dem Herzen, wenn er die Rekatholisierung ihres Landes ablehnt. Für eine solche Rückkehr zu den alten Zeiten ist der Scherbenhaufen einfach zu groß, den die Christdemokraten hinterlassen haben. Bisher sind alle Politiker, die sich bei entsprechenden »Aufbrüchen« ausdrücklich auf die untergegangene Christdemokratie berufen haben, mit ihren Kleinparteien gescheitert.

CL hat schnell begriffen, woher der Wind weht und daher entsprechende Versuche der Klerikalisierung der Politik bald wieder eingestellt; heute nährt man dort seinen Ehrgeiz lieber mit Vitamin B (wie Beziehungen). Trotz des Umdenkens scheint der Aufstieg aber nicht mehr ganz so reibungslos zu verlaufen. Dies zeigt sich vor allem in einem für die Bewegung sensiblen Bereich, da sie sich dort besonders stark wähnt: in den Schulen. Doch gerade hier, wo man nachhaltige »Erziehungsarbeit« leisten möchte, mehren sich nun die Stimmen von Eltern, die sich dagegen wehren, dass ihre Kinder von Ciellini indoktriniert werden. Sogar an öffentlichen Schulen, so lauten Beschwerden, würde der Nachwuchs von den Fundamentalisten zu religiösen Andachten und Gebeten genötigt. Die Eltern wollen diese religiöse Fremdbestimmung nicht länger hinnehmen. Italien hat sich, so darf man respektvoll feststellen, an der Basis wirklich laisiert.

An der Basis, wohlgemerkt: Keine kritische Stimme hat Papst Benedikt XVI. daran hindern können, am 24. März 2007 die Ciellini auf dem Petersplatz in Rom zu empfangen und die über 80 000 Teilnehmer der Veranstaltung seiner Wertschätzung zu versichern. In einer Zeit, in der Christentum oft als mühsam und bedrückend dargestellt werde, machten die »Ciellini« deutlich, dass es schön sei, Christ zu sein, betonte der Oberhirte. In »faszinierender Weise« biete Comunione e Liberazione den Glauben im Einklang mit der gegenwärtigen Kultur als Quelle für neue Werte an und gebe so der gesamten Existenz eine Ausrichtung. Don Luigi Giussani sei von der Sehnsucht nach der wahren Schönheit angetrieben worden, die er in Gott gefunden habe, sagte der Papst in seiner Ansprache (auf Deutsch nachzulesen zum Beispiel auf der offiziellen Internetseite *vatican.va*).

Bei dieser Gelegenheit unterstrich Benedikt XVI. auch die hohe Bedeutung der neuen Bewegungen und Gemeinschaften für die Kirche. Man dürfe die »Charismen« (Geistesgaben) nicht auslöschen, sondern solle stattdessen dankbar für sie sein, auch wenn sie manchmal unbequem anmuten könnten. Benedikt XVI. hat mit diesen Worten eine barmherzige Umschreibung seiner Nähe zum katholischen Integralismus gefunden, der vielen Katholiken in der Tat Unbehagen bereitet.

12 Jenseits der Neuzeit

Der Durchmarsch der Traditionalisten
über alle Movimenti hinweg

Klangvolles Latein vom »Agnus Dei« bis zum »Ite, missa est« erfüllt die Herz-Jesu-Kirche in Weimar. Der Zelebrant des Pontifikalamtes steht mit dem Rücken zum Volk. Die Luft ist durchtränkt vom lieblichen Geruch des Weihrauchs, notiert ein Reporter. Viele Ministranten und Priester in traditionellen, etwas barock anmutenden Gewändern umstehen den Kardinal, der an seinem Platz vor dem Altar über der seinem Rang entsprechenden purpurroten Soutane das Messgewand für das Hochamt anlegt. Nur sein schlohweißes Haar weist darauf hin, wer hier in der »Kulturhauptstadt Europas« das – zumindest in den Augen der konservativen Laienvereinigung »Pro Missa Tridentina« – bedeutendste Ereignis des Jahres 1999, die eigentlich nicht mehr erlaubte Messe im vorkonziliaren Ritus, feiert. Die Menschen erheben die Herzen und fühlen sich daheim in der alten Messe, die ihnen kein geringerer als der Präfekt der Glaubenskongregation in Rom, Kardinal Joseph Ratzinger, zelebriert.

Initiator dieser Vereinigung zur Feier ist der Philosoph Robert Spaemann. Er hatte den Weimarern zuvor laut *welt.de* vom 16. April 1999 angekündigt: »Das Pontifikalamt wird in der Hochform desjenigen Ritus gefeiert, den Goethe als den katholischen kannte und den die katholischen Bediensteten des evangelischen Herzogshauses allsonntäglich feierten.« Später wurde er noch konkreter: Es gehe um eine Feier »gemäß dem Missale von 1962«.

Der Journalist Gernot Facius erläutert dazu auf *welt.de*: »Das alte römische Messbuch ist im Laufe der Zeit mehrmals überarbeitet worden, zuletzt 1962, also noch vor der Liturgiereform des Konzils, unter Papst Johannes XXIII. Diese gereinigte Form der alten tridentinischen Messe aus der Zeit der Gegenreformation soll ›ausschließlich den Gruppen vorbehalten sein, die darum ersuchen‹, wie die Gottesdienstkongregation im Jahr 1984 an alle Bischofskonferenzen schrieb. ›Die Erlaubnis muss in einer Weise benutzt werden, die die Befolgung der Liturgiereform im Leben der jeweiligen kirchlichen Gemeinschaften nicht beeinträchtigt.‹«

Mit einer entsprechenden Sondergenehmigung, die er vom Erfurter Bischof Joachim Wanke formal erbeten und erhalten hatte, beglückte nun Ratzinger sich und seine Anhänger mit dieser Nostalgieerfahrung. Kaum jemand außerhalb der eingeweihten Gemeinschaft der Messbesucher hatte davon erfahren. Ein schlechtes Gewissen gegenüber der offiziellen römischen Linie war nicht zu erkennen. Wenn schon der mächtige Präfekt sich nicht an diese hält, dann wäre es unter treuen Katholiken wohl kaum angemessen gewesen, Einspruch zu erheben. So taten sie lieber alles dafür, dass der traditionalistische Rückfall von Weimar nicht an die große Glocke gehängt wurde. Nur wenige Medien berichteten folglich darüber, darunter *Die Welt*, unter deren Lesern nun allerdings ein eher höherer Anteil an traditionalistisch orientierten Katholiken zu vermuten ist.

Wie wir hier sehen, hat die Vorliebe für die alte Messe also nicht nur bei den Anhängern des Erzbischofs Marcel Lefebvre glühende Verteidiger. Ratzinger selbst hat sich in dem Buch *Erinnerungen. Aus meinem Leben* (1998) über das Verbot des alten Missale »bestürzt« gezeigt. »Etwas Derartiges hatte es in der ganzen Liturgiegeschichte nicht gegeben«, beklagt er dort. Ähnliches hatte auch der konservative Papst Johannes Paul II. erkannt, als der Streit mit den Lefebvre-Traditionalisten (mit dem folgenden Schisma) 1988 eskalierte. Um den Abtrünnigen die Rückkehr in die kirchliche Gemeinschaft zu erleichtern, rief er am 2. Juli 1988 dazu auf, »das Empfinden derer zu achten, die sich der Tradition der lateinischen Liturgie verbunden fühlen«. Die Richtlinien zum Gebrauch des Römischen Messbuchs in der »Editio typica« vom Jahr 1962 sollten »weit und großzügig« angewandt werden.

Der oben zitierte *Welt*-Kirchenfachmann Gernot Facius leitete deshalb aus der Weimarer Messe bereits vor zehn Jahren ab, dass Ratzinger ein Signal habe setzen wollen, mit der »Exkommunikation« des alten Missale endlich aufzuhören: »Der oberste Glaubenswächter als Tabubrecher in seiner deutschen Heimat!« Dabei habe Ratzinger als Konzilstheologe die liturgischen Erneuerungen noch begrüßt, um jedoch schon bald darauf zu beklagen, dass die Reform zu einer »Verwüstung« geführt habe: »An die Stelle der gewordenen Liturgie hat man die gemachte Liturgie gesetzt – das platte Produkt des Augenblicks.«

Diese Meinung muss nun niemand teilen. Doch in der Tat sehnen sich nicht wenige Menschen nach der lateinischen Messe zurück, in der sie etwas Mystisches finden, das seither verloren ist. Das Mysterium ist geheimnisvoll und bedarf deshalb der lateinischen Form, gerade weil sie fast niemand versteht. In der für jeden verständlichen muttersprachlichen Messe ist das Geheimnis weniger verhüllt. Dort rückt stattdessen das Bekenntnis, die bewusste Zustimmung zu den Aussagen der Messfeier, in den Vordergrund. Gemeinsam mit dem Pfarrer wird den Katholiken Gemeinschaft bewusst. Kein hochwürdigster Herr stellt sich zwischen den Einzelnen und Gott. Auch Katholiken, so drückt es die moderne Messe aus, wollen die Eucharistie feiern und sich nicht von einem Zelebranten zur gehorsamen, Amen-sagenden Herde reduziert sehen.

Tatsächlich haben aber viele das Verbot nicht nachvollziehen können, und Ratzinger sammelt nun jene meist älteren Menschen hinter sich, die ihre seelische Heimat verloren haben, was ein durchaus legitimes Anliegen für einen Seelsorger ist. Der Bruch mit einer so alten Tradition hätte seinerzeit auch nicht mit jener Radikalität stattfinden müssen, wie sie Paul VI. an den Tag gelegt hat. Diese bestehende und berechtigte Kritik ebnet nun den Traditionalisten den Weg, wenn sie die Wiederzulassung der tridentinischen Liturgie befürworten; so wird diese von engen Mitarbeitern des deutschen Papstes – darunter sein Sekretär Georg Gänswein – damit gerechtfertigt, dass durch diesen Schritt einer Minderheit von Entwurzelten eine geistige Heimat in der Kirche zurückgegeben werde. Unbeantwortet bleibt dabei freilich die Frage, wie viel mehr Gläubige in den letzten Jahrzehnten »heimatlos« geworden sind, ihre Pfarrer verloren haben und weitere verlieren werden, gerade weil sich der jetzige Papst und seine Kurie in vielen Bereichen beharrlich weigern, für die Kirche überlebensnotwendige Reformen anzupacken.

Die Reformen jedoch, von denen zu sprechen wäre, haben grundsätzlich nicht mehr viel mit den Reformen des Konzils zu tun, die ja zum Leidwesen des regierenden Papstes längst schon Allgemeingut sind und zudem noch als nach wie vor unzureichend kritisiert werden. An ihre Stelle sind ganz neue Probleme getreten. Die Liturgie steht dabei ganz sicher nicht im Vordergrund und hätte ohne den Traditionalistenstreit auch nie und nimmer die Bedeutung erhalten, die sie zurzeit vordergründig hat. Die Inhalte des katholischen Glaubens müssen sich eine zunehmend kritische Befragung gefallen lassen, bei der sich streng nach Wilhelm Busch unchristliche Antworten aufdrängen: Drängende Fragen sind dabei das Sakramentenverständnis, die Geschiedenenpastoral, die Frauen, die Evolutionstheorie und der Gottesglaube. Führt man sich diese aktuellen Begriffe vor Augen, dann scheint die Auseinandersetzung um Latein in der Messe oder um die Vorhölle für ungetaufte Kinder (Limbus) aus einer anderen Welt zu stammen, aus einer Zeit, als noch ein theologischer Streit um das Geschlecht der Engel entbrennen konnte.

Wenn die Traditionalisten im Gleichklang mit Papst Benedikt Schwierigkeiten damit haben, die Religionsfreiheit zu akzeptieren, und wenn sie gleichzeitig behaupten, das Christentum habe die Menschenrechte in die Welt gebracht, dann sprechen sie von einer Welt, die spätestens seit 1789, also seit der Zeit der Französischen Revolution, überholt ist. Die damals überwundene absolutistische Anmaßung einer gottgewollten Herrschaftswillkür von Fürsten und Bischöfen wird heutzutage fast nur noch, in schlimmster Augustinus-Tradition, von der Papstkirche verteidigt. Für sie ist es nun einmal die katholische Kirche, die allein selig macht. Nur sie verfüge über die Wahrheit. Theologische Spitzfindigkeiten täuschen darüber nicht mehr hinweg.

Ratzinger war und ist kein rassistischer Antisemit und kann für die Verbrechen an den Juden auch nicht verantwortlich gemacht werden. Dennoch muss festgestellt werden, dass er den religiösen Antijudaismus bisher nicht überzeugend widerlegt hat. Aus seiner Sicht kann er dies auch gar nicht tun, denn wenn seine Kirche den ausschließlichen Anspruch auf Wahrheit erhebt, dann ist sie auch verpflichtet, diese Wahrheit allen Menschen zu verkünden, und somit auch den Juden. Ein Karfreitagsgebet für die Mission der Juden stößt ihm daher nicht als Widerspruch auf. In diesem Punkt befindet er sich in trauter Einheit mit den konservativen Konzilstheologen, die damals, in den Sechzigerjahren, argumentiert hatten, niemand dürfe die Bibel umschreiben. Nur alles vermeiden, was den

Alleinvertretungsanspruch infrage stellen könnte! Mit dieser Haltung wird die katholische Kirche so lange an einer schweren Last tragen, wie sie nicht bereit ist, das Neue Testament als eine Sammlung zeitbedingt entstandener Texte mit vielen Widersprüchen kritisch zu beurteilen. Statt einer wortwörtlichen Buchstabentreue müsste der Sinn des Evangeliums höher bewertet und in den Vordergrund gestellt werden. Genau diese Distanz aber, zwischen verstocktem Beharren auf der einen und kritisch-neugieriger Befragung des eigenen Glaubens auf der anderen Seite, trennt moderne Katholiken und andere Orientierung suchende Menschen von den in Rom so hoch angesehenen Fundamentalisten.

Ihre Lebensformen können diese ja gern praktizieren. Sie können sich auf den Boden werfen und sich geißeln. Sie können in altrömischen Umhängen daherkommen und in Geheimsprachen miteinander kommunizieren. Sie können alles tun, was ihnen auch nur einfallen mag, solange es nur die Rechte der anderen nicht tangiert. Inakzeptabel sind in jedem Fall Intoleranz für Andersdenkende, der unbedingte Wahrheitsanspruch und der Gehorsam, den sie von anderen erwarten. Solche Haltungen sind nicht mehr christlich, sind nicht mehr freiheitlich und schon gar nicht demokratisch. Rom sollte sich von ihnen lossagen, sie als Sekten an den Rand drängen, wenn die katholische Kirche denn weiterhin den Anspruch erheben will, eine Volkskirche zu sein und heute nicht mehr mit Waffen und Diktaten zu missionieren, sondern mit der Kraft des Wortes, mit Überzeugung und als Vorbild. Wer aber nun stattdessen glaubt, ausgerechnet zur alten Disziplin Zuflucht nehmen zu müssen, weil nur sie Orientierung und Werte garantiere, der offenbart allenfalls einen Mangel an Persönlichkeit und Unsicherheit. Gehörten dazu nicht auch einige Bischöfe, ich würde ohne zu zögern von Minderwertigkeitskomplexen sprechen.

Ängstlichkeit wird auch Benedikt XVI. nachgesagt. Er entspricht ganz dem Profil der Traditionalisten. Wenn der mächtigste Mann in der Kirche in wichtigen Fragen einer Meinung mit den Traditionalisten ist, dann erübrigen sich alle Fragen nach der Position der Reaktionäre. Vielleicht wäre der Streit mit den Traditionalisten gar nicht erst eskaliert, wenn Papst und Kurie sich nicht in der Tradition der eigenen Intoleranz bewegt hätten, die darauf beharrt, dass außerhalb der Kirche kein Heil zu finden sei, wobei man selbst definiere, was Kirche und Wahrheit sind. Solche Strenge verhindert, dass es auf der Rechten zu Aufweichungen kommt, wo der Papst eigentlich gern etwas weniger Gehorsam verlangen würde, wenn er damit nur nicht seinen Anspruch als oberster Hirte und Lehrer gefährdet sähe.

Um diese Autorität zu verteidigen, greift Benedikt XVI. inzwischen zu einem neuen Mittel. Er interpretiert das Konzil um. Dieses habe ja keine dogmatischen Entscheidungen gefällt, sondern sei nur ein Pastoralkonzil gewesen, also eine den gesamten Episkopat einbeziehende, wenig verbindliche Versammlung zur Beratung über die Verbesserung der Seelsorge. Ist aber das Konzil einmal solcherart abgewertet, so können sich alle Splittergruppen wieder in Rom daheim fühlen, denn damit hätte der Papst selbst die Konzilsbeschlüsse relativiert. Einer derartigen Sichtweise widerspricht nun aber sogar ein ehemaliger Assistent von Professor Joseph Ratzinger an der Universität Regensburg, der Theologe Wolfgang Beinert. In einem Interview des *Deutschlandradios* forderte er im Juni 2009 den Papst nicht nur auf, konsequent zu sein und notfalls die Priesterbruderschaft zu exkommunizieren. Er stellte auch klar: »Falls man – anders als die Pius-Brüder – dem Zweiten Vatikanischen Konzil Verbindlichkeit zuschreibt, ist eine entschiedene Stellungnahme gegen die Beschlüsse des Konzils ein schwerwiegender Akt, der in Richtung Häresie denken lässt.«

Man lasse sich nicht von Beinerts rhetorischer Zurückhaltung irreführen: »Falls man ...«. In dieser Formulierung drückt sich in diesem Zusammenhang sicher kein Vorbehalt aus, sondern nur höfliche Rücksichtnahme auf seinen ehemaligen Lehrmeister.

Den Weg für die Traditionalisten, die rückwärtsgewandten Gegenreformer unserer Tage, hat also in jeder Beziehung der Papst freigedacht. Daran ändern auch die vorgeschobenen Missverständnisse nichts, die angesichts der verheerenden Wirkung des Streits im Nachhinein alles verschleiern sollten. Es geht um immerhin fast 500 Pfarrer sowie vier Bischöfe mit etwa einer halben Million Gläubigen, die in Ratzingers Augen vermutlich katholischer sind als all die eigenwilligen und selbstbewussten modernen Katholiken. Offen blieb lange nur die Frage nach dem Gehorsam dieser »Super-Katholiken« gegenüber dem Papst. Und in diesem Punkt lässt der Stellvertreter Christi auf Erden nun einmal nicht mit sich diskutieren. Das Schisma hatte ja mit dem Ungehorsam des Marcel Lefebvre begonnen, der 1988 gegen den Willen von Johannes Paul II. vier seiner Priester zu Bischöfen weihte. Der Papst fand dazu klare Worte und stellte im Juli desselben Jahres im Apostolischen Schreiben (Motu proprio) »Ecclesia Dei afflicta« mit ungewohnter Strenge fest, dass diese Tat »Ungehorsam gegenüber dem Römischen Papst in einer sehr ernsten und für die Einheit der Kirche höchst bedeutsamen Sache« bedeute. Die unerlaubte Weihe stelle einen »schismatischen Akt« dar. Die formale Zustimmung zu einer Kirchenspaltung sei aber »eine schwere Beleidigung Gottes und bringt die Exkommunikation mit sich, wie im Kirchenrecht festgesetzt ist«.

Mit diesem Akt der Verdammung war – zumindest nach römischer Logik – ein Missstand behoben bzw. eine Entwicklung in einer Sackgasse zum Stillstand gekommen, die einst im Jahr

1962 ihren Anfang genommen hatte. Im Folgenden sei zum besseren Verständnis kurz an die Chronologie erinnert.

Seit Oktober 1962 und bis Dezember 1965 tagt das Zweite Vatikanische Konzil und vollzieht eine Öffnung der Kirche gegenüber der Welt. Konservative Kreise sehen die Reformen skeptisch oder lehnen sie ab. Auf Kritik stoßen unter anderem die ökumenischen Initiativen, die Erklärung zur Religionsfreiheit sowie Neuerungen in der Liturgie wie etwa die Einführung der Muttersprache anstelle des Lateins.

Im Jahr 1968 tritt, während die mediale Welt auf ganz andere Geschehnisse schaut, der Konzilsteilnehmer und ehemalige Erzbischof von Dakar Marcel Lefebvre aus Protest gegen den »modernistischen« Kurs als Ordensoberer der Spiritaner (Missionsgemeinschaft vom Heiligen Geist) zurück. Bereits ein Jahr später gründet er im schweizerischen Fribourg die »Confraternitas Pius X.«. Die neue Priesterbruderschaft wird 1970 kirchlich anerkannt, doch schon fünf Jahre danach entzieht Rom der Gemeinschaft wieder die kirchenrechtliche Legitimation. 1976 enthebt Papst Paul VI. Lefebvre sogar seiner bischöflichen Rechte. Der nunmehr suspendierte Erzbischof stellt sich jedoch stur und weiht weiterhin Priester.

Sein renitentes Verhalten wäre vielleicht noch lange eines von vielen Ärgernissen am Rande der Wahrnehmung geblieben, wenn Lefebvre dann im Jahr 1988 nicht eindeutig zu weit gegangen wäre. Am 30. Juni jenes Jahres weiht Lefebvre nämlich – gegen ausdrückliches päpstliches Verbot – vier Priester aus seiner Bruderschaft zu Bischöfen, darunter auch den aus der anglikanischen Kirche übergetretenen Holocaust-Leugner Williamson, der heute wieder in aller Munde ist. Mit dieser Maßnahme zieht er nun aber automatisch die Exkommunikation auf sich und ebenso auf die gerade »Geweihten«. Dabei war Lefebvre kurz zuvor noch zum Einlenken bereit gewesen: Er hatte sogar eine mit Kardinal Ratzinger ausgehandelte diesbezügliche Übereinkunft unterzeichnet, die er später jedoch zurückziehen sollte. Jetzt aber, im Sommer 1988, ist die »Höchststrafe« gegen den Gründer und Anführer der Priesterbruderschaft sowie seine Getreuen verhängt. Interessant, wenn auch für Insider wenig überraschend, ist die Reaktion der Verurteilten: Die Lefebvrianer betrachten die Exkommunikation nämlich ganz einfach als unwirksam und sehen sich weiterhin als Mitglieder der römisch-katholischen Kirche.

Ebenso interessant wie die Reaktion der Pius-Brüder ist die nun folgende des Papstes, der sich zum Handeln gezwungen sieht: Umgehend gründet dieser die Kommission »Ecclesia Dei«, die einen Dialog mit den Traditionalisten aufnimmt. Das Ergebnis dieses Dialogs heißt, mehr oder weniger, Ausgleich: Noch im selben Jahr nämlich wird ein Teil der Traditionalisten als »Priesterbruderschaft Sankt Petrus« wieder in die Kirche integriert, soweit jene sich dem Primat des Papstes unterworfen haben. Die Priester dieser Petrus-Bruderschaft erhalten im Gegenzug die Sondererlaubnis, die Messe nach dem im Jahr 1962 modifizierten »tridentinischen« Ritus zu feiern.

Vor 20 Jahren ahnte niemand etwas von jenem heute aktuellen Eklat, den ein Fernsehinterview einmal auslösen sollte – ein Fernsehinterview, von dessen antisemitischen Aussagen die Kurie angeblich nichts gewusst hat. Vor 20 Jahren gehörte auch das Internet noch nicht zur allgemeinen Informationspflicht. Damals, im Jahr 1989, in einer Zeit, als die Glaubenswächter penibel alle ihnen auffallenden Linksabweichungen notierten, durfte Williamson, von Rom unbehelligt, in Sherbrook (Kanada) predigen: »Die Juden haben den Holocaust nur ausgedacht, damit wir vor ihnen in die Knie gehen und ihren neuen Staat Israel anerkennen. Juden haben den Holocaust bedacht, Protestanten bekommen ihre Anweisungen vom Teufel, und der Vatikan hat seine Seele an den Liberalismus verkauft.«

Solche Aussagen können nicht unkommentiert dastehen, weshalb wir kurz von der Chronologie abweichen müssen: Wer solchen Unrat als Wort Gottes anpreist, der hat kein Recht, (wieder) in die katholische Kirche aufgenommen zu werden, unter welchen Bedingungen, wann und wozu auch immer. Hermann Häring folgert deshalb, bezogen auf Wojtylas Nachfolger Benedikt XVI.: »Ein Papst, der solche Entscheidungen auch gegen den Widerstand engagierter Christen durchsetzt, hat seine Glaubwürdigkeit verspielt, auch wenn er den Holocaust zum Verbrechen gegen die Menschheit erklärt.« Leider scheint der Papst den Skandal seines Handelns noch nicht zu begreifen, meint Häring rückblickend im Sommer 2009 in seinem Buch *Im Namen des Herrn – Wohin der Papst die Kirche führt*. Die altbekannten Fakten erlauben keine irgendwie geartete Rechtfertigung. Logischerweise fordert Häring Benedikt XVI. deshalb auf, zurückzutreten.

Doch zurück zur Chronologie: Am 25. März 1991 stirbt Lefebvre. Sein Nachfolger wird der von ihm geweihte Schweizer Bischof Bernard Fellay, den Beobachter für dialogbereiter halten, als es der verstorbene Gründer der Bruderschaft war. Ein entsprechendes Signal sendet er 2005 nach Rom, indem er die Wahl von Kardinal Joseph Ratzinger zum Papst als »Hoffnungsschimmer« begrüßt. Die Antwort lässt nicht lange auf sich warten: Schon im August empfängt Benedikt XVI. Fellay in einer Privataudienz. Bei diesem Treffen kommt, so hört man aus dem Vatikan, der »Wunsch« zum Ausdruck, »zu einer vollkommenen Gemeinschaft zu gelangen«. Die Formulierung ist aufschlussreich, denn sie impliziert, dass beide Gesprächspartner immerhin schon von einer teilweise bestehenden Gemeinschaft ausgehen. Auch wenn womöglich noch Gräben zu überwinden sind: Die Brücke ist längst geschlagen, die Brüder im Geiste stehen schon nahe beieinander.

Im Juli 2007 erlaubt Benedikt XVI. in dem Erlass »Summorum pontificum«, dass künftig in allen Bistümern nach bestimmten Vorgaben Messen nach dem tridentinischen Ritus von 1962 gefeiert werden dürfen. Weltweite Kritik löst dabei eine damit auch wieder zugelassene Karfreitagsfürbitte aus, in der für die Bekehrung der Juden gebetet wird. Der Erlass hat es in sich: Was zunächst vielleicht nur wie eine Ausnahmeregelung aussieht, soll sich schon in den beiden folgenden Jahren als gezielte Aktion zum Abschied von der Allgemeingültigkeit der Liturgiereform des Konzils entpuppen. Von der Öffentlichkeit kaum bemerkt, hat Benedikt XVI. beispielsweise die Benediktinerklöster, darunter das im Heimatort von Ordensgründer Benedikt in Nursia (Norcia) in Mittelitalien, aufgefordert, die Messe nach Möglichkeit ab sofort wieder in der alten Form zu feiern. Der alte Ritus etabliert sich wieder.

Im Juni 2008 lehnt die Pius-Bruderschaft zum 20. Jahrestag der Exkommunikation Lefebvres eine Aufforderung des Heiligen Stuhls zur Aussöhnung zunächst ab. Auch kommt sie der Aufforderung Roms nicht nach, eine Fünf-Punkte-Erklärung mit Bedingungen für eine mögliche Wiedereingliederung in die Kirche zu unterzeichnen. Mit Datum vom 15. Dezember 2008 bittet jedoch Fellay in einem Schreiben an die Kommission »Ecclesia Dei« im Namen der vier Bischöfe erneut um die Rücknahme der Exkommunikation. Er sichert die Anerkennung des päpstlichen Primats sowie die Annahme der Lehren des Papstes zu, was inzwischen nun allerdings, wie gesagt, kein ganz so großes Entgegenkommen mehr bedeutet und daher differenzierter gesehen werden muss: Das Zweite Vatikanische Konzil, dessen Beschlüsse die Lefebvrianer tatsächlich weiter ablehnen, wird selbst vom Papst nicht mehr als so verbindlich betrachtet, wie es vor Ratzingers Wahl noch allgemeine Überzeugung gewesen ist.

Am 19. Januar 2009 berichtet *Der Spiegel* von einem Interview eines schwedischen TV-Reporters mit dem traditionalistischen Bischof Richard Williamson; dieser habe darin den Holocaust relativiert und die Existenz der Gaskammern geleugnet. Das Interview wurde bereits im November des zuvor vergangenen Jahres in der Nähe von Regensburg aufgezeichnet.

24. Januar 2009: Der Vatikan teilt die Rücknahme der Exkommunikation der vier Traditionalistenbischöfe förmlich mit; der Papst, so heißt es später, habe Williamsons Äußerungen angeblich nicht gekannt.

Am 30. Januar 2009 bittet Williamson den Papst um Entschuldigung für die Probleme, die er mit seinen »unbedachten Äußerungen« ausgelöst habe. Er unterlässt es jedoch, seine Aussagen zum Holocaust zurückzuziehen.

Doch was hätte dies denn auch ausgemacht? Selbst eine Rücknahme seiner Worte, falls so etwas denn möglich ist, und eine klare Distanzierung vom Antisemitismus hätte nicht mehr darüber hinwegtäuschen können, dass die Lehren und Überzeugungen der Pius-Brüder alles in allem mit Demokratie nicht vereinbar sind und dass ihre Organisation eigentlich als verfassungswidrig verboten werden müsste. Der Bonner Politikwissenschaftler Gerd Langguth hat die Positionen der deutschen Pius-Brüder unter der Leitung des Paters Franz Schmidberger analysiert und zieht am 27. Februar in der *Welt* unter der Schlagzeile »Ein Fall für den Verfassungsschutz« eine eindeutige Bilanz. Der wichtige Artikel, dessen Inhalt ich im folgenden detailliert wiedergeben möchte, demonstriert anschaulich und überzeugend, dass die Pius-Brüder mit ihrer Art von Traditionalismus in der modernen Gesellschaft nichts zu suchen haben; ihr Verbleib in der Kirche und vor allem ihre Rückendeckung durch den politisch unbedarften Papst bedeuteten den eigentlichen Skandal.

Langguth lässt sich von dem Streit um Williamson nicht irritieren und untersucht das Problem, das sich dahinter verbirgt. Wer sich Schmidbergers politische Thesen anschaue, so stellt er zutreffend fest, der werde »erkennen, dass die judenfeindlichen Aussagen von Bischof Williamson nur die Spitze eines Eisberges darstellen. Die von Schmidberger in der ›Zeitschrift für das christliche Gemeinwesen‹ niedergelegten ›Grundsätze einer christlichen Gesellschaftsordnung‹ offenbaren ein eindeutig antiplurales und antifreiheitliches Verständnis dieser katholischen Sekte.«

Langguth weiter: »Die Schmidberger-Grundsätze zeugen von einer bedenklichen politischen Gesinnung«; so zum Beispiel die »abstruse These ... dass es ›legitime Regierungen‹ gibt, ›die nicht aus Wahlen hervorgegangen sind‹. Demnach könnte eine Alleinherrschaft eine legitime Regierung sein, da es nicht auf die Zustimmung der Bevölkerung, sondern auf eine Anerkennung durch Gott selber ankomme. In der Erbmonarchie sieht er eine solche Voraussetzung als erfüllt. Im dunklen Mittelalter hat man so gedacht wie auch im Altertum. Kirchenvater Augustinus lässt grüßen. In der Neuzeit haben die Nazis versucht, die Herrschaft ihres ›Führers‹ religiös zu verbrämen und sie auf den Willen Gottes zurückzuführen. Übrigens nahmen die Nationalsozialisten wie Schmidberger Bezug auf den Römerbrief des Apostels Paulus.« Langguth folgert zu Recht: »Diese Aussage Schmidbergers ist eindeutig verfassungsfeindlich.«

Verständnis für Demokratie suche man bei ihm vergeblich; Schmidberger fordere »ein Wahlrecht, das von dem Grundsatz, dass jeder Wahlberechtigte ein und dieselbe Stimme (›one man, one vote‹) hat, abweicht. Er fragt: ›Würde nicht ein wesentlich auf die Familienoberhäupter abgestütztes Wahlrecht der Familie als Zelle der Gesellschaft eine ganz andere Stellung verleihen?‹ Frauen kommen bei seinen Überlegungen beim Wahlrecht überhaupt nicht vor.«

Schmidberger stelle die Existenzberechtigung der Parteien als solche infrage. An deren Stelle sollten »jene christlichen Männer« treten, »die sich durch sittliche Reife und Lebenserfahrung, durch Gerechtigkeitssinn und Sorge um das Gemeinwohl auszeichneten«. Wer solle aber dann, fragt Langguth, das Recht haben, »über die ›sittliche Reife‹ als solche zu bestimmen, und wer hat das Recht, eine entsprechende Personalauswahl vorzunehmen? Solche Vorstellungen sind mit einer parlamentarisch-repräsentativen Demokratie nicht vereinbar.«

Dieselbe antipluralistische Haltung findet Langguth auch in puncto Religion: Es »sollten, so Schmidberger, da es ›nur eine wahre, von Gott gestiftete Religion‹ gebe, ›falsche Religionen und Kulte‹ verboten werden; allenfalls sollten diese ›geduldet‹ werden – und zwar ›nach den Grundsätzen der Klugheit, ohne ihnen jemals ein Naturrecht auf Existenz zuzugestehen‹. Toleranz gegenüber Andersdenkenden und -gläubigen steht damit nicht auf dem Programm.«

Nach dem Willen des Traditionalisten habe der Glaube auch die Arbeitswelt zu beherrschen: »Er fordert, dass sich ein christlicher Unternehmer ›am Morgen zu Arbeitsbeginn mit seinen Angestellten vor dem Bildnis des gekreuzigten Herrn oder des heiligsten Herzens Jesu‹ versammelt, ›um Arbeit und Mühe des Tages Gott aufzuopfern und seinen Segen auf das Werk herabzurufen‹.

Außerdem fordere Schmidberger die Todesstrafe für Schwerverbrecher und sage »dem Konkubinat wie auch den vorehelichen und außerehelichen Beziehungen den Kampf an«. Er wolle, »dass in einer christlichen Gesellschaftsordnung der Vertrieb von empfängnisverhütenden Mitteln verboten wird«. Ferner heiße es: »Ebenso verbannt sie Gotteslästerung, Homosexualität und Pornografie aus dem öffentlichen Leben; sie bestraft die Abtreibung und verwirft die Euthanasie wie die

Drogen. Auch schließt sie Freimaurerlogen und verbietet Geheimgesellschaften.«

In der »Überzeugung eines übergeordneten universellen Naturrechts« verleugneten die Pius-Brüder »in letzter Konsequenz die Autorität des staatlichen Rechts« und folgten damit dem »Bild einer Theokratie (Gottesherrschaft)«. Sie lehnten nicht nur die Gestaltungskraft des modernen Rechtsstaates ab. Die Umsetzung seiner Ziele, paraphrasiert Langguth Schmidberger weiter, führte auch zu »einer alle verpflichtenden Einheitsmoral, die blind ist für moralische Differenzierungen der Moderne. Demnach sind seine religiösen Dogmen dem staatlichen Recht übergeordnet.« Zwar sei die Sekte der Pius-Brüder nicht durch gewaltsame Aktionen aufgefallen, doch stellt Langguth Schmidbergers Aussagen trotzdem auf »eine Stufe mit dem islamistischen Fundamentalismus, denn auch die Scharia ist eine Rechtsordnung, die staatliches Recht verdrängt«.

Und weiter: »Mit der Kritik an den Schmidberger-Thesen geht es also nicht um das Religiöse mit dem Blick auf das Jenseits, sondern um knallharte politische Positionen im Diesseits, die einer rechtsradikalen Partei gut zu Gesicht stehen könnten. Sein dumpfer Hass gegen die Moderne und seine Ablehnung des Pluralismus eines Staates der Gegenwart zeigen jedenfalls eine starke Parallelität zum Rechtsextremismus. Seine Idealisierung einer ursprünglichen, harmonischen Gemeinschaft, sein Bild einer Urgemeinschaft, die sich nur göttlichem Gebot unterwirft, hat Ähnlichkeiten mit dem Bild einer ›Volksgemeinschaft‹ im Nationalsozialismus. Sein chauvinistischer Kampf gegen den ›Internationalismus mit seiner Zerstörung der eigenständigen Völker und Kulturen‹ zeigt ebenfalls starke Parallelen zu den Extremisten.«

Abschließend stellt Professor Langguth fest: »Es wird deshalb dringend Zeit, dass sich der Verfassungsschutz diese Vereinigung ansieht. Der hat sich ja schon die Praktiken der sogenannten Scientology Church vorgenommen. Das ist bei den Pius-Brüdern ebenso berechtigt. Das Tun der Pius-Brüder scheint vielen zwar religiös, ist aber letztlich gemeingefährlich – zumal sie durch eine Reihe von staatlich geförderten Schulen (etwa in Nordrhein-Westfalen oder im Saarland) Einfluss auf junge Menschen haben.«

Harmloser als die Pius-Brüder, so sei hier noch ergänzt, gibt sich im kirchlichen Umfeld die Petrusbruderschaft, die 1988 auf Initiative von Papst Johannes Paul II. gegründet worden ist, um traditionalistische Katholiken in die Kirche zu integrieren. Diese Petrusbrüder unterhalten ein Priesterseminar in Wigratzbad und Niederlassungen in Augsburg, Garmisch-Partenkirchen, Ingolstadt und Grafing bei München. Ein weiterer Vertreter dieser Strömung ist, nebenbei bemerkt, die Una-Voce-Bewegung, die eine Rücknahme der Liturgiereform des Zweiten Vatikanischen Konzils sowie eine Wiedereinführung der Messe im tridentinischen Ritus anstrebt.

Aber kommen wir noch einmal zurück zur Kommission »Ecclesia Dei«, die Ende der Achtzigerjahre den Dialog mit den Pius-Brüdern aufgenommen hatte. Ihr erster Präsident war der deutsche Kurienkardinal und Benediktiner Paul Augustin Mayer. Anlässlich des zehnjährigen Bestehens der Kommission erinnerte er sich an die ersten Julitage des Jahres 1988 und begründete auch, warum diese Gruppe in Rom so hoch geschätzt wird: »Grund zu tiefer Freude war und bleibt die Entwicklung der Mitgliedschaft. In einer Zeit, da in der sogenannten ersten Welt die Kirche einen dramatischen Einbruch der Priesterberufe beklagen muss, erfahren die Seminare der Bruderschaft in Wigratzbad (Bayern) und in der Diözese Scranton (Pennsylvania) einen Andrang von Kandidaten.« Es geht diesen Leuten also, wir sehen es immer wieder, trotz der Milliarde an Katholiken insgesamt nur um diesen verschwindend kleinen Bruchteil von einigen Hunderttausend rückwärtsgewandten Katholiken, die aber, ungeachtet ihrer geringen Zahl, in Rom ein Vielfaches an Gewicht in die Waagschale werfen können, denn sie standen dem vorigen Papst ebenso nah wie dem jetzigen.

So viel Nähe macht wohl blind. Papst Benedikt ist den Pius-Brüdern bedingungslos entgegengekommen, und diese haben seine ausgebreiteten Arme ihrerseits verstanden als Einladung zu noch mehr Provokationen. Kein Anzeichen sollte in den folgenden Monaten darauf hindeuten, dass Marcel Lefebvres Erben einlenken würden. Im Gegenteil. Sie traten geradezu so auf, als ob der Papst bekehrt werden müsse, damit er endlich die Irrlehren des Konzils zurückweist. Im Vatikan, so beharrten die Pius-Brüder in ihren Veröffentlichungen, seien weiterhin »Modernisten« am Werk, die den Glauben verfälschten. In solch einer »Notsituation« müssten kirchenrechtliche Normen überschritten werden.

Mit sich und den eigenen Normen im Reinen weihte Bischof Bernard Tissier de Mallerais, einer der Hardliner der Pius-Bruderschaft, am 19. Juni 2009 in den USA 13 Männer nach vorkonziliarem Ritus in lateinischer Sprache erneut zu Priestern, wobei erläutert werden muss, dass solcherlei Handlungen zwar verboten, aber dessen ungeachtet kirchenrechtlich gültig sind.

Nur wenige Tage später der nächste Streich: Die Brüder provozierten geradezu die deutschen Bischöfe, die Rom zuvor vergeblich gebeten hatten, endlich dem Treiben Einhalt zu gebieten und klar gegen die Traditionalisten Stellung zu beziehen. Diese weihten nun aber gänzlich unbeirrt und ohne Verurteilung durch den Vatikan in Fulda eine Kapelle.

27. Juni 2009: Keine zwei Wochen waren ins Land gegangen, als die Bruderschaft in Zaitzkofen im Bistum Regensburg

Neupriester weihte, ganz so, als wäre kein laufender Dialogversuch aufs Spiel zu setzen: den Mathematiker und Altphilologen Hakan Erik Lindström, 30, aus Stockholm, den polnischen Forstfachmann Lukasz Szydlowski, 26, und den Schweizer Bauernsohn Thomas Suter, 26. Zudem spendete der spanische Pius-Bischof Alfonso de Galarreta auch noch zwei Diakonen die Weihen. Der Generalobere der deutschen Bruderschaft, Franz Schmidberger, argumentierte dabei scheinheilig: Die Weihen seien gegen niemanden gerichtet. Vielmehr seien sie für den Papst und für die Bischöfe: »Die Weihen sind der beste Dienst in Zeiten schwerster Glaubensverwirrung und des dramatischen Priestermangels.«

Anscheinend wirkt man aber nicht nur der »Glaubensverwirrung« entgegen. Die Lokalzeitung von Regensburg, die *Mittelbayerische Zeitung*, beobachtete, dass die Priesterweihe eine beträchtliche Zahl von Menschen mit politisch rechter, religiös-judenfeindlicher Gesinnung in den Landkreis Regensburg gelockt habe. Ein Anrufer bei der Zeitung kommentierte dies so: »Man hatte das Gefühl, man befindet sich auf einem Reichsparteitag – auch wenn man das heute so nicht mehr sagen darf.« Ein prominenter Vertreter der regionalen rechten Szene war der NPD-Kreisvorsitzende Willi Wiener. Allerdings betrachtete dieser seine Teilnahme am Gottesdienst nicht als politisch motiviert: »Ich war zwar dort, aber ich bin dort gewesen, weil ich ein gläubiger Katholik bin«, sagte er der Zeitung.

Aus Rom kam nichts Konkretes, obwohl Weihe und Umfeld eine klare Verurteilung herausforderten, wenn denn eine Distanz wirklich gewollt würde. Der Vatikan beschränkte sich aber auf die knappe Erklärung, die Weihen seien unrechtmäßig. Dafür ernannte Benedikt XVI. wenige Tage später einen traditionalistisch orientierten Anhänger der lateinischen Messe, Juan Miguel Ferrer Grenesche, bisher Generalvikar der Erzdiözese Madrid, zum neuen Vizesekretär der Gottesdienstkongregation. Ein gewolltes Signal oder wieder einmal ein »Kommunikationsproblem«? Die Traditionalisten werteten es in jedem Fall als Absicht.

Im 25 Kilometer entfernten Regensburg bezeichnete Bischof Gerhard Ludwig Müller die Priesterweihen als »Akt der Widerspenstigkeit« und stellte eine »gewisse Borniertheit« fest. Wie in einem Ferndialog konterte der Leiter des Zaitzkofener Seminars, Pater Stefan Frey, vor rund 1200 Gläubigen süffisant, die Haltung der deutschen Bischöfe unterscheide sich sehr von Roms Handlungsweise. In seiner Erklärung, die zum Beispiel auf der Internetseite *katholisches.net* im Wortlaut nachzulesen ist, heißt es: »Würde unsere Gemeinschaft der Forderung mehrerer deutscher Bischöfe nachkommen und aufhören, Priester zu weihen, die Messe zu feiern und Sakramente zu spenden, weil wir uns momentan kirchenrechtlich nur in einer Grauzone befinden, dann würde das faktisch unsere Auflösung bedeuten. Indem diese Forderung erhoben wird, verkehrt man die Absicht des Papstes, die er mit der Rücknahme des Exkommunikationsdekretes verfolgt, ins Gegenteil.« Frey warf damit dem Papstfreund und rechten Flügelmann des deutschen Episkopats Müller unverfroren vor, den Papst falsch zu interpretieren.

Der Obere der Bruderschaft, Bernard Fellay, versicherte nach der viereinhalbstündigen Weihefeier den Journalisten, der Vatikan habe die Weihen »nicht verboten«. Er sehe seit dem Jahr 2000 eine deutliche Annäherung an Rom. Diese sei seit der Wahl Papst Benedikts vor vier Jahren noch spürbarer geworden. In Fragen der Disziplin, der Moral und der Liturgie fühle man sich dem Papst sehr nahe. Die Differenzen seien »eher theologischer Art«. Er gehe davon aus, dass es nach den Sommerferien weitere Gespräche mit dem Vatikan geben werde, sagte Fellay, und freute sich, dass bei Benedikt XVI. in einigen

Fragen doch eindeutig der Wille zur Restauration erkennbar sei. Womit er, wie wir wissen, nicht falsch liegt.

Nach der Messe kehrte Fellay nach Econe im Wallis zurück, um dort zwei Tage später selbst acht Priester zu weihen. Bei diesem Anlass gab er sich hinsichtlich der Aussichten, dass Rom die Bruderschaft anerkennen werde, optimistisch. Denn allein in diesem Jahr habe sie, bei gerade einmal rund 500 klerikalen Mitgliedern, immerhin 30 Neupriester geweiht, die gesamte katholische Kirche in Frankreich dagegen nur hundert. Mit diesem Zulauf soll wohl bewiesen werden, dass die Bruderschaft auf dem richtigen Weg ist.

Das wiederum verurteilt der oben schon zitierte Regensburger Ratzinger-Schüler Wolfgang Beinert, der heute für einen ganz anderen Kurs als den seines ehemaligen Hochschullehrers steht, schlichtweg als Häresie. Die Traditionalisten hielten sich für die Erlöser. In ihren Augen sei die Welt schlecht. Sie müssten sie erlösen. »Das ist die schlimmste Häresie«, sagte Beinert wörtlich. Christus habe die Welt erlöst. Das aber sei das Gegenteil von dem, was die Traditionalisten verkünden: »Sie widersprechen dem Christentum.« Leider werde diese Irrlehre in Rom nicht gesehen. Doch sei solch eine Häresie mit dem Katholizismus nicht vereinbar. Die Angelegenheit gehe also weit über einen bloßen Ritenstreit hinaus.

Selbst einer der glühendsten Papstverteidiger, der Benedikt XVI. besonders verbundene und dem Opus Dei zumindest nahestehende Mitgründer des Netzwerks »Generation Benedikt«, Nathaniel Liminski, fragt in einem Kommentar in einer rechten Internet-Agentur nach den fatalen Folgen des Ungehorsams. Die Bruderschaft vereinnahme den Papst für ihre eigenen Zwecke, und ein Keil werde getrieben zwischen die deutschen Bischöfe und das Kirchenoberhaupt. Liminski meinte nach der Priesterweihe: »Viele Gläubige wollen wissen, was aus der ausgestreckten Hand des Papstes gegenüber der Pius-

Bruderschaft geworden ist. Wenn sie nicht ergriffen oder gar abgeschlagen [sic!] wird, muss das zur Kenntnis genommen und öffentlich benannt werden dürfen.« Vorher hatte er noch – auf demselben Internetportal – gestaunt: »Und Rom schaut zu?« Erschreckend sei »die ernüchternde Erkenntnis, dass der Aufstand der Anständigen in der Bruderschaft selbst ausbleibt«.

Doch welche Anständigen meint er denn? Die ganze Bruderschaft hält sich für die besseren Katholiken und ist überzeugt, in der Kirchenspitze genügend Gleichgesinnte auf ihrer Seite zu haben. Eine Antwort auf Liminskis leider etwas naiv anmutende Frage findet sich auch im kurz vorher versandten Rundbrief der Pius-Brüder: »Im Prozess der Annäherung und Verständigung mit Rom hat die Priesterbruderschaft auf unbestimmte Zeit einen provisorischen rechtlichen Status inne, bis nach Abschluss der theologischen Gespräche eine definitive kanonische Regelung gefunden wird. So sieht es die mit Rom vereinbarte ›Marschroute‹ vor. Niemals war in den bisherigen Verhandlungen von einem generellen ›Weihestopp‹ die Rede, im Gegenteil: Die Aufhebung des Exkommunikationsdekrets war ja als Akt des Entgegenkommens gedacht, der dem Leben der Bruderschaft keine Einschränkungen auferlegen sollte.« Wenn man dies liest, wundert es einen nicht, dass der deutsche Obere Schmidberger schon offen von einer Personalprälatur nach dem Vorbild des Opus Dei für die Pius-Brüder spricht: eigenständig, nur dem Papst unterstellt und an der Jurisdiktion der Bischöfe in ihren Diözesen vorbei.

2. Juli 2009: Schmidbergers Hoffnungen scheinen sich als begründet zu erweisen. Die Unterstellung der »Ecclesia Dei«-Kommission unter die Glaubenskongregation weist in die neue Richtung. Es geht nicht mehr um Disziplin und Liturgie, sondern um das Lehramt. In Ratzingers ehemaliger Kongregation soll der Boden bereitet werden, um die Traditionalisten voll zu

integrieren. Nicht nur ein zweiter Ritus soll erlaubt, sondern auch eine vorkonziliare Kirche restauriert werden. Außerdem sollen die Bischöfe aufgefordert werden, ihren offenen Widerstand gegen die Pius-Brüder aufzugeben. Der Papst, so hieß es in Rom kurz nach den Priesterweihen im Juni 2009, bereite ein neues Dekret, ein Motu proprio, vor. Diese Art Dekret bedeutet wie schon gesagt wörtlich »aus eigenem Antrieb«. In diesem Fall darf das wohl wirklich wörtlich genommen werden. Der Papst lässt sich gern zu den Traditionalisten treiben.

11. Juli 2009: Pius-Bischof Richard Williamson versichert in einem Videointerview im Internet: »Die Mehrheit von uns will kein Abkommen mit dem Papst.« Die vom Vatikan verlangte Annahme des Konzils wäre für Bischof Williamson verfehlt: »Sie wollen uns in den Mainstream zurückführen, den die Konzilskirche darstellt.« Eine Hinwendung zum Konziliarismus verriete den Glauben und kompromittiere die katholische Tradition: »Ich kenne die anderen Vorgesetzten und viele Priester der Bruderschaft. Die Mehrheit will kein falsches Abkommen mit Rom. Ich glaube nicht, dass sie es tun werden. Ich glaube nicht einmal, dass der Generalobere das tun würde – auch wenn er es wollte.«

Die endlose Geschichte geht also weiter, obwohl sie von Rom aus längst beendet worden sein müsste. Die Annäherung ist gescheitert. Wenn Benedikt XVI. das Zweite Vatikanische Konzil nicht revidieren will, bestehen keine ausreichenden Gemeinsamkeiten. Sie nun jedoch weiterhin in die Pius-Bruderschaft hineinzuinterpretieren bedeutet, bewusst die Ablehnung von Grundrechten zu akzeptieren und sich von der Moderne zu verabschieden, weil die Traditionalisten Menschenrechte ebenso leugnen, wie sie die Demokratie ablehnen. Der Heilige Stuhl relativiert so selbst die »Wahrheit«, wie sie der Papst in seinen Enzykliken verkündet, zugunsten von Verfassungsfeinden.

Die ganze römische Verteidigungslinie brach am 23. September 2009 endgültig zusammen. Zwar dementierte Papstsprecher Federico Lombardi noch standfest, nachdem das drohende Unheil bekannt geworden war. Der Papst habe nichts vom Holocaust-Leugnen durch Williamson gewusst, schon gar nicht, als er die Exkommunikation aufhob. Im schwedischen Fernsehen wurde aber an diesem Herbstanfang durch mehrere Aussagen klargestellt, dass die Diözese Stockholm von Williamsons Interview-Aussagen schon im November 2008 erfahren und dem apostolischen Nuntius Emil Paul Tscherrig von ihnen berichtet habe. Der habe seinerseits sofort die Kirchenzentrale in Rom verständigt, namentlich den zuständigen Kardinal und Opus-Dei-Mitglied Castrillón Hoyos. Dieser nun hatte am 29. Januar 2009 treuherzig versichert, er habe vor Unterzeichnung des Erlasses zur Aufhebung der Exkommunikation nichts über Williamsons Ansichten zum Holocaust gewusst.

Er, die Kurie, der Papst: Sie hätten alle nichts gewusst? Besser wohl: nichts wissen wollen, weil die Kurie mit oder ohne Papst die Tragweite falsch einschätzte, da sie eben doch den Traditionalisten und ihrem Gedankengut zu nahe stand und steht. Ein Interview im schwedischen Fernsehen werde schon kein Aufsehen erregen, so hatten wohl die Kurienprälaten in fast schon bemitleidenswerter Naivität angenommen.

Nach der schwedischen Klarstellung legte Hoyos sogar noch nach und bestätigte auf diese Weise, wie sehr die Kurie in ihrer Weltferne gefangen und befangen ist. »Keiner von uns wusste das Geringste«, versicherte er. Und warum nicht? Er habe das ja auch gar nicht wissen müssen, weil es eine politische Frage sei. Bei der Aufhebung der Exkommunikation sei es ja nicht um Williamsons Denken gegangen und auch nicht um das unmoralische Verbrechen gegen die Menschheit, erklärte er in einem Interview der *Süddeutschen Zeitung*, sondern um kirchenrechtliche, disziplinarische Fragen, um ein (doch längst bestehendes) Schisma zu verhindern. »Das anders zu sehen, ist ein deutscher Fehler.« Er hat vergessen, dass die Deutschen im Vergleich zu anderen christlichen Ländern in diesem Punkt besonders sensibel reagieren. Auf diese Weise einen Fehler im Nachhinein schönzureden, demonstriert die Engstirnigkeit und pastorale Inkompetenz des Kardinals.

Als einen »Akt der Barmherzigkeit« verteidigte eben dieser Kardinal das römische Entgegenkommen gegenüber den Traditionalisten. Warum haben Papst und Kurie nur nie ähnliche Barmherzigkeit gegenüber den Reformbewegungen, den Befreiungstheologen und den kritischen Katholiken aufgebracht? Linke Sünder sind aus kurialer Sicht schwere Sünder, rechte nur lässliche, die Barmherzigkeit und Vergebung verdienen.

Dieselbe Nähe wie die der Traditionalisten zum rechtesten Flügel der katholischen Kirche bringt in Lefebvres Heimatland noch eine andere, außerhalb von Frankreich wenig bekannte klerikale Kadergruppe mit, die dafür im frankophilen Teil der römischen Kurie überproportional vertreten ist. Die Communauté (oder Vereinigung) Saint Martin umschreibt diese ihre Bedeutung auf ihrer Homepage ganz bescheiden: »Neben den verschiedenen Pfarreien, die der Vereinigung in mehreren französischen Diözesen anvertraut sind, stehen gewisse Mitglieder außerdem direkt zur Verfügung des Heiligen Stuhls für spezifische Dienste in Rom oder in den Nuntiaturen.« Eine dem Laien kaum auffallende, aber bedeutende – und dem Opus Dei ähnliche – Besonderheit wird ebenfalls erwähnt: »Die Priester und Diakone von St. Martin stellen sich für die verschiedensten Aufgaben zur Verfügung und können jederzeit leicht die Diözese oder sogar das Land wechseln.« Es handelt sich also um eine Verfügungstruppe des Papstes!

Die Vereinigung von St. Martin versteht sich nach eigener Darstellung als ein Zusammenschluss von Weltpriestern und Diakonen in einer Gemeinschaft im Geiste der Brüderlichkeit; ihre Mitglieder wollen ihrer apostolischen Berufung beim Dienst in den Diözesen der gesamten Kirche gemeinschaftlich Folge leisten. Die Vereinigung wurde 1976 von Jean-François Guérin (1929–2005), einem Priester aus der Erzdiözese Tours (Frankreich), gegründet, um angeblich an der nachkonziliaren Erneuerung sowie an der Entwicklung der priesterlichen Ausbildung und des priesterlichen Lebens in bescheidenem Maße mitzuwirken. Unter dem väterlichen Schutz von Kardinal Giuseppe Siri, dem Erzbischof von Genua (Italien), der 1979 der Vereinigung von St. Martin ihre erste kanonische Anerkennung verlieh, ließen sich die ersten Mitglieder in Voltri bei Genua nieder.

Von Genua zog die Vereinigung 1993 nach Candé-sur-Beuvron an der Loire, südlich von Paris und in der Nähe von Blois, um dort ein eigenes Ausbildungszentrum für Priester aufzubauen. Seit geraumer Zeit werden an diesem Ort nun Seminaristen im Rahmen einer theologischen Hochschule ausgebildet, deren Lehrkräfte selbst Priester der Vereinigung sind. Seit dem Jahr 2000 ist die Vereinigung als öffentlicher Klerikerverein des pontifikalen Rechts vom Heiligen Stuhl anerkannt; sie ist der Kongregation für den Klerus unterstellt. Die theologische Hochschule wurde 2007 mit der theologischen Fakultät der Pontificia Università Lateranense in Rom affiliiert. 2008 wurden die Statuten der Vereinigung vom Heiligen Stuhl bestätigt. Der Generalmoderator und erste Nachfolger des Gründers, Jean-Marie Le Gall, wurde zum Ordinarius der Vereinigung bestimmt und erhielt damit die Befähigung, Seminaristen zur Ordination zu berufen bzw. in die Vereinigung zu inkardinieren. Heute zählt diese etwa 60 Priester und Diakone sowie 40 Priesteramts- und Diakonatskandidaten. Abgesehen vom

Ausbildungszentrum selbst betreibt sie keine weiteren Institutionen.

Warum die aus Frankreich stammende Vereinigung St. Martin ausgerechnet im italienischen Genua gegründet und beheimatet wurde, wird im Allgemeinen verschwiegen. Der Standort sagt dabei mehr als alles andere Grundsätzliches über ihre Ausrichtung aus, bei der es sich eben nicht um die Modernisierung des Klerus dreht. Genua war der Ort, an dem Guérin 1976 Zuflucht fand, weil er ähnlich wie Lefebvre die Liturgiereform des Konzils nicht mitmachen wollte. Er war von seinen Ordensoberen von seinen Ämtern abgesetzt worden und flüchtete nun in die ligurische Hafenstadt, wo Kardinal Giuseppe Siri den Gleichgesinnten wie erhofft freudig aufnahm. Unter Benedikt XVI. wurde St. Martin dann rehabilitiert und infiltriert seitdem vor allem die französische Sektion des päpstlichen Staatssekretariates. Der Vereinigung nahestehender Kleriker sind inzwischen auch schon zu Bischöfen in Frankreich ernannt worden.

Siri war eine der zentralen reaktionären Persönlichkeiten des Zweiten Vatikanischen Konzils und zugleich eine tragische Figur der katholischen Reaktion. Zusammen mit den Kardinälen Alfredo Ottaviani und Ernesto Ruffini gehörte er zu den großen Verlierern des Konzils. Dabei hatten sie sich zu Beginn noch in der Mehrheit gewähnt. Debatten und Abstimmungen offenbarten aber bald, dass sie stattdessen eine noch dazu völlig überschätzte Minderheit bildeten, die immer noch glaubte, die Macht am Tiber zu besitzen. Nach den Niederlagen im Konzil mühten sie sich im Nachhinein, eine konservative Gegenbewegung gegen die Erneuerung aufzubauen. Siris prominenteste Gegner, die er in mehreren Veröffentlichungen anfeindete, waren die Bannerträger der Reformen, darunter Henri de Lubac, Karl Rahner und Jacques Maritain. Ihnen warf er eine »historistische Geisteshaltung« und »absoluten existenziellen Relativismus« auf Basis des »Kantischen Betrugs« vor; sie »verfälschten« die Offenbarung »radikal« und betrieben die »pluralistische Auflösung« des Glaubens an die Inkarnation. Selbst wenn er recht gehabt hätte: Seine eigene Position war einfach nicht mehr haltbar nach dem theologischen Erkenntnisstand der zweiten Hälfte des 20. Jahrhunderts.

Vergeblich sollte Siri auf eine späte Rehabilitation hoffen, um doch noch das Rad der Kirchengeschichte rückwärts drehen zu können. Bei den beiden Konklaven des Jahres 1978 wurde er zwar von den Konservativen favorisiert, unterlag dann aber in den Wahlen zunächst Albino Luciani und, einen Monat später, Karol Wojtyla, der dann allerdings seinerseits das Rad nach hinten drehen sollte.

Siris rechtsradikale Gesinnung wurde erst nach seinem Tod im Jahr 1989 in ihrem ganzen Ausmaß bekannt. 2002 veröffentlichte der argentinische Journalist Uki Goñi Informationen über die Aktivitäten des Erzbischofs bei der NS-Fluchthilfe, der sogenannten »Rattenlinie«. Siri unterstützte die päpstliche Hilfskommission »Pontificia Commissione di Assistenza« (PCA) und gründete das »Nationale Komitee für die Auswanderung nach Argentinien« sowie das Hilfswerk »Auxilium«, das von dem Monsignore Carlo Petranovic, einem kroatischen Kriegsverbrecher, geleitet wurde. Nach US-Geheimdienstberichten aus dem Jahre 1947 »stand der Erzbischof einer internationalen Organisation vor, deren Ziel es war, die Emigration antikommunistischer Europäer nach Südamerika zu organisieren ... Diese allgemeine Klassifizierung ›Antikommunisten‹ schließt alle Personen ein, die politische Gegner der Kommunisten sind, also auch Faschisten, Ustaschen und ähnliche Gruppierungen.« Da schließt sich der Kreis vom religiösen Antijudaismus bis zum praktizierten Antisemitismus.

Siri, Guérin, Lefebvre oder Schmidberger: Sie alle stehen für eine reaktionäre Kirche, die sich auf katholische Traditionen beruft, aber wenig mit einer modernen Kirche und einem Christentum zu tun hat, das sich auf Christus bezieht statt auf den Ballast eines inhumanen abendländischen Katholizismus. Wenn es also nur um die lateinische Messe ginge, bräuchte sich niemand Gedanken über die Nähe von Papst Benedikt XVI. zu den Traditionalisten machen. Langguths Analyse, die ich ausführlich wiedergegeben habe, mag nicht auf alle Traditionalisten zutreffen. Doch selbst dann reicht es noch, um von Benedikt XVI. schleunigst eine klare Distanzierung zu erwarten.

Diese Distanzierung ist allerdings nicht zu erwarten. Stattdessen rechne, so schrieb der aus Freiburg stammende und mit dem früheren Erzbischof Eugen Seiterich (1903–1958) verwandte Journalist Thomas Seiterich in *Publik-Forum*, Benedikt XVI. damit, dass die katholische Kirche einen großen Magen habe, in dem auch die Traditionalisten verdaut werden könnten. Er fürchtet, dass diese Rechnung sogar aufgehen könnte: »Doch vieles von dem, was an der katholischen Kirche sympathisch ist, geht mit diesem autoritär-konservativen Papst vor die Hunde.«

Roms Großmut gegenüber den Traditionalisten hat nach dem Urteil des Saarbrücker Religionswissenschaftlers Karl-Heinz Ohlig wohl damit zu tun, »dass diese reaktionäre Gruppe, die in Vorstellungen vergangener Zeiten verharrt« und sich jeglichem »Aggiornamento« (italienisch für: Anpassung an die heutigen Verhältnisse) verweigere, in die Linie Ratzingers passe, sodass er selbst eklatante und bleibende Verstöße gegen kirchenrechtliche Regelungen in Kauf nehme – ein Widerspruch zur römischen Tradition. »Wenn man bedenkt, mit welcher Unbarmherzigkeit ›Abweichungen‹ nach der anderen Richtung, hin zu mehr Rationalität, Menschlichkeit, Dialog- und Kommunikationsbereitschaft oder Ökumene von Rom geahndet werden, bleibt nur noch Resignation – jedenfalls für die Zeit des gegenwärtigen Pontifikats«, schrieb Ohlig in der Zeitschrift *Imprimatur.*

Wie gesagt, es geht nicht nur um Glauben, Antisemitismus und Exkommunikation. Des Papstes traditionalistischer Anhang würde die Menschheit am liebsten ins Mittelalter zurückschicken. Er selbst auch? Hermann Häring antwortet in seinem Buch *Im Namen des Herrn* auf die Frage, wohin der Papst die Kirche führe: »Der tiefere Zynismus der Versöhnung mit einem Holocaust-Leugner und Antisemiten liegt nicht in der – unverzeihlichen – römischen Unachtsamkeit, sondern in der Nabelschau einer Kirche, die sich mit der Welt nicht wirklich abgibt, weil sie immer noch meint, die Welt müsse sich nach ihr richten. Rom hat noch nicht verstanden, dass Bonifaz VIII. mit seinem Diktat über Laien und Welt seit über 700 Jahren tot ist.«

13 Knapp am Verbot vorbei

Die Focolarini und ihre Mutterfigur Chiara Lubich

Vielleicht seien die Focolarini die gefährlichste Bewegung in der heutigen Welt. Vielleicht werde eintreffen, was ihre Gründerin Chiara Lubich einmal gesagt habe:»Eines Tages wird die Kirche aufwachen, und alles in ihr und um sie herum wird Focolare sein.« So schlimm wird es wohl doch nicht kommen. Die überspitzten Befürchtungen stammen von einem damaligen Leser von Gordon Urquharts Buch (siehe oben Kapitel 2), dem diese Lektüre die Augen über das Teufelswerk hinter den schönen Worten, über die extremen Manipulationen und Anmaßungen der Focolarini geöffnet hatte und der dies für seine ganze Leserschaft in einer Internet-Rezension fünf Jahre nach der Ersterscheinung des Buches verbreitet hat. Dieser Rezensent meinte damals, jeder müsse das Buch lesen, um das »gefährliche Charisma« von Chiara Lubich, die 2008 gestorben ist, zu erfassen. Extremer, als es bei den Focolarini der Fall ist, können Lobpreisung und Verdammung einer einzigen kirchlichen Bewegung nicht auseinander liegen.

Frommes Getue war mir schon immer ganz schön auf die Nerven gegangen, auch bei den Focolarini. Daran hatte auch die Tatsache nichts ändern können, dass ich in meiner katholischen Jugendzeit mit relativ vielen Focolarini zusammengetroffen war, die mir damals zunächst als durchaus aufrichtige und vorbildlich tätige Christen erschienen. Irgendwie nagte jedoch auch Misstrauen in mir, ob der Süßlichkeit des Umgangs und des Verdachts, hier nur zwischen zwei Möglichkeiten wählen zu können: Entweder wollen sie mich überhaupt nicht vereinnahmen, oder wenn doch, dann ganz und gar mit Haut und Haar.

Vorab eine meiner frühesten Erinnerungen an Kontakte mit der Bewegung. Bei einem Treffen der deutschen Focolarini Ende der Fünfzigerjahre in Heidelberg versuchte ein Mitglied aus dem Rheinland, wo dieser Herr einen Textilhandel betrieb, uns Schwarzwälder Jugendgruppenführern klarzumachen, wie ein Focolarino einen korrekten Kleiderpreis kalkuliert. Von Ethik in der Wirtschaft war damals gemeinhin noch wenig die Rede. Die heute vielleicht sogar wertvolle Nachhilfestunde verpuffte in den späten Fünfzigerjahren ziemlich wirkungslos. Was nützte denn der ehrliche Preis, wenn man sich das meiste doch nicht leisten konnte? Es war wohl einfach noch die falsche Zeit, die des erst aufkommenden Wirtschaftswunders, und, persönlich, die eines pubertierenden Jungen ... Jedenfalls zeigte ich mich von dieser geistlichen Erneuerung wenig ergriffen, auch wenn mir die Focolarini im Grunde mit einem positiven Image in Erinnerung blieben.

Dieses positive Ansehen hatte die Herdfeuer-Bewegung (»focolare« ist im Italienischen das offene Herdfeuer, um das sich die Familie versammelt) damals gerade dort nicht, wo es um ihre Zukunft ging und wo vielleicht mehr als sonst irgendwo der wirkliche Zug der geistlichen Erneuerungsbewegung früher erkannt wurde: in der römischen Kurie. Was Urquhart beschrieb, fand sich im Wesentlichen schon in einem Dossier, das in den Fünfzigerjahren entstanden war und das dem damaligen Leiter des Heiligen Offiziums (der Vorgängerin der Glaubenskongregation), Kardinal Giuseppe Piazzini, vorlag.

Piazzini wollte die Focolarini, in guter alter inquisitorischer Tradition, am 31. Juli 1956 ganz einfach verbieten. Im letzten

Augenblick verweigerte jedoch Papst Pius XII. die Unterschrift. Er wollte die Bewegung nicht unterdrücken, sondern sie in der von ihm geförderten »Bewegung für eine bessere Welt« aufgehen lassen. Nach seinem Tod 1958 und unter dem Nachfolger von Piazzini, dem ultrakonservativen, aber großherzigen Alfredo Ottaviani, einem Herold des reaktionären Kurienflügels im folgenden Konzil, blieben die Anhänger von Chiara Lubich unbehelligt. Bis vor wenigen Jahren wussten denn auch nur einige wenige Spitzenleute der Focolarini, dass sie damals nur knapp an ihrem Ende als katholische Organisation vorbeigeschrammt waren. Die Beweise für diesen Umstand hat mein italienischer Kollege Giancarlo Zizola in der Glaubenskongregation gefunden.

Für die Focolarini von heute scheint diese Vergangenheit kein Thema zu sein. Es könnte ja auch peinliche Fragen aufwerfen. Der Glaubenswächter Piazzini sah seinerzeit in der Fokolar-Bewegung mehr Irrglauben als katholische Erneuerung. Ihre Gründerin Chiara Lubich erschien ihm als eine Art Ersatz-Muttergottes und somit blasphemisch, was von Urquhart später genauso gesehen wurde. Im Sant'Uffizio (so die alte italienische Bezeichnung für die Inquisition bzw. heutige Glaubenskongregation) kam auch noch ein latenter Vorbehalt gegen Frauen in der Kirche hinzu. Zwei Jesuiten, die Patres Riccardo Lombardi und Virginio Rotondi, die bei Pius XII. großes Ansehen genossen und auf das greise und kranke Kirchenoberhaupt beträchtlichen Einfluss ausübten, hatten sich buchstäblich im letzten Augenblick mit ihrer Fürsprache zugunsten Chiara Lubichs durchsetzen können.

Was aber machte die Bewegung so stark und so bedeutend, dass sie die gestrengen Glaubenswächter so gegen sich aufbrachte und dass diese nur äußerst widerwillig und auf ausdrücklichen Papstwunsch hin von einem Verbot absahen? Und welchen Weg sollte sie nehmen, bis die Gründerin Chiara

Lubich am 14. März 2008 als Achtundachtzigjährige im Kreis ihrer Mitarbeiter und Freunde in ihrer römischen Zentrale in Rocca di Papa in den Albaner Bergen verstarb und gleich darauf von Papst Benedikt XVI., ehemals Präfekt der Glaubenskongregation, in einem Telegramm überschwänglich gewürdigt wurde (nachzulesen auf *zenit.org*): »Tief bewegt erhielt ich Kenntnis von der Nachricht des gottesfürchtigen Todes von Chiara Lubich; er kam am Ende eines langen und fruchtbaren Lebens, das von ihrer unermüdlichen Liebe zum verlassenen Jesus gezeichnet war. In diesem Augenblick schmerzhafter Trennung bleibe ich liebevoll und auf geistige Weise mit ihren Angehörigen und dem ganzen Werk Mariens verbunden – der Fokolar-Bewegung, die mit ihr ihren Anfang nahm –, sowie mit allen, die ihr nicht nachlassendes Engagement für die Gemeinschaft der Kirche, den ökumenischen Dialog und die Brüderlichkeit unter allen Völkern geschätzt haben. Ich danke dem Herrn für das Zeugnis ihres Lebens, das sie im Hinhören auf die Bedürfnisse des modernen Menschen verbracht hat, in vollkommener Treue zur Kirche und zum Papst ...«

An erster Stelle für den Einstieg in den Aufstieg einer neuen Bewegung steht die vollkommene Treue zum Papst. Das muss dick unterstrichen werden! Nur von höchster kirchlicher Stelle wird gesteuert, wer in Rom aufsteigen darf und wer nicht. Die Trauerfeier fand denn auch in der Patriarchalbasilika Sankt Paul vor den Mauern in Rom mit 30 000 Teilnehmern statt. Es gilt als sicher, dass sogleich nach den vorgeschriebenen fünf Jahren Wartezeit der Selig- und Heiligsprechungsprozess eingeleitet werden wird. Anzeichen dafür gab es schon in den Tagen vor ihrem Tod genug. So kamen etwa mächtige Fürsprecher an ihr Krankenbett in der römischen Gemelli-Klinik. Auch schrieb ihr Papst Benedikt XVI. einen Brief. Weiterer hoher Besuch erschien in Person des Ökumenischen Patriarchen Bartholomaios I., des Prager Kardinals Miloslav Vlk oder auch von Andrea Riccardi, dem Gründer der Gemeinschaft Sant'Egidio, die ihr alle in ihren letzten Lebenstagen ihre Aufwartung machten. Die Fokolar-Bewegung berichtete daraufhin medienwirksam von Augenblicken tiefer geistlicher Gemeinschaft, die alle noch mit der sterbenskranken Chiara Lubich erlebt hätten.

Wer aber war nun diese Frau? Chiara Lubich wurde am 22. Januar 1920 in Trient, Trentino, geboren. Ihren Taufnamen Silvia ließ sie 1943 durch Chiara ersetzen, als sie das Gelübde für ein geweihtes Leben im Dritten Orden der Franziskaner ablegte. In der Familie wurde sie schon als junges Mädchen mit der Auseinandersetzung zwischen Christentum und Marxismus konfrontiert: Ihre Mutter war überzeugte Christin, ihr Vater Sozialist; hinzu kam noch ihr Bruder, der als Redakteur bei der kommunistischen Zeitung *L'Unità* arbeitete und zur Zeit des italienischen Faschismus Partisan war.

Chiara Lubich wurde 1938 zunächst Volksschullehrerin und unterrichtete in verschiedenen Dörfern des Trentino, um dann an der Universität von Venedig ein Philosophiestudium aufzunehmen. Eine Beendigung dieses Studiums war allerdings wegen des Krieges nicht möglich.

Mit einigen Freundinnen begann die junge Lehrerin, unter dem Eindruck des Krieges und seiner Zerstörungen, ihr Leben ganz am Evangelium auszurichten. Während um sie herum im Zweiten Weltkrieg alles zusammenbrach, erschien ihnen, so will es ihre spätere Selbstdarstellung, bei der Bibellektüre angesichts des jederzeit drohenden Todes Gott, der die Liebe war und der der kleinen Gemeinschaft als das einzig beständige Lebensideal vorkommen musste. Die jungen Frauen waren nun in ihren Meditationen vor allem von der Liebe zum Nächsten, der Feindesliebe, der gegenseitigen Liebe fasziniert. Sie legten ihre Mittel zusammen, um die Not in ihrer Heimatstadt zu lindern. So entstand im kriegsgeschädigten Trient ein Netzwerk von Hilfe, dem sich schon bald 500 Menschen angeschlossen hatten. Die Leute nannten die Gruppe um Chiara Lubich mittlerweile »focolare« – eben wie die offene Feuerstelle in alten Bauernhäusern, die Wärme und Licht ausstrahlt und um die sich alle versammeln.

Aus der Gruppe wurde nun eine Bewegung, die heute mehr als zwei Millionen Menschen aller Altersstufen und jeglicher kultureller Herkunft umfasst. In mehr als 180 Ländern gehören neben Katholiken auch Christen aus 300 weiteren Kirchen und kirchlichen Gemeinschaften zur Fokolar-Bewegung, außerdem Gläubige anderer Religionen und Menschen unterschiedlichster Weltanschauungen.

Die Spiritualität der Fokolar-Bewegung hat, so will es die positive Interpretation, die Gründung von 18 einzelnen Gruppierungen angeregt, die in allen Lebensbereichen wirken. Das Fokolar-Werk »Wirtschaft in Gemeinschaft« zählt 700 Unternehmen und Initiativen, die ihren Gewinn auch zur Linderung von Not verwenden, 20 Siedlungen, 26 Verlagshäuser, Zeitschriften in 38 Sprachen und mehr als 700 soziale Initiativen (die Informationen verdanke ich der Homepage des Salesianers Helmut Zenz). Für so viel Initiative wurde Chiara Lubich mehrfach ausgezeichnet, darunter Ehrendoktorate, der UNESCO-Preis für Friedenserziehung 1996 und der Menschenrechtspreis des Europarates 1998.

Sie selbst stellte sich als durchaus ökumenisch und kaum fundamentalistisch vor. Auch kritische kirchliche Kenner der katholischen Bewegungen und Sekten bescheinigten ihr deshalb eine gemäßigte Linie. »Sie haben sich geändert«, meinte ein Mitarbeiter eines Seelsorgeamtes. Er akzeptiere die ernsthafte Bemühung, das Jesuswort »alle sollen eins sein« zu verwirklichen, was im Gegensatz zu Opus Dei, Legionären Christi oder Traditionalisten ökumenische Offenheit zulasse.

Dem entsprechen auch die erklärten Ziele: »Der Weg der Einheit führt über den Dialog: Dialog unter den verschiedenen Richtungen innerhalb der eigenen Kirche, unter den christlichen Konfessionen, mit den Angehörigen anderer Religionen, mit Menschen nicht religiöser Weltanschauung. Die Spiritualität ist auf Gemeinschaft ausgerichtet. Die Grundlage dafür bilden das gelebte Wort Gottes und die Praxis der christlichen Liebe.«

Soweit also die wohlklingende Programmatik, wie man sie auf der Internetseite des Erzbistums Freiburg nachlesen kann. Dort findet sich auch folgende Darstellung zu Lebensformen und Gruppierungen:

»Das Herz der Fokolar-Bewegung bilden die Fokolare, verbindliche Lebensgemeinschaften von Frauen bzw. Männern, zu denen auch Verheiratete gehören.

Diözesanpriester bilden Priester-Fokolare. Ihr erstes Anliegen ist es, die Gemeinschaft unter Priestern und die Einheit mit dem Bischof zu fördern und das christliche Leben in den Kirchengemeinden zu erneuern oder zu beleben.

Die ›Freiwilligen‹ versuchen, christliche Werte und den Geist der Einheit in ihr gesellschaftliches und berufliches Umfeld hineinzutragen. Jugendliche und Kinder (New Generation – ›Gen‹) kommen regelmäßig in Teams zusammen und richten ihr Leben nach dem Evangelium aus. Sie unterstützen mit anderen Jugendlichen Initiativen für eine geeinte Welt.

Die Familienbewegung engagiert sich in allen Bereichen des Familienlebens; Familiengruppen, Ehevorbereitung, Adoptionen, Hilfe für Familien in Not, für Alleinerziehende. Ordensleute entdecken in der Spiritualität der Einheit eine Hilfe, den Gemeinschaftsgeist in ihren Instituten zu fördern.

Die Fokolar-Bewegung (Werk Mariens) ist kirchenrechtlich eine ›private gesamtkirchliche Vereinigung‹. Sie untersteht augenblicklich dem Laienrat. 1990 wurden ihre überarbeiteten Statuten approbiert.«

Isolde Böttger, die in der Fokolar-Bewegung für die Jugend-
arbeit in Deutschland zuständig ist, versicherte 2007 in einem
Interview, sie habe sich als Fünfzehnjährige von der Bewegung durch die Tatsache faszinieren lassen, dass man das
Evangelium täglich rund um die Uhr leben könne und dass
dies nicht auf Zeiten des Gebetes oder der Messfeier be-
schränkt sei: »Ich empfinde in diesem Leben für Gott eine
sehr große Freiheit. Ich bin frei, dahin zu gehen, wo Gott
mich haben will; frei für Begegnung mit allen Menschen,
die meinen Weg kreuzen, und auch frei von dem Streben
nach materiellem Glück. Auch bin ich froh, diesen Weg nicht
alleine gehen zu müssen, da der Bruder, die Schwester jemand
ist, den es zu lieben gilt, der aber auch zum Korrektiv werden
kann.«

Nicht anders sah es auch Papst Johannes Paul II., der die Fokolar-Bewegung liebevoll als seine »persönliche Armada« bezeichnete und in ihr das direkte Wirken der Muttergottes erkannte.

Ein krasses Gegenbild zu diesen anrührenden Beschreibungen
entwarf nun Gordon Urquhart, der nach neun Jahren Mitgliedschaft und als ehemaliger Leiter der Focolarini in England
sowie Chefredakteur ihrer Zeitschrift *New City*, in seinem Buch
*Im Namen des Papstes – Die verschwiegenen Truppen des Vati-
kans* 1995 mit dem ach so heimeligen Herdfeuer abrechnete.
Er schildert darin »totalitäre Menschendressur« bis hin zum
künstlichen Irresein. Angeworben habe man ihn als Katholiken – wie in anderen Sekten auch – durch die herrlichsten
Verheißungen eines vollendeten Lebens in einer »geeinten
Welt« der Liebe, Freiwilligkeit, Spontaneität und des Verste-
hens, des sich »mit den anderen eins Machens«. Das alles »in-
szeniere« man aber nur, um auf ihn und andere Eindruck zu
machen.

Das abschließende Urteil dieses bisher bedeutendsten Aussteigers und Kronzeugen gegen die Focolarini fiel vernichtend aus. Einige Zitate aus seinem Buch beschreiben die Bewegung als eine üble Sekte: »Die Schilderungen des Lebens in der Focolare-Gemeinschaft nahm ich für bare Münze: Man ging, während man in der Gemeinschaft lebte, weiter seinem Beruf nach und führte ein normales Leben. Ich konnte also Filmemacher werden und zugleich an diesem warmherzigen Gemeinschaftsleben teilhaben. Die Bewegung beanspruchte mehr und mehr meine freie Zeit; alles, was ich bis dahin für wichtig hielt, trat in den Hintergrund. Wir lebten gleichsam auf einer höheren spirituellen Ebene, genährt von der Erleuchtung, die Gott uns unmittelbar über Chiara Lubich zuteilwerden ließ. Solange ich mit den Focolarini zusammen war, fühlte ich mich ›high‹, berauscht vom ›Licht‹. Wenn ich nicht bei ihnen war, verfiel ich in Depressionen, die mir früher fremd gewesen waren. Das sei das Normalste der Welt, versicherte man mir; nichts sei mit der direkten Gotteserfahrung vergleichbar, zu der die Bewegung ihren Mitgliedern verhelfe – der Präsenz Jesu in der Mitte der Focolarini – einem nur Mitgliedern der Bewegung zugänglichem Erlebnis.«

Schon bald wurde Urquhart alles außerhalb der Sekte wertlos. Bewusst sollten alle bisherigen Bindungen, gleich ob künstlerische, wissenschaftliche oder menschliche, aufgegeben werden: »Die Bewegung hatte sich völlig meines Verstandes und meines Herzens bemächtigt ... Ich hatte aufgehört, wie andere Menschen zu denken und zu fühlen.« Zitat Chiara Lubich: »Jesus will die völlige Leere unserer Gehirne, damit er uns erleuchten, uns die Wahrheit lehren kann.« Die Sekte wurde für Urquhart mehr und mehr eine »neue Familie«: »Was mir damals noch nicht klar sein konnte, war, dass ich nicht nur alles aufgegeben hatte, was mir lieb und teuer war, sondern auch mich selbst, meine Persönlichkeit ... Das Ergebnis dieser ›Entpersönlichung‹ ist der kollektive Größenwahn und der Dünkel der Auserwähltheit mit der Geringschätzung anderer Christen.«

Es begann, so berichtet Urquhart weiter, wie üblich mit einem überrumpelnden wachhypnotischen »Bekehrungserlebnis«, »einem Ereignis, das plötzlich kommt und dramatisch verläuft«. Die Dauerabrichtung in der Gruppe durch Meditationen, Gebete, Gespräche, Gesang, Vorträge und Massenveranstaltungen seien auch hier »Techniken der Gehirnwäsche«. Zu ihnen rechnet übrigens ein führender katholischer Psychiater auch den Einsatz von »Slangausdrücken« oder sprachlichen Neubildungen, die den zu Bekehrenden zunächst verwirren und ihn empfänglich für neue, unüberprüfbare Vorstellungen machen. Es sei eine rauschhafte und einschmeichelnde »Insidersprache« mit Neuigkeiten aus dem Innenleben der Bewegung. Die besinge man schwärmerisch, obwohl sie mehr nach Wunschdenken klingen als sachliche Inhalte zu bieten.

Ständig müsse auch, um zu Urquharts Abrechnung zurückzukehren, gelächelt und Freude gemimt werden. Um das Verhalten der Einzelnen zu einer »einheitlichen Seele der Bewegung« zu machen, setzte diese sogar Medikamente und Drogen ein. Die »radikale Absage an fremde Wissensquellen« und die Abneigung gegenüber Intellektuellen fehle selbstverständlich auch hier nicht.

Chiara sei der zentrale Mittelpunkt jener »einheitlichen Seele«. Einheit habe daher bedeutet, immer das mitzuerleben, was sie gerade durchlebte. Dies habe erfordert, dass man sich die Gedanken, die Chiara beschäftigten, ins Bewusstsein rufen und im täglichen Leben in die Praxis umsetzen musste. Dieser vorgegebene Gedanke sei mit dem Begriff »neue Wirklichkeit« benannt. Er werde jeweils brieflich oder telefonisch aus der römischen Zentrale der Bewegung mitgeteilt und müsse dann das Denken und die Gespräche – auch mit Außenstehenden – beherrschen, bis ein neuer Gedanke, die nächste »neue Wirklichkeit«, bekannt gegeben werde. Dafür würden regelrechte Telefonkonferenzen, die sogenannte »Tele-Evangelisation«, eingesetzt.

Chiara Lubich wisse – wie alle Religionen und Orden – auch das »Mysterium des Leidens«, des »verlassenen Jesus«, zur Seelenschädigung zu nutzen. Ihrem Gefolge, auch Kindern, suggerierte die gottgleiche Kultfigur immer wieder: »Ich werde nach Leiden dürsten, nach Angst, Verzweiflung, Melancholie, Trennung, Verlassenheit, Seelenqual: nach allem, was ihn, den großen Leidenden, ausmacht ... Lasst uns alles im Leben vergessen: Büro, Arbeit, Kollegen, Verantwortung, Hunger, Durst, Schlag, sogar unsere eigene Seele ... Und nur noch ihn besitzen.« Auch ihre »Lichtvisionen«, das heißt ihre optischen Trugwahrnehmungen, vermittelte sie als die »Präsenz von ›Jesus inmitten‹«.

Am Ende bilanziert Urquhart: »Die Jahre beim Focolare waren wahrscheinlich die unglücklichsten meines Lebens, obwohl uns gelehrt wurde, Leiden sei ein Teil unserer Existenz und der ›alleingelassene Jesus‹ sei der Schlüssel zur ›Einheit‹. Die Entscheidung, Focolare zu verlassen, war weder überlegt noch bewusst. Die ›Heilige Reise‹, die Focolare verheißt, ist kein Trip zur Selbsterfahrung und Selbstentdeckung, sondern zur Selbstzerstörung. Im Zustand der Entfremdung von den eigenen Gefühlen werden persönliche Entscheidungen unmöglich. Ich bin zur Trennung von Focolare durch meinen Selbsterhaltungstrieb gezwungen worden. Es ist unmöglich, die Bewegung zu analysieren, solange man ihr angehört. Erst durch den Weggang hat sich mir die wahre Natur der Bewegung enthüllt, ihre Engstirnigkeit, ihre Geschlossenheit, ihre Heuchelei. Noch sechs Monate vor meinem Ausscheiden konnte ich mir einen Bruch nicht vorstellen ... Das Selbstbewusstsein meiner Jugendjahre war ausgehöhlt und durch Selbstzweifel und

Ängste ersetzt worden. Es dauerte Jahre, bis ich mir beweisen konnte, dass ich fähig war, mir einen Teil meiner Wünsche zu erfüllen ... Es hat Jahre gedauert, bis ich mich aus der mentalen Zwangsjacke der Bewegung befreien konnte.«

Diese geradezu vernichtenden Vorwürfe haben den Focolarini nicht viel anhaben können. Orientierung suchende Fremde mit religiöser Sensibilität und einer Neigung zu unterwürfiger Disziplin werden nach wie vor immer wieder von solchen Glaubenswelten angezogen. Und deren Mitglieder haben einen Selbstschutz gegen Anfeindungen aufgebaut, der sie, wie Urquharts Erfahrungen lehren, nach außen und gegen jegliche kritische Reflexion nahezu immunisiert.

Selbst nach dem Tod von Johannes Paul II. hat das Ansehen der inzwischen über ein reiches kleines Wirtschaftsimperium und 18 »Marienstädte« gebietenden Bewegung nicht wesentlich gelitten. Mitglieder der Fokolar-Bewegung arbeiteten schließlich weiterhin als Sekretäre oder sonstiges Personal in den Kongregationen des Vatikans.

2009 richteten die Focolarini in ihrer Marienstadt (Mariopoli) Loppiano bei Florenz sogar eine eigene Universität ein, das »Hochschul-Institut Sophia – Für eine Kultur der Einheit«. Piero Coda, Theologieprofessor an der päpstlichen Lateran-Universität, wurde zum Rektor ernannt, um »Leben und Lehre zusammenzubringen« und ein »Laboratorium für menschliche und kulturelle Entwicklung« zu bieten. Das interdisziplinäre Studium startet mit den beiden Zweigen Philosophie-Theologie und Wirtschafts-Politikwissenschaft.

Wir sehen also: Die Fokolar-Bewegung hat sich, nach schwierigem Start, bislang von nichts und niemandem aufhalten lassen. Wie gefährlich sie nun wirklich ist, möge jeder für sich selbst beurteilen. Hoffentlich werden weitere prominente und vor allem auskunftsfreudige Aussteiger mehr über das fragwürdige Innenleben an die Öffentlichkeit bringen. Die höchsten Kircheninstanzen in Rom scheinen ihr auch nach dem Tod ihres großen polnischen Gönners keinen Widerstand entgegenzusetzen: Anders lässt sich jedenfalls die ehrerbietige Würdigung ihrer Gründerin durch den heutigen Pontifex kaum deuten.

14   Die störenden Friedensstifter

Wie aus den 68ern von Sant'Egidio
eine einflussreiche Bewegung wurde

Bald werden sie ihn heilig sprechen und mit der Armenschwester Teresa oder der Focolarini-Gründerin Chiara Lubich auf eine Stufe stellen: den 1950 geborenen römischen Kirchenhistoriker Andrea Riccardi. Das meinen zumindest Insider oder Neider – ironisch. Immerhin ist er an Christi Himmelfahrt 2009 mit dem Aachener Karlspreis ausgezeichnet worden. Beifall bekam er dazu aus allen Richtungen. »Riccardi und Sant'Egidio schaffen für die europäische Gesellschaft den sozialen Kitt«, begründete Oberbürgermeister Jürgen Linden (SPD) die Verleihung. Mit dem Preisträger setze der Karlspreis ein Zeichen für das soziale Europa und die Rolle Europas bei der Schaffung von Frieden in der Welt.

Große Männer zählt Riccardi zu seinen Freunden. Zwei davon hielten die Laudatio in Aachen, Ex-EU-Parlamentspräsident Pat Cox und der Exdirektor des Weltwährungsfonds, Michel Camdessus. Sie würdigten Riccardi als großen Europäer in bester humanistischer Tradition. Die *Frankfurter Allgemeine Zeitung* fügte hinzu: »Der Karlspreisträger des Jahres 2009 passt in kein Schema. Nie hat er ein öffentliches Amt bekleidet, ein politisches Mandat besessen oder eine Diplomatenakademie besucht. Doch als Gründer der ›Gemeinschaft Sant'Egidio‹ hat Riccardi womöglich mehr zum Frieden in der Welt und zur Versöhnung zwischen den Völkern beigetragen als manch ein

Preisträger vor ihm.« Zu deren illustrer Reihe zählen immerhin Winston Churchill, Bill Clinton, François Mitterrand, Alcide de Gasperi, Roger Schutz, Helmut Kohl und Angela Merkel.

Begeisterte Anhänger freuten sich im Internet: »Ein echter Kontrapunkt, ein Mann und sein Werk, das sich den vielen schlechten Nachrichten für die sozial Schwachen und durch Krieg, Seuchen und Missachtung in Not geratenen Menschen entgegenstemmt und durch Nächstenliebe versöhnt. Herzlichen Glückwunsch zu Ihrer Wahl.«

Ein anderer bescheinigte ihm und seiner Gemeinschaft Folgendes: »Die unaufdringliche, leise und zugleich wirkungsvolle wertvolle Arbeit im Sinne der Nächstenliebe oder der Achtsamkeit, wie man gerade will, von Sant'Egidio und Andrea Riccardi, kann gar nicht hoch genug geschätzt werden.« Der Riccardi-Fan erkannte gar bei den Aachenern einen »Paradigmenwechsel«.

In den ersten Jahren, die ich in Rom verbrachte, hatte ich mich selbst vom Geist von Sant'Egidio anstecken lassen. Als Erster drehte ich 1975 für das Bayerische Fernsehen einen Film über die »UNO von Trastevere«, wie die Bewegung, wegen ihrer Friedensaktivitäten und nach ihrem Sitz in einem aufgelassenen Karmelitinnen-Kloster im urrömischen Stadtteil Trastevere, gern genannt wurde.

Als zehn Jahre später mehrere Friedensnobelpreisträger Riccardis Gemeinschaft sogar für den Friedensnobelpreis vorschlugen, schrieb ich, gerade noch rechtzeitig vor der nächsten Verleihung, 1998 ein Buch über die Bewegung: *Bibel, Mystik und Politik. Die Gemeinschaft Sant'Egidio* (Herder). Bis dahin war es die einzige deutschsprachige Veröffentlichung dieser Art. Den Nobelpreis haben die Egidianer bisher nicht erhalten, und nach einiger Zeit warnten auch Rezensenten vor zu viel Lob für die Gemeinschaft vom Tiber. Ein Aussteiger bescheinigte ihr schließlich Sektenpraktiken, Zwänge und devote Unterordnung unter den Willen des überall präsenten und zu verehrenden Andrea Riccardi.

Mein damaliges Buch würde ich heute sicher wenigstens um ein kritisches Kapitel ergänzen, weil sich aus der studentischen Aufbruchsbewegung in der Tat eine Organisation mit Personenkult und allen Anzeichen für dem Ursprung widersprechende Machtstrukturen entwickelt hat. Das schmälert jedoch ihre tatsächlichen Leistungen und ihre ökumenische Offenheit nicht. Es reiht sie aber leider ein in die Phalanx von Gemeinschaften, deren Initiatoren der Erfolg in den Kopf gestiegen ist und die er zum Personenkult verleitet hat.

In der römischen Papstkurie hingegen wuchs ihr Ansehen weiter, auch wenn der spätere Papst Ratzinger eine ihrer größten und bekanntesten Aktivitäten, das Weltfriedensgebet in Assisi, seinerzeit nicht gebilligt hat. Das war ihm nämlich dann doch ganz eindeutig zu ökumenisch. Es könnten schließlich nicht einfach alle Religionsvertreter kommen und alle zusammen zu einem gemeinsamen Gott beten, den es so ja nicht gebe. Manche verunglimpften Sant'Egidio derweil auch als so etwas wie eine Art »linkes Opus Dei«.

Papst Johannes Paul II. soll Riccardi gegenüber deshalb später scherzend bemerkt haben: »Professore, es hätte nicht viel gefehlt, dann hätte man euch exkommuniziert. Aber ihr seid mutig. Ihr müsst weitermachen.« Der Widerstand in der Kurie war gewaltiger gewesen, als man sich vorstellen konnte, wenn man sich überlegte, dass es sich bei dem Streitgegenstand eigentlich nur um ein gemeinsames Gebet handelte. Doch die Bedenkenträger im Kardinalspurpur witterten Gleichmacherei. Der Papst neben dem Dalai Lama, neben einem Obermufti und einem Rabbi? Ganz als wäre die allein selig machende katholische Kirche für ein schlichtes Gebet für den Frieden auf eine Stufe herabgestiegen zu Gurus und Schamanen (die dann allerdings auch dabei waren)? Allein schon beim Gedanken an eine solche Ökumene drehte sich einigen altgedienten katholischen Festungsbauern in Rom der Magen um, obwohl von vornherein klargestellt worden war, dass es »nicht um Gleichmacherei der Religionen« ging.

Dennoch schickten alle Konfessionen und Religionen ihre Vertreter ans Grab des heiligen Franziskus in Assisi. Nur die vorkonziliaren Anhänger des Exerzbischofs Marcel Lefebvre und der mittlerweile verstorbene serbisch-orthodoxe Patriarch Pawle ließen sich nicht blicken. Dafür wüteten Lefebvres Traditionalisten allerdings lautstark und unisono mit der rechten Kurie gegen das Religionstreffen, das sie als Verrat an der katholischen Kirche verfluchten. Beim nächsten Mal betete dann wieder jeder für sich zu seinem Gott. Sant'Egidio blieb auf Erfolgskurs.

Ratzinger erkannte als Papst bald die Friedensarbeit in Afrika an, den Kampf gegen die Todesstrafe und schließlich auch die in seinem Sinne angelegten Aufklärungs- und Hilfskampagnen gegen Aids. So wurde er nicht müde, auf seiner Afrikareise 2009 auf die Gemeinschaft als löbliches Beispiel zu verweisen. Riccardi und seine Getreuen waren somit definitiv in der Kirchenspitze installiert, auf ihrem Weg nach oben am Ziel angelangt. Wie nun aber Sant'Egidio seinen unbestreitbaren Einfluss ausübt, erinnert doch sehr an die schon geschilderten Praktiken der Katholischen Integrierten Gemeinde: Man ist durch persönliche Beziehungen zwar überall präsent, aber doch schwer identifizierbar.

Dass es so kommen sollte, war im Übrigen keineswegs selbstverständlich, und der erklommene Status könnte auch jederzeit wieder in Gefahr geraten. Zu Papst Wojtylas Zeiten etwa führten die Drähte von Trastevere nicht zu allen wichtigen Kurienkardinälen im Vatikan. Auch ging das Staatssekretariat spürbar auf Distanz zur Bewegung, vor allem Kardinalstaatssekretär Angelo Sodano. Die Egidianer wurden von nicht wenigen als Konkurrenz betrachtet, und ihre Friedensbemühungen als eine Art Parallelaußenpolitik zu der des Heiligen Stuhls. Auf der anderen Seite setzen ihre engen Verbindungen, etwa zu den Kardinälen Pio Laghi und Achille Silvestrini, später auch zu Creszenzio Sepe und Roger Etchegaray, sie dem Verdacht aus, deren Hausmacht zu bilden und so als Privatdiplomatie missbraucht werden zu können.

In wie weit das zutraf, war und ist schwer einzuschätzen. Zumindest ließ der Erfolg in Mosambik die Kritik verstummen. Später schien es eher so, dass Sant'Egidio, soweit es nicht um religiöse Fragen ging, durchaus dem Heiligen Stuhl diente, weil die Tätigkeiten der Gemeinschaft für kirchenferne Gesprächspartner mal mit dem Vatikan, mal unabhängig von ihm, als eigenständige Politik auf eigene Rechnung angesehen wurden. Der Heilige Stuhl konnte sie benützen – oder auch nicht. Tonangebend wurde Sant'Egidio jedoch allemal. In der römischen Szene – sowohl der politischen als auch der kirchlichen – zählt Riccardi inzwischen zu den einflussreichsten Männern. Zeitweise war er, obwohl Laie, sogar als Sekretär der italienischen Bischofskonferenz im Gespräch.

Bei meinem ersten Besuch in Trastevere Anfang der Siebzigerjahre war die Gemeinschaft noch nicht leicht zu finden. Das Sant'-Egidio-Kloster unterschied sich äußerlich kaum von der Front der übrigen heruntergekommenen Häuser in dem Viertel, das damals in Rom nicht gerade den besten Ruf genoss. Sinnbildlich für Trastevere standen die kleinen Gauner, die »Scippatori« (Handtaschendiebe), und zwar besonders rund um die wunderschöne Kirche Santa Maria und ihren herrlichen Platz mit den über die Stadt hinaus bekannten Feinschmeckerlokalen (zumindest damals). Eine schmale Straße führte dahinter zu dem der Stadt Rom gehörenden ehemaligen Kloster, das der Gemeinschaft ihren Namen geben sollte. Ein enger Gang, der einem erst nach einem prüfenden Blick durch ein Klausurfenster geöffnet wurde, führte weiter in einen stillen Innenhof, in dem zwei Bananenstauden wuchsen. Sie standen und stehen noch heute für Afrika. Sie gediehen und gedeihen damals wie heute in Rom nur an besonders geschützten Orten wie eben hier im ehemaligen Klosterhof. Sie stehen auch für Diskretion und die Hauptbetätigung der heutigen Bewohner.

»Hier herrscht ein besonderes Mikroklima«, erläutert Cesare Zucconi von der Leitung der Gemeinschaft. »Die Mauern haben einst Schwestern, die hier in Klausur lebten, so hochgezogen, damit die Nachbarn sie nicht sehen konnten.« Ein idealer Ort also für diskrete Begegnungen. In diesem Hauptquartier der Laiengemeinschaft haben schon Präsidenten, Diktatoren, Rebellenführer, Bischöfe und Kardinäle gesessen, um über Krieg und Frieden in ihren Ländern, vor allem in Afrika und Mittelamerika, zu diskutieren und, bisweilen, sogar zu verhandeln. Als leuchtendes Beispiel an erster Stelle steht Mosambik, wo das Netzwerk der Gemeinschaft einen kaum mehr für möglich gehaltenen Frieden gestiftet hat, nobelpreisverdächtig! 1992 hatte die Gemeinschaft nach achtzehnjährigem Bürgerkrieg und zwei Jahre langen Verhandlungen ein Stück gegenseitiges Vertrauen zwischen den Bürgerkriegsparteien und somit die Grundlage für den Frieden geschaffen. In Aachen schließlich bekam Riccardi den Lohn, der aber keineswegs ihm allein gebührt: Andere haben mehr geleistet, dafür aber weniger öffentliche Würdigung beansprucht. Bei anderen Konflikten liefen die Bemühungen von Sant'Egidio übrigens nicht so erfolgreich, so etwa in Algerien, Burundi, Guatemala, Uganda, im Kongo und im Kosovo.

Zunächst aber noch einmal zurück zu den Anfängen. Ich erinnere mich an einen frühsommerlichen Nachmittag in Trastevere mit einer im Gedächtnis bleibenden Begegnung. Ein hoch-gewachsener Mann im dunklen Anzug und mit Klerikerkra-gen spazierte durch die schmalen Sträßchen, die um diese Zeit verlassen schienen, ganz unüblich für diesen urrömischen Stadtteil, den die Einheimischen »er cuor di Roma« nennen, das Herz von Rom. Der Mann war Theologe und lehrte damals an der päpstlichen Universität Gregoriana, die von Jesuiten geleitet wird. Er hieß Carlo Maria Martini, sollte bald darauf Erzbischof von Mailand und Kardinal werden, und wäre wohl auch anstelle von Joseph Ratzinger Papst geworden, wenn er nicht von vornherein wegen fortgeschrittener Krankheit auf eine Kandidatur verzichtet hätte.

Bei dem Spaziergang machte er sich so seine Gedanken über die vergangenen fünf Jahre seit dem Ende des Zweiten Vatika-nischen Konzils. Was war aus dem »Aggiornamento« gewor-den, mit dem Papst Johannes XXIII. 1963 die Kirche den Her-ausforderungen der Zeit anpassen wollte? Martini musste schmerzlich feststellen, dass die einzelnen Flügel der Kirche weit auseinanderdrifteten. Der Konzilsauftrag wurde anschei-nend von vielen, die sich in der Öffentlichkeit Gehör verschaf-fen konnten, gehörig missverstanden. »Auf der einen Seite sind es diejenigen, die sich massiv für Randgruppen einsetzen. Sie verstehen den Aufbruch als Aufruf, die Gesellschaft zu ver-ändern. Auf der anderen Seite stehen diejenigen, die auf eine neue Spiritualität und auf das Gebet setzen, die die Bibel, das Evangelium neu entdecken.«

Für die einen hieß der Konzilsauftrag, in die Welt hinauszu-gehen, die Tore aufzureißen und sich für die Gesellschaft und in ihr zu engagieren. Es war die Zeit des – von der Gegenseite zutiefst abgelehnten – sozialen Aktivismus. Glaube und Re-ligion, so ihre Kritik, würden dabei in den Hintergrund ge-drängt. Den Erneuerern hielt sie entgegen: »Die Altäre wurden umgedreht. Das Volk betet in der Landessprache mit und versteht dennoch immer weniger von den Glaubensinhalten und der Sakralität des Gottesdienstes.«

Der Jesuitenpater Martini hing dem Gedanken nach, ob es denn nicht eine Versöhnung zwischen den beiden Strömungen geben konnte. Niemand wolle doch die Hilfe für die Armen, die Randgruppen und die Benachteiligten ablehnen. Aber: »Wie kann im Leben konkret der Sinn von Gottes Vorrang, des Primats des Wortes Gottes und des Gebets mit den irdischen Notwendigkeiten, mit einer wirksamen und notwendigen praktizierten Liebe zu den Armen verwirklicht werden?«

Ein junger Mann eilte an dem grübelnden Martini vorbei. Zuerst nahm dieser ihn kaum wahr. Doch dann fiel ihm auf, dass der Schüler oder Student, so sah er jedenfalls aus, ganz offensichtlich eine Bibel unter dem Arm trug. Er folgte ihm einige Schritte, unsicher, ob er ihn ansprechen sollte. Ein junger Mann mit einer Bibel unter dem Arm war in der Tat ein ungewöhnlicher Anblick in Trastevere, diesem Stadtteil, wo sonst Feinschmecker, Handwerker und Kleinkriminelle ein nicht immer ganz störungsfreies Miteinander teilten mit der Schickeria aus Film- und Showwelt, ganz zu schweigen von der Unmenge an einfallenden Touristen mit ihrer Lust auf Spaghetti, Cannelloni und Tagliatelle. Die aufkeimende Neugier des Professors wurde an diesem Tag jedoch nicht gestillt, denn der junge Mann verschwand plötzlich hinter einem unscheinbaren Portal in einer Häuserfront, an der sich nur bei näherem Hinsehen die Umrisse der Straßenseite einer kleinen Kirche erkennen ließen.

Erst einige Monate später erfuhr der Hochschullehrer von einigen seiner Studenten mehr über die ihm noch unbekannte Gemeinde, die sich hinter jener Pforte verbarg. Durch diese gelangte man zu dem aufgelassenen Karmelitinnenkonvent Sant'Egidio (deutsch: Sankt Ägidius) – einem kleinen Kloster mit ziemlich verwahrlosten Innenräumen, das im 16. Jahrhundert von der römischen Adelsfamilie der Colonna gebaut worden war und bis nach dem Zweiten Weltkrieg den Karmelitinnen als Kloster diente. Inzwischen gehörte es aber wie schon gesagt der Stadt Rom, die allerdings nichts Rechtes damit anzufangen wusste, bis eines Tages einige Studenten bei ihr anklopften. Diese hatten bisher ohne feste Organisation Armen und Bedürftigen fast aus dem Stegreif geholfen und suchten nun selbst nach einem richtigen Obdach für ihre Gemeinschaft, die mit der Zeit immer größer wurde. Kurzum, dem Anliegen der jungen Männer wurde stattgegeben, und schon bald herrschte wieder Leben in den altehrwürdigen Räumen des Konvents.

Professor Martini erinnerte sich, als man ihm von der Gemeinschaft berichtete, an jenen jungen Mann mit der Bibel unter dem Arm und besuchte zunächst einmal eine Abendandacht der aufstrebenden Gemeinde in Trastevere. Was er dort sah, muss ihn tief beeindruckt haben, jedenfalls war er bald regelmäßiger Gast in Sant'Egidio, und das keineswegs nur bei frommen Andachten. Er folgte den jungen Leuten zu den Armen. Er las die Messe in einem feuchten Kellergeschoss, in einem Hinterhof oder auch in einer Garage. Dabei wussten die meisten nicht, wer er war. Und er wollte auch nicht, dass sie es erfuhren: Sie hätten sonst vielleicht aus Scheu ihre Unvoreingenommenheit bei der Begegnung mit einem international angesehenen Kirchenmann verloren.

Das Leben der Egidianer, wie er es so miterlebte, schien dem Jesuiten wie eine Antwort auf seine Grübelei. Die jungen Leute, die am Ende der Konzilszeit noch durchweg die Schulbank römischer Gymnasien gedrückt hatten, beteten jeden Abend gemeinsam, aber nicht in den vorgefertigten Schablonen amtskirchlicher Formeln. Sie beteten individuell. Sie lasen und lesen bis heute jeden Abend um 20.45 Uhr gemeinsam im Evangelium und meditieren dann laut darüber. Es kann passieren, dass einer der zunächst im Schneidersitz auf dem Boden betenden Männer aufsteht und ein Gebet zu einem persönlichen Anliegen vorträgt. Jeder versteht ihn und sein Gebet. Es kommt aus ihrer Welt. Sie erzählen betend von den Nöten der Armen in der Ewigen Stadt und flehen um Hilfe. Sie beten so, dass die weniger Bedürftigen, die teils aus Neugier, teils aus innerer Anteilnahme, zu den Abendandachten in die Sant'-Egidio-Kirche kommen, auch verstehen können, was gemeint ist. So sieht es jedenfalls aus.

Tagsüber geht jeder von ihnen seinen Studien nach oder seinem Beruf. Die Gründerväter sind heute Hochschullehrer oder Mitarbeiter beim italienischen Staatsrundfunk *RAI*. Manche sind Ingenieure, manche Sozialarbeiter. Was aber alle eint, ist, dass sie einen Teil ihrer Zeit dem Dienst am Nächsten widmen. So geht vielleicht einer regelmäßig zu einem alten Ehepaar und spricht mit ihm oder kauft ein. Junge Frauen kümmern sich um Wäsche und Haushalt von Bedürftigen. Die Jüngeren, die noch zur Schule gehen oder studieren, geben kostenlosen Nachhilfeunterricht für Kinder aus dem Milieu der Ausgegrenzten am Stadtrand. Gerade diese Peripherie der Weltstadt, dieser teils Slum-ähnliche Raum, in dem die buchstäblich an den Rand der Gesellschaft Gedrängten hausen, stellt die »Kundschaft« für die jungen Helfer, die nicht etwa bei Marx und Lenin nachlesen, wie die Gesellschaft zu verändern sei, sondern im christlichen Evangelium.

Mario Marazziti, der damals für die Öffentlichkeitsarbeit von Sant'Egidio verantwortlich war, erzählte mir rückblickend, wie es in den Anfangsjahren in der Gemeinschaft zuging. »Am Vormittag waren wir im Virgilio-Gymnasium ein Kollektiv. Aber am Nachmittag trafen wir uns bei einem von uns daheim zur Versammlung. Wir misstrauten dem Individualismus und lehnten die abstrakten Formulierungen ab. Wir wollten mehr, das Mehr, das im Kollektiv nicht zu finden war. Das entdeckten wir schließlich im Evangelium, in der Gemeinschaft oder besser: in der Familie Gottes. Aber eine Gemeinschaft kann nicht für sich selbst leben. Wir setzten uns deshalb mit dem heiligen Benedikt und mit Franz von Assisi auseinander. Benedikt lehnte die unmenschliche und individualistische Stadt ab und gründete zwischen Rom und Neapel sein Kloster. Wir dagegen sind in der Stadt geblieben. Franziskus wiederum hat uns die Entscheidung für die ›minores‹, für die Minderwertigen, die Armen, gelehrt. Das war die harte, aber präzise Lektüre des Evangeliums.« Marazziti zog einen historischen Vergleich: »Nach dem Konzil von Trient hat sich die neue Kirche in der Gestalt neuer Orden ausgedrückt. So äußert sich die neue Gestalt der Kirche nach dem Zweiten Vatikanischen Konzil in Gruppen und Versammlungen.«

Sant'Egidio ist außerhalb der Mitgliedschaft ein Netzwerk von Beziehungen, die Menschen untereinander knüpfen, ein Netzwerk, das niemanden ausschließt, der mit seinen Mitgliedern betet und denkt. Die römische Urzelle war natürlich rein katholisch, weil es in Rom nun einmal fast keine Andersgläubigen gibt. Das Bedürfnis nach einer ökumenischen Öffnung hin zu anderen Religionsgemeinschaften entstand bei den ersten Mitgliedern nicht durch den Alltag einer konfessionell gespaltenen Gesellschaft wie zum Beispiel der deutschen, sondern durch Begegnungen im Umfeld der Universitäten, Begegnungen mit Studenten aus der ganzen Welt, darunter viele Moslems, aber auch zahlreiche junge Menschen, die aus den damals noch religionsfeindlichen Ostblockländern nach Rom kamen. Sie fanden, nicht anders als Pater Martini, zu Sant'Egidio. Sie ließen sich von der Mitmenschlichkeit anziehen und fanden vorübergehend eine Heimat in Trastevere.

Der ökumenische Dialog und darüber hinaus der Dialog nicht nur mit konfessionsverschiedenen Christen, sondern auch mit anderen Religionen wuchs aus der persönlichen Begegnung und mündete in jenem für alle Welt sichtbaren und als fast sensationell empfundenen Weltfriedensgebet 1986 in Assisi, als Papst Johannes Paul II. im Gebet mit allen höchsten Vertretern der übrigen Religionen, mit Orthodoxen, Moslems, Hindus, Buddhisten, Schamanen und Häuptlingen gemeinsam betete. Seither finden diese Friedensgebete alljährlich statt.

Den Erfolg kann niemand voraussagen, weil diese »private UNO«, oder, wie Sant'Egidio von dem Zeitgeschichtler Igor Man einmal genannt wurde, »die UNO von Trastevere«, nichts programmiert, keine Tagesordnung aufstellt und keine Schautermine mit Pressefotografen und Protokoll arrangiert. Sie bringt »nur« Menschen zusammen, die von allein nicht zueinander finden würden und es manchmal auch gar nicht wollen.

Den Namen Sant'Egidio hat die Gemeinschaft natürlich von jenem Konvent angenommen, den sie seit 1973 als zentralen Sitz gemietet hat. Ihr Erfolg als katholische Organisation, die sie zu diesem Zeitpunkt noch nicht war, war allerdings keineswegs selbstverständlich noch erfolgte der Aufstieg automatisch. Immerhin sprachen die ersten Mitglieder in der Anfangszeit bis 1974, das sind sechs Jahre, nur von »unserer comunità«, was Gemeinschaft, aber auch Bruderschaft bedeutet, jedenfalls mehr darstellt als nur eine Gruppe Gleichgesinnter.

Einen Meilenstein in ihrer Entwicklung setzte ein Ereignis in jenem Jahr, als Papst Johannes Paul II. den Stuhl Petri bestieg. Schon kurz nach seiner Wahl wollte der neue Pontifex demonstrieren, dass er nicht nur das Oberhaupt der Universalkirche war, sondern ebenso auch Bischof von Rom. Am 3. Dezember besuchte er einen der ärmsten römischen Vororte, Garbatella. Beim Rundgang durch die Gemeinde, eigentlich wollte er ein Kapuzinerkloster besuchen, drang ihm auf dem Weg dorthin aus einem Wohnungsfenster ein Ruf ans Ohr: »Heiliger Vater, kommen Sie zu uns!«

Johannes Paul II., der zum Leidwesen seines Sicherheitspersonals spontane Aktionen liebte, ließ sich nicht lange bitten. Er gebot dem Besucherkonvoi anzuhalten und ging hinein. Im kargen Inneren fand er eine ärmliche Kinderkrippe vor. Die Helferinnen erzählten ihm ungeachtet der dürftigen Ausstattung begeistert, dass sie alles Sant'Egidio verdankten. Doch der Papst verstand nicht und antwortete, Verständnis vortäuschend: »Wir haben in Krakau auch eine Ägidius-Kirche.« Die Egidianer klärten ihn auf. Es war für sie die erste Möglichkeit, den neuen Papst anzusprechen, und sie nutzten sie ausgiebig. Der Aufenthalt des Heiligen Vaters in der Kinderkrippe dauerte länger als erwartet. Der Papst wollte nun mehr von den jungen Helfern wissen: »Ihr seid in Rom? Dann kommt doch einfach zu mir!«

Eine Gelegenheit bot sich einige Monate später. Der neue Papst empfing alle kirchlichen Vereinigungen Roms zur Audienz. Sant'Egidio war nun allerdings noch keine offizielle katholische Organisation. Doch als der Papst die Delegationen abschritt, erkannte er die Gesichter wieder: »Euch habe ich doch schon einmal getroffen. Ich habe euch in Garbatella gesehen!« Nach diesem Erlebnis wagten die Egidianer nun auch, den Papst ihrerseits zu sich einzuladen. Wieder einige Wochen später besuchte der Papst die Basilika Santa Maria in Trastevere. Andrea Riccardi, eines der zwanzig Gründungsmitglieder, erinnerte einmal an die Worte, die der Papst zu ihnen sprach: »Ihr seid jung, ihr habt die Kraft der Begeisterung!« Der Besuch des Kirchenoberhaupts im sonst wenig katholischen Trastevere bedeutete für die Egidianer die Anerkennung des Vatikans trotz Anfeindungen aus dem »klassischen Kirchenmilieu«, das mit der »ungeregelten Disziplin« dieser Gemeinschaft nicht viel anzufangen wusste.

Papst Johannes Paul II. liebte die Begegnung mit jungen Menschen. Mit ihnen plauderte er, von ihnen ließ er sich Kraft geben. Es wunderte deshalb in Trastevere auch niemanden, als man im Sommer 1979 einen Anruf aus der päpstlichen Sommerresidenz in Castelgandolfo erhielt. Der Pontifex ließ fragen, ob man bereit wäre, den Papst hoch über dem Albaner See zu besuchen. Vierhundert Egidianer machten sich denn also am 22. Juli zu der Fahrt in die Albaner Berge südlich von Rom auf. Dort angekommen, ging Andrea Riccardi zusammen mit dem Gemeinschaftspriester Don Vincenzo Paglia und einem anderen Gemeindemitglied voraus in den Papstpalast. Johannes Paul II. war damals noch gesund, sportlich und unternehmungslustig. Er wollte die Gelegenheit eines weniger protokollarischen Gesprächs zum Austausch nutzen und ging mit seinen Besuchern in die Gärten hinab. Beim Spazierengehen sprachen die vier über die moderne Gesellschaft und deren Konsumismus. Der Papst, so wird berichtet, eröffnete seinen Gästen: »Seht, ich kann sagen, dass ich eine Art Antivirus gegen den *Kommunismus* in meinem Körper trage. Wenn ich aber die Konsumgesellschaft betrachte, dann frage ich mich, welches der beiden Systeme das bessere ist.« Darüber, so versicherte er, denke er viel nach.

Von der Konsumgesellschaft glitt das Gespräch ab zu denen, die mitten in ihr und doch von ihr ausgeschlossen lebten, zu den Randgruppen, den Alten, den Armen, den Obdachlosen, den Kranken und den Heimatlosen, zu all denen also, für die Sant'Egidio da sein wollte. Der Papst gewann so, jedenfalls Riccardis Bericht zufolge, den Eindruck, durch das Gespräch mit seinen Gästen die römische Wirklichkeit besser als bisher kennengelernt zu haben: »Durch euch lerne ich meine Kirche kennen, meine Kirche von Rom«, so sagte er ihnen zum Abschied.

Von diesem Tag an waren Riccardi und Don Paglia regelmäßig zu Gast beim Papst. Er empfing sie noch mehrmals in Castelgandolfo, doch auch im Vatikan waren sie gern gesehen; so lud er sie zum Frühstück oder zum Abendessen in den Apostolischen Palast ein. Paglia wurde 2000 Bischof von Terni und war sogar ein heimlicher Wunschkandidat für das Papstamt. Im italienischen Fernsehen wird er häufig interviewt. Der Kardinalspurpur ist ihm jedoch bis heute versagt geblieben und seine »linken« Kirchenvorstellungen, die ihn beispielsweise in die Nähe lateinamerikanischer Befreiungstheologen rückten, dürften ihm auch unter Benedikt XVI. keine Promotion einbringen.

Die Gründer von Sant'Egidio sind mittlerweile älter geworden und dem Sturm und Drang der katholischen 68er-Generation längst entwachsen. Beim fünfundzwanzigjährigen Jubiläum im Jahr 1993 waren sie deutlich über 40 und gehörten inzwischen zu den Etablierten im Lande. Vor allem Andrea Riccardi ist keineswegs mehr der suchende, demütige Student, der seinen eigenen Weg leben wollte. Er gehört unbestreitbar zu den Größen, mit denen in der italienischen Kirche gerechnet wird. Er und seine Freunde geben ebenso stolz wie mit lächelnder Selbstverständlichkeit zu, dass sie leichten Zugang zu Papst Johannes Paul II. hatten. So funktioniert in diesen Kreisen nun einmal wirklicher Einfluss, Riccardi als wahrer Geheimer Rat!

Zum Engagement in der Gemeinschaft gehört auch deren Finanzierung. Die meisten Mitglieder führen einen Teil ihrer Einkommen gleich an Sant'Egidio ab. Die sozialen Dienste werden im Wesentlichen mithilfe von öffentlichen Zuschüssen unterhalten. Dazu sammelt die Gemeinschaft in einzelnen Aktionen, und in den Kirchen werden Kollekten für sie gemacht. Viele Besucher, die sich nicht weiter engagieren wollen, zeigen ihre Dankbarkeit mit einem Scheck. Andrea Riccardi vergleicht die Organisationsstruktur am liebsten mit der einer größeren Familie, in der jeder nach seinen Fähigkeiten seinen Platz einnimmt. Sant'Egidio hat ein Statut, das nach kanonischem

Recht im Auftrag des Papstes vom päpstlichen Laienrat als das einer kirchlichen Laienorganisation akzeptiert worden ist. Der italienische Staat hat Sant'Egidio anerkannt als bürgerliche Rechtsperson, und die Stadt Rom hilft ihr als einer der wichtigsten karitativen Einrichtungen in der Ewigen Stadt. Nach den kirchenrechtlichen Statuten verfolgt Sant'Egidio den »obersten Zweck der Evangelisierung«, der die wesentliche Rolle der Kirche ausmacht.

Zu den »Mitgliedern ohne erklärte Mitgliedschaft«, die der Gemeinschaft nur in geistiger Verbundenheit nahestehen, gehören einige Bischöfe, aber auch italienische Politiker, auf die sich Sant'Egidio in der Regel vertrauensvoll stützen kann, ohne dass diese deshalb gleich mit der Gemeinschaft identifiziert werden könnten. Das Spektrum reicht von dem Kurienkardinal Achille Silvestrini bis hin zum früheren Ministerpräsidenten Romano Prodi. In gewisser Hinsicht ließ sich selbst Johannes Paul II. von seiner trasteverinischen Nachbarschaft vereinnahmen. In den Vorzimmern vieler Bischöfe sitzen Freunde von Sant'Egidio und ziehen an jenen Strippen, die auch in der katholischen Kirche für das Funktionieren einer großen Organisation gespannt werden müssen. Gemeinsam ist diesen Förderern, dass sie Rom nie besuchen, ohne Sant'Egidio einen Besuch abzustatten. Das Kirchenbild, auf das sie dort treffen, ist mit dem der heutigen Papstkirche schwer zu vereinbaren. Riccardi: »Das Urchristentum entstand lokal. Die Kirchengemeinden waren unabhängige Gründungen in den einzelnen Städten. Sie machten keinen Unterschied nach ethnischer oder sprachlicher Herkunft. Sie waren Gemeinschaft der Gläubigen. Nichts anderes.«

An der Nahtstelle von Religion und Politik sieht Sant'Egidio seine Aufgabe im Bemühen um Frieden, dort also, wo sich praktizierter Glaube mit politischem Auftrag trifft. Aus diesem Geist heraus ist der Einsatz zu verstehen, der nichts mit Politaktivismus zu tun habe, wie mehrere Mitglieder unabhängig voneinander versichern. Er sei untrennbarer Bestandteil des gelebten Christentums. Das Weltfriedensgebet bekomme dadurch nicht nur einen sakralen Anspruch wie der Bruderkuss am Ende jeder Messe; auf diese Weise wirke der Glaube auch in die Welt, ohne dabei jedoch in den von Kardinal Martini so gefürchteten puren Sozialaktivismus abzugleiten. Die tiefe Religiosität höre nicht mit einem inbrünstigen Gebet für den Frieden auf. Sie werde zur unabdingbaren Voraussetzung für den Friedensprozess. Wie sagte Hans Küng in seinen Studien für ein neues »Weltethos«: »Es gibt keinen Frieden ohne den Frieden zwischen den Religionen.«

Mystik und soziales Engagement: eine Verbindung, die das Konzil so vielleicht auch wirklich gewollt hat, als es die Katholiken aufforderte, sich mit der Welt auseinanderzusetzen. Drei Komponenten machen das Geheimnis von Sant'Egidio zumindest nach der eigenen erklärten Absicht aus: die praktizierte Nächstenliebe durch Hilfe für Bedürftige ohne irgendwelche Ausgrenzung, die Wurzeln in der katholischen Kirche ohne dogmatische Verfestigung und schließlich eine ausgeprägte mystische Religiosität. Ihre Spiritualität kennzeichnen wiederum drei Stichworte: Freundschaft, Hoffnung und Solidarität. Man könnte auch sagen: Sant'Egidio – ein Netzwerk von sozialen Mystikern.

»Wir haben in die Kirche eine völlig neue Kultur eingeführt: wenig Hierarchie, weniger Juridismus und viel Kreativität«, bilanziert Riccardi. Besonders betont er den Anspruch Sant'Egidios, von einem wechselseitigen Vertrauen geprägt zu sein und allen eine größtmögliche Freiheit zu lassen. Er ignoriert dabei aber nicht, dass dies keineswegs katholische Tradition ist. Auch hier meint er vielmehr, dass der Geist von Sant'Egidio langsam aber sicher auch die autoritäre Denkweise der römischen Kirche von innen aufweichen könne. Sant'Egidio als

Vollender des Zweiten Vatikanischen Konzils? Ein nicht ganz unbescheidener Ehrgeiz.

Die weltweite Vernetzung ist die Voraussetzung gewesen für die bisherigen Erfolge, die Sant'Egidio internationale Anerkennung eingebracht haben. Sie ist es aber auch, die bei jenen Sorgen weckt, die Sant'Egidio in der Nähe integralistischer, konservativ-katholischer Bewegungen wie etwa Comunione e Liberazione sehen oder Anleihen beim reaktionär-fundamentalistischen Opus Dei vermuten. »Klüngel bleibt Klüngel«, brachte es einmal ein deutscher Kritiker auf den Punkt, der sich mit dem schwer überschaubaren Beziehungsgestrüpp kirchlicher Organisationen beschäftigt.

Gelassen nimmt die Führung jenen Vorwurf hin, der – noch viel schroffer – auch dem Opus Dei immer wieder entgegengebracht wird: dass man den Papst für eigene Machtzwecke benutze. Riccardi kontert solche Bemerkungen mit dem Hinweis, dass die Gemeinschaft in Rom entstanden und dem Papst zunächst als ihrem Bischof begegnet sei, ihrem Bischof wohlgemerkt als Diözesanbischof von Rom, dem Ort, an dem sie bis heute den wesentlichsten Teil ihrer Tätigkeit entfaltet. »Wir haben mit der Nähe zum Papst keineswegs den Weg zur Macht gewählt«, wehrt Riccardi ab. Diesen Vorwurf empfindet er als völlige Verkennung der Tatsachen in der Kirche und des religiösen Auftrags: »Man muss aus der Logik des Papstes als kirchlicher Souverän herauskommen, jenes Souveräns, an den ich mich wende, weil ich eine Ernennung brauche, eine Vergünstigung, weil ich über einen anderen schlecht reden oder ihn verurteilen lassen will. Es ist offensichtlich, dass der Papst einflussreich ist. Aber wir sind doch keine Kinder. Wir wissen es sehr wohl, aber für uns ist der Papst mehr als alles andere unser Bischof.«

Welche Beziehungen sollen also zum Papst und zur Weltkirche unterhalten werden, wenn man eine kirchliche Einrichtung in Rom geworden ist? Riccardi verweist auf die tägliche Praxis: »Man möchte mit uns beten. Gut. Man möchte mit uns sprechen. Gut. Man möchte unsere Erfahrungen nutzen. Gut. Das bereichert uns selbst. Man möchte uns hören, mit uns essen. Diese Kontakte geben uns etwas. Es gibt Personen in der Kurie, die uns sehr nahe sind. Ich bin mir aber auch bewusst, dass man über Sant'Egidio diskutiert. Das müssen wir akzeptieren.« Die Gemeinschaft verlange keinerlei Privilegien, kein Geld und keine Auszeichnungen: »Die haben wir auch nicht nötig. Und wenn der Papst uns seine väterliche Sympathie ausdrückt, dann freuen wir uns darüber. Wir wissen aber auch, dass wir unsere eigene Verantwortung tragen.«

Am 7. Februar 2008 feierte die Gemeinschaft ihren 40. Gründungstag. Die feierliche Gedächtnismesse wurde von Kardinalstaatssekretär Tarcisio Bertone in der päpstlichen Lateranbasilika zelebriert. Eine gute Gelegenheit für den aktuellen Präsidenten Marco Impagliazzo, zufrieden zu bilanzieren: »Wir hätten niemals erwartet, dass unser Weg so komplex, so weit und breit werden würde. Der Heilige Geist hat gewollt, dass diese Geschichte weit über die Stadtgrenzen Roms hinaus gewachsen ist.« Die Gemeinschaft Sant'Egidio, so bekräftigte er, behalte aber auch jetzt noch ihren »spirito romano«, ihren universalen römischen Geist. Sie zählt sich heute zu den »Neuen Geistlichen Bewegungen« der katholischen Kirche und sieht sich in vielen Krisenzonen der Erde präsent als Verlängerung des kirchlichen Engagements für die Armen.

Zum Jubiläum wählte das amerikanische Nachrichtenmagazin *Time* Andrea Riccardi zu einem der 36 europäischen Helden des Jahres. Das römische Nachrichtenmagazin *L'Espresso* hielt dem sofort entgegen, es handle sich nur um das nach außen sichtbare, das öffentliche Bild der Gemeinschaft, und erinnerte an einen Skandal von 1998, als die Leiter der Gemeinschaft in den Vatikan zitiert wurden, um sich gegenüber massiven Anschuldigungen zu rechtfertigen. Der linke *Espresso* hatte seinerzeit bei Sant'Egidio Fälle des Missbrauchs der Sakramente von Eucharistie, Buße und Ehe ermittelt und veröffentlicht. Zur Jahreswende 2000/01 hatte das Magazin zudem die enthüllenden Bekenntnisse eines siebenundvierzigjährigen Studienrates publiziert, der nach mehr als 25 Jahren Mitgliedschaft die Gemeinschaft verlassen und die Annullierung seiner 1987 auf Druck von Sant'Egidio geschlossenen Ehe mit einer Frau aus der Gemeinschaft beim römischen Diözesangericht beantragt hatte.

Diesem Aussteiger muss der Hinweis des Aachener OB Linden, Riccardi führe die Gemeinschaft »mit großer Disziplin«, anders, als er eigentlich gemeint war, in den Ohren geklungen haben. Seine Erfahrungen hat jener Studienrat in einem mit »G. F.« unterzeichneten »Memoriale« mit dem Titel *Vita da Sant'Egidio* (Ein Leben in Sant'Egidio) geschildert, das der Journalist Sandro Magister publiziert hat. Darin erzählt er, wie die Gemeinschaft ihre Mitglieder von ihren Familien isoliere, also ein für Sekten typisches Vorgehen an den Tag lege. Die Gemeinschaft werde zur eigentlichen Mutter erhoben. Keineswegs seien alle gleichgestellt; die Oberen verlangten strikte Unterordnung und Gehorsam. Riccardis Reden und Erklärungen würden aufgezeichnet und müssten von allen Mitgliedern beachtet werden. Die Priester der Gemeinschaft hätten sich sogar in ihren Predigten an seinen Aussagen zu orientieren. Öffentliche Sündenbekenntnisse würden als quasi sakramentale Beichten verlangt, was dann auch schließlich den Vatikan zum Eingreifen veranlasste. Die für neue Mitglieder ausgewählten »geistlichen Väter« beanspruchten Mitsprache in allen Fragen des Lebens, so beispielsweise bei der Entscheidung für den passenden Beruf. Sie schrieben die Wahl des Studienfaches vor und diktierten sogar den »richtigen« Lebenspartner.

Selbst über den Kinderwunsch entschieden die Vorgesetzten. Solch »arrangierte Ehen« seien üblich, um die Macht der Gemeinschaft intern zu stabilisieren und den Ausbruch aus ihr zu erschweren, sektenhaft eben.

So viel zu Anspruch und Wirklichkeit bei Sant'Egidio. Inzwischen hat von den 20 Gründungsmitgliedern mindestens ein Drittel die Gemeinschaft verlassen.

Das kümmert Benedikt XVI. wenig. Seine Sympathie demonstrierte er an Weihnachten 2009. Zur alljährlichen Armenspeisung ließ er sich zum Sitz der Gemeinschaft nach Trastevere fahren, um mit 150 Bedürftigen Lasagne, Polpette, Linsen und Püree zu essen. Gründer Andrea Riccardi erkannte die Bedeutung des Besuchs für seine Gemeinschaft: »Heiliger Vater, Sie machen uns mit Ihrer Anwesenheit ein großes Geschenk. Es ist das erste Mal in der Neuzeit, dass ein Papst gemeinsam mit Menschen isst, mit denen die Reichen und Wichtigen, die Fernsehprominenz und Wissenden sonst nie ihren Tisch teilen.«

15 Ein Lehrer ohne Schule

Papst Prof. Dr. Joseph Ratzinger
und die geringe Macht seiner Schüler

Hochsommerliche Temperaturen in Castelgandolfo. In einem Tagungssaal der päpstlichen Residenz über dem Albaner See diskutieren 40 ehemalige Schüler des Professors Dr. Joseph Ratzinger, der inzwischen Papst Benedikt XVI. geworden ist. Es ist heiß und man ist durstig. Auf jedem Platz steht eine Flasche Mineralwasser, zu lau, um zu kühlen, aber gut genug, den Durst ein wenig zu lindern. Auch der Papst greift zum Acqua minerale. Da taucht aus dem Hintergrund sein Privatsekretär Monsignore Georg Gänswein auf und schenkt dem Pontifex aus einer Thermosflasche Kamillentee ein. Gänswein ist stets dabei, aber doch so diskret, dass die versammelten Professoren, einige von ihnen auch schon emeritiert, in ihren Diskussionen über die Evolutionstheorie oder den Islam seiner Präsenz nicht immer gewärtig sind.

Der diskrete Sekretär strahlt dennoch Macht aus. Einige der Professoren empfinden es so oder vermuten einen starken Einfluss, vor allem jene, die mit ihrem einstigen Lehrmeister Ratzinger in Münster, Tübingen oder Regensburg alles andere als einer Meinung sind. Bei dieser Professorenrunde ist der Privatsekretär wie so oft nur der dienstbare Geist im Hintergrund, und doch lässt er so manchen neidisch werden. Zwar möchte kaum einer mit ihm tauschen. Aber etliches, was der Papst gesagt und entschieden hat, hätten sie gern anders gehandhabt und ihm dies auch gern zum rechten Augenblick vermittelt. Ein Gänswein-Status wäre da hilfreich gewesen.

Der Sekretär kennt Ratzinger dabei erst seit 2003 näher. Die hier in Castelgandolfo versammelten Professoren, seine ehemaligen Schüler, sind dagegen schon seit Jahrzehnten mit ihm bekannt. Aber haben sie Einfluss auf den Papst, ihren einstigen Professor, Doktorvater und Lehrmeister? Beeinflusst der philosophische oder theologische Disput den Papst, und wenn ja, bei welchen Entscheidungen? Sind diese Schüler etwa ein Zirkel heimlicher Macht? Sie müssten schließlich doch am besten wissen, was es heißt, im Namen des Heiligen Vaters zu sprechen, weil sie sein Denken studiert und interpretiert haben.

Die Mehrheit von ihnen hat ihn in Regensburg gehört, darunter Wolfgang Beinert, inzwischen emeritiert, Christoph Schönborn, heute Kardinal in Wien, und Ludwig Weimer, der geistliche Leiter der Katholischen Integrierten Gemeinde, die in der Nähe von Castelgandolfo ihr pompöses Studienzentrum unterhält. Die Schüler logieren übrigens in einem Gästehaus des Papstes im Residenzpark, das von den Focolarini betreut wird.

Diese Begegnungen im August und September haben bereits Tradition. Sie lassen einen Papst Benedikt XVI. aufscheinen, der Außenstehenden unbekannt bleibt. Hier in den Albaner Bergen lebt der Papst vielleicht sein wirkliches Ich. Hier ist er Theologe. Hier darf er es sein. Hier darf er argumentieren, hier hört er Widerspruch, und hier wird deutlich, warum ihn viele Katholiken nicht verstehen.

Der naive Beobachter könnte meinen, ein so großer Lehrer müsse wie die großen Denker der Weltgeschichte mit seinem Schülerkreis auch eine Schule als Erbverwalter oder Hausmacht gegründet haben. Weit gefehlt. Es gibt zwar eine riesige Schar von Ratzinger-Schülern. Aber eine Schule, die ein Profil nach der Lehre des Meisters fortpflegen würde, die gibt es nicht.

In Castelgandolfo hört der Papst wie gesagt durchaus Widerspruch. Er fordert sogar dazu auf, wie er es in seinem Jesus-Buch aufmunternd empfohlen hat. Er diskutiert mit, als wäre er gar nicht der Papst. »Das gilt aber nur auf wissenschaftlichem Niveau«, erinnert sich Wolfgang Beinert im Gespräch. Sobald die Fragen konkret werden oder gar praktische Folgen angesprochen werden, duldet Benedikt XVI. – jetzt ganz lehramtliche Autorität – keine Einwände. Hermann Häring, der Ratzinger während seiner Studienzeit in Tübingen gehört hat, aber nicht zum Schülerkreis gehört, erinnert sich an ein anderes Phänomen, das sich mit Beinerts Erfahrungen deckt: »Viele wundern sich, wie gut er zuhören kann.« Doch das scheinbar geduldige Zuhören entspricht dem Schallschlucken einer Gummiwand. Ratzinger »destilliert seine Utopien ohne Kontakt zur Wirklichkeit«, urteilt Häring. Denn diese Wirklichkeit lässt er, ganz gleich, ob als Erzbischof, Kardinal, Glaubenswächter oder als Papst, nicht an sich heran. Sein Autismus ist dabei gar nicht durch sein Amt bedingt, sondern rührt von seinem Selbst- und Kirchenverständnis her. Unfähig, sich in andere hinein zu fühlen, baut er in verschleiernden Sprachschranken Kirchenvorstellungen auf, die nie ganz konkret werden. Dafür sind sie aber umso rigider, sobald es um den Autoritätsanspruch der Kirche geht. Das aber pervertiert das Evangelium zu einer frohen Botschaft, die für sich keine Bedeutung hat. Erst durch die Kirche, wie sie die hellenistischen Kirchenväter verstanden haben, wird das Evangelium zum Evangelium. Bei dieser Haltung »geht es nicht um die Psychologie eines alten Mannes, sondern um die Verhärtung einer Gesamtmentalität, die seit den Siebzigerjahren konsequent in vorkonziliare, das heißt in monologische, autoritäre und beziehungsunwillige Schablonen zurückgleitet«, schreibt Häring in seinem Buch *Im Namen des Herrn*.

Die Ergebnisse seiner Analyse des Papstprofessors erklären auch, warum der Begriff »Ratzinger-Schüler« bis 2005 kein Qualitätssiegel sein konnte und dem damit Ausgezeichneten eher geschadet hätte, zu Zeiten, als der Kardinal noch Glaubenswächter war. Den »Titel« heute zu beanspruchen, mag einen Akademiker ehren, sagt aber auch nicht viel aus. Zu vielfältig sind ihre Ansätze, zu weit liegen sie heute in ihren Theologien auseinander. Für eine päpstliche Hausmacht halten sich nur wenige dieser schwer auf einen Nenner zu bringenden Intellektuellen. Immerhin fühlen sie sich – über alle Unterschiede im Denken hinweg – dem Professor nach wie vor verbunden. Die Übrigen huldigen einem in der Kurie weit verbreiteten Opportunismus oder denken so systemimmanent wie der Papst selbst.

Nicht einmal die Gründer der »Joseph Ratzinger Papst-Benedikt-XVI.-Stiftung«, die der Wiener Kardinal Christoph Schönborn im November 2008 in der Katholischen Akademie in Bayern vorgestellt hat, verstehen sich als Berater des Papstes. Wer in der Stiftung mitarbeitet, lässt sich einfach nur von Benedikt XVI. faszinieren. Machtansprüche weist man entrüstet von sich. Schönborn würdigt entsprechend die Theologie des Papstes vorbehaltlos. Sie ziehe an und rüttle auf: »Nach wie vor sind wir fasziniert«; der Papst könne eine Diskussion so zusammenzufassen, »dass die Teilnehmer oft erst in seiner Synthese ihren eigenen Gesprächsbeitrag besser verstehen«. Den Vorsitz dieser Stiftung hat übrigens der Salvatorianerpater Stephan Horn übernommen, der von 1972 bis 1977 als Ratzingers Assistent in Regensburg arbeitete.

Der emeritierte Dogmatikprofessor Siegfried Wiedenhofer, wissenschaftlicher Assistent bei Ratzinger von 1967 bis 1977 an den Universitäten Tübingen und Regensburg, würdigte bei einem Vortrag an der »Katholischen Akademie in Bayern« seinen Lehrer als einen der produktivsten Theologen der Gegenwart, wenn nicht der Theologiegeschichte überhaupt: »Diese Theologie bedarf, wie jeder große geistige Impuls, damit er lebendig und wirksam bleibt, der Pflege, der Fortsetzung, der Auslegung, der Anwendung, der Konkretisierung, der Verteidigung, aber auch der Weiterführung, Auseinandersetzung und Kritik.« Charakteristisch für Ratzinger sei das dialogische Denken, seine Theologie entwickle sich »nicht nur im Hören auf das, was die Quellen zu sagen haben, sondern auch im kritischen, zum Teil polemischen Gespräch mit anderen Auffassungen«. Zugleich gehöre zu seiner Theologie eine »entschiedene Diagnose der Gegenwart als einer grundlegenden Übergangszeit und Krisensituation«. Darum sei es Ratzinger immer auch um die Ganzheit des Glaubens und um seine Wesensschau gegangen. Zum Wesen des Glaubens aber gehörten für Ratzinger der Wahrheitsanspruch des Christentums, die Geschichtlichkeit des Glaubens mit dem Höhepunkt in der Menschwerdung des ewigen Logos in der Person und Geschichte Jesu Christi, sowie die Personalität des Glaubens. Niemals sei es im Übrigen das Ziel dieses Theologen gewesen, eine eigene theologische Schulrichtung zu begründen.

Ein anderer Doktorand von Ratzinger ist der Hamburger Weihbischof Hans Jochen Jaschke. In München versuchte er beim Gründungsfestakt der Stiftung, das »Phänomen Ratzinger / Benedikt XVI.« zu erklären. Er meinte, der Papst »liebt die vielen Stimmen der Kirche. Jede von ihnen hat ihre eigene Note und soll sich so in das Ganze des Katholischen einfügen. Die Kirche nimmt die vielen Stimmen auf, setzt sie nicht gegeneinander, sondern bringt sie so zusammen, dass eine Melodie – mit einem anderen Bild gesprochen, ein Mosaik – entstehen kann.« Joseph Ratzinger habe »bei seinen Schülerinnen und Schülern Freude an den vielen Stimmen der Kirche geweckt und ihnen den Blick für die schöne Gestalt des Glaubens geöffnet. Er hat auch die Schüler als vielstimmigen Chor erlebt.«

Der irische Steyler-Missionar Vincent Twomey, ebenfalls ein Schüler aus Ratzingers Regensburger Zeit, betonte in seinem 2006 veröffentlichten Buch *Benedikt XVI. – Das Gewissen unserer Zeit*, die Wahrheit sei »die wirkliche Leidenschaft in Ratzingers Leben«. In diesem Buch erzählt er auch Privates über seinen damaligen Professor: »Die gemeinsamen Mahlzeiten und das abendliche Beisammensein bei Wein und Bier waren von Humor geprägt. Man hätte sagen können: ›Ubi Ratzinger, ibi hilaritas‹ [lateinisch für: ›Wo Ratzinger ist, da herrscht Frohsinn‹], und an Anekdoten herrschte kein Mangel.« Für Twomey ist sein ehemaliger Lehrer »ein aufregender Theologe, ein origineller Denker, der seiner Entdeckung noch harrt«.

Ratzingers Vermächtnis widmen sich mittlerweile allein in Deutschland schon vier Einrichtungen. Neben der schon genannten Stiftung hat etwa der Jesuitenpater Eberhard Gemmingen, bis 2009 Leiter der deutschsprachigen Abteilung von *Radio Vatikan*, eine »Benedictus-Stiftung« gegründet. An der Universität Regensburg besteht ein »Institut Benedikt XVI.«, und schließlich kümmert sich auch noch eine weitere Stiftung um das Geburtshaus von Joseph Ratzinger in Marktl am Inn. Diese »Benedictus-Stiftung« hat es sich zur Aufgabe gemacht, das Gedankengut von Papst Benedikt besser zur Geltung zu bringen, und das Regensburger Institut publiziert jährlich Mitteilungen sowie das Gesamtwerk von Papst Benedikt XVI.

Eine besondere Kategorie von Papstfans bildet das Netzwerk »Generation Benedikt«, das von Studenten nach dem Weltjugendtreffen 2005 in Köln geknüpft worden ist. Diese Bewegung fühlt sich von »ihrem« Papst ernst genommen und geliebt und sieht sich weder unterdrückt noch bevormundet, weil der Papst dies, wie es auf der Homepage heißt, in vielen Ansprachen zum Ausdruck gebracht hat: »Er speist uns nicht mit ›vorläufigen‹ oder ›teilweise glaubwürdigen‹ Wahrheiten ab, sondern bemüht sich um uns und unser Glück. Weil es eine wahre ökumenische Kirche nur zusammen mit dem Papst geben kann. Weil der Papst für uns ein bescheidener Hirte in einer von Orientierungslosigkeit geprägten Zeit ist. Weil der Papst für Wahrheiten steht, die er mit einem liebenden Herz und Verstand begründen kann. Seine Wahrheiten stützen sich nicht nur auf tagesaktuelle Mehrheiten.«

Im besten Fall verkündet diese »Generation« tatsächlich das, was Benedikt XVI. lehrt. Ihre umfangreichen medialen Aktivitäten suggerieren allerdings ein Gewicht, über das sie tatsächlich in der jungen Generation nicht verfügt. Deren Bedarf an Religion geht nach dem Eindruck von Seelsorgern und einschlägigen Untersuchungen an Papst und Amtskirche vorbei. Einen kirchlichen Machtfaktor stellt die »Generation Benedikt« nicht dar, auch wenn sie diesen Anspruch vertritt.

Solche Einrichtungen, Stiftungen und Schülerkreise könnten Foren sein für Benedikt XVI., mit deren Hilfe er sich darin üben könnte, als Theologen-Papst nicht die Bodenhaftung zu verlieren und um seine oft einsamen Entscheidungen abklären zu lassen. Ein solch qualifiziertes Gremium wie der Schülerkreis böte sich als verschwiegener und sachkundiger Ratgeber geradezu an. Von alledem ist aber nichts bekannt. So huldigen sie also bestenfalls nur und werben für »ihren Papst«, wenn auch nicht mehr mit demselben unkritischen Eifer wie in den ersten Jahren.

Viele Stimmen, die Kirche als ein Chor, der humorvolle Wissenschaftler, der Widerspruch zulässt: Das alles sind andere Töne als die, die man sonst über den autoritären Ratzinger zu hören gewohnt ist. Sie scheinen aber doch nur die andere Seite ein und derselben Medaille zu sein, eben die des Wissenschaftlers und nicht des Papstes. Dazu überdecken sie noch leicht die beiden gravierendsten persönlichen Mängel des aktuellen Pontifex: geringe Menschenkenntnis und ein gewaltiges Misstrauen.

Beide Eigenschaften haben dazu geführt, dass Ratzinger einerseits Mitarbeitern vertraut, die nur scheinbar im Namen des Heiligen Vaters handeln und tatsächlich ihre eigenen Ziele verfolgen. Andererseits kann keiner der Schüler sein volles Vertrauen für sich reklamieren. Kein Schüler kommt so nah an ihn heran wie etwa noch persönliche Vertraute aus der Zeit in Regensburg und München, darunter ein umstrittener Prälat und ein Münchner Banker, die gern so tun, als wüssten sie, was der Heilige Vater mag und meint.

Der Schülerkreis entspricht zwar dem Bild des großen Theologen, aber er bildet keinen Einflusszirkel. Es ist ihm trotz der allsommerlichen Vertrautheit in Castelgandolfo nicht gelungen, Ratzingers Unterscheidung zwischen Wissenschaft und Papstamt zu durchbrechen. Nur einzelne, ganz wenige Mitglieder haben alle Hindernisse überwunden – mithilfe eines Movimento, in dem der Papst seine Getreuen erkennt. Diese wenigen üben denn auch überdurchschnittlich großen Einfluss in der Kurie aus.

An die Bedeutung eines Mannes im Leben des Papstes kommt jedoch niemand heran. Die Rede ist natürlich von seinem Bruder Georg Ratzinger. So urteilt einer der ehemaligen Schüler: »Sein absolutes Vertrauen genießt eigentlich nur sein älterer Bruder Georg, der, wie es in traditionellen bayerischen Familien immer war, nach dem Tod des Vaters die Rolle des Familienoberhauptes übernommen hat.« Der Einfluss des großen Bruders gehe vermutlich weit über denjenigen aller sonstigen Einflüsterer an der Kurie hinaus. Deshalb sei es umso schlimmer, dass der Bruder nun gerade ein ausgeprägter Traditionalist sei, der etwa bei den Lefebvrianern nicht deren reaktionäres Denken und längst überholte Theologie erkenne, sondern dort die Kirche seiner frühen Jahre wiederfinde, die der »guten alten Zeit« – eine Sehnsucht, die auch Benedikt XVI. teilt.

16 Die unschuldige Papessa

Bewegungs-Nonnen und eine
Papstvertraute in einer Männerwelt

Die Frau steht weinend vor Papst Benedikt XVI. und kann nicht fassen, was ihr widerfahren ist. Und der Mann mit dem schlohweißen Haar versteht sie nur zu gut. Aber der in dogmatischen Fragen so rigorose Papst ist als Mensch zu weich und zu schwach, um der bösen Intrige ein schnelles Ende zu setzen. Joseph Ratzinger folgt noch den Einflüsterungen seines Sekretärs Georg Gänswein. Und der hatte – nach der glaubhaften Darstellung von Kurienmitarbeitern und deutschen Vatikan-Besuchern – bereits vollendete Tatsachen geschaffen.

Hinter dem Rücken des Papstes hat »Don Giorgio« die vom Niederrhein stammende Ingrid Stampa, die diskrete Musikprofessorin und treue Haushälterin von Joseph Ratzinger, aus Benedikts Nähe entfernt. Sie durfte gerade noch seinen Umzug organisieren und ihm all jene alltagspraktischen Dinge abnehmen, in denen der Papst kein herausragendes Geschick aufweist. Statt aber daraufhin nun wie erwartet in den päpstlichen Haushalt einzuziehen, wurde sie auf Gänsweins Weisung kurzerhand ins Staatssekretariat »verbannt«.

Bitter für Ingrid Stampa. Beschämend für Benedikt XVI. Und enthüllend, was den »Papstflüsterer« und angeblichen Frauenliebling Georg Gänswein betrifft. Mit diesem Ruf, ein »Frauentyp« zu sein, kokettiert er übrigens selbst. Er hat es ja auch einfach. Er wirkt offenbar sehr attraktiv auf Frauen, die sich von einem anscheinend unerreichbaren Kleriker noch mehr angezogen fühlen als von einem ebenso gut aussehenden »gewöhnlichen« Mann. Wenn sie ihm doch nur einmal genauer zuhören würden! Doch das schaffen die wenigsten. Diejenigen, die die Gelegenheit dazu hatten, waren entweder von seinem Charme begeistert und wurden unbelehrbare Anhängerinnen, oder sie waren von seinem reaktionären Frauenbild, das noch aus der klerikalen Vorväterzeit herrührt, so schockiert, dass sie im besten Fall nur Mitleid empfanden. Widerspruch lässt Gänswein selbstverständlich nicht gelten. Kluge Frauen lassen es daher bei den beruflich bedingten Begegnungen.

Anscheinend konnte Ingrid Stampa sich nun aber weder begeistern noch gab es irgendetwas, das sie tun konnte. Sie wurde einfach aus dem Papsthaushalt verbannt. Dafür wurden lange unterdrückte Gehässigkeiten nun lauter. Der vatikanische Flurfunk tuschelte jetzt ebenso böswillig wie unüberhörbar von Vergleichen mit der legendären Schwester Pasqualina (Josefine Lehnert), der deutschen Haushälterin von Pius XII., die ihm seit seiner Zeit als Nuntius in Bayern bis zu seinem Tod über 40 Jahre lang gedient hatte. Die war aber, so sülzten und heuchelten die Eingeweihten süffisant, eine Nonne. Frau Stampa hingegen ist Laie. Im Gegensatz zur unvergessenen Pius-Haushaltschefin gab sie auch nie Anlass zu Tratsch, obwohl eigentlich beide gleichermaßen den Stoff boten, aus dem Intrigen sind. Pasqualina war eine junge Frau (geboren 1894), die sich für einen Erzbischof begeisterte (der spätere Papst Eugenio Pacelli wurde 1917 zum Erzbischof geweiht und als päpstlicher Nuntius nach Bayern entsandt). Dieser wird dann im Laufe seiner Karriere Kardinal (1929) und schließlich Papst (1939). Pasqualina weicht in all diesen Jahren nicht von seiner Seite. Sie erledigt alles, was der verehrte Oberhirte braucht und hält alles von ihm fern, was ihm schaden könnte, unter anderem auch jene Kardinäle, Bischöfe und sonstigen Kurienmitarbeiter, die sich, aus welchen Gründen auch immer, ihr Wohlwollen verscherzt haben.

Pasqualina passte einfach zu schön zum germanophilen Pius XII. und zu jenem Bild vom selbstherrlichen Hofstaat mit deutscher Umgangssprache mitten in Rom. Wer Böses sucht, wird auch etwas finden, das sich so auslegen lässt. Einer genaueren Prüfung hält allerdings nichts von all dem, was man ihr nachsagte, stand außer einem Bild von unendlicher Loyalität zu Pius XII. – mit gelegentlichen Übertreibungen. Und die sind leicht zu erklären. Schwester Pasqualina hat ihrem Chef alles abgenommen, was dessen Alltag bestimmte – natürlich abgesehen von den rein kirchlichen Fragen. Sie hatte Macht und gebrauchte diese auch.

Pasqualina hasste Journalisten und Fotografen, mit denen sie nicht selten in Berührung kam. Denn sie zog die Fäden weit über den Haushalt hinaus. Mit ihrer Dickköpfigkeit geriet sie selbst mit Kurienkardinälen in die Haare. Und wenn sie in ihrer Fürsorglichkeit Pius XII. unbedingt einmal schonen wollte, konnten auch Kardinäle sich nicht gegen Schwester Pasqualina durchsetzen. Da gab es dann kein Vorbei. Im Vatikan wurde sie bisweilen »La Papessa« – »die Päpstin« – genannt, ein Titel, den manche in Rom inzwischen auch schon Frau Stampa verpassten, eine Gehässigkeit, wie sie nur in einer Männerwelt gedeihen kann, wo Frauen am ehesten noch dann respektiert werden, wenn sie als unauffällige Nonnen auftreten, devot und dienstbeflissen. Da dürfen sie dann gern auch richtig was leisten, denn eine Gefahr geht nicht von ihnen aus: Spitzenpositionen können sie ja doch nicht erlangen, da ihnen die Priesterweihe verwehrt ist.

Ingrid Stampa ist nun aber – anders als Pasqualina – ein Inbegriff von Diskretion und Ambitionslosigkeit. Und auch der Anblick einer Frau aus der säkularen Welt neben dem Papst sollte doch eigentlich niemanden stören. Wer jedoch wie Gäns-wein traditionalistisch katholisch geprägt ist und noch dazu jedem anderen neben »seinem« Papst den Einfluss streitig zu machen scheint, der kann eine solche Papstvertraute schwer ertragen.

Joseph Ratzingers Menschenkenntnis scheint nun aber eher bescheiden zu sein. Er ist – wie schon im vorigen Kapitel dar-gestellt – einerseits misstrauisch und andererseits doch offen für den Rat enger Vertrauter. Ingrid Stampa hatte sein Ohr. Gänswein hätte es gern genauso gehabt. Also galt es für ihn, die vermeintliche Konkurrentin elegant aus der nächsten Nähe von Benedikt XVI. verschwinden zu lassen. Da schien wohl das im Apostolischen Palast untergebrachte Staatssekretariat gerade die richtige Adresse zu sein. Helfer, die dem neuen mächtigen Sekretär bei seiner diskreten Aktion zu Willen waren, gab es genügend. Und wenn dann auch noch der Papst so hilf-los reagiert, wie er es dann auch tat, und ihn machen lässt, dann sind die Tatsachen ganz schnell geschaffen.

Solche Machenschaften hatten im Übrigen auch schon unter Papst Johannes Paul II. wunderbar funktioniert. Dessen polni-scher Sekretär Stanislaw Dziwisz war ebenso ein Freund des Opus Dei wie der ehemalige Papstsprecher Joaquín Navarro-Valls Opus-Numerarier ist. Wer beim polnischen Papst auf si-cherem Weg etwas erreichen wollte (je ungewöhnlicher im Übrigen das Anliegen, so wird berichtet, desto eher mit einem gut dotierten Scheck), der ging nicht den offiziellen Kurienweg. Er nutzte eine Seilschaft zum Papstsekretär. Auch der wurde wegen seiner Parallelmacht schon »Suor Pasqualina« (Schwes-ter Pasqualina) genannt ... In diesem Fall wohl zu viel Ehre für die vergleichsweise harmlose deutsche Nonne.

Benedikt XVI. wird ein Elefantengedächtnis nachgesagt. Er vergisst also, davon dürfen wir ausgehen, auch nicht die Untaten seines Sekretärs. Die bis heute offene Frage ist nur, ob und wann ihm die Sekretärsumtriebe zuwider sind und welche Konsequenzen er daraus zieht. Selbst die Verdrängung seiner Vertrauten Ingrid Stampa wird diesen Schwenk zu entschiedenem Durchgreifen im persönlichen Umfeld wohl nicht herbeiführen können. Seine Mitarbeiter sind ja schließlich keine linken Befreiungstheologen oder sonstige Progressisten, mit denen Ratzinger sicher kein langes Federlesen machen würde.

Die Seilschaft von willigen Helfern des fundamentalistischen Lagers hat jedenfalls ausgezeichnet funktioniert. Unverdächtige Ordensfrauen mussten nun den Papst um- und versorgen. Und es sollten keine Frauen aus irgendeinem wohltätigen oder für Hauswirtschaft besonders bekannten oder profilierten Orden sein: Nein, für den Benedikt-Haushalt musste schon genau das Personal organisiert werden, das exakt in das Schema der Rechten passte. Welche der verfügbaren Gemeinschaften kam nun also als besonders nützlich und vertrauenswürdig infrage? Es waren natürlich Schwestern von Comunione e Liberazione, und zwar gleich vier auf einmal aus demselben Haus. Dass sie nun schleunigst lernen mussten, Knödel und Strudel zu kochen, war allemal der Mühe wert, da sie dafür Gelegenheit erhielten, den Papst in seinem Alltag fast auf Schritt und Tritt zu beobachten.

An Arbeitsplätzen, wo es weniger um Hauswirtschaft als um Sekretariatsarbeiten geht, hat längst meist eine andere Organisation auf Frauenschuhen einen Fuß in der Tür. So mancher Nuntius (päpstlicher Botschafter) freut sich über die von dieser Bewegung zur Verfügung gestellten tüchtigen Mitarbeiterinnen, so etwa in der päpstlichen Nuntiatur in Berlin. Auch dort halten zwei Mitgliederinnen des Opus Dei den Betrieb in Gang, wie jedenfalls aus zuverlässiger Quelle von Opus-Dei-Kennern berichtet wird. Ein Nuntius nannte sie einmal gar liebevoll die »Mädels vom Opus Dei«.

Wer nach geheimen Informationen sucht, die nach Möglich-keit bestehende Missstände zu enthüllen geeignet sind, der wird – das wissen alle investigativ arbeitenden Journalisten – für gewöhnlich nicht bei den Spitzenleuten fündig. Mit denen kann man sich schmücken, mit ihnen Small Talk pflegen. Ein Foto mit Spitzenleuten belegt die eigene Bedeutsamkeit und verweist kokett auf exquisite Kontakte. Die Informationen, die man von ihnen erhält, erwecken aber meist nur nach außen den Eindruck von Insiderwissen. Was sie zu sagen haben, wird dann sehr schnell schon auf dem öffentlichen Nachrichten-markt gehandelt, oder aber es interessiert nur eine fachliche Minderheit. Manchmal lassen die Hierarchen einen auch teil-haben am Herrschaftswissen, von dem dann allerdings kein Journalist Gebrauch machen darf. Allenfalls für andeutungs-volle Kommentare ist solch ein Informationsvorsprung nutz-bar. Aufklärung und unabhängige Berichterstattung werden auf diese Weise, nebenbei gesagt, mit genialer Wirksamkeit verhindert.

Wer sich nun aber um Aufklärung für eine breite Öffentlich-keit bemüht, wird also »oben« selten fündig. Ausnahmen kom-men zwar vor wie etwa Informationen, mit denen Spitzenper-sonen gezielt Politik betreiben wollen, doch dieses Instrument beherrschen in der vatikanischen Kurie nur wenige. Und ge-rade die Gruppen, um die es uns hier geht, können am we-nigsten damit anfangen, weil sie bekanntlich viel zu sehr in ihrer Welt der Geheimniskrämerei gefangen sind.

Zuverlässigere Hinweise auf heiße Themen oder einfach nur auf Interna liefert die operative Ebene, also die jener Mit-arbeiter und Mitarbeiterinnen, die Texte erarbeiten, Treffen organisieren, Kontakte vermitteln und die bei ihren vielfäl-tigen Hilfsdiensten ungeahnte Einblicke gewinnen, wertvoll für Kenner, die sie zu deuten wissen. Eine im Geheimen ope-rierende Organisation wie das Opus Dei würde seinem Ruf nicht gerecht werden, wenn es auf solche Kanäle verzichtete.

Frauen sind für diese Dienste höchst willkommen. Stören dürfen sie aber nicht. Eigenständige Rollen sowie eigenmächtiges Handeln sind unerwünscht. Deutlich gesagt werden muss aber auch: Die sexuelle Annäherung, die als Praxis weltlicher Geheimdienste üblich ist, wird nicht verlangt, zumindest ist kein Fall bekannt. Insbesondere bei den östlichen Geheimdiensten hingegen kam so etwas häufig vor. Dort haben immer wieder attraktive Agentinnen Kleriker verführt, abhängig gemacht und schließlich ihre zölibatären Gewissensnöte als Mittel zur Erpressung von Verrat eingesetzt.

Ganz auszuschließen sind solche Praktiken aber auch nicht in einer Kirchenwelt, in der beispielsweise ein lateinamerikanischer Befreiungstheologe von einer Mitarbeiterin des Opus Dei vergiftet worden sein soll. Nachzulesen ist dieser Verdacht in Robert Hutchisons Buch *Die heilige Mafia des Papstes*, in dem der 1938 in Montreal geborene investigative Journalist und Buchautor bereits 1996 den wachsenden Einfluss des Opus Dei beschrieben hat. Sein Befund: Die fanatischen Verfechter eines erzreaktionären Weltbildes kennen in der Wahl ihrer Mittel zur Erreichung ihrer Ziele kaum Skrupel. Ein Schelm, wer Böses dabei denkt: Georg Gänswein lehrte an der Opus-Dei-Hochschule Santa Croce in Rom.

Die Fundamentalisten haben im Vatikan aber nicht nur einzelne Frauen kaltgestellt. Die ganze moderne Frauengesellschaft mit Gleichberechtigung und Frauenquoten weckt bei ihnen Reflexe, die schon an Hexenverfolgung erinnern. Nahezu unbemerkt von der Öffentlichkeit hat die Kongregation für die Orden Anfang 2009 eine interne Untersuchung über den Lebensstil der Frauengemeinschaften, also der Ordensschwestern und Nonnen, angeordnet. Sie richtet sich nach dem Urteil von Vatikanbeobachtern in erster Linie gegen die Aktivitäten amerikanischer Ordensfrauen, die sich mehr und mehr in die Politik einmischen und sich vor allem für Minderheiten und Randgruppen einsetzen.

Nonnen, die für Gleichberechtigung demonstrieren, wie es in den USA geschehen ist, lösen in Roms konservativen Kreisen Brechreiz aus. Doch Mittel gegen sie, wie sie in solchen Fällen gegen Kleriker anwendbar sind, gibt es nur wenige. Dem Kirchenrecht nach – und in den meisten Staaten durch Konkordate sanktioniert – ist Priestern politische Tätigkeit untersagt. Den Frauen ohne Priesterweihe ist dagegen Arbeit in der Politik nicht verboten. Deshalb klingt der Aufruf der Ordensoberinnen in Italien, sich in die Politik einzumischen, in den Ohren der vatikanischen Traditionalisten wie eine Kampfansage. Schwester Lilia Capretti, Vorsitzende dieser Vereinigung in den Neunzigerjahren, hatte einmal festgestellt, als es um die umfassendste Aufdeckung politischer Korruption im Italien der Nachkriegsgeschichte ging (was unter dem Begriff »Mani pulite« (saubere Hände) in die Geschichte einging), dass Frauen in der Politik weniger für Korruption anfällig seien als Männer. Leider würden sie dort nach wie vor wegen der heute noch bestehenden Machomentalität nicht oder viel zu wenig zum Zuge kommen.

Was in der Politik gilt, gilt im Vatikan noch weit mehr: Dort arbeiten zwar etwa 300 Frauen, doch Schlüsselpositionen sind ihnen verwehrt. Nicht einmal in der für sie zuständigen Ordenskongregation haben sie viel zu sagen. Frauen, so schrieb Lilia Capretti auch den Kirchenoberen ins Stammbuch, »lieben nicht die Macht um der Macht willen. Sie machen Politik vor allem als Dienst.« Das mag nun, so kategorisch formuliert, nicht immer stimmen. Doch darum geht es auch gar nicht: Denn allein schon die antimaschilistische (männerfeindliche) Tendenz will nicht ins traditionelle Bild passen. Ordensfrauen befürchten nun, dass ihnen fortan ein strengerer Wind ins Gesicht blasen könnte und sie mit dem Segen von Benedikt XVI. »diszipliniert« werden sollen.

Die willigen Helfer werden dabei gern nachhelfen. Sie sehen sich in ihren Bestrebungen einig mit dem Papst. Schon Johannes Paul II. hat im Einklang mit seinem damaligen Chefdenker und Glaubenswächter Ratzinger in einem Apostolischen Brief mit dem Titel »Ordinatio sacerdotalis« festgehalten: »Damit also jeder Zweifel bezüglich der bedeutenden Angelegenheit, die die göttliche Verfassung der Kirche selbst betrifft, beseitigt wird, erkläre ich kraft meines Amtes, die Brüder zu stärken (vgl. *Lk* 22,32), dass die Kirche keinerlei Vollmacht hat, Frauen die Priesterweihe zu spenden, und dass sich alle Gläubigen der Kirche endgültig an diese Weisung zu halten haben.«

Der Weg zu »Frauenpower in der Kurie« wird unter Wojtylas Nachfolger, dem Traditionalisten Ratzinger, nur noch steiniger und beschwerlicher. Mehr als das Prinzip Hoffnung gilt nicht. Der amerikanische Vatikanjournalist und jahrelange Leiter des römischen Büros der *New York Times*, Paul Hofmann, hat versucht, den Einfluss der Frauen beim Heiligen Stuhl zu ergründen. Seine erste Entdeckung in seinem 2002 erschienenen Buch *The Vatican's Women* klingt lakonisch, trifft aber voll zu: Man mag es kaum glauben, aber es gibt tatsächlich Frauen in der Kurie! Gemeint sind damit nicht etwa Heilige wie Mutter Teresa. An denen fehlte es der Kirche nie (wohl aber der Kurie). Es geht um die vielen Arbeiterinnen, ohne die der Apparat kaum funktionieren würde. Hofmann beschreibt ihren Status ohne jeden Einfluss als reine Unterdrückung der Frauen, die sich hier schlimmer auswirke als in einem noch so engstirnigen und rückständigen Dorf. Eine amerikanische Kritikerin seines Buches formuliert es in ihrer Rezension drastisch: »Wenn das, was Hofmann geschrieben hat, so zutrifft, dann hätten die Taliban vom Heiligen Stuhl gelernt haben können.«

So radikale Worte wählt Mechtild Meckl, die deutsche Generaloberin der Englischen Fräulein mit Sitz in Rom, nicht. Im Kern ihrer Aussagen in einem Gespräch mit mir bestätigt aber auch sie die Ohnmacht der Frauen im Vatikan. Sie habe mit diesem trotz der räumlichen Nähe zum Zentrum der katholischen Kirche kaum etwas zu tun, und wenn, dann seien es »geschäftliche Dinge« wie etwa Genehmigungen, die der vorgesetzten Behörde der Superiorin vorbehalten sind. Frau Meckl wendet sich in solchen Fällen an die Kongregation für das Geweihte Leben, die Ordenskongregation. Doch schon bei den ersten Schritten in dem päpstlichen Ministerium entdeckte sie, dass auch diese für alle Ordensgemeinschaften zuständige Kurienbehörde absolut männlich beherrscht wird: »Am Empfang sitzt eine Frau und eine im Archiv.« Der Rest ist Männersache, auch wenn es sich um Entscheidungen für Frauenorden handelt.

Die Ursachen hierfür liegen im System. Wenn die Kurie einmal jemanden um Rat fragen will oder eine bestimmte Mitarbeit wünscht, dann wird die dafür ausgewählte Person eigens berufen. Diejenigen, die diese Berufungen vornehmen, sind aber Männer, durchweg Priester, und sie vertrauen nur ihrem eigenen geistlichen Stand, berufen also wiederum nur Priester. Und so verewigt sich der Männerzirkel, dogmatisch abgesichert durch den Ausschluss der Frauen vom Priesteramt, ein Zirkel, in den man nach den Erfahrungen der Ordensfrau kaum einbrechen kann.

Die Nonnen konzentrieren sich deshalb lieber auf die Aufgaben ihres jeweiligen Ordens. Sie kümmern sich auch nicht darum, dass, wie Hofmann meint, der Vatikan die Anhängerinnen der »Frauenpower« ständig daran erinnert, dass sich im »fortschrittlichen« Westen die Kultur und die Anerkennung der Frau nicht unbedingt Hand in Hand entwickeln. Die Konservativen in Rom lassen sich dabei von einem ganz bestimmten Frauenbild leiten, das ihnen den Blick auf die heutige Wirklichkeit verstellt: Sie übersehen, dass die Frauen, an die sie denken, nämlich die Frauen in den reaktionären Bewegungen, durch die Bank lieber die überkommene Diskriminierung der Frau zementieren als aufbrechen wollen.

17 Römische Statthalter verdrängen die Seelsorger

Ein leidender Bischof bricht die Mauer der Heuchelei und offenbart Elend

Eine vernichtende Bestandsaufnahme kursiert unter aufgeschlossenen deutschen Pfarrern. Ein Text spricht ihnen aus der Seele und beschreibt treffend ihre Not. Der Brief, um den es sich handelt, stammt von einem deutschsprachigen Bischof und ist an einen mit ihm befreundeten Jesuitenpater adressiert. Dieser Bischof hat seine Beschwerden schon Papst Johannes Paul II. zukommen lassen und sie danach auch an seinen Nachfolger Benedikt XVI. geschickt. In beiden Fällen stieß er auf taube Ohren. Der Absender ist mittlerweile alt und müde geworden. Er will kein öffentliches Aufsehen mehr. Ihm reicht es nun, seine Mitbrüder zu trösten und Verständnis für sie zu demonstrieren. Die Hoffnung, es möge sich doch noch etwas zum Besseren verändern, ist ihm aber geblieben.

Auch wenn besagter Bischof keine Veröffentlichung seines Briefes beabsichtigt hat und sie auch weiterhin nicht wünscht, so soll hier wenigstens in zusammengefasster Form dargestellt werden, was aus interner Sicht den Klerus umtreibt. Ich habe das Schreiben von einem Pfarrer kommentarlos erhalten, weil es – erhaben über jedwede einem Journalisten unterstellbare kritische Intention – einfach nur die Realität schildert und damit auch der Absicht dieses Buches entspricht, nicht nur die im Namen des Papstes agierenden willigen Helfer zu beschreiben, sondern auch die Auswirkungen ihrer Hilfe. Jener Pfarrer, ein Dekan, identifiziert sich jedenfalls zutiefst mit dem Inhalt des ungewöhnlichen Bischofswortes.

Wen wundert es. Der Verfasser hat nach eigenen Angaben in zehn Jahren außer Schwestern und Laien 1300 Pfarrern in Exerzitien geholfen und damit mehr als die meisten anderen Oberhirten von dem täglichen Leid der Priester erfahren, das ihnen nicht etwa von ihren Gemeindemitgliedern zugefügt wird, sondern von einem für die Seelsorge unzugänglichen und verständnislosen, dogmatischen Papst Benedikt XVI. Es seien vor allem älter werdende Priester, die sich von der Kirchenzentrale immer weniger motiviert und unterstützt fühlten. Sie würden zwar weiterhin von der Sinnhaftigkeit ihres Berufes getragen, weil sie sich an ihrer Herde orientierten und nicht an den Oberhirten, auf die sie nicht zählen könnten. In diesem Punkt beobachtet der Verfasser sogar eine sich öffnende Kluft der emotionalen Entfremdung, die ihm weit über den aktuellen Streit hinaus Sorgen bereite.

Der Bischof sieht viele Gründe für diese Entfremdung. An erster Stelle nennt er die römische Personalpolitik. Der Papst lehne konsequent diejenigen Kandidaten ab, die vom überwiegenden Vertrauen ihrer Mitbrüder sowie des Volkes empfohlen würden. Männer, die sich Jahre und Jahrzehnte hindurch Vertrauen erworben hätten, seien in Rom nicht erwünscht. Die Kurie ziehe den Hirten Statthalter vor. Die Manipulation bei der Nachfolgeregelung von Erzbischof Oskar Saier in Freiburg und die Ernennung des Linzer Weihbischofs Gerhard Maria Wagner belegen diese Tendenz römischer Personalpolitik in zwei ganz unterschiedlichen und voneinander unabhängigen Fällen. Die Beobachtung scheint also absolut zutreffend zu sein und lässt sich somit nicht abtun als das (durchaus verständliche) Räsonieren eines alten emeritierten Bischofs. Dessen bittere Bilanz: Seelsorgepriester seien in der Hierarchie weitgehend nicht mehr präsent, und in der höchsten am allerwenigsten.

Die umstrittenen Bischofsernennungen folgen also systematisch einer Linie, bei der solche Opportunisten befördert werden, die vor Rom einknicken und ihre Diözesen streng auf römischem Kurs halten, ohne Rücksicht auf Verluste und ohne wirkliche Orientierung an den Menschen. Die in kritischen Kirchenkreisen immer wieder zu hörende Beurteilung der Oberhirten als »mittelmäßig« findet hier eine ebenso simple wie einleuchtende Erklärung. Im besten Fall noch Durchschnittlichkeit ist das, was vom System gewünscht wird, und dieses System versteht sich auch darauf, alle verfügbaren Möglichkeiten auszunutzen, starke Persönlichkeiten niederzuhalten.

Als bewährtes Mittel dazu hat sich eine inquisitorisch anmutende Gewissensschnüffelei erwiesen. Ein Zufall hat ein aufschlussreiches Beispiel hierfür zutage gefördert. Durch einen Irrtum vom Amt, in diesem Fall der Nuntiatur in Berlin, ist ein einschlägiger Fragebogen in die falschen Hände geraten, nämlich in die eines evangelischen Professors in Heidelberg, der ihn dann, nach ausgiebiger Lektüre und nicht ohne ironisches Schmunzeln, an den richtigen katholischen Kollegen weitergeleitet hat. Was er da nun allerdings lesen konnte, hätte einem unbedarften Katholiken wohl die Sprache verschlagen. Nicht ohne Grund ist die Veröffentlichung des Fragenkatalogs mit der höchsten Kirchenstrafe, der Exkommunikation, belegt. Die Fragen, die er enthält, werden vom Nuntius im Auftrag des Papstes gestellt, um mögliche Kandidaten für das Bischofsamt zu finden und zu überprüfen. Mein Informant hat mir versichert, dass er persönlich diese Fragen nicht beantworten würde, weil sie in die intimsten Dinge eingriffen. Dem heutzutage eigentlich selbstverständlichen persönlichen Datenschutz entsprechen sie ganz gewiss nicht. Natürlich werden, was niemanden überraschen wird, unterwürfige Romtreue, Zölibat und Sexualität abgefragt. Spannender aber ist, womit sich die Fragen gerade *nicht* beschäftigen, obwohl man dies doch am meisten erwarten sollte. Entscheidende Auskünfte über seelsorgerische Fähigkeiten? Fehlanzeige, zumindest soweit mein Informant den Bogen kennt.

Mit dem fertigen Ergebnis dieser Durchleuchtungen vor sich sucht dann der Nuntius die geeigneten Kandidaten aus und stellt sie zu einer Dreierliste, der sogenannten Terna, zusammen. Diese wiederum wird in Rom begutachtet und mit anderen Vorschlägen verglichen, etwa mit denen des jeweils betroffenen Domkapitels. Am Ende kommt dann eine solche Vorschlagsliste zur Wahl eines neuen Bischofs oder zur simplen Ernennung eines Weihbischofs heraus, die dem Papst die größtmögliche Sicherheit gewährt, dass kein kritischer oder gar aufmüpfiger, selbstständig denkender Kopf Bischof wird.

Ganz und gar vermeiden lässt es sich natürlich nie, dass doch einmal irgendjemand mehr Profil zeigt, als von ihm erwartet worden ist; wenn so etwas vorkommt, dann sind das Betriebsunfälle oder Zwangslagen geschuldete Ausnahmeerscheinungen, bei denen Bischöfe, sei es aus Erklärungsnot oder aus Selbstachtung vor ihrem Bistum, doch einmal ein kritisches Wort wagen, in aller Abgewogenheit natürlich. Dies war zum Beispiel bei einigen deutschen Bischöfen nach dem Traditionalistenskandal von 2009 möglich, darunter der Vorsitzende der Deutschen Bischofskonferenz, Robert Zollitsch, und sein Vorgänger Kardinal Karl Lehmann.

Der größte römische Sündenfall der vergangenen 50 Jahre, den sich Benedikt XVI. gerade zu übertreffen anschickt und den seine Anhänger heute, in völliger Verkennung der Wirklichkeit, als hellsichtig zu glorifizieren versuchen, ist die »Pillenenzyklika« von Paul VI. aus dem Jahr 1968. Der hier nicht namentlich genannte alte Briefschreiber dementiert lakonisch die betreffenden kurialen Selbstbeweihräucherungen. Ihm sei nie ein Seelsorgepriester begegnet, der »Humanae vitae« (so der lateinische Titel der Enzyklika) für richtig hält und verteidigt. Dass die Unkenntnis von seelsorgerischer Praxis und die weltferne Unfähigkeit, die Wirkung von Dekreten, Verlautbarungen und Enzykliken abzuschätzen, nicht erst Benedikt XVI. anzulasten sind, belegt ein in demselben Brief zitiertes Bekenntnis des verstorbenen Wiener Kardinals Franz König. Ihm nämlich habe Paul VI. auf seine Frage nach dem Verbot von künstlicher Empfängnisverhütung persönlich geantwortet, er habe diesen Passus in »Humanae vitae« doch gar nicht so ernst genommen.

Ganz anders jedoch der für solche Nuancen unempfängliche kuriale Apparat. In diesen Kreisen nahm man den Oberhirten streng bei seinem veröffentlichten Wort und erhob dieses Verbot, wie es aus einer Geheimanweisung an die Nuntien hervorgeht, unter Johannes Paul II. schon bald zur eigentlichen Qualitätsprobe für das Bischofsamt, und das, obwohl diese Lehre für die Seelsorger nie begründbar und akzeptabel war.

Solche Anweisungen offenbaren die eigentliche Aufgabe der päpstlichen Botschafter, der Nuntien. Offiziell sind sie Diplomaten und als Vertreter des Heiligen Stuhls bei den jeweiligen Staaten akkreditiert. Immer wieder geraten sie allerdings in den Ruf, eher »Denuntius« als Nuntius zu sein. Sie verteidigen sich dann stets mit dem Hinweis auf die Souveränität des Vatikanstadtstaates und auf die Notwendigkeit seiner Vertretung bei Staaten und internationalen Organisationen, um dort die Interessen der Kirche im Auftrag der ganzen Menschheit zu wahren. Sie gerieren sich so als Fürsprecher der Menschlichkeit, auch wenn die Menschenrechte weder von der katholischen Kirche erfunden noch von ihr durchgesetzt worden sind; im Gegenteil: Die Papstkirche hat als Kirche der

Herrschenden ihre Durchsetzung verhindert, wo immer es ihr möglich war.

Der bedeutendste Einwand gegen das Nuntiatur-System stammt natürlich nicht von jenen Staaten, die sich gern mit den päpstlichen Botschaftern schmücken, vor allem, wenn sie eine größere Zahl von Katholiken zählen. Und die von den Nuntiaturen proklamierte Verteidigung ihrer Daseinsberechtigung geht ohnehin eher von der Wirklichkeit in jenen Staaten aus, wo Christen verfolgt werden und sonst keinen Anwalt hätten (was im Einzelfall allerdings erst noch zu beweisen wäre).

Nein, der wichtigste Einwand gegen diese päpstlichen Diplomaten betrifft die in ihnen verkörperte Verlängerung des römischen Armes, wie sie zum Beispiel unser Bischof hat spüren müssen. Sie tragen Macht und Einfluss der römischen Kurie in die nationalen Bischofskonferenzen hinein. Immer wieder wird daher die Abschaffung der Nuntiaturen gefordert. Ihre Rolle könne genauso gut von einem Beauftragten aus dem Kreis der nationalen Bischöfe übernommen werden, vielleicht sogar noch besser. Doch von solchen Neuerungen will Rom aus gutem Grund nichts wissen. In der italienisch dominierten »Beziehungskiste Kurie« will kaum einer auf dieses schöne, weil direkte Machtmittel verzichten, zumal es wiederum Italiener sind, die mehrheitlich das Corps der Apostolischen Nuntien stellen. Mit ihrer Hilfe macht der Papst über Landesgrenzen hinaus Personalpolitik. Sie empfehlen wie gesagt die Kandidaten bei der Bischofswahl, und ihre Dreierliste, die schon genannte Terna, aus der etwa in den meisten deutschen Bistümern der neue Bischof gewählt wird, entspricht den päpstlichen Wünschen und nicht der Vorschlagsliste der Bischöfe oder des betroffenen Domkapitels. Diesem wiederum bleibt nichts anderes übrig, als – mehr oder weniger zähneknirschend – aus der so manipulierten Dreierliste auszuwählen und dabei zu versuchen, unter den Blinden den Einäugigen zu finden, ganz einem Witz gemäß, den sich Kirchenleute erzählen: Auf der Dreierliste ständen immer ein Blinder, ein Tauber und – der Wunschkandidat.

Das Festhalten am Amt des Nuntius seitens des Vatikans ist ein unverhohlener Ausdruck seiner Macht. Nichts anderes kann er mehr bedeuten, weil alles andere, was dieses Amt ausmacht, inzwischen auf effizientere Art geregelt werden könnte. Nuntien sind dementsprechend in den wenigsten Fällen Seelsorger. Sie stammen aus der Kurienverwaltung, aus der inzwischen vom Opus Dei beeinflussten Diplomatenschule, und haben nur äußerst selten praktische Seelsorgeerfahrung. Sie orientieren sich stattdessen am Gehorsamskatalog des Papstes oder an Maßstäben, von denen sie annehmen, dass sie den Interessen der Kurie oder den Vorgaben des Papstes entsprechen. Die Fäden ihres Handelns laufen im Staatssekretariat und in der für Bischofsernennungen zuständigen Bischofskongregation zusammen, deren Präfekt Giovanni Battista Re früher Substitut im Staatssekretariat und damit nach Papst und Kardinalstaatssekretär der starke Mann der Kurie war. Diese zentrale und prominente Führung verhindert allerdings nicht, dass ihnen die unbekannte Wirklichkeit immer wieder Streiche spielt. Oder sind es wieder die Seilschaften im Apparat der Kongregation, die beispielsweise die Brisanz des polnischen Bischofs Wielgus oder des österreichischen Weihbischofs Wagner nicht erkannt bzw. bewusst missachtet haben?

Das ausgeklügelte Machtsystem der Nuntiaturen kann wohl die Wirklichkeit in den Bistümern ignorieren. Das sich dort ausbreitende Elend kann aber auf diesem Weg nicht verhindert werden. Die besten päpstlichen Herolde können die Botschaften aus Rom noch so schönreden. Die Prüfung in der Praxis haben sie damit jedoch noch längst nicht bestanden und werden sie in vielen Fällen auch nicht bestehen.

Einen weiteren Grund für die Seelsorger, die offizielle Linie der Kirche nicht zu akzeptieren, sieht der Altbischof trotz oder wegen des römischen Mangels an Pastoral im Umgang mit wiederverheirateten Geschiedenen ohne jede Rücksicht auf ihre religiöse Verfasstheit und Sehnsucht. De facto werde dieses sakramentale Verbot in der Realität ganz einfach nicht angewendet – auf Kosten des Verlustes einer inneren Gemeinsamkeit mit Rom. Dasselbe gelte auch für die noch vom Präfekten Joseph Ratzinger gegen den Wunsch des Staatssekretariates durchgesetzte harte Linie in der Schwangerschaftsberatung.

Die Liste der Kritikpunkte verlängert sich in jüngster Zeit durch die angeblich aus wirtschaftlicher Not und aus Mangel an Pfarrern erforderlich gewordenen Gemeindezusammenlegungen. Bitter sei auch hier, so unser Altbischof, das Vorgehen der Hierarchie. Sie frage kaum einmal die Seelsorger selbst, und die Priesterräte erwiesen sich in jeder Beziehung als einfluss- und belanglos. Gemeinden aber, die offen protestierten, würden ins Abseits gedrängt, obwohl ganz klar zu erkennen sei, dass diese entstehenden Großgemeinden sakramental auszutrocknen drohten.

Die aktuelle Tendenz, Priester auf das Sakramentale zu beschränken und alles andere den Laien zu überlassen, verschlimmere die Lage noch. Das liege dabei gar nicht an den Laien, sondern an dem so eintretenden Verlust der dringend erforderlichen menschlichen Beziehungen zwischen Priester und Gemeindemitgliedern; so sollte doch etwa die Krankensalbung der Schlusspunkt einer längeren Betreuung voller einfühlsamer Gespräche sein und nicht einfach nur ein mechanischer Akt, bei dem ein Unbekannter an einem Unbekannten eine Geste vollzieht und dabei einige Worte murmelt. Genau das aber sei der Fall, wenn dem Priester der Aufbau menschlicher Beziehungen praktisch verwehrt werde.

Die meisten Seelsorger verstehen ihre Kirche auch nicht mehr, wenn sie am menschlichen und keineswegs gottgewollten Gesetz des Pflichtzölibats festhält, der noch dazu über den Heilsauftrag gestellt werde. Natürlich stimme es, dass der einigermaßen echt als Entfaltung gelebte Zölibat ein großes Geschenk an die Kirche sei. Aber nirgendwo in der Offenbarung gebe es eine haltbare Begründung dafür, dass das sakramentale Heil nur durch unverheiratete Hände weitergegeben werden dürfe. Mit dieser Einschätzung steht der Verfasser des Briefes nun keineswegs allein da. Und er kann sich zudem auf zahlreiche Aussagen von Priestern berufen, die ein ganzes Leben lang den Zölibat treu eingehalten haben.

Mit einem reformierten Kirchenleben, in dem Priester nicht mehr zur Ehelosigkeit verpflichtet wären, könne der Seelsorge sehr geholfen werden. Die Qualität der Pfarrer und deren Glaubwürdigkeit gegenüber den Mitmenschen würde steigen; und die geheuchelt hochgejubelten »Großräume« würden endlich als das bezeichnet werden können, was sie sind: sinnlos. Sinnlosigkeitserfahrungen aber, so folgert der Autor, sind der Hauptgrund für Stress und Berufskrisen. Doch die monotone Rechthaberei und das sture Festhalten der Kirchenführung an überholten Vorstellungen lasse die Zahl der qualifizierten und begabten sowie vitalen Nachwuchspersönlichkeiten unter den Priestern ständig schrumpfen. Stattdessen seien die meisten Kandidaten heute introvertierte, überaus angepasste und wenig initiative junge Menschen, manchmal auch mit einer superkonservativen, hochwürdig-abgehobenen Prägung, alltagsuntaugliche Sonderlinge, die schon bei der Leitung überschaubarer Einheiten Schwierigkeiten hätten. Der Typus, den der Altbischof hier schildert, entspricht natürlich genau dem Erscheinungsbild der Legionäre Christi, die nun wahrlich auch kein Interesse daran haben, mit ihrer Gemeindearbeit unterschiedslos alle Katholiken zu erreichen.

Das offensichtliche Wohlgefallen, mit dem die Kirchenleitung diesen fortschreitenden Hang zu weltabgewandtem Elitetum bei ihrem Nachwuchs betrachtet, bestärkt in den Seelsorgern den Eindruck, dass sich ihre höchste Führung in einem Realitätsverlust von hohem Ausmaß bewege. Das oft unbedarft hingeworfene Wort, die flächendeckende Seelsorge sei eben passé, bedeute in Wirklichkeit, dass die Kirche die Menschen verlasse.

Was die fahrlässige Selbsttäuschung innerhalb der Hierarchie (und allen voran des Papstes selbst) angeht, so trifft der Briefschreiber noch einen weiteren ganz empfindlichen Punkt. Die schleichende Entpersonalisierung der Kirche, warnt er, gehe einher mit einer maßlosen Überschätzung der Bedeutung von Groß-Events und Massenveranstaltungen. Diese könnten niemals das Terrain zurückerobern oder auch nur ersetzen, das man im Bereich dessen, was in überschaubaren Strukturen zwischenmenschlich erlebbar sei, verloren habe.

Schließlich geht der Bischof noch mit jenen willigen Helfern des Papstes hart ins Gericht, die mit all dem hier Beklagten völlig einverstanden seien. Völlig unverständlicherweise würden diese Gruppierungen bei jeder Gelegenheit als geistliche Erneuerungsbewegungen gelobt, obwohl sie in der Seelsorge gar keine Rolle spielten. Ihren Priestern würden – im Gegensatz zu ihren leidenden Kollegen an Ort und Stelle – keine Großräume zugemutet, die acht-, zehn- oder fünfzehntausend Gläubige umfassen. Dafür aber seien sie in den römischen Dikasterien präsent. Irgendeine Kritik von unten nach oben leisteten sie sich selbstverständlich nie.

Die hier gesammelten Mahnungen des Altbischofs, die wie gesagt gar nicht für eine breite Öffentlichkeit bestimmt waren, haben durchaus ein Echo gefunden. Selbst ganz einer Meinung mit dem anonymen Kollegen, forderte im März 2009 der Wiener Pastoraltheologe Paul Zulehner bei einer Podiumsdiskussion des Journalisten-Forums der Diözese Linz die Bischöfe auf, sich zu organisieren »und zum Papst zu gehen und zu sagen, man habe einen pastoralen Notstand«. Schon heute werde rund die Hälfte der pastoralen Arbeit von Laien erledigt. Er finde es »fahrlässig«, dass die Seelsorge immer mehr ausgedünnt werde, weil es an Mut und Fantasie fehle. Zulehner zeigte sich in Linz überzeugt, dass der Papst, wenn ihn 20 Bischöfe auf die Probleme des Priestermangels und Zölibats ansprechen würden, ihnen auch zuhören würde, um dann die »hausgemachte Krise« zu beenden.

Zum dem erhofften »Gespräch« kam es dann in der Tat, doch waren es gerade einmal vier österreichische Bischöfe, die Mitte Juni 2009 vom Papst nach Rom zitiert wurden, um über die Krise zu sprechen. Von mutigem Aufbegehren wurde nichts bekannt, von Problemlösungen auch nicht. Stattdessen berichteten die österreichischen Medien anschließend, die Bischöfe hätten sich dafür entschuldigt, dass ihr romkritisches Verhalten dem Papst geschadet habe.

Das wundert keinen jener Priester, die ihre Sorgen in dem Bischofsbrief bestätigt fanden. Denn trotz aller Warnungen und Mahnungen pries Benedikt XVI. zum Beginn des »Jahres des Priesters« (2009/10) die geistlichen Gemeinschaften als Vorbilder. Zudem mehren sich die Gründe, die Hoffnung auf einen Wandel zu verlieren: »Es wächst eine Priestergeneration heran, die nicht einmal mehr weiß, was das Zweite Vatikanische Konzil ist«, beobachtet ein Betroffener. Ihm ist bei eigenen Recherchen aufgefallen, dass sich unter den eifrigsten der neuen Priester besonders viele Konvertiten und Spätberufene finden, jene also, die schon immer ein Reservoir für solche Priester gebildet haben, die sich päpstlicher als der Papst gebärden.

18 Zwischen Frömmigkeit und Aberglaube

Das Konzil löste eine Gründungswelle angeblich geistlicher Erneuerer aus

Alle christlichen Charismatiker zählen zusammen etwa 300 Millionen von 1,75 Milliarden Christen. Von über einer Milliarde Katholiken werden ihnen 40 Millionen zugerechnet, und den Fundamentalisten gar nur drei Millionen, was trotz allem also ein eher bescheidener Anteil ist. Dieser geringen Zahl steht, wie gezeigt, eine durchschlagende Wirkung in der Kirchenspitze gegenüber, die wiederum nur von einer Handvoll von Gruppierungen ausgeht. Über das Wirken der meisten von ihnen freut sich die katholische Kirche. Nur über die bigotten schwarzen Schafe hüllt sie sich in Schweigen, es sei denn, deren offen zur Schau getragener Aberglaube stößt einmal allzu peinlich auf.

Ich möchte hier – mit allen gebotenen Vorbehalten – einen Eindruck von der Vielfalt dieser Christen vermitteln. Viele von ihnen zählen sich zu den Movimenti, den Bewegungen. Manche wachsen sehr unterschiedlich oder schrumpfen auch. Ihre Anzahl schwankt, und einen Anspruch auf Vollständigkeit beanspruche ich keinesfalls. Beschrieben werden sollen einige, die besonders wichtig erscheinen. Die Bewertung kann in Einzelfällen schon heute oder morgen nicht mehr stimmen, weil manche Gruppen ihr Profil und Ziel geändert haben. Das liegt unter anderem daran, dass einige von ihnen stark von der Rolle ihrer Gründerfiguren und deren Launen abhängig sind.

Nur mit der Lupe sind heute noch Gruppen zu finden, die sich nach dem Zweiten Vatikanischen Konzil vom geschlossenen katholischen Milieu verabschiedet haben, um sich offen mit der Welt auseinanderzusetzen. Sie fanden sich damals in Basisgemeinden und, beseelt von der Theologie der Befreiung, im Engagement für die Armen und für die Gewissensfreiheit. In Deutschland sammelten sie sich in Arbeitsgemeinschaften, in Kreisen wie dem der »Bensberger« oder der Solidaritätspriester. Sie wurden, wie nicht anders zu erwarten war, vom Vatikan bis zu ihrem Verschwinden bekämpft.

Die gemeinsame Synode der deutschen Bistümer, die 1972 in Würzburg eröffnet wurde, weckte dennoch Hoffnungen auf eine zeitgemäßere Kirche. Doch Rom bremste und erstickte sogleich auch hier alle Initiativen. Am deutlichsten wurde dies – noch während der Synode –, als der Vatikan den Laien das Predigen kategorisch untersagte. Viele aktive Katholiken zogen sich nun zurück, entweder ganz aus der Kirche oder auch nur in jene innere Emigration, in der dann ein jeder seinen Glauben als Privatsache mit Distanz zur Amtskirche lebt, ohne ihr gleich komplett den Rücken zuzukehren. Aktiv wurde keiner mehr. »Überlebt« haben, von ganz wenigen Ausnahmen abgesehen, nur die Romtreuen und Kritiklosen.

Soweit sie sich organisiert haben, finden sich diese Gruppierungen unter den 123 geistlichen Gemeinschaften und Bewegungen, die der vatikanische Laienrat, ein junges und zweitrangiges kuriales Ministerium, amtlich erfasst und in einem sogenannten Kompendium zusammengestellt hat. Zwei Dutzend davon können als Erneuerungsbewegungen eingestuft werden und haben Niederlassungen in Deutschland, Österreich oder der Schweiz. Die große Mehrheit der offiziell anerkannten Organisationen bzw. »geistlichen Gemeinschaften« stellen aber die klassischen Vereinigungen dar, von der katholischen Arbeiterjugend über das Kolpingwerk und die Weltunion der Presse bis hin zu den Frauenverbänden. Diese spiegeln das Vereins- und Verbandswesen der organisierten Katholiken wider, wie sie im Zentralkomitee der Deutschen Katholiken repräsentiert sind. Sie arbeiten in der ganzen Welt teilweise seit Jahrzehnten und gehören zum normalen Gemeindeleben dazu, auch wenn einige von ihnen mittlerweile ständig Mitglieder verlieren.

Die relativ jungen »geistlichen Erneuerungsbewegungen« bilden dagegen nur einen Bruchteil, der deshalb auch nicht überall vertreten ist. Einige zählen auch nur wenige hundert Mitglieder. Ihre Daten finden sich in dem von der Libreria Editrice Vaticana auf Deutsch im Leipziger Benno-Verlag herausgegebenen *Kompendium der geistlichen Gemeinschaften der katholischen Kirche*. Eine zweite hervorragende Quelle ist das Handbuch *Neue Gruppierungen im Schweizer Katholizismus*, wobei die darin veröffentlichte Liste der »Gruppierungen« so auch auf Deutschland übertragen werden kann. Auf jeden Fall liefert das Handbuch auf sachliche und sorgfältige Art nützliche Orientierung.

Eine ganz andere Liste hat der schon ausgiebig zitierte Opus-Dei-Kenner Peter Hertel in seinem Buch *Glaubenswächter* zusammengestellt. Hertel folgt nicht der Eigendarstellung der Gruppierungen, wie es in den offiziellen Sammlungen der Fall ist. Hertel nennt ihre Realität. In einer Internet-Rezension heißt es dazu: »Man trifft in Hertels Buch auf allerlei Sektierer, prominente Namen, ordensähnliche Einrichtungen, ghettohafte Hochschulen (z. B. die Internationale Akademie für Philosophie in Liechtenstein, mit dem deutschen Professor Martin Kriele), man begegnet Basilius Streithofen OP, Kardinal Leo Scheffzyk, dem Speckpater Werenfried van Straaten, den Bischöfen Meisner, Küng, Eder, Cordes, Mixa, Haas, Krenn, Kapellari, Schönborn, Laun, Stickler, und immer wieder Ratzinger ...« Zahlreiche Namen von Professoren und Publizisten geben hier wenigstens einen Hinweis, wer am rechten Rand des Katholizismus verortet ist und seinen Einfluss vermutlich für diese Strömungen einsetzt, so zum Beispiel der frühere starke Mann im Hintergrund des Springer-Konzerns, Bernhard Servatius.

Gerade die Macht einzelner Mitglieder oder Sympathisanten erklärt nämlich den subtilen Einfluss, den diese Gruppen mit ihrem Denken weit über die Kirche hinaus in der Gesellschaft ausüben, vor allem natürlich durch meinungsbildende Einrichtungen, sprich durch die Medien. Wobei zunächst der Gerechtigkeit halber gesagt werden muss, dass sich jene Mitglieder von verschwiegenen Gemeinschaften, die sich »geoutet« bzw. ihre Mitgliedschaft öffentlich bekannt haben, soweit erkennbar, durchweg korrekt verhalten. Die Heimlichtuer und Leugner jedoch sind ein ganz anderer Fall: Unerkannt und ohne sich zu rechtfertigen, setzen sie ihre Vorstellungen rücksichtslos durch. So manch ein Journalist mag sich schon gefragt haben, warum er bei einer Zeitschrift oder einem Sender plötzlich »nichts mehr unterbringen« konnte, obwohl er doch Jahre lang problemlos und anerkannt gut mitgearbeitet hat. Und nun lehnt die Anstalt, teilweise vielleicht noch mit fadenscheinigen Begründungen, einfach seinen Beitrag ab! Der Hinweis eines Kollegen auf die Nähe bestimmter leitender Redakteure zum Opus Dei klärt in einem Fall auf: Ein Kollege hatte einen zutreffenden, aber kritischen Film über die Geheimorganisation abgeliefert, der dann auch noch gesendet wurde. Es sollte allerdings sein letzter gewesen sein ...

Solche Erfahrungen lehren, dass es überhaupt nicht auf die Mitgliederzahlen ankommt, denen man ohnehin nicht trauen kann. Denn gerade die verschlossensten Sekten nennen keine korrekten Zahlen – entweder sie übertreiben oder sie spielen die eigene Bedeutung herunter. Ganz besonders verschwommen bleibt in jedem Fall das Sympathisantenumfeld. »Die Zahlen, die diese Gruppen angeben, entsprechen nicht der Wirklichkeit«, sagte auch der österreichische Buchautor und Pfarrer Slawomir Dadas, gestützt auf eigene Untersuchungen für seine Dissertation, bei einer Diskussion über Netzwerke in der katholischen Kirche in Linz. Tatsächlich seien die konservativen Netzwerke sehr klein. Möglicherweise sind sie aber doch größer, als es die Reformbegeisterten nach dem Konzil, sich selbst für die die Zukunft prägende Mehrheit haltend, vermuteten. Damals schwieg die normale konservative Mehrheit noch. Jetzt sprechen für sie die noch konservativeren Bewegungen.

In derselben Diskussion, die sich um den Skandal um die Linzer Weihbischofsernennung drehte, gab auch der Wiener Pastoraltheologe Paul Zulehner die Einschätzung ab, dass die zahlenmäßige Größe der Gruppen eine eher nachgeordnete Rolle spiele. Die einzelnen Gemeinschaften würden mehr wahrgenommen, als es ihnen eigentlich zustehe, weil sie gemeinsam das Zweite Vatikanische Konzil und die Öffnung der Kirche zur Welt für die Kirchenkrise verantwortlich machen. Sie sind zwar klein, mischen sich dafür aber gern umso lauter in die Kirchenpolitik ein, am liebsten anonym im Internet.

Sie wollen nach Zulehners Beobachtung die Kirche vor der Welt abschotten, was das zur Folge hätte, was in diesem Buch auch schon mehrfach angedeutet wurde: »Aber so würde sich die Kirche in eine Sekte verwandeln.« Doch auch Zulehner musste anerkennen, dass diese Gruppen wachsenden Zulauf bekommen, weil es zunehmend Menschen gebe, die Autoritäten gegenüber »unterwerfungsbereit« seien: »In der Kirche gehen diese Menschen in die Flügel, die wir fundamentalistisch nennen.« Gerade das Bistum Linz werde wegen seines weltoffenen Kurses von aggressiven Netzwerken angegriffen. So sagte einmal auch der Diözesansprecher Ferdinand Kaineder, die Diözese werde für ihren aufrechten Gang geschlagen. Kaineder verlor bald darauf, im Juli 2009, seinen Posten.

Zulehner ortet eine »massive Transformationskrise« in der Kirche. Die Inhalte, die diese kleinen Gruppen vertreten, seien früher einmal mehrheitlich anerkannt gewesen. Manche Kreise wollten daher zum Schutz vor der modernen Gesellschaft eine Mauer aufbauen. Als prominentes Opfer dieser Fortschrittsangst führt er Johannes XXIII. an: Eine Postkarte vom italienischen Christdemokraten Giulio Andreotti hatte dem Konzils-Papst einen Vermerk in der Personalakte eingetragen, er sei »des Modernismus verdächtig«. Da wundert es auch nicht, dass eine besonders radikale Traditionalistengruppe, die sogenannten »Sedisvakantisten«, überzeugt ist, dass der Stuhl Petri seit Pius XII. vakant, also nicht besetzt ist. Sämtliche Nachfolger, angefangen mit Johannes XXIII., seien Häretiker ...

Da bei dieser Auswahl ohnehin nur eine begrenzte Zahl von Gemeinschaften und Bewegungen vorgestellt werden kann, möchte ich nun lieber Kriterien nennen, die neben den Aspekten Fundamentalismus und Papsttreue dabei helfen können, konservative kirchliche Bewegungen von Sektierern zu unterscheiden. Der Schweizer Sektenkenner und Historiker Christian Ruch aus Chur, Mitglied der katholischen Arbeitsgruppe »Neue religiöse Bewegungen«, hat diese klar definiert.

Zunächst befasst sich Ruch mit dem Begriff der »Sekte«. Er geht dabei vom unklaren Ursprung des Wortes aus: Es stammt entweder vom lateinischen »sequi« (nachfolgen) oder vom ebenfalls lateinischen »secare« (abschneiden, abtrennen). Auf jeden Fall handle es sich bei Sekten im ursprünglichen Sinne des Wortes um Nachfolgegemeinschaften, die sich von einer anderen Gruppierung abgetrennt haben. In diesem Sinne lasse sich auch das frühe Christentum durchaus als Sekte bezeichnen: als eine Nachfolgegemeinschaft, die sich vom Judentum abgetrennt hat.

Problematisch an diesem theologischen Sektenbegriff sei jedoch, dass er bei zahlreichen heutigen Gruppierungen nicht mehr greife. Die berühmt-berüchtigte Scientology-Organisation etwa sei so ein Beispiel; sie sei eine Sekte, die nicht aus einer Abspaltung hervorgegangen sei. Sinnvoller sei es deshalb, einen soziologischen Sektenbegriff anzuwenden. Im Folgenden ist daher Ruchs Bestimmung wiedergegeben; bei Sekten handle es sich ihm zufolge um Organisationen, die ...

• klar auf eine Führerpersönlichkeit und deren Ideologie ausgerichtet sind;
• ihre Anhänger eng an die Organisation und deren Heilskonzept binden;
• kein oder nur ein begrenztes soziales oder diakonisches Engagement entwickeln;
• sich von einer feindlichen Welt umringt sehen;
• den Anspruch haben, dass nur sie allein über das richtige Heilskonzept verfügen;
• mehr oder weniger immun gegen Kritik von innen und außen sind sowie
• Kritiker, Abtrünnige und Aussteiger diffamieren bzw. im Extremfall sogar bedrohen.

Schließlich gehöre zu einer Sekte, dass sie sich nie als solche definieren würde. Da ja der Begriff immer schon eine klar negative Wertung vornimmt, empfiehlt Ruch einen behutsamen Gebrauch. Angesichts der zunehmenden Zersplitterung der religiösen Landschaft tauche sogar die Frage auf, ob es noch Sinn macht, überhaupt von »Sekten« zu sprechen. Diese Entscheidung sei nun dem Einzelnen überlassen. Die Kennzeichen der hier vorgestellten Gruppen ändern sich dadurch nicht. Wenn man Ruchs Maßstäbe auf sie anwendet, stellt man fest, dass alle Bedingungen auf sie zutreffen – mit einer Ausnahme: Soziales Engagement ist ihnen nicht abzusprechen.

Ich habe in diesem Buch die in der katholischen Kirche einflussreichsten Gemeinschaften ausführlich beschrieben. Um sie herum gruppieren sich aber noch etwa zwei Dutzend weitere Organisationen, die auch noch kurz erwähnt sein sollen, weil sie hinsichtlich zweier Kriterien ebenfalls zu den willigen Papsthelfern zählen: Auch sie sind vorkonziliar und fundamentalistisch.

AKTION LEBEN

Eine Bewegung mit mehreren Vereinigungen, von denen einzelne Mitglieder auch zu den ausführlich beschriebenen Organisationen gehören, ist unter dem Begriff Lebensschutz zu sammeln:

»Aktion Lebensrecht für alle«, »Arbeitsgemeinschaft Lebensrecht«, »Bewegung für das Leben«, »Christdemokraten für das Leben« und »Bewegung Hauskirche«: So heißen Gruppen, die sich zur »katholischen Ehe- und Sexualmoral« bekennen und aktiv gegen eine Liberalisierung der Abtreibungsgesetze und gegen künstliche Empfängnisverhütung eintreten, als eine im politischen Leben aktive päpstliche Vorhut. Hierher gehört auch die Kölner Opus-Dei-Gruppe »Frauen für Frauen e. V.«

DAS ENGELWERK

Das Engelwerk (Opus Sanctorum Angelorum) will die nähere Verbindung zwischen Menschen und Engeln herstellen, um die Himmelsboten in ihrem Kampf gegen Dämonen zu unterstützen. Als »Mutter« des Engelwerks wird die Tirolerin Gabriele Bitterlich (1896–1978) verehrt. Selbst innerhalb der katholischen Kirche gibt es Stimmen, die sagen, dass das Engelwerk fundamentalistisch sei. Mehrere deutsche Diözesen haben seinen Mitgliedern jede Aktivität in ihrem Bistum verboten, und der Vatikan hat ihnen den zentralen Ritus, die »Engelweihe«, untersagt. Kirchenexperten haben das Engelwerk als nicht mit der katholischen Glaubenswelt vereinbar verurteilt.

Ecclesia Dei

Nicht zu verwechseln mit der gleichnamigen päpstlichen Kommission, aber doch mit demselben Thema befasst: Förderung der alten tridentinischen Liturgie; dazu ein traditionalistisches Kirchenbild wie bei den Pius-Brüdern.

Gemeinschaft der Seligpreisungen

1973 unter dem Namen »Der Löwe von Juda und das Geopferet Lamm« in Frankreich gegründet, 1979 von der Kirche als fromme Vereinigung anerkannt. Die Gemeinschaft bekennt sich zur tridentinischen Liturgie und betet für die Bekehrung der Juden zum Christentum.

Katholische Pfadfinder Europas (KPE)

Eine aus Frankreich stammende reaktionäre Jugendbewegung. Ihr Gründer war ein ehemaliger Jesuit, dem eine Nähe zum Engelwerk nachgesagt wird.

Kongregation Servi Jesu et Mariae

Eine klerikale Ordenskongregation päpstlichen Rechts, die aus der KPE hervorgegangen ist. Sie feiert die Messe nach dem vorkonziliaren Ritus und ist der päpstlichen Kommission Ecclesia Dei unterstellt.

Legion Mariens

Die Bewegung ähnelt den Legionären Christi, ist aber (Gründungsjahr: 1921) älter und stammt aus Irland. Der Name wurde, was schon alles sagt, den römischen Legionen nachempfunden, die ein »viel bewundertes Werkzeug der Eroberung« waren.

Den römischen Adler ersetzte man durch die Taube, das Zeichen des Heiligen Geistes. Die Waffen seien Gebet, Opfer und Arbeit. Geistlicher Leiter der Legion Mariens war in Österreich zeitweise der frühere Wiener Erzbischof Hans Groer, der 1995 wegen Pädophilie zurücktreten musste.

MEDJUGORJE-GRUPPEN

Medjugorje-Gruppen und die Marianische Jugendbewegung MJB bezeichnen sich als besonders papsttreu. Medjugorje ist ein Marienwallfahrtsort in der Herzegowina, um den sich eine Vielzahl von traditionalistischen, wundergläubigen Gruppen mit teils abergläubischem Marienkult geschart hat. Dazu gehört auch die relativ junge Organisation »Totus tuus« (ganz Dein), benannt nach dem marianischen Wahlspruch von Papst Johannes Paul II.

UNA VOCE

Dies ist die älteste und bekannteste Organisation, die seit 1964, also noch vor dem Abschluss, gegen das Zweite Vatikanische Konzil gekämpft und die vor allem die Liturgiereform als Verfälschung der Messe abgelehnt hat.

DAS WERK

»Het Werk«, so der Originalname, wurde 1954 von der Flämin Julia Verhaeghe (1910–1997) gegründet, um die katholische Kirche vor dem Untergang zu retten. Seine Zentrale hat das kirchenrechtlich als fromme Vereinigung (pia unione) anerkannte Werk heute in Bregenz. Dank des Schutzes durch das Opus Dei konnte es ein Verbot als Sekte bisher unterlaufen.

ALTRITUALISTEN

Die »Apostolische Personaladministration St. Johannes Maria Vianney« hält – ähnlich wie die umstrittene Priesterbruderschaft Sankt Pius X. – am tridentinischen Messritus fest. Der Vorsitzende der Priestervereinigung, Licinio Rangel, erhielt 1991 von drei Bischöfen der nicht anerkannten Pius-Bruderschaft in einem kirchenrechtlich illegalen Akt die Weihe zum Bischof. Zehn Jahre später kehrte die Vereinigung in die katholische Kirche zurück – ein Modellfall für die Heimholung der Pius-Bruderschaft.

Reiche Ritter

Eine Besonderheit in den USA stellen die Kolumbusritter dar, die »Knights of Columbus«, die in Europa wenig bekannt sind, in Amerika jedoch als *die* katholische Organisation Politik und Gesellschaft beeinflussen. Am 2. Oktober 1881 wurde die Gemeinschaft von dem neunundzwanzigjährigen Pfarrer Michael J. McGivney (1852–1890) in New Haven, Connecticut, als kleine Bruderschaft gegründet. Die Laienorganisation zählt heute 1,7 Millionen Mitglieder, vor allem in den USA, in Kanada und in Mexiko, aber auch auf den Philippinen, in der Karibik, in Mittelamerika und neuerdings auch in Polen. Sie ist nicht nur der Mitgliederzahl nach die größte Gemeinschaft, sondern auch die reichste und mächtigste im öffentlichen Leben. Sie ist benannt nach Christoph Kolumbus, der nicht nur Amerika entdeckt, sondern auch das Christentum in die Neue Welt gebracht habe. Der »Laien-Orden« gilt als papsttreu und konservativ. Bei der Kampagne gegen die Homosexuellen-Ehe haben die Kolumbus-Ritter nach den Mormonen am meisten gespendet: 1,4 Millionen Dollar.

Schönstatt-Bewegung

Papst Benedikt XVI. gilt auch als ein Freund und Förderer einer älteren, inzwischen großen Erneuerungsbewegung, die sich nach ihrem Gründungsort Schönstatt-Bewegung nennt. Wegen der engen Beziehungen zum Papst und der vielen Bischöfe, die ihr angehören oder nahestehen (darunter der Vorsitzende der Deutschen Bischofskonferenz, der Freiburger Erzbischof Robert Zollitsch), soll auch sie hier erwähnt werden, obwohl sie keinerlei fundamentalistische Züge trägt.

In Schönstatt, einem Ortsteil von Vallendar bei Koblenz, hat sie der Pallottiner-Pater Josef Kentenich (1885–1968), Spiritual in einem Jungen-Internat, zusammen mit einer Gruppe von Schülern am 18. Oktober 1914 in einer Michaelskapelle als marianische Bewegung gegründet. Die Gemeinschaft wurde 1964 kirchenrechtlich anerkannt.

In ihr spricht man von einem Bündnis, durch das die Mitglieder sich zu gegenseitiger Verantwortung verpflichten. Die Muttergottes Maria wurde, so heißt es, gebeten, an diesem Ort in besonderer Weise wirksam zu sein, und zwar als Mutter und Erzieherin. Das »Liebesbündnis mit Maria« und die darin wurzelnde Bindung an diesen Ort, das »Urheiligtum«, wurden sowohl zur Mitte von Schönstatt als marianischem Wallfahrtsort als auch zur geistigen Mitte und Heimat der apostolischen Bewegung von Schönstatt.

Heute ist Schönstatt ein internationales spirituelles Zentrum und Mittelpunkt der in 60 Ländern präsenten Bewegung. Überall, wo eine ihrer Gemeinschaften entsteht, errichten die Mitglieder Orte, an denen sie – ähnlich wie am Ursprung selbst – die Spiritualität »orten« und wo die Berührung mit religiöser Atmosphäre in den Menschen die Freude am Evangelium wecken kann. Der Mittelpunkt solcher Orte ist entsprechend ein eigens geweihtes »Schönstatt-Heiligtum«.

Pater Kentenich ging davon aus, dass die Kirche Menschen und Gemeinschaften brauche, die von innen her und nicht vom sie umgebenden Milieu geprägt sind, Menschen, »die im Geist der Freiheit der Kinder Gottes sich persönlich für Gott entscheiden«. Schönstatt sieht eine seiner zentralen Aufgaben darin, die pädagogischen Voraussetzungen für einen im Alltag verwurzelten Glauben zu schaffen. Entsprechend engagieren Schönstätter sich in einer Vielzahl von Erziehungsprojekten, sozialen Hilfsprojekten, missionarischen, kulturellen und politischen Aktivitäten, und auch bei der Zusammenarbeit mit anderen geistlichen Gemeinschaften und kirchlichen Initiativen. Als Machtfaktor in der römischen Kurie sind sie bisher nicht aufgefallen.

Die nicht ganz andere Konkurrenz

»Sie sind radikal, sendungsbewusst und zunehmend erfolgreich: christliche Fundamentalisten in Deutschland. Die Bibel ist für sie Lebens- und Glaubensgrundlage, andere Religionen lehnen sie ab, alle Nichtchristen wollen sie bekehren. Homosexualität ist Sünde, Sex vor der Ehe ist verpönt, die Evolutionstheorie stellen sie infrage.« Diese Sätze könnten auch als gemeinsamer Nenner für die in diesem Buch behandelten katholischen Fundamentalisten gelten. Der Text stammt jedoch aus der Vorstellung eines Buches mit dem Titel *Mission Gottesreich* der beiden Rundfunk- und Fernsehreporter Oda Lambrecht und Christian Baars, das sich mit nicht katholischen, gewöhnlich evangelikalen Fundamentalisten oder Pfingstler-Charismatikern befasst.

Die Evangelikalen wehren sich zwar dagegen, mit den Pfingstbewegungen, den am schnellsten wachsenden christlichen Glaubensgemeinschaften, gleichgestellt zu werden. Sie haben deshalb auch schon eine Informationskampagne geführt. Doch in ihrem Gegenkonzept, mit dem sie der Moderne entgegentreten, gleichen sie sich. Dessen Radikalität zeigte sich bereits in einem Manifest von Evangelikalen aus 170 Ländern 1987 in Manila. Darin heißt es: »Wir bekräftigen, dass andere Religionen und Ideologien keine anderen möglichen Wege zu Gott sind.« Man vergleiche hiermit das »Forum Freikirchlicher Pfingstgemeinden« (FFP), das auf seiner Homepage verkündet, andere Religionen seien »Irrwege«, die der »Teufel« benutze, »um Menschen in seinem Bann gefangen zu halten«. Das hätte so auch Escrivá für sein Opus Dei formulieren können!

Es sind dies sozusagen die Konkurrenten der katholischen Seite. In ihrem Anspruch, die allein gültige, ewige Wahrheit zu besitzen, unterscheiden sie sich nicht. In diesem Punkt sind sie alle gleich und deshalb auch gleichermaßen dialogunfähig. Den einzigen wesentlichen Unterschied macht nur der allerdings sehr relevante Umstand aus, dass sie, die Nichtkatholiken, logischerweise auch nicht dem Papst hörig sind.

Der Papst und seine irdische Machtanmaßung schreckt viele dieser erst im 20. Jahrhundert aufgeblühten Bewegungen ab, die Heilsbotschaften suchen und dann doch lieber bei den wortgewaltigen Sektenpredigern fündig werden als etwa bei dem asketischen römischen Pontifex. Ratzinger hat diesen übrigens sogar noch den Weg geebnet, als er – noch als Kardinal – die im besten Sinne volksnahen Befreiungstheologen in Lateinamerika bekämpft und somit ein Vakuum für die aus den USA einwandernden Sektenprediger eröffnet hat. Außerdem hat er jenen Sektenpredigern nichts entgegenzusetzen, die keine linken, von marxistischen Ideen beeinflussten Befreiungstheologen sind. Im Gegenteil: Sie versprechen ihren Anhängern die Segnungen des Reichtums, die durch ihren Glauben zu erreichen seien.

Die Mitglieder der Glaubensgemeinschaft »Wort und Geist« (nicht zu verwechseln mit der gleichnamigen Zeitschrift der Pfingstkirchen) beispielsweise sind sich sicher, dass sie durch ihren Glauben wohlhabend, glücklich und gesund werden können. Ihr Prediger Fritz Zellner hat, wie Lambrecht und Baars zitieren, seinen Anhängern wörtlich eingehämmert: »Dein Herz wird beben und weit werden, denn die Fülle des Meeres wird sich zu dir wenden, und der Reichtum der Nationen wird zu dir kommen.« Es werde »ein gewaltiger Finanztransfer stattfinden, ja hin zum Leib Christi, hin zum Leib Christi, ein Finanztransfer wird stattfinden«. Was das konkret bedeuten soll, bleibt schleierhaft. Hoffnungen wecken solche verbalen Ausbrüche offenbar dennoch: Zellner wird jedenfalls mit Jubelschreien belohnt. Sekten lieben nun einmal dunkle Andeutungen und Geheimniskrämerei, erst recht, wenn es um so heilige Dinge wie ihr Geld geht.

Das bräuchte nun in diesem Buch nicht erwähnt zu werden, in dem es ja um die Gemeinschaften »im Namen des Heiligen Vaters« geht. Manches jedoch, was sich über die nicht katholischen Organisationen herausfinden lässt, liest sich aber dann doch nicht anders als Peter Hertels Befunde zum Opus Dei: So besteht etwa die Gemeinschaft »Wort und Geist« aus einer Stiftung, zwei gemeinnützigen Unternehmen und einer Aktiengesellschaft. Anhänger können kostenpflichtige Seminare buchen, so zum Beispiel eine Fern-Bibelschule, die in zwei Jahren 2000 Euro kostet, oder ein Finanzseminar mit dem schönen Titel »Über die Salbung und das Geld in unseren Händen«. Auch die Prediger kassieren im Übrigen Honorare, über deren Höhe sich die Gemeinschaft ausschweigt.

Eine bei allen Mitgliedern solcher Bewegungen zu beobachtende Eigenschaft ist die mangelnde Dialogbereitschaft. Sie entspricht ihrer Motivation zum Beitritt. Die neuen Mitglieder suchen dort Sicherheit und Halt in einer Form, die ihnen eine Gesellschaft nicht bieten kann, die zur Freiheit auffordert, mit der viele nun einmal nichts anfangen können. Freiheit überfordert sie. Da ist es dann ein Hort der Sicherheit, des Fundamentes, wenn die Gemeinschaften ihnen vorschreiben, wo es entlangzugehen hat. Deshalb ist allen auch Unterordnung, Gehorsam, Pflichterfüllung und allzeitiger Einsatz wichtig. Als Gegenleistung winkt dann nicht nur innerer Friede, sondern mitunter auch Gesundheit durch Gebet, Heilung selbst von schwersten Gebrechen, dazu materielle Sicherheit, Sorglosigkeit, wenn nicht sogar Wohlstand. Was will der Mensch mehr, wenn er schon auf seine Freiheit verzichtet!

Eines kann dem kritischen Betrachter bei allen Fundamentalisten – katholischen wie evangelischen – wirklich Angst bereiten: Beide Seiten erwecken durch ihre Aktivitäten mittlerweile den Eindruck, als repräsentierten sie bereits ihre Kirchen. Bei den evangelischen Christen sieht es zumindest schon jetzt so aus, da in Deutschland schätzungsweise jeder zweite Gottesdienstbesucher aus einer dieser evangelikalen Gruppen kommt. Die anderen bleiben immer öfter fern. Wenn nun die Kirchenleitungen lieber auf diese Aktivisten schauen als auf die daheimgebliebene Mehrheit der Christen, dann sind die einstigen Volkskirchen bald selbst nur noch Sekten.

MITEINANDER FÜR EUROPA

Nach zehn Jahren Existenz liegt noch immer eine völlig offene Entwicklung vor der Bewegung »Miteinander für Europa«. In ihr finden sich rund 200 evangelische und katholische Gruppen mit verschiedensten Orientierungen zusammen. Von den in diesem Buch beschriebenen Organisationen sind das Opus Dei und die Traditionalisten nicht vertreten. Aus dem Bereich der Legionäre Christi nimmt nur die Laienorganisation »Regnum Christi« teil, was als klare Botschaft dafür zu interpretieren ist, dass klerikale Gruppen sich nicht auf das Niveau von Laienorganisationen herablassen. Als Erneuerungsbewegungen mögen diese ruhig ihren Beitrag für eine bessere Gesellschaft leisten. Als Machtfaktoren im Namen des Heiligen Vaters müssen die Laienorganisationen aber außen vor bleiben.

Entstanden ist »Miteinander für Europa« nach der feierlichen Unterzeichnung der »Gemeinsamen Erklärung zur Rechtfertigungslehre« des Lutherischen Weltverbandes und der römisch-katholischen Kirche 1999 in Augsburg. Verantwortliche von Bewegungen und Gemeinschaften wollten diese Initiative nicht versanden lassen und weiter praktische Ökumene betreiben. Unter den Initiatoren befanden sich Friedrich Aschoff (Geistliche Gemeinde-Erneuerung in der evangelischen Kirche), Chiara Lubich (Focolarini), Helmut Nicklas (CVJM München), Gerhard Proß (CVJM Esslingen und »Treffen von Verantwortlichen«) und Andrea Riccardi (Gemeinschaft Sant'Egidio). Sie alle erkannten in ihren Bewegungen und Gemeinschaften ein Werk des Heiligen Geistes. Sie wollten miteinander weitergehen. Im gemeinsamen Hören auf den Geist Gottes, so die gemeinsame Überzeugung, werde man verstehen, was zu tun ist. Klarer zu erkennen ist dieser gemeinsame Weg in die Zukunft nicht.

19 Kein Geheimdienst, aber dafür geistliche Gemeinschaften

Willige Helfer kontrollieren und
wissen mehr als Spione

Allüberall sind sie zu finden, doch einen Namen haben sie fast nie. Trotzdem zählen sie angeblich zu den wirksamsten und geheimnisvollsten willigen Helfern des Papstes. Man spricht von »Sodalitium« oder »Entità«. Von ihnen schwärmen Krimiautoren, und auch vorgebliche Vatikankenner lassen sich von ihnen faszinieren, die unbedingt dort Mysteriöses finden wollen, wo es tatsächlich viel Mystisches, manch Unverständliches, vor allem aber – frei nach Nietzsche – viel Menschliches bzw. allzu Menschliches gibt. Es geht hier natürlich um den sagenumwobenen »Geheimdienst des Vatikans«, um jenen »servizio segreto«, der angeblich seit 500 Jahren päpstliche Interessen mit Intrige, Bestechung, Korruption und Mord durchsetzt. Autoren, denen angesichts der undurchschaubaren Strukturen der Kurie gelegentlich die Fantasie durchgeht, haben ihn auch schon zum eigentlichen geheimen Grund für das Überleben der katholischen Kirche erklärt.

So unterhaltsam und spannend sich diese Geschichten auch lesen, einen Beweis für das Bestehen eines solchen päpstlichem Geheimdienstes, der einem staatlichen zu vergleichen wäre, hat bisher niemand geliefert. Natürlich wurden, hierüber besteht kein Zweifel, im Namen des Papstes immer wieder äußerst fragwürdige Aktionen unternommen, womit ich keineswegs nur die Untaten irgendwelcher ränkeschmiedenden Renaissance-Päpste meine. Die Rede ist schon von den Päpsten des 20. und 21. Jahrhunderts. Und ebenso natürlich spricht vieles dafür, dass die Päpste stets sehr gut informiert sind und über ein zwar kleines, aber doch sehr effizientes Heer williger Zuträger und Mitarbeiter verfügen. Aber dennoch kann ich die Existenz eines organisierten Geheimdienstes, womöglich mit einer päpstlichen Version eines Reinhard Gehlen oder eines Markus Wolf an der Spitze, wohl ausschließen.

Auf jeden Fall kann der Papst auf Strukturen zurückgreifen, die einen normalen Geheimdienst erblassen ließen. Die Dossiers, die ihm zur Verfügung stehen, füllen Aktenschränke und erfassen, zumindest in der Theorie, sämtliche Personen, die in der katholischen Hierarchie einmal aufgefallen sind oder die aufsteigen wollen. Weniger wirksam scheint dagegen die Spionageabwehr zu funktionieren. So kam es etwa nach dem Ende des Sowjetimperiums zu etlichen an sich vermeidbaren Pannen und peinlichen Enthüllungen, die so einiges an Information über Umfang und Ausmaß klerikaler Spionage ans Licht brachten.

Diese vonseiten des Vatikans natürlich äußerst unerwünschten Einblicke haben selbst bei anerkannten Geheimdienstexperten Spekulationen beflügelt, wonach der Vatikan, wenn schon nicht über einen Geheimdienst, so doch über eine Spezialabteilung verfüge, die geheimdienstliche Aufgaben übernommen habe. Selbst der frühere Geheimdienstexperte der *Frankfurter Allgemeinen Zeitung*, Udo Ulfkotte, ließ sich zu der Äußerung hinreißen, der Papst gebiete »über einen der effizientesten Geheimdienste der Welt«. Beeindruckt sind die weltlichen Experten auf jeden Fall von ihren geistlichen Kollegen, die in der Lage sind, sehr genaue Analysen über die Lage in der Welt zu erstellen und bestimmte Vorgänge zu erklären. Aber ein Geheimdienst? Selbst wenn es denn so wäre: Niemand in der Kurie würde das jemals zugeben.

Immerhin, das ist belegt, bestand einmal und nur für wenige Jahre im Staatssekretariat eine solche Einrichtung, die für die damalige Zeit als geheimdienstlich bezeichnet werden könnte. Sie hieß offiziell »Sodalitium Pianum« (deutsch: »pianische Sodalität«, französisch: »La Sapinière«) und wurde geleitet von einem Hausprälaten im Staatssekretariat, dem aus Perugia stammenden Umberto Benigni, der deshalb in diversen Publikationen immer wieder als vatikanischer Geheimagent firmiert, mit wenig Überzeugungskraft allerdings.

Benigni hatte unter Papst Pius X. im Jahr 1907 eine vatikanische Informationsagentur namens »Corrispondenza Romana« gegründet, die ein Jahr später den definitiven Namen annahm. Die Agentur wurde zwar päpstlich toleriert, aber nie offiziell bestätigt; nach dem Ableben dieses Papstes wurde sie 1914 bereits wieder geschlossen und nur noch einmal, von 1915 bis 1921 unter dem Nachfolger Benedikt XV., wegen des Krieges für kurze Zeit reaktiviert.

Benignis Dienst bestand aus einem sehr effektiven Netz von alles in allem rund 50 ausländischen Zeitungskorrespondenten in Italien und auch im (hauptsächlich französischen) Ausland. Mithilfe dieser Mitstreiter sowie seiner umfassenden Fremdsprachenkenntnisse stellte Benigni einen Pressedienst für die interne Information der Kurie auf die Beine, den ersten überhaupt, den der Heilige Stuhl je hatte. Als Spion verstand er sich dabei allerdings nie. Vielmehr definierte er seine Arbeit als einen Dienst an der Wahrheit, was man ihm durchaus glauben darf, da er fest an den Alleinvertretungsanspruch seiner erzkonservativen katholischen Kirche glaubte, die es zur Not eben auch mit geheimdienstlichen Mitteln gegen etwaige »Modernisten« zu verteidigen galt. Zu Zeiten des Ersten Weltkrieges war dieses Bestreben in der Tat sehr nützlich für den Vatikan, da das ihn umgebende politische Italien extrem kirchenfeindlich eingestellt war. Benigni starb übrigens

1934, ohne je wieder geheimdienstlicher Arbeit für den Papst (dafür nun aber für die Mussolini-Faschisten!) verdächtigt zu werden.

Dieser aus seinem eigenen Denken heraus nachvollziehbare »Dienst an der ›Wahrheit‹« verstellt jedoch den Blick auf die eigentliche Wahrheit des Informationsdienstes. Politische, gesellschaftliche oder wirtschaftliche Hintergründe und Analysen, die das Handeln des Heiligen Stuhls hätten beeinflussen können, steckten nicht hinter den beigebrachten »Wahrheiten«. Es ging vielmehr darum, sich zum willigen Werkzeug gedanklicher Zensur zu machen. Benignis Dienst ist deshalb am ehesten noch mit der Staatssicherheit, der Stasi in der DDR, zu vergleichen. In den schlimmsten Zeiten des katholischen Antimodernismus schnüffelte er nämlich für die Kurie nach Abweichlern, nach »modernistischen« Priestern, die dann bei der Inquisition denunziert und daraufhin zum Schweigen gebracht oder ihres Amtes enthoben wurden.

Nach Informationen, die aus italienischen Buchquellen hervorgehen, taugten diese Spione für die innerkirchliche Denunziererei nicht viel. Sie waren (und sind) eigentlich überflüssig. Durch Eigenwilligkeit auffallende Priester wurden und werden sowieso noch immer von selbst ernannten Aufpassern im eigenen Klerus und von bigotten Gemeindemitgliedern dem zuständigen Bischof, dem Nuntius oder der Kurie gemeldet. Hierfür brauchte der Papst noch nie einen Geheimdienst. Außerdem verfügen die Geistlichen Gemeinschaften und Bewegungen, um die es in diesem Buch geht, über ein immenses Detailwissen bezüglich ihrer Mitglieder und deren Umfeld, da fast alle diese Organisationen öffentliche Beichten vorschreiben oder jeweilige »Vorgesetzte« zur regelmäßigen Berichterstattung über ihre »Untergebenen« verpflichten.

Wer solche Helfer hat, der braucht nun wirklich keinen Geheimdienst mehr. Wie weit diese Organisationen ihr Wissen für den Ausbau ihrer Macht in der Kirchenspitze missbrauchen, ist schwer einzuschätzen. Doch dürfte auch hier gelten, dass Wissen Macht ist. Je mehr hohe Gremien sie infiltrieren, desto mehr Informationen erhalten sie, und auch für sie bedeuten vorzeitige Informationen über Absichten der Kurie oder des Papstes, dass sie sich leichter darauf einstellen oder diese sogar in ihrem Sinn beeinflussen können. Im üblichen Chaos der Kurie haben sie dabei leichtes Spiel, und selbst wenn es nun doch einen päpstlichen Geheimdienst gäbe, dann, so dürfen wir mit Gewissheit annehmen, säßen diese dafür bestens qualifizierten Gruppen mit Sicherheit mit im Boot.

Gerade das geheimniskrämerische Opus Dei fände in einer solchen Behörde ein ideales Betätigungsfeld. Ebenso dürften sich die gut ausgebildeten Priester der Legionäre Christi nur zu gern auch in diesem Geschäft ihrem obersten Dienstherren verpflichten. Das entspräche genau ihrem Denken und ihrer Loyalität. Geheimdienst hin oder her, auf jeden Fall verfügt der Vatikan bereits über nachrichtendienstliche Experten, die sehr genaue Analysen über die Lage in der Welt aus ihrer Sicht erstellen und Hintergründe bestimmter Vorgänge erhellen können.

Primär gehören diese Arbeiten – was meistens übersehen wird – zu den Pflichten der dafür eigens geschulten, diskret, effizient und unauffällig arbeitenden päpstlichen Diplomaten. »Wir sind davon ausgegangen«, sagt ein Insider, dass sie »so etwas wie einen Geheimdienst« bilden, nicht vergleichbar mit den großen Diensten anderer Staaten, aber doch schon eine Sondereinheit, die Nachrichten beschafft und auswertet, weltweite Analysen erstellt und, vor allem, auch die Kompetenz dazu hat. Es widerspricht im Übrigen auch nicht dem Beichtgeheimnis, wenn Pfarrer im Beichtstuhl vieles über die Wirklichkeit in ihrer Gesellschaft erfahren und dann daraus ihre Schlüsse ziehen, um diese Folgerungen schließlich an ihre Oberen bis nach Rom weiterzugeben. Wenn der Vatikan laufend über Kräfteverhältnisse und Gegebenheiten in der Welt informiert ist, dann war er sicher nicht nur in der Zeit des Kalten Krieges von außerordentlichem Interesse für die Nachrichtendienste der politischen Machtblöcke.

Gegen die Existenz eines unabhängigen, nur der obersten Kirchenleitung unterstellten Geheimdienstes spricht auch die Tatsache, dass die neuen Gemeinschaften und Bewegungen ihre Eigeninteressen in der kurialen Politik fast ungehindert verfolgen können. Ein gutes Beispiel dafür aus der jüngsten Zeit ist der Fall des britischen Holocaust-Leugners Williamson. Entweder hat also der Papst keinen Geheimdienst, oder aber er nutzt ihn nicht in seinem Interesse. Dritte Möglichkeit (und nicht gerade wenig spricht hierfür): Diese »Geheimdienstler« kochen ihr eigenes Süppchen!

Wenn dem so ist, wenn also Personen mit ausgeprägten eigenen Interessen den Informationsfluss kontrollieren, dann nützt es natürlich gerade, sobald kircheninterne Richtungsstreitigkeiten betroffen sind, dem heute zudem schlecht geführten Staatssekretariat wenig, wenn es direkt oder indirekt über Erkenntnisse der Nachrichtendienste befreundeter Staaten informiert wird. Dabei mangelt es an solchen an sich unschätzbar wertvollen Zuträgern durchaus nicht. Der italienische Inlandsnachrichtendienst AISI (wie der ehemalige SISDE seit 2007 heißt) und der militärische Geheimdienst SISMI, übermitteln – wie wohl auch andere Sicherheitsorgane – als Behörden einer »nahe liegenden Nation«, wie eine zuverlässige italienische Quelle bestätigt, regelmäßig Berichte zu Erkenntnissen, die auch den Vatikan berühren. Auch ausländische Nachrichtendienste helfen mit Informationen aus, so zum Beispiel während der Polenkrise die amerikanische CIA; einige Zeit vor dem Papstanschlag auf dem Petersplatz gab es eine Vorwarnung durch den französischen SDECE (Service de Documentation Extérieur et de Contre-Espionage).

Alexandre Comte de Marenches, von 1970 bis 1981 Generaldirektor dieses französischen Auslandsgeheimdienstes, will das vatikanische Staatssekretariat sogar frühzeitig vor einem Anschlag auf Johannes Paul II. gewarnt haben. Diese Warnung blieb jedoch ohne Konsequenzen. Ein hoher Beamter der Nachfolgeorganisation DGSE (Direction Générale de la Secúrité Extérieure), der Generaldirektion für äußere Sicherheit, relativierte übrigens später diese Behauptung, als er sagte, es habe sich lediglich um allgemeine Informationen gehandelt. Gleichwohl zeigte er sich überzeugt, dass der Auftrag in Moskau erteilt worden sei.

Zum Abschluss dieses Kapitels über den angeblichen »Geheimdienst« des Vatikans und die tatsächlichen »geheimdienstlichen« Tätigkeiten noch ein Zitat, das Potenzial und Wirklichkeit sehr schön zusammenfasst. Ein italienischer Geheimdienstoffizier formulierte in einem vertraulichen Gespräch mit mir im April 2009 die Summe seiner jahrzehntelang gesammelten Erkenntnisse: »Der Vatikan weiß alles über alles. Dazu braucht er keinen Geheimdienst.« Nach einer kurzen Pause ergänzte er jedoch: »zumindest alles, was ihn interessiert«. Doch wer, so muss man sich fragen, bestimmt denn eigentlich, was den Vatikan interessiert und wohin die Informationen gelangen? Würde Benedikt all jenes Potenzial, das ihm zur Verfügung steht, nur in seinem Sinne nutzen (Kurienapparat, Nuntiaturen, Denunzianten und die überall vertretenen Gemeinschaften), dann könnte er über Strukturen gebieten, die einen echten Geheimdienst tatsächlich vor Neid erblassen lassen könnten.

20 Volkskirche oder elitäre Sekte?

Schrumpfkirche oder Neubeginn:
Wohin die Reaktionäre die Kirche treiben

Zwei ganz entscheidende Fragen haben sich die päpstlichen Gotteskrieger und ihr Oberhaupt entweder nie gestellt, oder aber sie verweigern sich einer ehrlichen Antwort. Eine davon richtete ich einmal, noch zu Ratzingers Präfektenzeit, an einen konservativen, für seine Ratzinger-Nähe bekannten deutschen Rom-Kollegen. Sie betraf den reaktionären Kurs des Glaubenswächters. Mein Gegenüber verteidigte ihn mit den Worten: »Seien Sie doch mal ehrlich. Die Reformversuche sind doch alle gescheitert. Was haben sie denn gebracht? Nichts!« Die den Nerv treffende Gegenfrage, was aus der Kirche geworden wäre, wenn es das Zweite Vatikanische Konzil mit allen seinen Reformen nicht gegeben hätte, tat er mit einem geringschätzigen »es ginge ihr besser« ab.

Gerade an dieser typischen Haltung sind aber Zweifel berechtigt, denn es geht gar nicht darum, ob die Reformen der Kirche etwas »gebracht« haben oder nicht. Das autoritäre, auf sich selbst bezogene Rom vergisst dabei völlig, dass es um die Menschen und ihren zeitgemäßen Glauben geht. Dass es wichtiger ist, ob die modernen Menschen sich mit dem christlichen Glauben identifizieren, ob sie ihn weiterhin akzeptieren, ihn brauchen, ob sie überhaupt noch glauben können und ob die katholische Kirche ihre religiösen, existenziellen Fragen nach Gott überzeugend beantworten kann. Dies alles ist doch viel wichtiger als der Erhalt eines fragwürdig gewordenen Systems. Oder sollte es zumindest sein.

Statt sich nun aber diesen virulenten Fragen zu stellen, steht sich die katholische Kirche selbst im Weg, mit jener borniert und arroganten Selbstbezogenheit, der als Antwort der herablassende Hinweis genügt, dass es ohne sie gar nicht gehe, weil sonst die Welt in Hass und Unglück, Mord und Totschlag versänke. Wie oft hat man das nicht schon von Benedikt XVI. und seinen folgsamen Bischöfen gehört? Über all dem steht die Anmaßung, dass es ohne den katholischen Glauben auch kein tragfähiges ethisches Fundament für den Menschen geben könne, keinen kategorischen Imperativ etwa, der sich in Umkehrung im Übrigen auch in der bekannten Kinderweisheit findet: »Was du nicht willst, das man dir tu, das füg auch keinem anderen zu.« Statt nun aber zu evangelisieren und sozusagen das »Kerngeschäft« zu betreiben, erinnert einen das Verhalten der Amtskirche, wie sie sich nach wie vor präsentiert, an Praktiken aus der Bankenkrise der Gegenwart. Sie packt am liebsten alle toxischen Meinungen mitsamt aller Kritik an der Kirche in eine »Bad Church« und exkommuniziert sie. Rauswurf zum Erhalt der Tradition mit all ihren Fehlentwicklungen, Irrungen und Sünden. Die »Good Church«, also die papsttreue römische, darf dabei ruhig zur elitären Sekte verkommen, wenn es denn anders nicht gehen soll.

Dieser sich eigentlich logisch ableitenden Existenzfrage begegnet sie mit Ausweichmanövern. Die ebenfalls berechtigte Frage, wie es denn wohl heute um die Kirche stände, wenn die Reformen nicht beschlossen worden wären, hält sie für lächerlich, da sie nicht in der Lage (oder zumindest nicht bereit) ist, der Realität der Gegenwart in die Augen zu schauen. Ist denn – so ihr rhetorischer Konter – die heutige Gesellschaft dadurch besser geworden, dass seinerzeit auch die studentischen Rebellen mit dem Versagen der Väter abgerechnet und ihnen den unterwürfigen Gehorsam aufgekündigt haben? Und wenn nun etwa die Kirchenvolksbewegungen Rom die Gefolgschaft verweigern: Bewiesen denn nicht die vielen ausgetretenen Katholiken (also diejenigen, die sich nicht mehr der obsolet gewordenen Disziplin unterwerfen wollen), dass Ethik und Moral den Bach runtergegangen sind? Solche Argumente haben auch bei den Nazis nicht gestimmt, und sie stimmten auch beim frömmelnden, dem Katholizismus zuneigenden Ex-US-Präsidenten George W. Bush nicht, mit seinem Irakkrieg und seinem jede Menschenwürde und wahre Justiz missachtenden Gefangenenlager auf Guantanamo. Autoritäre Machtausübung und Willkür mitsamt Kriegsverbrechen hat es immer gegeben – trotz des Christentums und häufig sogar in Allianz mit ihm.

Das Muster bleibt sich immer gleich. Wo kämen wir denn auch hin, wenn jeder Mensch, in seiner Würde und mit seinem Gewissen, beanspruchen wollte, zwar mithilfe der Kirche, aber eben doch auch eigenständig seinen Glauben zu suchen. Die Deutungshoheit über das Evangelium hat die katholische Kirche nach der Reformation widerwillig und uneingestanden mit dem Protestantismus teilen müssen. Soll sie jetzt auch noch, in einem Zeitalter, in dem Wissen überall und so leicht wie nie zuvor im Internet zu beschaffen ist, diese Hoheit mit jedem Einzelnen teilen? Da gibt es bis heute nur eine einzige Antwort aus Rom: Um Gottes willen! Das wäre der Gipfel des Relativismus. Jede Ordnung, jede Orientierung ginge verloren.

Das ist katholisches Denken, wie es vielleicht bis in die Fünfzigerjahre hinein gepasst hat. Es wäre mit vielem anderen auf den Schrottplatz der Geschichte geworfen worden, vielleicht sogar ohne Wiederauferstehung durch den Marsch der Protestierer durch die Institutionen, wenn sich zu seiner Rettung nicht solche sogenannten Erneuerungsbewegungen oder neue geistliche Gemeinschaften gebildet hätten, wie sie in diesem Buch dargestellt worden sind.

Was diese »Erneuerer« nicht wahrhaben wollen, ist die Erkenntnis, dass die römische Kirche ohne Reformen noch nachhaltiger an Glaubwürdigkeit und Akzeptanz und somit auch an Gefolgschaft verloren hätte, viel nachhaltiger sogar, als es beispielsweise Rolf Hochhuth mit seiner Papstanklage gegen Pius XII. bewirkt hatte. Dies endlich zu erkennen, wäre natürlich bitter und würde Rom zu biblischer Bescheidenheit gemahnen. Stattdessen aber zelebriert Benedikt XVI. in aller persönlichen Bescheidenheit neuen pontifikalen Triumphalismus und präsentiert fröhlich theologische Spitzfindigkeiten. Sein Jesus-Buch – viel gekauft aber wenig gelesen – strotzt nur so von solchen. Seine professorale Diktion hat verhindert, dass es nicht nur gekauft, sondern auch mit Begeisterung gelesen, verstanden und diskutiert wird. Vielleicht habe ich ja den falschen Bekanntenkreis, auch innerhalb der Kirche. Jedenfalls habe ich dort bis heute niemanden gefunden, der das Buch nicht spätestens nach hundert Seiten enttäuscht und ratlos zur Seite gelegt hätte.

Reaktionäre und Progressive streiten sich immer darüber, ob das Konzil ein Bruch mit der Vergangenheit oder eine kontinuierliche Weiterentwicklung war, auch wenn dies eigentlich müßig sein sollte, weil beides zum selben Ergebnis führen kann. Wer einen Bruch erkennt, wie die weltoffenen Katholiken, der will nicht mehr zurück in die Zeit davor. Und wer Kontinuität erkennt, der will es erst recht nicht. Nur wer am liebsten das Konzil dahingehend uminterpretiert, dass es der Kirche nur geschadet habe, der denkt letzten Endes auch nicht darüber nach, was nun mit oder ohne geworden wäre. Er will es als eine – aus seiner Sicht – lästige Zwischenetappe überwinden, nicht anders als die Progressiven, aber aus anderen Gründen und in anderer Richtung. Die Progressiven blicken nach vorn und sehen das Konzil längst als noch unvollendet an, weil es nicht weit genug gegangen sei, um die Kirche mit der Gesellschaft Schritt halten zu lassen. Denn die ängstlichen Bremser vereiteln überall Neuerungen.

Die eifrigsten Neuerer rufen bereits nach einem Dritten Vatikanischen Konzil. Doch dafür, so habe ich vor allem bei Stellungnahmen von Theologen aus der Dritten Welt entdeckt, ist es noch zu früh. Dieses »neue« Konzil würde überwiegend von eben denselben Bischöfen bestimmt, die bisher die Weiterentwicklung behindert haben. Noch besteht also keine Hoffnung auf baldige Besserung. Dafür ist der Reformdruck wohl einfach noch zu gering. Immerhin aber tun Benedikt und seine willigen Helfer alles dafür, dass dieser Druck zunimmt.

Die reaktionären papsttreuen Erneuerungsbewegungen, um die es in diesem Buch ging, vergessen in ihrem Misstrauen gegenüber der Freiheit der Katholiken, dass ihre Organisationen ohne diese überhaupt nicht in kirchlich anerkannter Form bestehen dürften. Sie wären kirchenrechtlich ganz einfach nicht zulässig und müssten sich außerhalb der Gemeinschaft arrangieren. Erst die Reformen des von ihnen so verwünschten Zweiten Vatikanischen Konzils haben die Voraussetzungen dafür geschaffen, dass die rechtlichen Formen der Bewegungen anerkannt werden konnten. Gegen das Opus Dei, die Legionäre Christi und die Focolarini ermittelte die Kurie seinerzeit nicht nur wegen dieses Vorwurfs, aber eben auch wegen ihrer kirchenrechtlich fragwürdigen Organisation. Sie sind keine Orden. Sie sind keine klassischen Säkularinstitute. Sie sind Mischformen von Klerikern und Laien, die über alle Zuständigkeiten der Bischöfe hinweg direkt dem Papst zur Verfügung stehen und ihm gehorchen wollen.

Diese unmittelbare Zuordnung zum Papst wiederum war von Rom auch erst gewünscht, als die Kirchenspitze um sich herum die alten Strukturen zusammenbrechen sah, als das Konzil die Kirchentüren öffnete, in der Hoffnung, mit dem »Aggiornamento« käme ein frischer Wind herein. Dass daraus ein richtiger Sturm wurde, hatte Papst Johannes XXIII. nicht erwartet und auch nicht gewollt. Seine Nachfolger drängte es, die Türen deshalb bald wieder zuzuziehen. Ganz schließen konnten sie sie aber nicht mehr, obwohl der Wind der Erneuerung langsam abflaute. Hieran mühen sich die Türwächter, sprich die Movimenti, bis heute vergebens ab. Einen Spalt weit stehen diese Türen immer noch offen. Doch der Wind der Erneuerung verirrt sich nur noch selten hinein, und heraus kommt so gut wie keiner mehr.

Nicht ohne tieferen Grund begrüßte Erzbischof Robert Zollitsch während der Traditionalistenkrise im Frühjahr 2009 die Tatsache, dass nun wenigstens wieder über das Konzil geredet werde. Dieses Konzil, das ihn geprägt und an dessen Ende er sich entschieden hatte, Priester zu werden, nannte er nun ein »Geschenk«, weil es die Laien in der Kirche aufgewertet habe. Man möchte ergänzen: So ist es, ihr neuen spirituellen Gemeinschaften und Bewegungen, vergesst das nicht!

Auf meine zweite Frage gibt es selten Antworten, die so eindeutig ausfallen. Bei meinen Vorträgen frage ich am Ende immer wieder und keineswegs nur rhetorisch: Hat Christus das wohl gewollt? Da schütteln dann selbst die frommsten Katholiken den Kopf. Was hat er dann gewollt? Ein Christentum, wie es im ersten Jahrhundert ausgesehen hat, eines, von dem Benedikt XVI. zwar schon als »Kirche« spricht, in dem es aber allenfalls nur kleine Gemeinden gegeben hat? Die auf Urkundenfälschung beruhende konstantinische Kirche der Macht, die mittelalterliche mit all ihren Entgleisungen, die schließlich die Reformation ausgelöst haben? Die tridentinische Kirche mit ihren volksverdummenden Riten, wo der Pfarrer als Hochwürdiger Herr wie ein Halbgott zwischen Gott und den Gläubigen installiert wurde, obwohl die Protestanten diese Zwischeninstanz gerade abgeschafft hatten, weil sie ein mündiger Christ nicht braucht? Ist ihr Begriff vom frühen Christenmenschen näher an dem, was Jesus, wenn überhaupt, als Kirche gewollt hat? Ist es die Kirche, deren Oberhaupt seit 1870 Unfehlbarkeit beansprucht, die in alles hineinredet und einen überall dort gängelt, wo sie sich besser nicht einmischen sollte, schon gar nicht mihilfe von politischen Helfern, die jedem per Gesetz katholische Überzeugungen aufzwingen wollen?

Fragen, die von den geistlichen Bewegungen in letzter Konsequenz fast durchweg bejaht oder stillschweigend übergangen werden. Sie und der Papst verknüpfen die Wahrheit mit sich und seinem Lehramt. Doch woher haben sie diese Gewissheit? Woher haben sie ihre Version? Aus der einzig von Gott offenbarten Bibel, so sagen sie. Wenn sie die aber nur einmal richtig gelesen und die heutigen Erkenntnisse von Theologen über die Entstehung, Authentizität und Zuverlässigkeit der biblischen Texte zur Kenntnis genommen hätten!

Das lehnen sie jedoch ab und unterstützen die Kirchenführung in ihrem Bestreben, jegliche kritische Analyse des Neuen Testaments sogleich als Ausdruck von Kirchenhass zu brandmarken. Dabei ist die kritische, »relativistische« Glaubenssuche längst Allgemeingut im Kirchenvolk. Und sie ist es vielleicht schon viel länger, als es die Amtskirche wahrhaben will. Im Unterschied zu früheren Zeiten darf sich heutzutage in weiten Teilen der Welt zum Glück jeder dazu bekennen, ohne gleich mit kirchlicher und gesellschaftlicher Ächtung rechnen zu müssen, obwohl dies in besonders traditionskatholischen (oder entsprechenden evangelischen) Gegenden bis heute noch immer durchlitten wird.

Die neuen Bewegungen schotten die Führung in der Überzeugung ab, um sie herum herrsche der Teufel, der die Kirche zerstören wolle. Die Welt sei böse und ungläubig. Mit ihr dürfe sich kein Glaubender einlassen, geschweige denn einen ergebnisoffenen Dialog führen. Ein solcher wird bezeichnenderweise von fast allen fundamentalistischen Bewegungen verboten. Mission: Nein danke!

Die Welt ist aber ganz anders. Sie hasst gar nicht die Kirche, auch nicht die Amtskirche. Sie macht einfach nur, was sie will, und folgt dem, was sie überzeugt. Einige Optimisten und Eifrige ringen trotzdem noch mit der Kirchenführung. Doch die Mehrheit der Christen hat den Reformunwilligen den Rücken gekehrt und einen dritten Weg eingeschlagen, eine Ökumene des christlichen Miteinanders, voll von gegenseitigem Respekt und ohne Vorherrschafts- oder Wahrheitsanspruch, sozusagen als eine informelle dritte Kirche zwischen den beiden etablierten Großkirchen. Von unten erschafft sich die neue Volkskirche selbst. Je vehementer Rom die Restauration predigt, desto mehr stärkt der Papst dadurch genau diejenigen, die er ohnehin nicht versteht und schon gar nicht mag.

Mir fällt dazu immer wieder Fabrizio de Santis ein. De Santis war Vatikanist der größten italienischen Tageszeitung, des *Corriere della Sera* aus Mailand, als Karol Wojtyla 1978 zum Papst Johannes Paul II. gewählt wurde. Wenige Monate nach diesem sensationellen Konklave im Oktober pilgerte die größte katholische Frauenvereinigung Italiens nach Rom. Der Journalist beobachtete den Andrang auf dem Petersplatz und fasste in einem Bericht seine Eindrücke in einem denkwürdigen Leadsatz zusammen: »Zu Hunderttausend kamen die katholischen Frauen am Sonntag nach Sankt Peter in Rom und jubelten dem Papst zu, die Pille in der Tasche.« Treffender kann man es kaum sagen; vordergründiger Jubel verbarg schon damals mehr schlecht als recht, wie wenig der Papst diesen Menschen in denjenigen Bereichen des Lebens zu sagen hatte, in denen sie die Kirche nicht mehr als zuständig betrachteten.

Diese individuelle Weigerung, die päpstliche Autorität anzuerkennen, hat sich seither noch ausgeweitet, weil Papst und Kirche selbst alles dafür tun, indem sie sich in immer noch mehr Dinge einmischen und so ihre Glaubwürdigkeit selbst untergraben. Die kirchlichen Stellungnahmen zur Stammzellenforschung gehören dazu wie auch die verantwortungslosen Kondomverbote und die schönen Worte gegen Aids, die von dogmatischer Härte triefen, aber keine Spur von Seelsorge erkennen lassen.

Hierher gehören auch Widersprüche innerhalb der Kirche selbst, die durchaus nicht alle wieder vergessen haben. Kirchenkenner Gernot Facius erinnerte Mitte Mai 2009 in der *Welt* daran, dass vor fast 40 Jahren ein Regensburger Theologieprofessor Gedanken über die Kirche der Zukunft zu Papier gebracht habe, die sich gravierend von dem unterscheiden, was heute als Neuorientierung propagiert wird. »Die Kirche der Zukunft«, so schrieb dieser Theologe, »wird neue Formen des Amtes kennen und bewährte Christen, die im Beruf stehen, zu Priestern weihen.« Der Autor dieser progressiven Überlegungen ist der Vorvorgänger von Reinhard Marx als Münchener Erzbischof, kein anderer also als der heutige Papst Benedikt XVI. Er hat leider längst eine Kehrtwende vollzogen.

Seine Versöhnung mit den Traditionalisten hat diese Wende noch einmal verdeutlicht und ist auch von vielen Katholiken so verstanden worden. Schließlich weiß man, dass das Internet auch im Vatikan genutzt wird und dass der Stab des Papstes sich in Sekundenschnelle über die antisemitischen Positionen der Lefebvrianer hätte informieren können. So aber spricht alles dafür, dass man dies gar nicht wollte. Deshalb ist auch kaum zu erwarten, dass man sich im Vatikan besonders ärgert über die Kommentare der großen Medien oder auch nur einige der unzähligen Stimmen aus dem Volk im Internet überhaupt liest. Wir erinnern uns an kluge Worte zum angeblichen Geheimdienst: Der Vatikan erfährt alles – aber nur, wenn er will.

Hier sei nur eine kleine Auswahl aus eher konservativen Online-Angeboten präsentiert, die sich speziell mit dem Urteil des prominenten Theologen Hans Küng über Papst Benedikt XVI. befassen (in einem Interview der französischen Tageszeitung *Le Monde*). Küng hatte wie bereits erwähnt gesagt: »Viele Katholiken erwarten nichts mehr von diesem Papst.« Auch wenn der Papst von der Holocaust-Leugnung der Lefebvrianer nichts gewusst habe und sicher auch selbst nicht des Antisemitismus verdächtig sei, »so wusste doch jeder, dass die vier betroffenen Bischöfe antisemitisch eingestellt sind«. Gerade als Deutscher hätte Benedikt XVI. die auf die Rehabilitierung folgenden Reaktionen voraussehen müssen. Er habe die Gefahr jedoch ganz einfach nicht in Betracht gezogen. Küng hatte dies auf den eklatanten Mangel an Erfahrung mit der Außenwelt, an Weltläufigkeit also, beim aktuellen Pontifex zurückgeführt (vgl. Kapitel 4). Die Schützer aber, die ihn nicht zuletzt in ihrem eigenen Interesse behüten und weiter von der Außenwelt fernhalten, sind vor allem die hier behandelten »Movimenti«, wie wir am Ende dieses Buches feststellen dürfen.

Die Leser dieses Interviews griffen nun auf ihre Weise Küngs Aussagen auf. Ein »A. M.« schrieb mir fast aus der Seele: »Benedikt lebt abgeschottet von der Lebensrealität der Gläubigen. Seine Hofschranzen und Einflüsterer gehören zum reaktionären Lager, Reformer haben keine Chance, gehört zu werden. Hans Küng hat recht, die katholische Kirche verkommt immer mehr zu einer Gemeinschaft von reaktionären Sektierern. Die große Mehrheit der Gläubigen wendet sich enttäuscht von der Kirche ab. Lichterlöschen im Vatikan!« Ein anderer folgerte, es sei nun also höchste Zeit, aus der Kirche auszutreten, die Kirchensteuern einzusparen und diese »Sekte« nicht mehr weiter zu unterstützen. Ein Schweizer Landsmann von Hans Küng schloss sich an: »Ich bin der gleichen Meinung. Die Kirche sollte ein Haus für die Armen und Benachteiligten sein, so wie es Jesus mitteilte und tätigte. Besonders der Vatikan ist zu einer politischen Macht geworden und schützt nicht mehr die Armen und Benachteiligten, sondern baut und unterhält mit ihren Kirchensteuern teure Gotteshäuser und Paläste. Rom hat sowieso eine schlechte Vergangenheit (Kreuzzüge).« In einer Umfrage von *Welt-Online* Anfang Juni 2009, bei der immerhin 27 114 Leser ihre Stimme abgaben, erkannten – bei allem gebotenen Vorbehalt gegen solche Befragungsaktionen – nur neun Prozent an, dass die katholische Kirche gute und schlechte Seiten habe. 76 Prozent meinten schlichtweg, sie sei überflüssig ... Weniger kategorisch, aber im Urteil ebenso krass empfahl ein gewisser »A.B.«: »Dieser Papst ist nicht mehr glaubhaft und sollte sich nicht mehr als Stellvertreter des Herrn auf Erden ausgeben. Benedikt XVI. wird bald sagen müssen: ›Mea culpa, mea maxima culpa!‹«

Das »Mea culpa«, das Bekenntnis der eigenen Schuld, hat Benedikt XVI. für die Kirche bisher aber abgelehnt. Als Person könne der Mensch und damit immerhin auch der Papst sehr wohl Schuld auf sich laden und diese auch zugeben, aber die Kirche selbst könne nicht schuldig sein. Wer sich jedoch mit ihr (bzw. mit diesem Bild von ihr) identifiziert, der nimmt logischerweise auch diese Schuldunfähigkeit für sich in Anspruch. Doch sind jene Menschen, jene echten Fundamentalisten, die das tun, zahlenmäßig inzwischen nur noch Randerscheinungen. Auch würden die Christen – Bischöfe, Theologen, wer auch immer – nicht mehr allein Maßstäbe und Richtung der religiösen Auseinandersetzung bestimmen können, kommentierte die *Süddeutsche Zeitung* zum Pfingstfest 2009. Doch das sei nicht schlimm, sondern gut so. Die Kirchen müssten ler-

nen, zum Beispiel atheistisches oder muslimisches Denken
ernst zu nehmen: »Sie müssen ihr eigenes Denken klären, verteidigen, neu formulieren – es gibt auch genügend Christen,
denen Kreuz, Dreifaltigkeit oder Gnadenlehre fremd geworden
sind.«

Mit diesen von außen nach innen fortschreitenden »Zer-
fallserscheinungen« rechnen auch die Fundamentalisten, und
dies, wie es scheint, ohne das geringste Bedauern. Sie lehnen
diesen Lernprozess ab und raten der Kirche stattdessen, sich
rigoros gegen die böse Welt abzuschotten und sich als Über-
lebensstrategie zur elitären Rumpfkirche zu bekennen. Vor
20 Jahren, als der schon erwähnte Journalist Robert Hutchison für sein Buch *Die heilige Mafia des Papstes* recherchierte,
erklärten ihm Opus-Dei-Mitglieder, in 20 bis 30 Jahren wäre
das Opus Dei das Einzige, was von der Kirche noch übrig geblieben sei. Die ganze Kirche werde zum Opus Dei werden:
»Denn wir haben eine orthodoxe Vision, die rein, gewiss, ge-
festigt und in jeder Hinsicht gesichert ist. Der Gründer wurde
von Gott auserwählt, die Kirche zu retten. Daher ist Gott mit
uns.«

»Gott mit uns« aber war der Schlachtruf der Kreuzritter. Dem
Opus hat er allerdings bisher nicht den erträumten Erfolg gebracht. Vielleicht kommt es sogar ganz anders? Vielleicht keh-
ren sich die Verhältnisse – ganz anders, als es die Fundamentalisten erwarten – komplett um: Die wahre »Bad Church«
wäre dann die römische, die sich nur fälschlicherweise als
göttliche Hierarchie versteht, in Wirklichkeit aber ein feudalis-
tisches Herrschaftssystem mit einem absolutistischen Monarchen an der Spitze ist. Die wahre »Good Church« wäre die der
unzähligen Gläubigen, die zeitgemäße Volkskirche also.

Eine neue Besinnung auf diese Volkskirche und mehr Ach-
tung für die Laien könnte von einem Ereignis ausgehen, das
schon seit Jahrzehnten in der Luft gelegen hat. Die Kirche in

Deutschland könnte an einem der empfindlichsten Punkte getroffen werden, ein Vorgang, der mehr bewirken könnte als alle schönen oder kritischen Worte. Vor Jahrzehnten hatte der linkskatholische Bensberger Kreis bereits als Protest gegen die selbstgefällige, mächtige Amtskirche den Austritt aus der Körperschaft des öffentlichen Rechts »Katholische Kirche« empfohlen. Es war eine spannende Auseinandersetzung, aus der aber nur ganz wenige praktische Konsequenzen zogen, also austraten und dennoch Katholiken blieben. Der Austritt aus einer Körperschaft bedeutet schließlich nicht unbedingt den Austritt aus der Glaubensgemeinschaft. Man tritt nur aus einer Art Verein aus und zahlt keine Zwangsbeiträge (Kirchensteuern) mehr.

Die Amtskirche reagierte auf diese für sie bedrohlichen Ansätze mit vehementen Worten, wonach diese Trennung so nicht funktioniere. Nebenbei argumentierte sie auch mit der umfassenden karitativen Tätigkeit, die ohne Kirchensteuer gefährdet sei. Wenigstens so sollte die drohende Austrittswelle verhindert werden. Dieser Einwand wird immer wieder vorgebracht, obwohl sich bei genauerem Hinsehen herausstellt, dass nur ein geringer Teil der kirchlichen Sozialarbeit nicht durch öffentliche Mittel refinanziert wird.

Im Sommer 2009 nun wurde die katholische Kirche in Deutschland eines Besseren belehrt. Mitte Juli »schlug das Sterbeglöcklein für die deutsche Kirchensteuer«, wie Alexander Kissler in der *Süddeutschen Zeitung* schrieb. Anlass war der aufsehenerregende Fall des Freiburger Kirchenrechtlers Hartmut Zapp, der vor der zuständigen zivilen Behörde seinen Austritt aus der rechtlichen Körperschaft der Kirche erklärt, vor der kirchlichen Stelle jedoch betont hatte, nicht aus der Kirche als Glaubensgemeinschaft auszutreten, da er seinen Glauben behalte. Mitte Juli gab ihm das Verwaltungsgericht Freiburg recht.

Die Fundamentalisten haben dieses neue Feld noch nicht so richtig entdeckt. Finanznot plagt sie ja gewiss nicht. Vielleicht sehen sie darin auch nur Wasser auf die eigenen Mühlen, das den Prozess der elitären Sektenkirche beschleunigen könnte. Durchaus möglich. Nur wäre das keine katholische Kirche mehr. Eine katholische Kirche, nicht einmal mehr eine christliche, wäre sie dann vor allem deshalb nicht mehr, weil die Taufe und alle heiligen Sakramente völlig entwertet würden. Denn wenn man die Argumente der auf das Geld fixierten Bischöfe konsequent zu Ende denkt, dann begänne das Katholischsein erst mit der Überweisung der Kirchensteuer.

Trösten wir uns mit dem Kapuziner Rotzetter und seinem Autorenkollegen Eicher. Sie schreiben über die Erfolgsaussichten der Fundamentalisten skeptisch: »An der Frage nach der Einstellung zur Lust in der Liebe entscheidet sich das Wesen des modernen Katholizismus. Gott sei Dank hat die Lustfeindlichkeit im römischen Katholizismus nie lange Oberhand behalten.« Zu Beginn des 21. Jahrhunderts folgte ein Skandal dem anderen: Zuerst erschütternde Berichte über Kindsmissbrauch in den USA, in denen die Legionäre Christi belastet wurden. Dann enthüllten Untersuchungen die fast noch schlimmere, weit verbreitete Pädophilie irischer Priester. Schließlich empörten Enthüllungen über Missbrauch von Schülern durch Jesuiten Deutschland. Da war nichts mehr zu vertuschen. Das morsche Kirchengebälk ächzte gewaltig. Die Kirchenoberen flüchteten zu Relativierungen und suchten hilflos mit nebulösen Formulierungen zu begründen, was nicht zu rechtfertigen war.

Die geistlichen Erneuerungsbewegungen hielten sich auffallend zurück.

Warum auch immer.

Ohne diesen Trost, der daran erinnert, dass die meisten Menschen im Grunde in der Religion überhaupt nur Trost suchen und deshalb gerade in der Not beten lernen, sähe die Zukunft düster aus. Wenn die Fundamentalisten in der Kirche dominieren, wird ein Dialog unter den Katholiken sowie mit anderen Konfessionen und Religionen immer schwieriger. Aufeinanderprallende Fundamentalisten verschärfen alle Konflikte. So weit darf es nicht kommen. So weit wird es nicht kommen, wenn alle, zuerst aber die römische Kirche, endlich beginnen, ihre Dogmen infrage zu stellen. Das sehen die papstergebenen Bewegungen allerdings nicht vor. Das wäre ja der verteufelte Relativismus.

Es gibt aber auch noch einen anderen Trost. Es besteht kein Grund zur Befürchtung, dass die katholischen Fundamentalisten sich mit ihrem Papst Benedikt in der Gesellschaft durchsetzen werden. Sie eint der Antimodernismus. Sie eint eine gewaltige Angst. Diese bedroht längerfristig ihre Existenz, und da hilft kein Gottvertrauen. Sie lehnen die moderne Gesellschaft ab, weil sie mit der Aufklärung und der Freiheit, mit der verbrieften Würde des Menschen nichts anfangen können.

Demokratie, Gleichheit aller Menschen und Anerkennung von Minderheiten fanden in der katholischen Praxis nicht statt. Kirche ist heute deshalb und wegen des Diktats von zweifelhaften Dogmen nicht mehr mehrheitsfähig, Freiheit und Demokratie aber sehr wohl. Wer Angst vor dieser Freiheit hat und sich mit dem Pluralismus einer demokratischen, freiheitlichen Gesellschaft nicht wirklich einlassen will, hat nichts vom Fortschritt der Menschheit wahrgenommen. Wer glaubt, dass nur seine Kirche Sitte und Moral garantiere, hat nie mit Menschen außerhalb seines Milieus offen diskutiert. Er hätte sonst entdecken müssen, dass das christliche Abendland kein Hort von Moral war und dass Ethik und Moral außerhalb der Kirche eher mehr beachtet werden als in ihr. Der Kirchgang war nie und ist auch heute kein Maßstab für Moral, Anstand, Aufrichtigkeit und Ehrlichkeit. Alles in allem ist die heutige junge Generation anständiger als die früheren, weil sie in der großen Mehrheit gelernt hat, mit ihrer Freiheit umzugehen, und wohltuend weniger verklemmt ist als ihre sich so gern als tugendsam gebenden Vorgänger. Diese Wirklichkeit immunisiert nicht alle, aber die überwältigende Mehrheit, auch der Katholiken, gegen den Rückfall in düstere Zeiten im Namen des Heiligen Vaters.

Literatur- und Quellenverzeichnis

Achenbach, Rüdiger, und Kriege, Hartmut: Die Päpste und die Macht, Patmos/Artemis und Winkler, Düsseldorf/Zürich, 2004, 290 Seiten

Albert, Hans: Joseph Ratzingers Rettung des Christentums: Beschränkung des Vernunftgebrauchs im Dienst des Glaubens, Alibri, Aschaffenburg, 2008, 126 Seiten

Allen, John Jr: Opus Dei: Mythos und Realität – Ein Blick hinter die Kulissen, Gütersloher Verlagshaus, Gütersloh, 2006, 495 Seiten

Beinert, Wolfgang (Hrsg.): Der Vatikan und die Pius-Brüder. Anatomie einer Krise, Herder, Freiburg, 2009, 258 Seiten

Beinert, Wolfgang: Das Christentum. Eine Gesamtdarstellung, Herder, Freiburg, 2007, 336 Seiten

Beinert, Wolfgang: Amt, Tradition, Gehorsam, Pustet, Regensburg, 1998, 150 Seiten

Benedikt XVI.: Kirchliche Bewegungen und neue Gemeinschaften, Verlag Neue Stadt, München, 2007, 128 Seiten

Bittler, Anton, und Copray, Norbert: Mobbing und Missbrauch in der Kirche, Publik-Forum, Oberursel, 1999, 161 Seiten

Blachnicki, Franziszek, Chantraine, Georges und weitere: I Movimenti nelle Chiesa, Jaca Book, Mailand, 1981, 256 Seiten

Blondiau, Heribert, und Gümpel, Udo: Der Vatikan heiligt die Mittel, Patmos, Düsseldorf, 1999, 252 Seiten

Brossolet, Luc und Vergès, Jacques: Assassinati in Vaticano. 4 maggio 1998, Kaos Edizioni, Milano, 2003, 192 Seiten

Chiaberge, Riccardo: Lo scisma. Cattolici senza Papa, Longanesi, Mailand, 2009, 298 Seiten

Cordes, Paul J.:»Warum Priester?« Fällige Antworten mit
Benedikt XVI., St. Ulrich Verlag, Augsburg, 2009, 218 Seiten

De Rosa, Peter: Gottes erste Diener, Droemer/Knaur, München,
2002, 600 Seiten

De Rosa, Peter: Der Vatikan – von Gott verlassen? Droemer/Knaur,
München, 1993, 302 Seiten

De Rosa, Peter: Der Jesus-Mythos, Droemer/Knaur, München, 1991,
608 Seiten

Del Carmen Tapia, Maria: Hinter der Schwelle – Ein Leben im Opus
Dei, Goldmann, München, 1996, 413 Seiten

Ebbing, Ebbo C. J.: Bewegung in der Kirche – Geschichte und
Charisma einer Geistlichen Gemeinschaft, Patris-Verlag,
Vallendar-Schönstatt, 2009, 228 Seiten

Faggioli, Massimo: Breve Storia dei movimenti cattolici, Carocci
Editore, Rom, 2008, 148 Seiten

Feldbauer, Gerhard: Der heilige Vater: Streiflichter aus der
Geschichte des Vatikans von Cyprian bis Benedikt XVI.,
Papyrossa, Köln, 2009, 200 Seiten

Fourest, Caroline, und Venner, Fiammetta: Les Nouveaux Soldats du
Pape – Légion du Christ, Opus Dei, traditionalistes, Éditions
Panama, Paris, 2008, 320 Seiten

Häring, Hermann: Im Namen des Herrn: Wohin der Papst die Kirche
führt, Gütersloher Verlagshaus, Gütersloh, 2009, 190 Seiten

Häring, Hermann:»Jesus von Nazareth« in der wissenschaftlichen
Diskussion, LIT-Verlag, Berlin, 2008, 366 Seiten

Häring, Hermann: Theologie und Ideologie bei Joseph Ratzinger,
Patmos, Düsseldorf, 2001, 214 Seiten

Hertel, Peter: Schleichende Übernahme – Das Opus Dei unter Papst
Benedikt XVI., Publik-Forum Verlagsgesellschaft, Oberursel, 2005
(Neuauflage: 2007), 224 Seiten

Hertel, Peter: Glaubenswächter. Katholische Traditionalisten im
deutschsprachigen Raum, Echter, Würzburg, 2000, 216 Seiten

Hertel, Peter: Geheimnisse des Opus Dei, Herder, Freiburg, 1995,
224 Seiten

Hutchison, Robert: Die heilige Mafia des Papstes – Der wachsende
Einfluss des Opus Dei, Droemer/Knaur, München, 1996, 512 Seiten

Jörns, Klaus-Peter: Glaubwürdig von Gott reden: Gründe für eine theologische Kritik der Bibel, Radius-Verlag, Stuttgart, 2009, 156 Seiten

Kaltefleiter, Werner, und Oschwald, Hanspeter: Spione im Vatikan. Die Päpste im Visier der Geheimdienste, Pattloch, München, 2006, 367 Seiten

Kirchmayr, Alfred, und Scharmitzer, Dietmar: Opus Dei: Das Irrenhaus Gottes? Edition Va Bene, Wien, 2008, 256 Seiten

Kramer von Reisswitz, Crista: Die Papstmacher, Pattloch, München, 2001, 304 Seiten

Küng, Hans: Umstrittene Wahrheit: Erinnerungen, Piper, München, 2009, 719 Seiten

Küng, Hans: Christ sein, Piper, München, 5. Auflage 2008, 678 Seiten

Küng, Hans: Das Christentum: Wesen und Geschichte, Piper, München, 2008, 1056 Seiten

Küng, Hans: Erkämpfte Freiheit: Erinnerungen, Piper, München, 2008, 620 Seiten

Küng, Hans: Existiert Gott? Antworten auf die Gottesfrage der Neuzeit, Piper, München, Neuauflage 2008, 878 Seiten

Küng, Hans: Das Judentum, Piper, München, 2007, 905 Seiten

Lambrecht, Oda, und Baars, Christian: Mission Gottesreich – Fundamentalistische Christen in Deutschland, Ch. Links Verlag, Berlin, 2009, 246 Seiten

Le Gendre, Olivier: Confession d'un cardinal, Jean-Claude Lattès Edition, Paris, 2007, 413 Seiten

Maltese, Curzio: Scheinheilige Geschäfte – Die Finanzen des Vatikans, Kunstmann Verlag, München, 2009, 158 Seiten

Messori, Vittorio: Der »Fall« Opus Dei, Arnoldo Mondadori, Mailand, 1994 (MM-Verlag, Aachen, 1995, 324 Seiten)

Mettner, Matthias: Die katholische Mafia. Kirchliche Geheimbünde greifen nach der Macht, Knaur, München, 2. Auflage 1995, 336 Seiten

Missalla, Heinrich: Nichts muss so bleiben, wie es ist. Mein katholisches Leben im 20. Jahrhundert, Verlag Publik-Forum, Oberursel, 2009, 224 Seiten

Mynarek, Hubertus: Papst-Entzauberung: Das wahre Gesicht des
Joseph Ratzinger und die exakte Widerlegung seiner Thesen,
Books on Demand, 2007, 288 Seiten

Nuzzi, Gianluigi: »Vaticano SpA«, Edizione Chiarelettere, Mailand,
2009, 282 Seiten

Oschwald, Hanspeter: Pius XII. – Der letzte Stellvertreter. Der Papst,
der Kirche und Gesellschaft spaltet, Gütersloher Verlagshaus,
Gütersloh, 2008, 288 Seiten

Oschwald, Hanspeter: Der deutsche Papst – Wohin führt
Benedikt XVI. die Kirche? Piper, München, 2006, 287 Seiten

Oschwald, Hanspeter: Die Deutschen im Vatikan, Herder, Freiburg,
2003, 192 Seiten

Oschwald, Hanspeter: Bibel, Mystik und Politik – Die Gemeinschaft
Stan'Egidio, Herder, Freiburg, 1998, 141 Seiten

Oschwald, Hanspeter: Vatikan – Die Firma Gottes, Piper, München,
1998, 391 Seiten

Oschwald, Hanspeter: Giulio Andreotti – Aufstieg und Fall eines
Mächtigen, Herder, Freiburg, 1996, 191 Seiten

Päpstlicher Laienrat: Die Geistlichen Gemeinschaften der
katholischen Kirche, Libreria Editrice Vaticana, Vatikanstadt,
St. Benno Verlag, Leipzig, 2004, 360 Seiten

Posener, Alan: Benedikts Kreuzzug. Der Angriff des Vatikans
auf die moderne Gesellschaft, Ullstein, Berlin, 2009, 272 Seiten

Ranan, David: Double Cross – The Code of the Catholic Church,
Theo Press, UK, 2007, 440 Seiten

Ratzinger, Joseph / Benedikt XVI.: Jesus von Nazareth, Herder,
Freiburg, 2007, 447 Seiten

Rendina, Claudio: I Peccati del Vaticano, Newton Compton Editori,
Rom, 2009, 318 Seiten

Rendina, Claudio: La Santa Casta della Chiesa, Newton Compton
Editori, Rom, 2009, 383 Seiten

Roques, Valeska von: Mord im Vatikan. Ermittlungen gegen die
katholische Kirche, Hoffmann und Campe, Hamburg, 2003,
271 Seiten

Rotzetter, Anton: Aufbruch zu einer neuen christlichen Spiritualität,
Verlag AKS, Luzern, 2009, 128 Seiten

Rupp, H.: OPUS-DEI – Die dunkle Macht im Vatikan, Books on
   Demand, Norderstedt, 2002, 156 Seiten

Schweizerisches Pastoralinstitut und Schweizerische Katholische
   Arbeitsgruppe Neue Religiöse Bewegungen: Neue Gruppierungen
   im Schweizer Katholizismus, NZN Buchverlag, Zürich, 2004,
   296 Seiten

Smoltczyk, Alexander: Vatikanistan, Heyne, München, 2009,
   354 Seiten

Sommer, Norbert, und Seiterich, Thomas (Hrsg.): Rolle rückwärts
   mit Benedikt, Publik-Forum Edition, Oberursel, 2009, 222 Seiten

Steigleder, Klaus: Das Opus Dei – Eine Innenansicht, Heyne,
   München, 1996, 304 Seiten

Twomey, Vincent, und Stein, Gabriele: Der Papst, die Pille
   und die Krise der Moral, Sankt Ulrich Verlag, Augsburg, 2008,
   205 Seiten

Twomey, Vincent, und Bornhausen, Peter Paul: Benedikt XVI. –
   Das Gewissen unserer Zeit: Ein theologisches Portrait, Sankt
   Ulrich Verlag, Augsburg, 2006, 168 Seiten

Urquhart, Gordon: Im Namen des Papstes – Die verschwiegenen
   Truppen des Vatikans, Droemer/Knaur, München, 1995,
   384 Seiten

Wohlmuth, Josef: Katholische Theologie heute, Echter, Würzburg,
   1995, 377 Seiten

Zizola, Giancarlo: Santità e potere. Dal Concilio a Benedetto XVI,
   Sperling & Kupfer, Mailand, 2009, 700 Seiten

Zizola, Giancarlo: Der Nachfolger, Patmos, Düsseldorf, 1997,
   384 Seiten

Zoffoli, Enrico: Eresie del Movimento Neocatecumenale, Edizioni
   Segno, Udine, 1995, 167 Seiten